高频考点精练

小艾

真正的学霸是学会找到一个高效的学习方法去提升自己做某件事的杠杆率

所以比尔·盖茨说，我总是会选择一个懒人去完成一份困难的工作，因为他会找到简单的方法

2021

看小说，学会计，轻松通过中级职称考试

第7版（数字升级版）

小艾上班记8

中级经济法

陈艳红 著

东北财经大学出版社 大连

图书在版编目（CIP）数据

小艾上班记8·备考2021·中级经济法/陈艳红著.
—7版.—大连：东北财经大学出版社，2021.6
ISBN 978-7-5654-4164-6

Ⅰ.小…　Ⅱ.陈…　Ⅲ.经济法-中国　Ⅳ.F23

中国版本图书馆CIP数据核字（2021）第058941号

东北财经大学出版社出版
（大连市黑石礁尖山街217号　邮政编码　116025）
网　　址：http://www.dufep.cn
读者信箱：dufep@dufe.edu.cn
大连图腾彩色印刷有限公司印刷　　东北财经大学出版社发行

幅面尺寸：170mm×240mm　　字数：432千字　　印张：24.25

2021年6月第7版　　2021年6月第1次印刷

责任编辑：章北蓓　王玲　　责任校对：一心
封面设计：冀贵收　　版式设计：钟福建

定价：58.00元

教学支持　售后服务　　联系电话：（0411）84710309

如有印装质量问题，请联系营销部：（0411）84710711

出版者的话

《小艾上班记》系列图书已经伴随大家走过十年的春秋，这十年中小艾系列图书从实操、考试到职场故事，内容更为丰富、全面，2021年我们计划陆续对《小艾上班记》系列图书的表达形式进行升级创新，推出新的版本形式——数字升级版。

数字升级版使用说明

本书是《小艾上班记》系列图书的数字升级版备考读物，本书致力于升级与优化备考复习的形式和手段，以使考生通过“听”“看”“做”“问”等多种形式“一站式”获得更有趣、更高效、更具个性化的备考复习体验，迅速通关。

在小艾四轮复习法的基础上，您可以这样使用本书：

第一轮复习时：

第一步：收看“中级视频”——**扫描“小艾会计考试服务号”（xiaoaikj）二维码**。

本书于第7版前言处放置“小艾会计考试服务号”二维码，轻轻一扫，即可收看“中级会计实务”的复习方法、考情分析视频，以便第一时间统筹安排备考计划。

第二步：**轻松看小说**。

每章以备考日记作为开端，您可以轻松看小说，轻松掌握备考方法。

第三步：翻看“通关地图”，掌握“通关密码”——**粗看“通关地图”**。

开始各章复习前，先翻看“通关地图”，掌握知识脉络。

第四步：翻看教材，钻研高频考点（和例题），尤其是带有颜色标记的关键字词、法条，**轻松搞定重难点**。

第五步：课余时间，**扫码**（小艾会计考试服务号二维码）**进行“考点训练”**（登录上述服务号后，输入“中级题库”即可获得账号和密码，有任何问题欢迎咨询小艾财务客服），及时发现知识盲区。

第六步：针对知识盲区，深入钻研“通关地图”，击破薄弱点——**认真研读“通关地图”**。

第二轮复习时：

打开题库，通过案例分析贯通相关章节的知识点——**扫码**（“小艾会计考试服务号”二维码）**练习“VIP题库”**（方法同上）。

第三轮复习时：

梳理薄弱点，**制作专属“通关地图”**，并反复**强化记忆**。

第四轮复习时：

模考体验，查缺补漏，从容应考——**扫码**（“小艾会计考试服务号”二维码）**进行“模考体验”**（方法同上）。

另外，备考时遇到任何疑问，均可**关注小艾会计考试服务号，进行在线“互动答疑”**。

备考之余，您还**可链接小艾财税俱乐部，进行个性化知识拓展**（如会计初中级职称考试备考读物、最新财税资讯等）。

后续，我们还会加大小艾音频产品的制作，陆续推出小艾系列数智版有声读物，以使读者在眼睛疲乏时，可以选择“听故事”来进行学习，也可以在自己走路、开车等时，更轻松、高效地使用零碎时间，让考试、学习更加生活化，也更加愉悦！

希望小艾系列数智版读物能给读者带来更丰富、更有趣的学习体验，能使大家在轻松、愉快的氛围中，过关斩将，无论是职场，还是考场，都能游刃有余，旗开得胜！

先来听一听，我们为《小艾上班记》系列图书做的主题曲《水仙花开》和《不怕不怕》，然后自信、快乐地开启你的考试寻宝之旅吧！

第7版前言

学知识需要整体思维

中级会计职称考三门课程，中级会计实务和财务管理、经济法。

这三门课程的关系是这样的，经济法考的全是法律条文，会计实务呢？其实也是法律条文——《企业会计准则》。

于是，我想到了一个问题，在经济法的第一章总论中，我们学了法的渊源，那请问《企业会计准则》的渊源是什么?《企业会计准则》是财政部颁布的，那是不是应该算部门规章?

所以，中级会计实务和经济法其实是紧密联系的，我们甚至可以看成是一本书，讲的都是法律条文。

再比如，不管是考中级会计职称，还是考注册会计师，递延所得税这一章是个大难题，就算有的人CPA考过了，还是觉得没弄明白什么是递延所得税，这个其实非常简单。

财政部是“妈妈”，税务局是“爸爸”，于是有了递延所得税，递延所得税怎么来的，“爸爸”“妈妈”生出来的。

这个比喻也许不是很恰当，但是却能让你明白什么是递延所得税。

学递延所得税的时候，建议把中级会计实务和经济法中的税法所得税部分结合起来学，你会取得意想不到的效果。

那为什么大家会觉得递延所得税很难呢？原因在于递延所得税涉及《企业会计准则》和税法，跨了科目，而平时我们在学习的时候，没有整体思维，因为传统教育，老师讲课的时候，经济法一个老师，税法一个老师，会计一个老师，财务管理一个老师，所以，学习的时候，知识彼此之间是割裂的，没有整体性。中级会计职称考试三个科目的框架图如下图所示：

框架搭建好后，学习可以按章节顺序学，也可以不按章节顺序学，就像房子架构搭建好后，砌砖可以从任何一个方向开始砌，东南西北中，任你选！

这样学习，不容易放弃，为什么呢？因为有时候我们喜欢随机的感觉。比如，听歌的时候，喜欢随机播放，交友的时候，喜欢偶遇邂逅，玩QQ的时

候，喜欢漂流瓶，玩微信的时候，喜欢摇一摇。

这样能给自己的学习增添点乐趣！

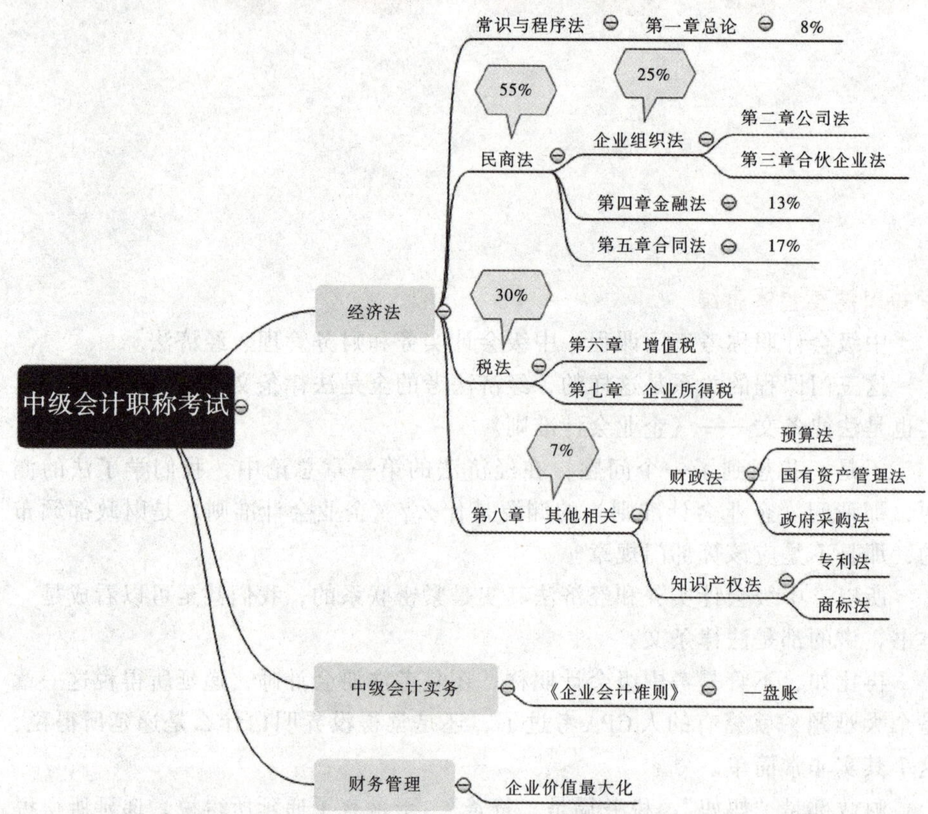

水仙花与小艾四轮复习法

由于水仙漂亮高雅、清洁能力很强，又能净化空气，因此窗台上、书桌上被我摆满了水仙花。水仙开花之前，确实有点像葱。不识水仙花的朋友，到我家来，都觉得我特贤惠，连窗台上都种满了葱。

水仙又名金盏银台，花如其名，绿裙、青带，亭亭玉立于清波之上。素洁的花朵超尘脱俗，高雅清香，格外动人，宛若凌波仙子踏水而来。唐诗中赞美水仙花的诗句特别多——“借水开花自一奇，水沉为骨玉为肌”“遥间爆竹知更岁，家家户户水仙香”。

喜欢水仙，因为她漂亮高雅，清香动人，让我羡慕神往。

喜欢水仙，因为她好养，只凭一勺清水、几粒石子就能生根发芽，让人自叹不如。

喜欢水仙，因为她专注努力，一枝只开一朵，花之孤独清逸者，一花自成一世界。

喜欢水仙，因为她开花之前长得像葱，正如一个优秀的人在成功之前，总有一段沉默的时光；正如考生考前备考的孤寂：那一段日子，付出了很多努力，忍受孤独和寂寞，不抱怨、不诉苦，日后说起时，连自己都能被感动。

身边考职称、考注会的朋友，谁要是跟我嚎叫“我快坚持不下去了”，我就会送他一株水仙。我写作快坚持不下去的时候，也会看一眼水仙，想象着自己有一天也会开花，洁白的花瓣也会托着蛋黄色的花蕊，浑身也会散发出一种高贵典雅的香气。

小艾备考系列就这样在水仙的陪伴下完成了，书中记录了备考中的点点滴滴，有经验，有方法，还有心境。小艾不是老师，小艾只是你的朋友，老师是让你明白，而小艾希望你“醒来”；老师是在你脑袋里不断地装进什么，而小艾更希望能让你心里生长出什么。

希望大家读“小艾”的时候，能结合自己的学习、生活情景来读，这样感悟与收获会比较大。原因很简单，当书中某个地方触动你的时候，说明你内心有这个东西，读书的过程正好是自我梳理的过程，也是与书共同创作、享受阅读的过程。坦诚地说，很多问题作者可能并没有读者想得深，读者会把更深的感悟投入到阅读当中，别以为是作者的境界高，其实是读者经由书读到了自己；反过来亦然，内心乏味的人读书也乏味。读书，读什么书，用什么方式读是读者自我观照的奇妙过程。

大家在学习的过程中，也切莫太心急，“心急吃不了热豆腐”，不要奢望一遍成功，可以采取多遍复习法，比如小艾四轮复习法。

科目	中级会计实务	中级财务管理	中级经济法
第1轮	账务处理	计算应用	整理理解
第2轮	跨章节账务处理	跨章节综合应用	案例分析
第3轮	概念记忆	理论背诵	快速背诵
第4轮	模考反馈	模考反馈	模考反馈

小艾系列书籍找茬有奖活动

一本书的出版一般需要经过专业编辑的三审三校及质检部门的严格质量检查，但是还会有大大小小的错误，小艾系列书籍自然也不例外。由于小艾系列书籍通俗易懂，深得大家喜爱，有的读者就会不止读一遍，这样，相对于其他书籍，就更容易发现错误。针对此情况，小艾系列书籍特设以下奖励，来鼓舞大家给小艾找茬挑刺。

如果你在学习的过程中，发现下述错误，请发邮件至小艾邮箱（xiaoaibj@qq.com）。

1 错别字

2 准则制度陈旧

3 观点或逻辑错误

4 其他

格式分为7部分：书名、页码、行数、问题、建议及你希望获奖的书籍和你的真实姓名、邮寄地址及电话。

例：

出版社：东北财经大学出版社

1 书名：《小艾上班记6》　　　　第×次印刷

2 页码：第11页

3 行数：顺数第7行

4 问题："何总"联系上文应该是"王总"（手机拍照附图更佳）

5 建议："何总"二字应该改成"王总"二字

6 你希望获奖的书籍：

7 真实姓名、邮寄地址及电话：

提出的修正方案被采纳者将获得小艾书籍一本（目前已上市的书籍中任挑），原则是，同一错误，谁先提出谁获得。

小艾图书相关服务

如需要会计职称考试方面的服务（备考秘笈、自测题库、互动答疑），可以扫一扫下面的二维码，关注小艾会计考试服务号（xiaoaikj），若有疑问，可以随时在线指出，作者一直都在。

小艾会计考试服务号（xiaoaikj）

如想订阅最新财税资讯文章，可以扫一扫下面的二维码，关注小艾财税俱乐部微信号（xiaoaicoco）。

小艾财税俱乐部微信号（xiaoaicoco）

最后祝大家马到成功、旗开得胜，我爱你们，正如我爱水仙，愿你们寂寞过后，都能开出漂亮的花朵!

陈艳红

2021年4月9日

小上
艾班
记8

小艾上班记8

小艾上班记8

小艾上班记8

第一章

总论

（一）经济法求婚

生活中从来不缺少美，只是缺少发现美的眼睛。

这句话，对于《经济法》这门学科来说，也同样适用。

虽然它表面看起来有些枯燥，但是对于懂它的人来说，学习起来却是乐趣满满。

婉晴被求婚的现场是这样的。

那天，她刚好过生日，想请大家吃饭。我特意早早赶去，并准备了厚礼。为了她的这份礼物，我可是费尽心思——第一，不能太便宜；第二，不能太俗气。要知道，婉晴对礼物可是很挑的噢！我在精品店逛了好久，最终选了一款轻奢水晶绕线手镯。那手镯精致典雅，戴在手上，晶莹剔透。当我把它送给她时，她惊喜地狂叫："小艾宝贝，我太爱你了！"

作为闺蜜，选一份合适的礼物，都这么费劲，那作为男友，给她选礼物，得消耗多少脑细胞？所以，我很好奇，子俊会送她什么。

因为路上堵车，子俊晚了会儿。

等他一进门，我就喊："子俊，礼物，快点拿出来！"

于是，子俊当着我们的面，打开了大大的礼物盒，结果里面却只有几张纸。

别说婉晴，连我都愣住了。

"亲爱的，你听我说，这是一份保险。以前是我一个人守护你，从今往后，我给你双保险，我和它一起守护你！"

婉晴怔了怔，接着笑了。

"不过，这份保险还有一个问题。"子俊继续说道。

"什么问题？"婉晴瞪大眼睛看着他。

"保险合同明确规定，被保险人只能是本人、配偶、子女、父母，或者与投保人有抚养、赡养、扶养关系的家庭成员、近亲属，所以——要不，我们也

结个婚？”（《保险法》有关规定见本书第 4 章）

说完，子俊便拿出戒指，单膝跪了下来。接着，音乐声骤然响起，玫瑰花瓣从空中撒落了下来，五彩缤纷的气球四处飘荡。

周围的人都在狂叫：“嫁给他！嫁给他！嫁给他！”

婉晴闻声，喜极而泣地点了点头，接过戒指，抱住了他！

事后，我对子俊竖起了大拇指：“真不愧是大律师，《保险法》我背得想哭，你居然用来求婚！”

（二）经济法“骂”人

（摘自《小艾上班记 10——备考日记——经济法基础》）

《经济法》这门学科，初级考完考中级，中级考完继续考注会。而我的记忆力不太好，记了忘，忘了再记。

我这个人没什么远大的理想与目标，也没想活得轰轰烈烈，我觉得一个人一生能好好做一件事，能好好爱一个人，就已经非常了不起了。

于是我想，我这一生该好好做一件什么事呢？想来想去，我好像没有做过什么大事，那我就好好地把会计学好，把初级、中级、注会都考过，也算是做了一件大事。

大部分人都会高估自己 1 年能做到的事情，却低估自己 5 年、10 年能做的事情。

当我准备用一个相当长的时间去做这件事情的时候，我发现我不着急了，也不焦虑了，甚至不会去想有什么捷径可走。我该上班就上班，该学习就学习，该约会照样约会，这样一有时间就学习，不会孤独和寂寞，更不会无聊。毕竟我还是有人生目标的，虽然这个目标并不远大。生活就这么按部就班地往前走，按部就班才是实现成功的真正途径。

当我不急功近利的时候，学习起来反而很悠然，很自得，哪怕自己笨点，记忆力差点，也会坚持下来。直到有一天，我背得连我身边那些不考试的人都记住了，这时我再也忘不了了。

（摘自《小艾上班记 3——“混”在财务圈》）

记得刚搬到楚帆那里时，我们开始布置新家。

他说要把墙壁好好装饰一下，把那些照片都给装上相框，然后做一面照片墙。

我拿过照片，开始一张张翻看，突然，一张我从来没见过的照片映入我的眼帘。

照片上的女孩在草地上低头揉脚，有点接近黄昏的光线，给她身上镀上一层金黄色，尤其是那垂下来的发梢和睫毛，好像有阳光在上面跳跃。她的身后是一片墨绿色的草地和一个拉得长长的影子。虽然我看不到照片上的正脸，但照片拍得很有意境，很美。

“咦，这是谁啊？不会是你的前任吧？”我冲着楚帆问道。

楚帆站在梯子上，伸长脖子瞅了一眼，来了一句：“这是猪。”

“什么意思啊？”我疑惑地问道。

他从梯子上跳下来，把手在我眼前晃了晃，说道：“你能看清我的手吗？”

“当然能看清。”

“既然你眼睛没问题，怎么会连自己都认不出来呢？”他蹙了蹙眉，白了我一眼。

“是吗？我有那么漂亮吗？”我很是惊讶。

“技术好，没办法，就是一头猪，我也能把它拍得很漂亮。”他微微挑起下颌，一副骄傲的样子。

我听了很是恼火：“猪有漂亮的吗？你见过漂亮的猪吗？”

“当然。”他那双琥珀色的眸子眯了眯，似笑又非笑。

“你没有经过我的允许就偷拍我，侵犯了我的肖像权，是要负民事责任的，你知道吗？”我开启了敲诈模式。

“你是要告我吗？可惜，这照片是我们认识前拍的，超过 3 年，已经过了诉讼时效期了。”

他居然知道诉讼时效期？我大为惊讶！

“你什么时候开始研究法律了？”

“还用研究吗？你天天都在背（初级、中级、注会都考《经济法》），我看邻居家的猫都快学会了。”他一边踩在梯子上擦玻璃，一边转过头来奚落我。

不过，他说的也不无道理，我看视频课程的时候，经常在桌边放一包零食，邻居家的猫嘴馋，好奇心又重，而且还爱凑热闹，于是时不时过来蹭我点零食吃。导致后来，它一听到我放视频课程，就屁颠屁颠地过来“敲门”了，然后把头抬得高高地坐在那里跟我一起学习。

我想了想，继续说道：“诉讼时效期间是从知道或应当知道权利被侵害之日起计算，只要我跟法官说，我不知道我的权利被侵害，现在才知道，那诉讼时效期间就应该从现在起计算（见表 1–1）。”

真不枉我背了那么久啊，居然还能用于反驳。

“那我可以为自己辩护，跟法官说，你知道。”他继续跟我狡辩，眸子在灯光的照耀下，星星点点，泛着光，嘴角还漾起一抹笑容。

“我不知道，照片是你偷拍的，我怎么会知道？”我噘了噘嘴。

表 1-1　　诉讼时效期间的确定

时长	起点	年限	适用情形
普通	自知道或应当知道之日起	3 年	一般纠纷
最长	自权利被侵害时起	20 年	所有合同

“我就说你知道，而且我可以举证。”

“你怎么举证？”

“我有结婚证啊！”

“你——那我就死咬，就是不知道。”

“法官又不傻，这所有的照片都可以成为证据。没有这些照片，就不会有后来的结婚证。我没发现你，就不会认识你。不认识你，又怎么会跟你结婚？所以法官会认定你应当知道。而普通诉讼时效期间是从知道或者应当知道之日起计算。”他把白衬衫的袖子卷到了胳膊肘，眉眼舒展，满脸的笃定。

“太没天理了，我本来就不知道。”我叫道。

“要什么天理，要的是逻辑和证据。再说，你要我承担民事责任（见表 1-2），承担什么民事责任，赔偿损失？”他居高临下地看着我，声音沉稳，栗色的眸子肆意地流泻出真实的情绪——戏谑。

“我要恢复原状。”我白了他一眼。

表 1-2　　民事责任

民事责任	停止侵害，排除妨碍，消除危险，返还财产，**恢复原状**，修理、重作、更换，继续履行、**赔偿损失**，**支付违约金**，消除影响、恢复名誉，**赔礼道歉**

“这个不现实，时光又不能倒流。要不我给你赔礼道歉？”他微微侧了侧身子，求和道。

“不行，我要给你记大过。”我揪着把柄不放。

“宝贝，你记混了吧，这是行政处分，我都会了。”他突然摸了摸我的头发，眉眼带笑。

我一怔，是噢，我怎么越背越傻呢？

从初级考到中级，从中级考到注会，这种题我都做了无数遍了，刚才一不留神，居然还说错了。

下列各项中，属于行政责任的有（　　）。

A. 罚金　　　　B. 没收违法所得

C. 赔礼道歉　　D. 记大过

【答案】BD

【解析】选项 A，属于刑事责任；选项 B，属于行政处罚；选项 C，属于民事责任；选项 D，属于行政处分。行政处罚与行政处分均属于行政责任（见表 1-3）。

表 1–3 **行政责任**

行政责任	行政处罚	（1）行政处罚形式通常包括警告，**罚款，没收违法所得、没收非法财物，责令停产停业，**暂扣或吊销许可证、暂扣或者吊销执照，**行政拘留**和法律、行政法规规定的其他行政处罚 （2）税务行政处罚的具体形式包括罚款、没收财物和违法所得、**停止出口退税权**
	行政处分	警告、记过、记大过、降级、撤职、开除（共 6 类）

“为什么不能对你进行行政处分？”我灵机一动，干脆强词夺理。

“能，你是领导，你做什么都行，我看你直接给我判有期徒刑得了。”他语气突然变得有些慵懒。

“有期徒刑，太便宜你了，应该判无期。”我得寸进尺。

“还无期？那我问你，你怎么执行？”

“就把你圈在家里，哪里都不许去。”

“不上班了？不赚钱了？那谁养你啊？”他突然靠近我，语调轻缓。

“嗯——这确实是个问题。”我想了想，说道。

“一张照片居然能上升到刑事责任？那还有死刑，你要不要判？”他一边说，一边又把衬衫袖子往上卷了卷，然后在水盆里洗抹布。

“不要。”我赶紧笑着摇头。

“为什么？”

“你死了就没人疼我了。”

“真聪明！”

“所以，管制一下算了，同时剥夺政治权利，没收财产。”

“还能一下判三个啊？”

“当然，剥夺政治权利，没收财产，是附加刑（见表 1–4），既可以独立适用，也可以和主刑一起适用。政治权利被剥夺了，以后你就没有话语权了，知道不？”

表 1–4 **刑事责任**

责任类别	具体形式	
刑事责任	主刑	管制（“323”）3 个月以上 2 年以下，最高 3 年
		拘役（“161”）1 个月以上 6 个月以下，最高 1 年
		有期徒刑（“615352025”）6 个月以上 15 年以下 【注意 1】数罪并罚“总和刑期不满 35 年的，最高不能超过 20 年；总和刑期在 35 年以上的，最高不能超过 25 年” 【注意 2】数罪中有判处有期徒刑和拘役的，执行有期徒刑；数罪中有判处有期徒刑和管制，或者拘役和管制的，有期徒刑、拘役执行完毕后，管制仍须执行
		无期徒刑
		死刑（包括死刑立即执行和死刑缓期 2 年执行）
	附加刑（可与主刑一起适用，也可以独立适用）	**罚金**
		剥夺政治权利
		没收财产
		驱逐出境（适用于外国人）

“行，以后所有的话语权都是你的。那你可不可以一边说话，一边干点活？我把所有的玻璃都擦完了，你好像什么也没干。”

我这才发现，自己光顾着说话，手一直没有动。

“跟你说话，干活效率确实很低。我不跟你说了，好好干活。”我转过身，朝厨房走去。

“你还是说话吧！”他跟了过来。

“为什么呀？”我回过头，疑惑地问道。

“听你说话，干活不累。”他把厨房窗帘往上卷了卷，阳光透过偌大的玻璃窗照在他的脸上，仿佛给他立体的五官镶了一层金边。

于是，我往后退了退，抬头说道：“你这玻璃擦得真干净！你怎么能把玻璃擦得这么干净呢？”

“是吗？”他也后退了两步，抬头欣赏自己的杰作。

“嗯，苍蝇飞过来，都能撞死。”我赞赏道。

“不要总说死行不行？”他眉梢挑了挑。

“我主要是想形容你玻璃擦得很干净。”

“你完全可以用窗明几净、一尘不染来形容。”他一本正经地教育我。

“要不，搞完卫生后，你陪我背书吧，我觉得跟你一起背书一点不累。”看着他那好为人师的样子，我白了他一眼，提议道。

“跟你背书？我累！”

“你又不考试，累什么累？”

“我看着你累。”他星眸眯起，阳光洒在他的睫毛上，格外撩人。

我没理他，而是转过身，开始收拾厨房。

我把调料罐打开，把盐包剪了个口子，然后往调料罐里倒，倒到一半，突然发现不对，这个罐子里面原本装的是糖。

“完了，跟你说话，我把盐全部倒进糖里了！”我一脸无辜地看着他，希望他不要数落。

没想到，他横臂突然伸了过来，将我整个人圈在怀里。接着低头 ，在我眉心上吻了吻，然后无比温柔地说：“没事，结婚了，我就是你老公。以后呢，你的行为会被我限制，你会成为我的限制民事行为能力人。对于限制民事行为能力人，无论做多么离谱的事情，我都会宽容的（见表 1–5）。”

表 1–5 自然人的民事行为能力

类型	界定标准
完全民事行为能力人	18 周岁以上（≥ 18 周岁）
	16 周岁以上（≥ 16 周岁）不满 18 周岁（＜ 18 周岁），以自己的劳动收入为主要生活来源的，视为完全民事行为能力人

续表

限制民事行为能力人	8 周岁以上（≥ 8 周岁）的未成年人
	不能完全辨认自己行为的精神病人
无民事行为能力人	不满 8 周岁（＜ 8 周岁）的未成年人
	完全不能辨认自己行为的精神病人

【提示】自然人民事行为能力的判定主要看两个因素：(1) **年龄**；(2) **精神状态**。与肢体是否残缺、智力高低等无关。

那浅浅润润的声音，温暖如晚风，甘甜如树莓。

我的心仿佛因为这句话，骤停了一拍。半晌，我才反应过来。不对啊，限制民事行为能力人？以我的年纪，限制民事行为能力人在法律上不就是精神病人吗？

“你——你居然说我是限制民事行为能力人？”我抡起了拳头。无奈花拳绣腿落在他身上都成了绕指柔。

而他嘴角的梨涡一圈圈划开，眸子里泛着波光，笑得极为迷人。

从此以后，我也学会了一招。如果跟人发生争执，要不紧不慢，轻描淡写地说：“算了，不跟你计较了，对于限制民事行为能力人，我向来都比较宽容。”

言下之意，你这个神经病，懒得跟你计较。

如果对方是个法盲，根本就不知道我在说什么，那只能干瞪眼喽。

（三）经济法表白

“我要追究刑事责任——以爱之名判你管制，在家里执行！”

每次楚帆犯错，我就画地为牢，把他圈在家里，让他做家务，然后我出去玩。

有一天，我端着菜从厨房出来，楚帆刚好从书房出来，站在了我面前。

“让让！”我看着他说道。

因为我普通话说得不是很好，r、l 发音没分太清，就说成了“浪浪”。

楚帆闻言，先是一惊，接着，眸子里闪过一抹笑意，蛊惑道：“我不会浪，你浪一个给我看看。”一边说，一边伸手去抬我的下巴。

“别——闹——端着菜呢！”我本能地往后仰，结果一不小心，手一松，“哐当”一声，菜全部倒在地板上，碗碎了一地。

“谁的错？”我质问道。

“你！”他斩钉截铁地说。

“怎么会是我的错？”

我心中开始冒火，他却眸中带笑，慢条斯理地答道：“如果你承认错误，我擦地板会擦得特别开心！”

我闻言，眼眸一转，赶紧拉着他的手说道：“老公，我错了！”

毕竟成年人的世界，没有绝对的对与错。

他笑了，然后很开心地擦地板、做饭去了。

做完后，他突然对我说道："我记得，某人好像定了个规矩，犯错的人，要追究刑事责任，对吧？"

"啊？"

"你今天犯错了，而且也承认了，所以现在我要以爱之名，判你——"

"不行，今天不行，我跟婉晴约好了，下午要出去的。"未等他话说完，我赶紧打断道。

"你自己定的规矩，自己废掉吗？"

"法律呢，是有自由裁量权的。调解，咱调解，你就判管制 20 分钟，最多 20 分钟，我来不及了，好不好？"我讨好地说道。

"不行，我要以爱之名，判你无期徒刑！"

"你——你——"

这人就是故意的，故意跟我过不去。

然而，他突然把我拥在怀里，在我额头上亲了一下，轻轻地说道："在我心里执行！"

我以爱之名，判你无期徒刑，在我心里执行！

我想永远把你圈在我心里！

那一瞬间，我的心，动了！

（四）像电脑一样处理信息

备考中级的同学都知道，《财务管理》的理解性最强，《经济法》的记忆性最强，《中级会计实务》介于二者之间。对于我这种学理科出身的人来说，《财务管理》很好准备，只要我理解了，一般就会了。《中级会计实务》也是先理解，然后再适当地记忆。而《经济法》就悲催了，看着那些文字我好像都认识，但是要我全记住却真的很难。今天记住了，明天我就忘了；明天记住了，后天又忘了。最后是记了忘，忘了记，进入了死胡同一般。

但是，不管怎样，我都要坚持下去。所谓耐心之树，结黄金之果，蜗牛虽走得慢，但终能走到目的地。毕竟，世界上只有两种动物能到达金字塔顶：一种是老鹰，还有一种就是蜗牛。我不是老鹰，做不到那般的矫健、敏捷，更没有一对能飞翔的翅膀，那我就只能像蜗牛一样，背着一个厚重的壳，"匍匐"前进，就像小时候儿歌中唱的：

阿门阿前一棵葡萄树

阿嫩阿嫩绿它刚发芽

蜗牛背着那重重的壳呀

一步一步地往上爬

……

直到下班时，杜老师走到我面前敲我的桌子，我才发现自己又走神了。

“小艾，你帮忙去档案室找找蓝宇科技的公司的工作底稿，里面应该有他们的联系方式，我现在要补寄一份资料给他们。”

“蓝宇科技？”

“是的，几个月前咱俩一起去审计的。”

“我知道，我这儿有。”

我拿出一个笔记本，翻出一张便签纸。

我有个习惯，就是喜欢用便签纸，尤其是漂亮的便签纸。那什么样的便签纸算漂亮呢？枫叶。那一片片枯黄待落的枫叶，便是最美的便签纸。

而且，我用过的便签纸一般不会丢掉，而是被我粘贴在笔记本上。无聊的时候，我甚至把它们用绳子串起来，然后挂在墙上。

婉晴每次看到那些被我挂在墙上的枫叶都会说，见过无聊的人，没见过像你这么无聊的人。不过，无聊之人也有可爱之处啊。

上班期间，不允许做与工作无关的事情，这是很多公司的规定，我们公司自然也不例外。当然，这也不是什么坏事情，倡导提高工作积极性和工作效率是企业的文化和制度，值得推进，也值得推广。

但是，作为会计，尤其是在备考期间，上班期间不看点儿备考资料也很难做到，特别是有点儿空闲的时候。试想人闲在那里，心里却记挂着：马上要考试了，书还没看多少。这本身就是一种煎熬。

于是，我打算偷偷地看点儿书，不管能看进去多少。

但是当我把书拿出来时，又发现不妥，感觉自己有点儿不好意思，就怕被人发现——像只惴惴不安的小兔子，随时等待着大老虎到来似的。

最后，思来想去，还是把那些要背诵的要点写在便签纸上得空随时翻看吧。

杜老师捏着我的那些便签纸，若有所思地微笑着。

我抿着嘴，不看他，佯装低头干活。

被人发现秘密多少有点儿难为情。

“你什么时候考试？”他突然问道。

“9月中旬。”

“还早，还有两个月。”

“两个月还早？”

“当然，你复习第几遍了？”

“一遍都还没看完。”

“第一遍，就把那些东西写在便签纸上。你是不是准备携带作弊啊？”

“不要这么侮辱人啊，试可废，人不可辱。”

“考前对于那些实在记不住的，再写在纸条上。现在就这样，早了点吧？”

“没办法，记不住。”

“这样，你就记住了？”

“记一点，算一点吧。”

“那考你一下哈，看你记住没。经济法的渊源是什么？”

我想了一下答道：“宪法、法律、法规、规章、自治条例和单行条例、司法解释、国际条约和协定。”

终于背出来了。

“那中国证券监督管理委员会制定的《上市公司信息披露管理办法》属于(　　)。”

A. 法律　　　　B. 行政法规

C. 部门规章　　D. 司法解释

“啊？还要背哪个文件属于哪种渊源？”我连忙打开教材，书上每个渊源都有很多文件。

“我再给你出个题，下列各项中，效力低于地方性法规的是（　　）？”

A. 宪法　　　　　　　　　　　B. 同级地方政府规章

C. 法律　　　　　　　　　　　D. 行政法规

我傻眼了。

“这是第一章的第一个问题，你不要告诉我，你还没看。”

“看是看了，但是看完就忘了。”

“那你翻书能回答出来吗？”

我连忙打开教材，去找那个《上市公司信息披露管理办法》，结果找了半天竟然没有找到。

真的没找到，我以为是我眼睛出了问题，又找了一遍，可还是没有找到。

“书上怎么没提这个文件啊？”

“这有什么奇怪的？书上不可能把所有的文件都举例出来啊！”

“那我百度。”

《上市公司信息披露管理办法》是证监会以主席令形式发布的部门规章，是对上市公司及其他信息披露义务人的所有信息披露行为的总括性规范，涵盖公司发行、上市后持续信息披露的各项要求。

“噢，它是部门规章。”

“考试的时候，你可以百度吗？”

“不可以。”

“那怎么办？”

“那就平时尽量多记几个吧。”

“先不要想问题，你发现一个规律没有？”

“什么规律？”

“你先把书上的这些文件这样列举出来，然后再仔细观察一下（如图 1–1 所示）。”

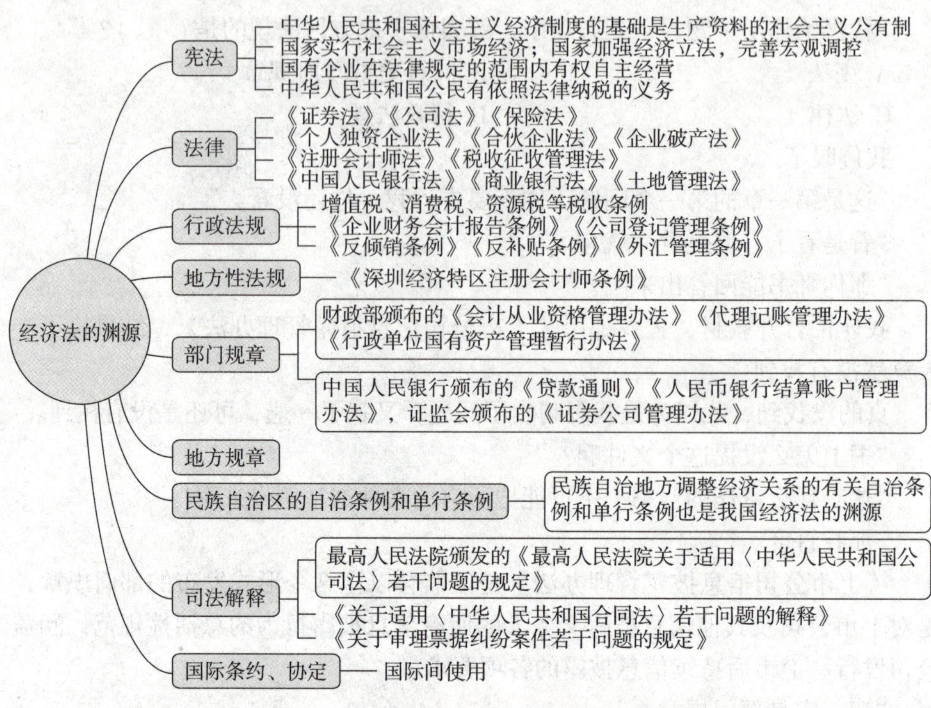

图 1-1　经济法的渊源列示图

我把所有的文件列举出来，然后看了半天，还真发现了规律（如图 1-2 所示）。在这些文件中，书名号里面的文件名字带法的属于法律；带条例的属于法规；地方性法规通常会带地名；带办法与通则的属于规章；有若干问题这几个字的，属于司法解释。。

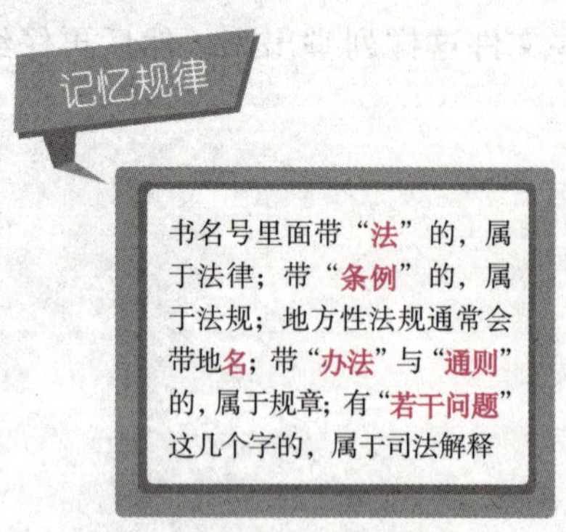

图 1-2　“经济法的渊源”记忆规律

明白了这个记忆规律，杜老师出的那个题就非常简单了，《上市公司信息披露管理办法》最后是“办法”两个字，那肯定属于部门规章啊。

我惊呼，这才叫复习！

“你说你总是记不住，那你知道问题出在哪儿吗？”

“记忆力差！”

“错。”

“你没有思考，换句话说，你没有处理信息。”

“处理信息？”

“你看你电脑里的财务软件，首先你录入凭证，录入完后，电脑帮你处理并且存储，等你要用的时候，再直接调取。比如我现在需要资产负债表，就可以调出资产负债表，需要利润表，就可以调出利润表。人脑也一样，首先是读取信息，然后要处理，处理后再存储，等到要用的时候，比如考试，直接调用就可以了。”人脑处理信息的过程如图 1–3 所示。

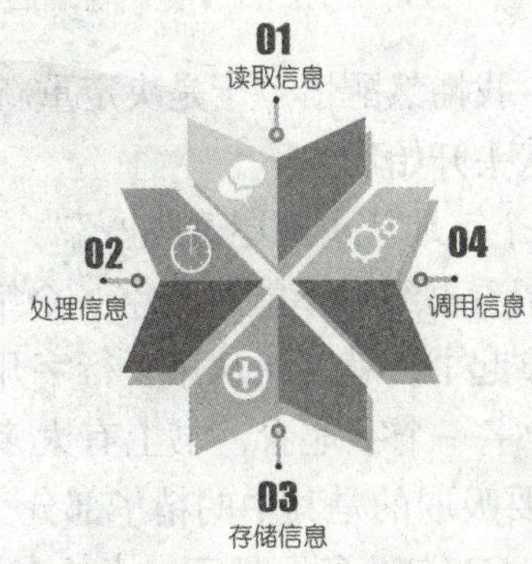

图 1–3　人脑处理信息过程图

“而大部分人都直接跳过处理信息这一步，直接进入第三步——存储信息。拼命地存，拼命地记，可就是记不住。为什么呢？你不处理信息，你的大脑就不知道该如何存储，按照什么样的规则去存储，那肯定就会混乱。人脑是一台非常复杂的运算‘机器’，必须按照一定的程序来存储信息。而且人脑对同一条信息处理得越充分，学习效果就越好。”

“那我应该怎么处理信息？”

“处理信息，不同的人有不同的方法。对于我来说，就是多用图表，这是个思考提取的过程。就是在你阅读的过程中，把你认为重要的东西提炼出来。比如，我看经济法的渊源这个问题，看完后，我就直接提炼出主要内容（如图 1–4 所示）。”

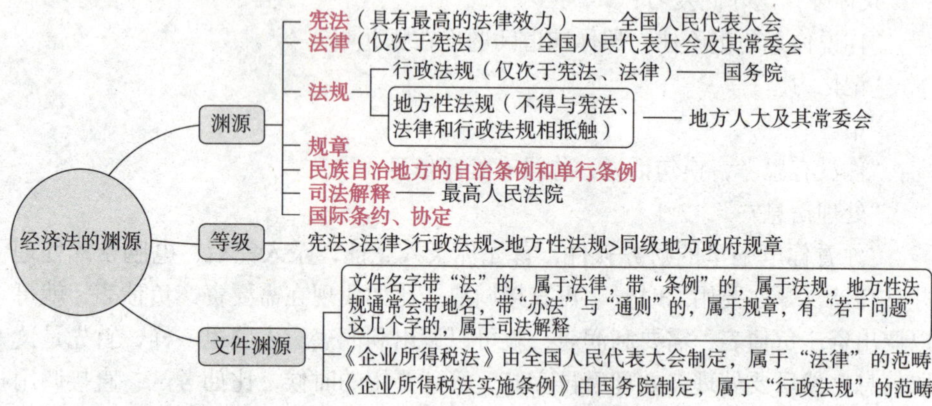

图 1-4　经济法的渊源（重新梳理后）

听了杜老师的一番话，我幡然醒悟，于是决定重新来过。

我打开教材第一章，从头开始看。

“看书用得着一个字一个字地从头到尾看吗？”

对噢，杜老师一直强调看书绝对不能一个字一个字地看，可是习惯的力量巨大，我一时还改不了。拿起书，就开始从第一行字开始看。

“看书，绝对不能一个字一个字地看，书上有太多太多不太重要的话，都看的话很浪费时间，我们要吸取的是其中的精华部分。以前老师都是让我们好好看书，多看几遍，多看几遍当然也行。然而，真的有效果的是精华部分。如果直接看精华部分的话，就会节约很多时间，从而效率更高，效果更好，成本更低。就像我们知道感冒了，多吃橙子、柠檬，身体可以更快痊愈；怀孕后多吃绿叶蔬菜，宝宝就会更健康。这都是行之有效的，人们世世代代都这么做，但无人深究其缘由。直到有一天，科学家对这些经验产生了好奇，开始追问：为什么这么做有效呢？他们研究后发现：帮助治愈感冒的不是整个橙子、柠檬，而是其中的维生素 C；帮助胎儿成长的不是整个绿叶蔬菜而是其中的叶酸。因为这些元素如此有用，科学家就将其分离出来深入研究，最终通过化学的方式人工合成维生素 C 片和叶酸片。于是，现在人们感冒了仍然可以吃橙子、柠檬，也可以吃两片维生素 C；怀孕了要多吃绿叶蔬菜，但最好额外补充叶酸片，这样成本更低，效果更好，选择更多。”

“可我还是不知道哪些是精华。”

“这才是学习的过程，同时这也是一种能力，需要慢慢培养。看一本书，首先——”

“首先看的是目录。”我接话道。

“是的，但是更重要的是思考。”

（五）本章通关地图（见图 1–5）

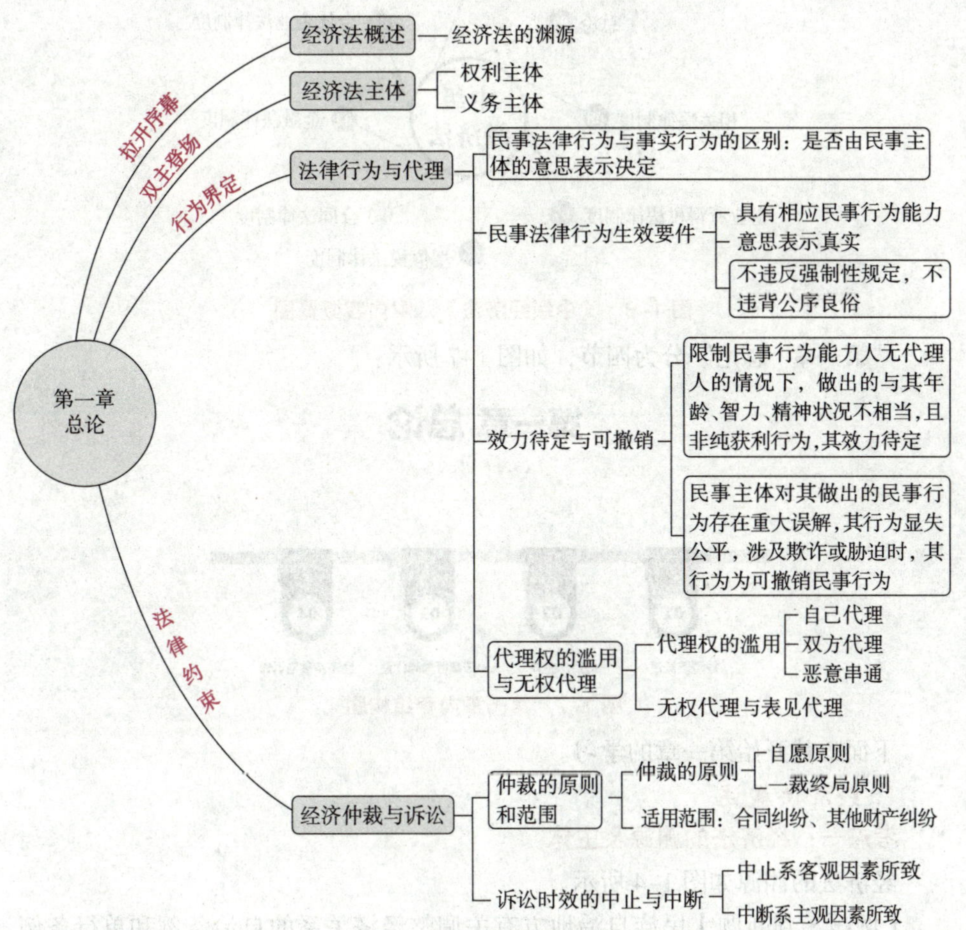

图 1–5　本章通关地图

（六）高频考点提炼

在杜老师的启发与帮助下，我开始思考研究，并试着提炼精华。

经济法有八章（如图 1–6 所示），第一章是总论，最后一章是相关法律制度，中间是公司法、金融法、合同法等，这些章节之间应该是并列关系。第三章是合伙企业法律制度，跟公司法性质相似。

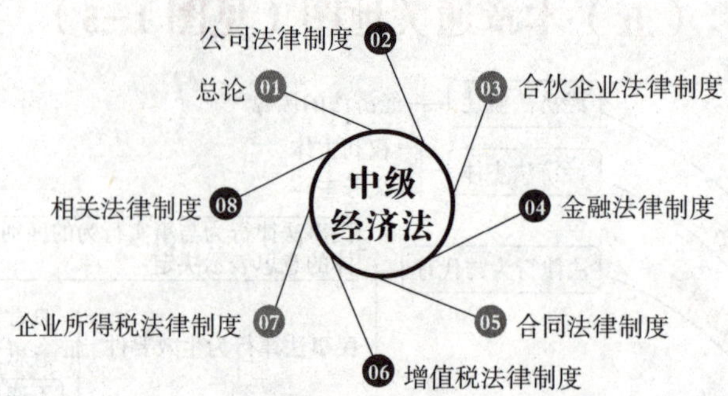

图 1–6 《中级经济法》八章内容概览图

“第一章 总论”分为四节，如图 1–7 所示：

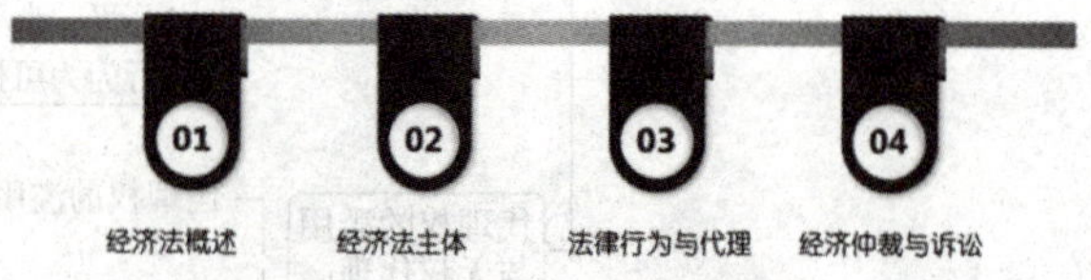

图 1–7 第一章内容结构图

下面，就开始第一章的学习。

1. 经济法概述

考点一：经济法的渊源及主体

经济法的渊源如图 1–4 所示。

【例题 · 判断题】民族自治地方有关调整经济关系的自治条例和单行条例也是我国经济法的渊源。(　　)

【答案】√

【例题 · 单选题】中国证券监督管理委员会制定的《上市公司信息披露管理办法》属于 (　　)。

A. 法律　　B. 行政法规

C. 部门规章　　D. 司法解释

【答案】C

【解析】部门规章由国务院的组成部门及其直属机构在其职权范围内制定。

【例题 · 单选题】不同形式的法具有不同的效力等级，下列各项中，效力等级低于地方性法规的是 (　　)。

A. 宪法　　　　　　　　　　　　　B. 同级地方政府规章

C. 法律　　　　　　　　　　　　　D. 行政法规

【答案】B

【解析】效力等级排序：宪法 > 法律 > 行政法规 > 地方性法规 > 同级地方政府规章。

经济法主体的内容见表 1–6。

表 1–6　　　　　　　　　　　　经济法主体

含义	在经济法律关系中享有一定权利、承担一定义务的当事人或参加者 【解释】享受经济权利的一方称为**权利主体**；承担经济义务的一方称为**义务主体**
涵盖的内容	经济法主体包括：国家机关，企业、事业单位，社会团体，个体工商户，农村承包经营户，公民等
分类	根据经济法调整领域的不同，可以将经济法主体分为：宏观调控法主体、市场规制法主体 （1）**宏观调控法主体**可以分为调控主体和受控主体 （2）**市场规制法主体**可分为规制主体和受制主体

【例题・多选题】下列各项中，可以成为经济法主体的有（　）。

A. 政府

B. 各类企业

C. 非营利组织

D. 外国人

【答案】ABCD

【解析】本题考核经济法主体的范围。经济法主体包括：国家机关，企业、事业单位，社会团体，个体工商户，农村承包经营户，公民等。

2. 法律行为

考点二：民事法律行为的判断及分类（见表 1–7 和表 1–8）

表 1–7　　　　　　　　　　民事法律行为的判断

概念	民事主体通过意思表示设立、变更、终止民事法律关系的行为
区别于事实行为	民事法律行为对法律关系产生何种影响是由意思表示决定的，而非由法律规定直接决定
常见的事实行为	如拾得遗失物、建造房屋、侵权行为、创作行为等

【例题・单选题】下列各项中，属于民事法律行为的是（　）。

A．王某和李某约定本周五晚 8 点共进晚餐

B．甲公司和乙公司签订买卖合同

C．张某创作一部长篇小说

D．刘某将其任职单位的办公电脑据为己有

表 1-8　民事法律行为的分类

按需几方面的意思表示	单方法律行为	如债务的免除、民事委托代理的撤销、无权代理的追认、遗嘱行为等
	多方法律行为	如合同行为（包括赠与合同）、设立公司的协议等
按是否存在对等的给付	有偿法律行为	如买卖、租赁、承揽等
	无偿法律行为	如赠与、无偿委托、借用等
按是否有法律规定的形式	要式法律行为	票据行为是要式行为
	非要式法律行为	如一般的买卖合同
按依存关系	主法律行为	主法律行为不成立，从法律行为则不能成立；主法律行为无效，则从法律行为也不能生效
	从法律行为	主法律行为履行完毕，并不必然导致从法律行为效力的丧失

【答案】B

【解释】（1）选项 A: 不导致民事法律关系产生、变更或者消灭，属于纯事务性行为；（2）选项 C: 相应法律后果不由意思表示决定，而是由法律直接规定，属于事实行为；（3）选项 D: 民事法律行为是具有法律约束力的合法行为。

【例题·单选题】根据民事法律制度的规定，下列各项中，属于民事法律行为的是（　）。

A．张某观测宇宙黑洞

B．王某与机器人对弈

C．李某购买考试教材

D．刘某食用新鲜草莓

【答案】C

【解析】（1）选项 AB：不影响民事法律关系，不属于民事法律行为；（2）选项 D：食用完毕，刘某对草莓的所有权消灭，该后果由法律直接规定，并非由意思表示决定，其不属于民事法律行为。

【例题·单选题】下列各项中，属于民事法律行为的是（　）。

A．陈某拾得一个钱包

B．李某种植果树

C．杨某与某商场签订购买机器的合同

D．王某盗窃他人财物

【答案】C

【解析】（1）选项 A：陈某拾得钱包，负有返还义务，陈某所负返还义务并非由陈某的意思表示决定，而是由法律直接规定，因此陈某拾得钱包的行为属于事实行为；（2）选项 B：李某因种植果树而取得该果树及其果实的所有权，李某与果树及其果实的上述关系由法律直接规定，并非由李某的意思表示决定，因此李某种植果树的行为属于事实行为；（3）选项D：王某因盗窃行为可能受到治安管理处罚，甚至需要承担刑事责任，这些法律后果均由法律规定，并非由王某的意思表示决定，因此王某盗窃他人财物的行为属于事实行为。

【例题·多选题】下列各项中，属于民事法律行为的有（　）。

A．甲商场与某电视生产企业签订购买一批彩电的合同

B．乙捡到一台电脑

C．丙放弃一项债权

D．丁完成一项发明创造

【答案】AC

【解析】（1）选项C：①放弃债权会导致相关债权的法律关系消灭；②放弃多少取决于丙的意思表示。因此，选项C属于民事法律行为。更进一步，放弃债权由丙说了算——单方意思表示决定法律后果，故选项C属于单方民事法律行为。（2）选项BD：属于事实行为。

考点三：法律行为有效与无效（如图1-8所示）

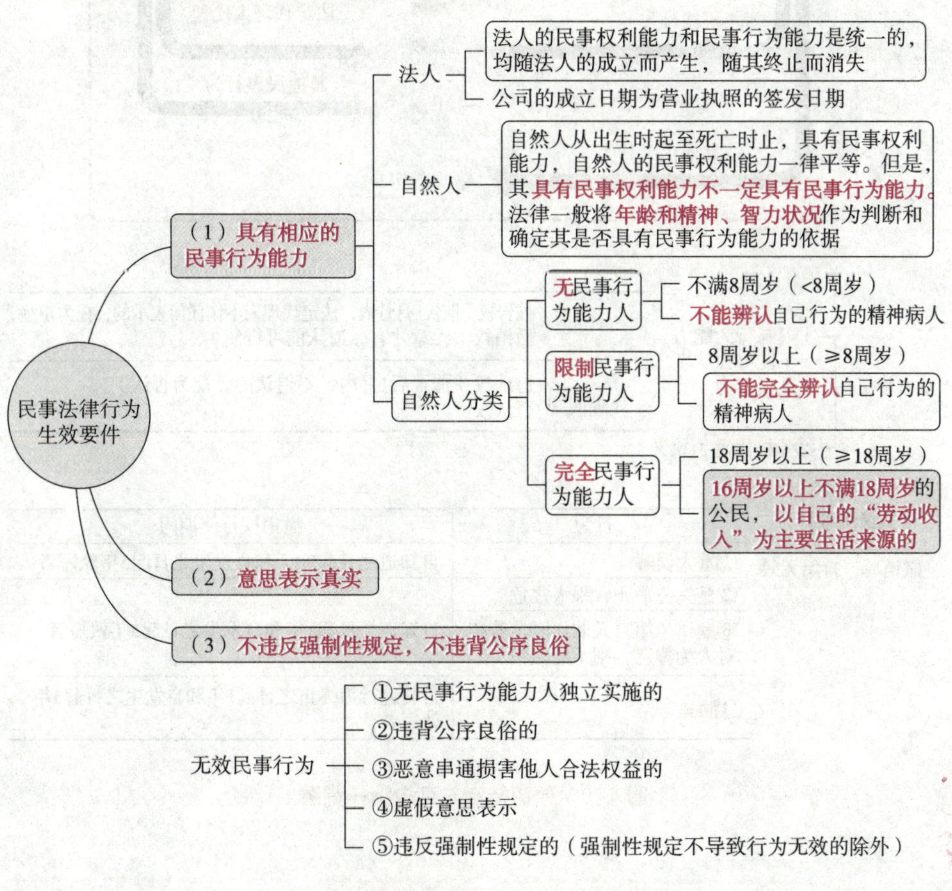

1-8　法律行为有效与无效一览图

【例题·多选题】甲、乙均于2003年6月30日出生。甲于2020年年初参加工作，并已独立生活；乙在高中读书，靠父母生活。2020年5月31日，甲、乙在某饭店滋事，将邻桌的丙打伤。下列表述中，正确的有（ ）。

A. 甲为限制民事行为能力人

B. 甲应视为完全民事行为能力人

C. 乙为限制民事行为能力人

D. 乙应视为完全民事行为能力人

【答案】BC

【解释】16周岁以上不满18周岁的公民，以自己的劳动收入为主要生活来源的，视为完全民事行为能力人。

考点四：效力待定与可撤销（如图1-9所示）

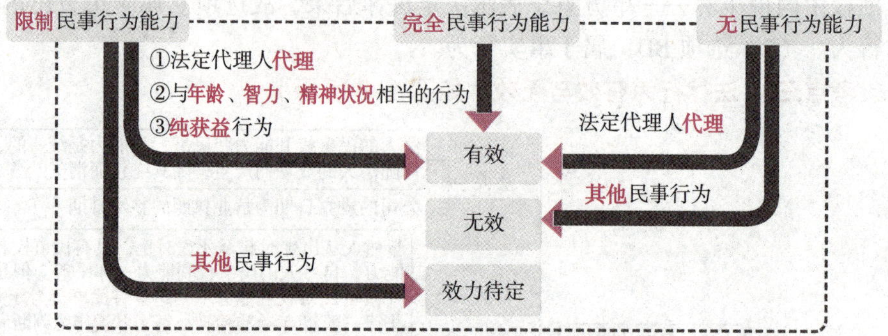

效力待定——①限制行为能力不能单独从事某项行为；②无权代理（狭义）

相对人	催告权（催告后1月内，法定代理人不作任何表示的，视为拒绝） 撤销权（善意才有，追认前可行使）
法定代理人	追认权（催告后1月内，不追认的，视为否认） 否认权

可撤销民事行为

撤销后，自始无效

行为	撤销权行使期间
①重大误解	自知道之日起90天和自发生之日起5年孰短者
②显失公平（含乘人之危）	自知道之日起1年和自发生之日起5年孰短者
③欺诈（第三人欺诈时，若相对人为善意，则不能撤销）	
④胁迫	自胁迫行为终止之日起1年和自发生之日起5年孰短者

图1-9 效率待定与可撤销一览图

【例题·多选题】下列合同，属于可撤销合同的有（　　）。

A. 15 周岁的赵某独立与甲公司签订的专利权转让合同

B. 钱某因受乙公司欺诈，向乙公司转让其祖传的砚台

C. 丙公司为了增加进项税额，与丁公司签订虚假的原材料采购合同

D. 孙某从李某手中购入项链一条，双方签订合同时均认为其是 24K 金项链，后发现该项链仅为 18K 金

【答案】BD

【解析】选项 A: 限制民事行为能力人（独立）实施的纯获益的民事法律行为或者与其年龄、智力、精神健康状况相适应的民事法律行为以外的其他民事法律行为，经法定代理人同意或者追认后有效（效力待定）；选项 B: 一方以欺诈手段，使对方在违背真实意思的情况下实施的民事法律行为，受欺诈方有权请求人民法院或者仲裁机构予以撤销；选项 C: 行为人与相对人以虚假的意思表示实施的民事法律行为无效；选项 D: 基于重大误解实施的民事法律行为，行为人有权请求人民法院或者仲裁机构予以撤销。

【例题·单选题】11 周岁的张某未事先征得法定代理人的同意，就将其价值 3 000 元的学习机赠送给同学李某。该赠与行为（　）。

A．可撤销

B．有效

C．无效

D．效力待定

【答案】D

【解析】（1）张某属于限制民事行为能力人；（2）张某是赠与方，该行为对张某而言不属于纯获益的行为；（3）赠与的物品价值 3 000 元，超出了张某的行为能力。因此，张某的赠与行为效力待定。

【例题·单选题】王某 13 岁生日时，爷爷送其价值 1 万元的电脑 1 台，奶奶送其价值 50 元的棒球帽 1 顶。同年某天，王某未事先征得法定代理人的同意，就将其电脑与棒球帽分别赠送给同班同学。下列关于王某行为效力的表述中，正确的是（　）。

A．赠送棒球帽的行为效力待定

B．受赠棒球帽的行为有效

C．赠送电脑的行为无效

D．受赠电脑的行为效力待定

【答案】B

【解析】（1）王某属于限制民事行为能力人；（2）受赠，属于纯获益行为，两项受赠行为均有效；（3）赠送，对王某并非纯获益，且棒球帽价值小，属于王某行为能力范围内的事项，赠送棒球帽的行为有效，但电脑价值较高，超出王某的行为能力，赠送电脑的行为效力待定。

【例题 · 单选题】10周岁的张某未经法定代理人的同意，将其价值5 000元的笔记本电脑赠与同学李某。该赠与合同（　）。

A．有效

B．无效

C．可撤销

D．效力待定

【答案】D

【解析】（1）张某属于限制民事行为能力人；（2）“赠与同学”对张某而言并非纯获益；（3）赠与的物品价值“5 000元”明显超出张某的民事行为能力范围。因此，该赠与合同效力待定。

【例题 · 单选题】吴某与考上重点中学的12周岁外甥孙某约定，将其收藏的一幅名画赠与孙某。下列关于吴某与孙某之间赠与合同效力的表述中，符合合同法律制度规定的是（　）。

A．合同效力待定，因为吴某可以随时撤销赠与

B．合同无效，因为孙某为限制民事行为能力人

C．合同有效，因为限制民事行为能力人孙某可以签订纯获益的合同

D．合同效力待定，孙某的法定代理人有权在1个月内追认

【答案】C

【解析】（1）孙某属于限制民事行为能力人；（2）孙某是受赠方，该合同对孙某而言属于纯获益的合同，有效。

【例题 · 单选题】16周岁的小林参加中学生科技创意大赛，其作品“厨房定时器”获得组委会颁发的奖项。张某对其作品非常感兴趣，现场支付给小林5万元，买下该作品的发明专利。下列关于该合同效力的表述中，符合合同法律制度规定的是（　）。

A．该合同可撤销，因为小林是限制民事行为能力人

B．该合同无效，因为小林是限制民事行为能力人

C．该合同有效，因为该合同对小林而言是纯获益的

D. 该合同效力待定，因为需要由小林的法定代理人决定是否同意或追认

【答案】D

【解析】（1）16周岁的小林是中学生，并未以自己的劳动收入为主要生活来源，属于限制民事行为能力人；（2）高达5万元的“厨房定时器”的发明专利买卖合同，对小林而言，不属于纯获益的合同，也超出了他的民事行为能力范围，该合同效力待定，经小林的法定代理人同意或者追认后方才有效。

【例题·单选题】根据民事法律制度的规定，下列行为中，不属于可撤销民事法律行为的是（　）。

A. 李某误以为赵某的镀金表为纯金表而花高价购买

B. 陈某受王某胁迫与其签订房屋租赁合同

C. 刘某超越代理权以甲公司的名义与乙公司签订买卖合同

D. 孙某受蔡某欺诈与其签订买卖合同

【答案】C

【解析】（1）选项A：李某对买卖标的物存在重大误解，其行为可撤销；（2）选项B：陈某受胁迫而订立合同，其行为可撤销；（3）选项C：属于效力待定民事法律行为；（4）选项D：孙某受对方当事人欺诈而订立合同，其行为可撤销。

考点五：附条件与附期限法律行为（如图1–10所示）

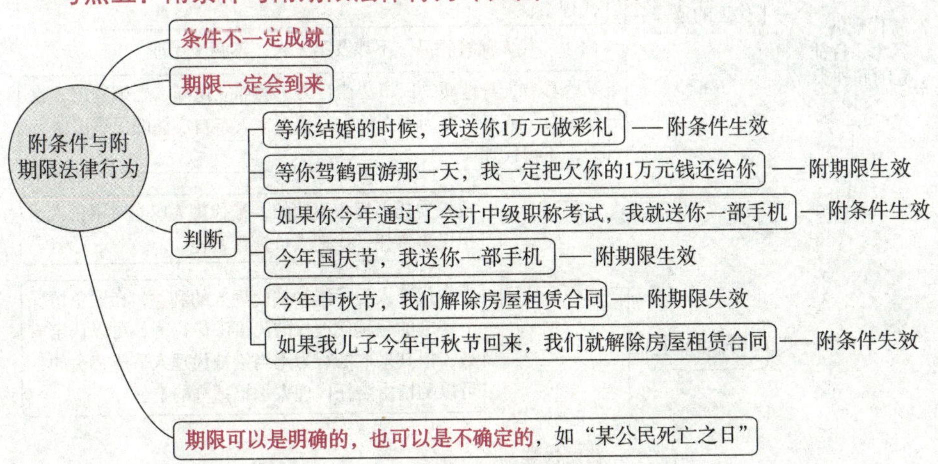

图1–10　附条件与附期限法律行为

对附条件的民事法律行为而言，当事人为自己的利益不正当地阻止条件成就的，视为条件已成就；不正当地促成条件成就的，视为条件不成就。

【例题·多选题】甲与乙签订了一份租房合同，协议规定：如果甲在3个

月内与丙结婚，其将租用乙的两居室。这一民事行为（　　）。

A. 是附条件的民事法律行为

B. 是附期限的民事法律行为

C. 合同已成立

D. 合同已生效

【答案】AC

【解析】本题考核附条件的法律行为。本题中的行为属于附延缓条件的法律行为。也就是说，在延缓条件成就之前，法律行为已经成立，但是效力却处于一种停止状态。

3. 代理

考点六：代理的概念、特征、范围和种类（如图 1-11 所示）

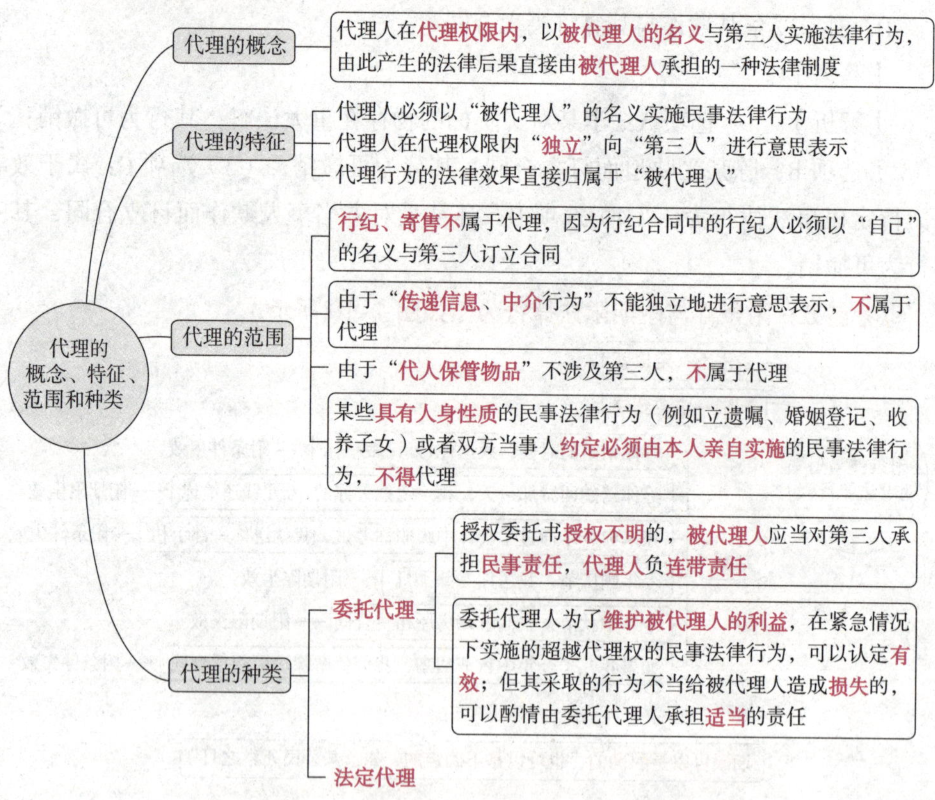

图 1-11　代理的概念、特征、范围和种类一览图

【例题·判断题】授权委托书授权不明的，被代理人应当对第三人承担民事责任，代理人不承担责任。（　　）

【答案】×

【解析】授权委托书授权不明的，被代理人应当对第三人承担民事责任，代理人负连带责任。

【例题·多选题】下列行为中，不属于代理的有（　　）。

A. 行纪行为　　B. 居间行为

C. 代人保管物品　　D. 寄售

【答案】ABCD

【解析】选项 AD：由于“行纪”“寄售”并非以“被代理人”的名义实施法律行为，故其不属于代理；选项 B：由于“居间行为”不能独立地进行意思表示，故其不属于代理；选项 C：由于“代人保管物品”不涉及第三人，因此其不属于代理。

【例题·单选题】根据《民法典》的规定，下列行为中，可以进行代理的是（　　）。

A. 立遗嘱　　B. 婚姻登记

C. 收养子女　　D. 签订买卖合同

【答案】D

【解析】依照法律规定或行为性质必须由本人亲自进行的行为（如立遗嘱、婚姻登记、收养子女）不能代理。

【例题·单选题】根据《民法典》的规定，被代理人出具的授权委托书授权不明的，应当由（　　）。

A. 被代理人对第三人承担民事责任，代理人不负责任

B. 代理人对第三人承担民事责任，被代理人不负责任

C. 被代理人对第三人承担民事责任，代理人负连带责任

D. 先由代理人对第三人承担民事责任，代理人无法承担责任的，由被代理人承担责任

【答案】C

【解析】授权委托书授权不明的，被代理人应当对第三人承担民事责任，代理人负连带责任。

考点七：代理权的滥用与无权代理以及代理关系终止（见表 1–9 和表 1–10）

表 1–9　　代理权的滥用与无权代理

代理权的滥用	（1）自己代理	代理人不得以被代理人的名义与自己实施民事法律行为，但是被代理人同意或者追认的除外
	（2）双方代理	代理人不得以被代理人的名义与自己同时代理的其他人实施民事法律行为，但是被代理的双方同意或者追认的除外
	（3）恶意串通	代理人和相对人恶意串通，损害被代理人合法权益的，代理人和相对人应当承担连带责任
无权代理	情形	没有代理权 超越代理权 代理权终止后仍然实施代理行为

续表

<table>
<tr><td rowspan="6">无权代理</td><td rowspan="2">构成表见代理</td><td colspan="2">相对人对行为人没有代理权事实上不知情，属于善意相对人</td></tr>
<tr><td>存在行为人有代理权的表象</td><td>（1）被代理人对第三人表示已将代理权授予他人，而实际并未授权
（2）被代理人将某种有代理权的证明文件（如盖有公章的空白介绍信、空白合同文本、合同专用章等）交给他人，他人以该种文件使第三人相信其有代理权并与之进行法律行为
（3）代理人违反被代理人的意思或者超越代理权，第三人无过失地相信其有代理权
（4）代理关系终止后未采取必要的措施而使第三人仍然相信行为人有代理权</td></tr>
<tr><td rowspan="3">不构成表见代理，即无权代理</td><td>（1）行为效力待定</td><td>行为人没有代理权、超越代理权或者代理权终止后，仍然实施代理行为，未经被代理人追认的，对被代理人不发生效力</td></tr>
<tr><td>（2）拒绝追认，行为无效</td><td>相对人（不论是否善意）可以催告被代理人自收到通知之日起1个月内予以追认。被代理人未作表示的，视为拒绝追认</td></tr>
<tr><td>（3）被撤销，行为无效</td><td>行为人实施的行为被确认前，善意相对人有撤销的权利。撤销应当以通知的方式做出</td></tr>
</table>

表 1-10　**代理关系终止**

<table>
<tr><td rowspan="2">委托代理终止的法定情形</td><td>（1）代理期间届满或者代理事务完成
（2）被代理人取消委托或代理人辞去委托
（3）代理人或者被代理人死亡
（4）代理人丧失民事行为能力
（5）作为代理人或被代理人的法人、非法人组织终止</td></tr>
<tr><td rowspan="2">被代理人死亡后，有下列情形之一的，委托代理人实施的代理行为仍有效：
（1）代理人不知道并且不应当知道被代理人死亡
（2）被代理人的继承人予以承认
（3）授权中明确代理权在代理事务完成时终止
（4）被代理人死亡前已经实施，为了被代理人的继承人的利益继续代理，作为代理人或被代理人的法人、非法人组织终止的，参照上述条款</td></tr>
<tr><td rowspan="2">法定代理终止的法定情形</td></tr>
<tr><td>（1）被代理人取得或恢复民事行为能力
（2）被代理人或代理人死亡
（3）代理人丧失民事行为能力
（4）由其他原因引起的被代理人和代理人之间的监护关系消灭</td></tr>
</table>

【例题·判断题】代理人和第三人恶意串通，损害被代理人的利益，由代理人和第三人负连带责任。（　）

【答案】√

【例题·判断题】第三人知道行为人无权代理还与行为人实施民事行为给他人造成损害的，由第三人和行为人负连带责任。（　）

【答案】√

【例题·判断题】甲公司未授予王某代理权，王某以甲公司的名义与乙企业实施民事行为，甲公司知道该事项后不作否认表示，王某所实施的代理行为的法律后果应由甲公司承担。（　）

【答案】√

【解析】在无权代理的情况下，如果本人知道他人以本人名义实施民事行为而不作否认表示的，视为同意，无权代理人所实施的代理行为的法律后果由被代理人承担。

【例题·判断题】甲曾对乙表示已将销售业务的代理权授予丙，而实际上甲并未授权给丙。之后，丙以甲的名义与乙签订货物买卖合同，则甲应对丙签

订该合同的行为承担法律责任。(　　)

【答案】√

【解析】被代理人(甲)对第三人(乙)表示已将代理权授予他人，但实际并未授权的，构成表见代理，应当由被代理人(甲)承担法律责任。

【例题·多选题】下列代理行为中，属于滥用代理权的有(　　)。

A. 超越代理权进行代理

B. 代理人与第三人恶意串通，损害被代理人利益

C. 没有代理权而进行代理

D. 代理他人与自己进行民事行为

【答案】BD

【解析】选项 AC：其行为属于无权代理。

4. 仲裁

考点八：仲裁的原则和范围(如图 1-12 所示)

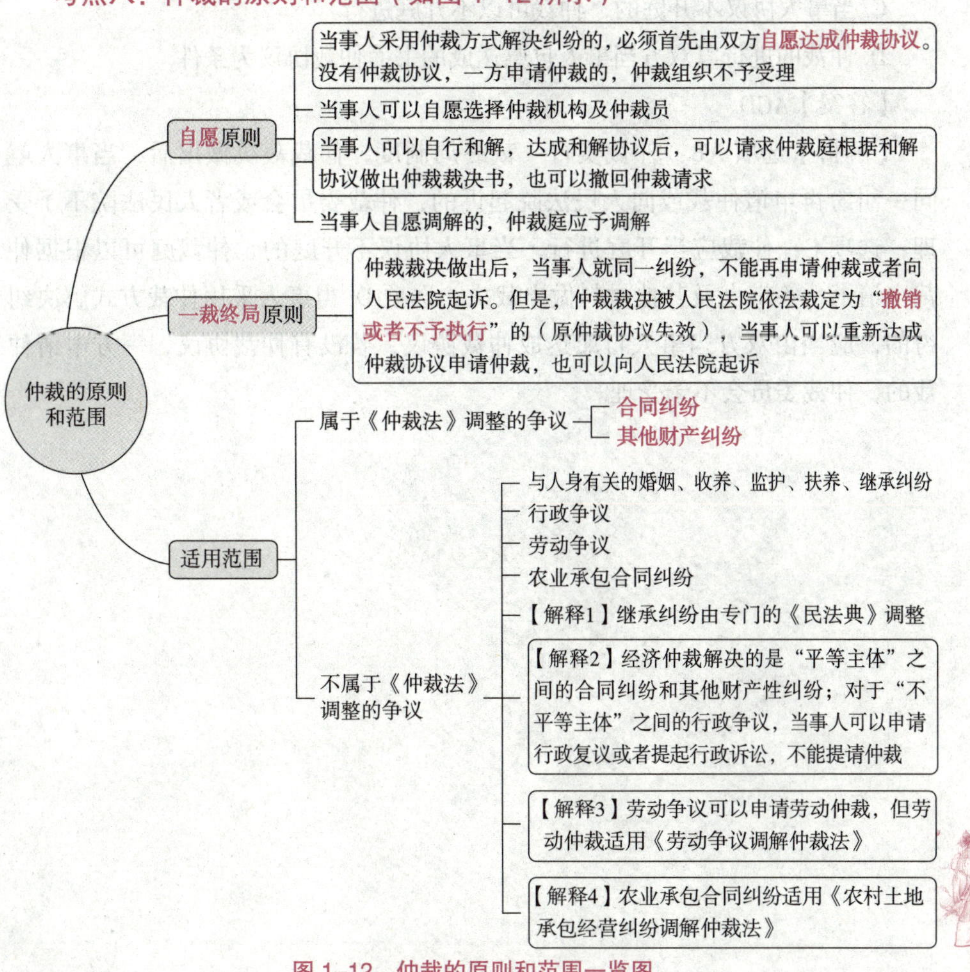

图 1-12　仲裁的原则和范围一览图

【例题·单选题】下列纠纷中，可以适用《仲裁法》解决的是（　　）。

A. 当事人之间的土地承包合同纠纷

B. 当事人之间的货物买卖合同纠纷

C. 当事人之间的遗产继承纠纷

D. 当事人之间的劳动争议

【答案】B

【解析】选项AD：不属于《仲裁法》所规定的仲裁范围；选项C：不能提请仲裁。

【例题·多选题】下列表述中，符合《仲裁法》规定的有（　　）。

A. 仲裁庭做出的仲裁裁决为终局裁决

B. 当事人不服仲裁裁决可以向人民法院起诉

C. 当事人协议不开庭的，仲裁可以不开庭进行

D. 仲裁的进行以双方当事人自愿达成的书面仲裁协议为条件

【答案】ACD

【解析】选项AB：仲裁实行一裁终局制度，仲裁裁决做出后，当事人就同一纠纷再申请仲裁或向人民法院起诉的，仲裁委员会或者人民法院不予受理；选项C：仲裁应当开庭进行，当事人协议不开庭的，仲裁庭可以根据仲裁申请书、答辩书及其他材料做出裁决；选项D：当事人采用仲裁方式解决纠纷的，应当由双方当事人自愿达成仲裁协议，若没有仲裁协议，一方申请仲裁的，仲裁委员会不予受理。

考点九：仲裁协议（如图 1-13 所示）

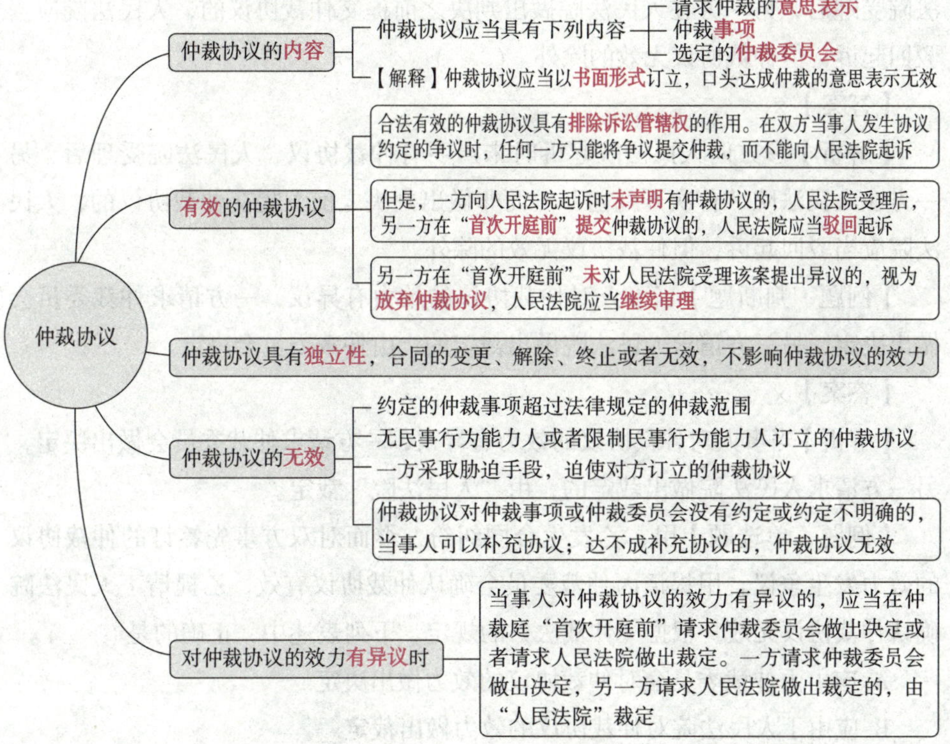

图 1-13 仲裁协议一览图

【例题·判断题】甲公司与乙公司解除合同关系，则合同中的仲裁协议也随之失效。(　　)

【答案】×

【解析】仲裁协议具有独立性，合同的变更、解除、终止或者无效，不影响仲裁协议的效力。

【例题·判断题】仲裁协议对仲裁事项没有约定或约定不明确的，当事人可以补充协议；达不成补充协议的，仲裁协议无效。(　　)

【答案】√

【例题·判断题】当事人对仲裁协议的效力有异议的，应当在仲裁庭做出裁决之前提出。(　　)

【答案】×

【解析】当事人对仲裁协议的效力有异议的，应当在仲裁庭“首次开庭前”提出。

【例题·判断题】一方当事人向人民法院起诉时未声明有仲裁协议，人民法院受理后，另一方在人民法院做出判决之前提交仲裁协议的，人民法院应当驳回起诉，但仲裁协议无效的除外。(   )

【答案】×

【解析】一方向人民法院起诉时未声明有仲裁协议，人民法院受理后，另一方在人民法院“首次开庭前”（而非做出判决之前）提交仲裁协议的，人民法院应当驳回起诉，但仲裁协议无效的除外。

【例题·判断题】当事人对仲裁协议的效力有异议，一方请求仲裁委员会做出决定，另一方请求人民法院做出裁定的，由仲裁委员会决定。(   )

【答案】×

【解析】当事人对仲裁协议的效力有异议，一方请求仲裁委员会做出决定，另一方请求人民法院做出裁定的，由“人民法院”裁定。

【例题·单选题】甲、乙发生合同纠纷，继而对双方事先签订的仲裁协议的效力发生争议。甲提请丙仲裁委员会确认仲裁协议有效，乙提请丁人民法院确认仲裁协议无效。根据《仲裁法》的规定，下列表述中，正确的是(   )。

A. 应由丙仲裁委员会对仲裁协议的效力做出决定

B. 应由丁人民法院对仲裁协议的效力做出裁定

C. 应根据甲、乙提请确认仲裁协议效力的时间先后来确定应由丙仲裁委员会决定还是由丁人民法院裁定

D. 该仲裁协议自然失效

【答案】B

【解析】当事人对仲裁协议的效力有异议的，可以请求仲裁委员会做出决定或者请求人民法院做出裁定；一方请求仲裁委员会做出决定，另一方请求人民法院做出裁定的，由“人民法院”裁定。

考点十：仲裁程序（如图 1-14 所示）

- 仲裁程序
  - 仲裁庭由1名或者3名仲裁员组成，由3名仲裁员组成的，设首席仲裁员
  - 申请仲裁的当事人必须有书面仲裁协议
  - 回避制度
    - 仲裁员有下列情况之一的，必须回避，当事人也有权提出回避申请
      - 是本案当事人，或者当事人、代理人的近亲属
      - 与本案有利害关系
      - 与本案当事人、代理人有其他关系，可能影响公正仲裁的
      - 私自会见当事人、代理人，或者接受当事人、代理人的请客送礼的
    - 【解释】当事人提出回避申请的，应当说明理由，并在“首次开庭前”提出。回避事由在首次开庭后知道的，可以在“最后一次开庭终结前”提出。仲裁员是否回避，由仲裁委员会主任决定；仲裁委员会主任担任仲裁员的，由仲裁委员会集体决定
    - 【相关链接1】当事人对仲裁协议的效力有异议的，应当在仲裁庭“首次开庭前”请求仲裁委员会做出决定或者请求人民法院做出裁定
    - 【相关链接2】一方向人民法院起诉时未声明有仲裁协议，人民法院受理后，另一方在“首次开庭前”提交仲裁协议的，人民法院应当驳回起诉；另一方在“首次开庭前”未对人民法院受理该案提出异议的，视为放弃仲裁协议，人民法院应当继续审理
  - 是否开庭
    - 仲裁应当开庭进行；当事人协议不开庭的，仲裁庭可以根据仲裁申请书、答辩书及其他材料做出裁决
  - 是否公开进行
    - 仲裁一般不公开进行；当事人协议公开的，可以公开进行，但涉及国家秘密的除外
  - 当事人的和解
    - 申请仲裁后，当事人可以自行和解。达成和解协议的，可以请求仲裁庭根据和解协议做出裁决书，也可以撤回仲裁申请。当事人达成和解协议（原仲裁协议并未失效），撤回仲裁申请后又反悔的，可以根据仲裁协议申请仲裁
  - 仲裁庭的调解
    - 仲裁庭在做出裁决前，可以（而非必须）先行调解。当事人自愿调解的，仲裁庭应当调解。调解不成的，仲裁庭应当及时做出裁决。调解达成协议的，仲裁庭应当制作调解书或者根据协议的结果制作裁决书，调解书经双方当事人“签收”后，即与裁决书具有同等的法律效力。当事人在调解书“签收前”反悔的，仲裁庭应当及时做出裁决

图 1-14　仲裁程序一览图

【例题·多选题】根据《仲裁法》的规定，下列表述中，正确的有（　　）。

A. 申请仲裁后，当事人达成和解协议的，可以请求仲裁庭根据和解协议做出裁决书，也可以撤回仲裁申请

B. 当事人达成和解协议，撤回仲裁申请后又反悔的，原仲裁协议失效，当事人不能根据原仲裁协议申请仲裁

C. 仲裁庭在做出裁决前，可以先行调解，调解达成协议的，仲裁庭应当制作

调解书或者根据协议的结果制作裁决书，调解书与裁决书具有同等法律效力

D. 调解书经双方当事人签收后，即发生法律效力

【答案】ACD

【解析】选项 B：当事人达成和解协议，撤回仲裁申请后又反悔的，可以根据仲裁协议申请仲裁。

【例题 · 多选题】根据《仲裁法》的规定，下列情形中，仲裁员应当回避的有（　　）。

A. 仲裁员与本案有利害关系

B. 仲裁员私自会见当事人

C. 仲裁员是本案代理人的近亲属

D. 仲裁员接受当事人的请客送礼

【答案】ABCD

【解析】仲裁员有下列情况之一的，必须回避，当事人也有权提出回避申请：① 是本案当事人，或者当事人、代理人的近亲属；② 与本案有利害关系；③ 与本案当事人、代理人有其他关系，可能影响公正仲裁；④ 私自会见当事人、代理人，或者接受当事人、代理人的请客送礼。

【例题 · 单选题】根据《仲裁法》的规定，下列各项中，不正确的是（　　）。

A. 申请仲裁的当事人必须有书面仲裁协议

B. 仲裁庭由 1 名或 3 名仲裁员组成

C. 调解书与裁决书具有同等法律效力

D. 仲裁均公开进行

【答案】D

【解析】仲裁不公开进行，当事人协议公开的，可以公开进行。

【例题 · 多选题】根据《仲裁法》的规定，下列表述中，正确的有（　　）。

A. 除当事人达成协议外，仲裁应当开庭进行

B. 仲裁不实行回避制度

C. 当事人可以自行和解

D. 仲裁庭可以进行调解

【答案】ACD

【解析】选项 A：仲裁应当开庭进行，当事人协议不开庭的，仲裁庭可以根据仲裁申请书、答辩书及其他材料做出裁决；选项 B：仲裁程序与诉讼程序中均规定了回避制度；选项 C：申请仲裁后，当事人可以自行和解；选项 D：仲裁庭在做出裁决前，可以先行调解，当事人自愿调解的，仲裁庭应当调解。

考点十一：仲裁裁决（如图 1–15 所示）

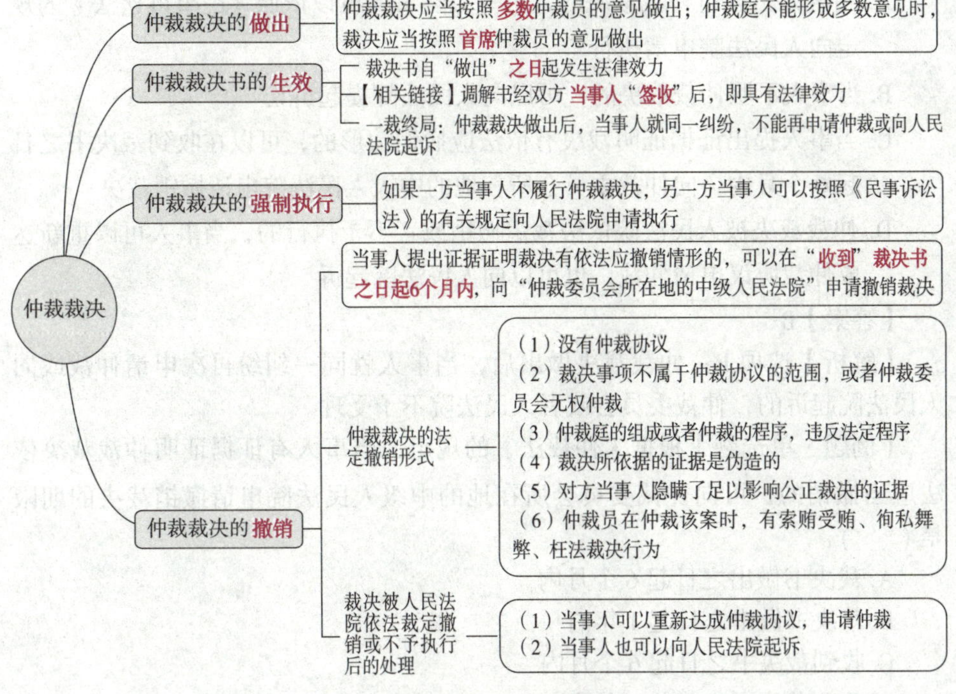

图 1–15　仲裁裁决一览图

【例题·判断题】当事人提出证据证明裁决有依法应撤销情形的，可以在裁决书做出之日起 6 个月内，向仲裁委员会所在地的中级人民法院申请撤销裁决。(　　)

【答案】×

【解析】当事人提出证据证明裁决有依法应撤销情形的，可以在“收到”裁决书之日起 6 个月内，向仲裁委员会所在地的中级人民法院申请撤销裁决。

【例题·多选题】甲、乙因合同纠纷申请仲裁，仲裁庭对案件裁决未能形成一致意见。根据《仲裁法》的规定，下列表述中，正确的有(　　)。

A. 应当按照多数仲裁员的意见做出裁决

B. 应当由仲裁庭达成一致意见后做出裁决

C. 仲裁庭不能形成多数意见时，按照首席仲裁员的意见做出裁决

D. 仲裁庭不能形成一致意见时，提请仲裁委员会做出裁决

【答案】AC

【解析】仲裁裁决应当按照多数仲裁员的意见做出；仲裁庭不能形成多数意见时，裁决应当按照首席仲裁员的意见做出。

【例题·单选题】根据《仲裁法》的规定，下列表述中，不正确的是（　）。

A. 当事人不履行仲裁裁决的，另一方当事人可以依照《民事诉讼法》的规定向人民法院申请执行

B. 当事人不服仲裁裁决的，可以向人民法院提起诉讼

C. 当事人提出证据证明裁决有依法应撤销情形的，可以在收到裁决书之日起 6 个月内，向仲裁委员会所在地的中级人民法院申请撤销裁决

D. 仲裁裁决被人民法院依法裁定撤销或者不予执行的，当事人可以重新达成仲裁协议申请仲裁，也可以向人民法院起诉

【答案】B

【解析】选项 B：仲裁裁决做出后，当事人就同一纠纷再次申请仲裁或向人民法院起诉的，仲裁委员会或者人民法院不予受理。

【例题·单选题】根据《仲裁法》的规定，当事人有证据证明仲裁裁决依法应当撤销的，可向仲裁委员会所在地的中级人民法院申请撤销裁决的期限是（　）。

A. 裁决书做出之日起 6 个月内

B. 裁决书做出之日起 1 年内

C. 收到裁决书之日起 6 个月内

D. 收到裁决书之日起 1 年内

【答案】C

【解析】当事人提出证据证明裁决有依法应撤销情形的，可以在"收到"裁决书之日起 6 个月内，向仲裁委员会所在地的中级人民法院申请撤销裁决。

5. 诉讼

考点十二：诉讼地域管辖（见表 1-11）

【例题·判断题】原告同时向两个以上有管辖权的人民法院提起民事诉讼的，由这些法院的共同上级法院指定管辖。（　）

【答案】×

【解析】原告向两个以上有管辖权的人民法院起诉的，由"最先立案"的人民法院管辖。

【例题·多选题】甲公司与乙保险公司发生保险合同纠纷，根据《民事诉讼法》的规定，甲公司在起诉乙公司时，可以选择的人民法院有（　）。

A. 合同履行地人民法院

B. 合同标的物所在地人民法院

C. 被告住所地人民法院

D. 合同签订地人民法院

【答案】BC

【解析】因保险合同纠纷提起的诉讼，由被告住所地或者保险标的物所在地的人民法院管辖。

【例题·多选题】甲公司因与乙银行发生票据支付纠纷而提起诉讼，根据《民事诉讼法》的规定，甲公司在起诉乙银行时，可以选择的人民法院有（　　）。

A. 原告住所地人民法院　　B. 票据支付地人民法院

C. 被告住所地人民法院　　D. 票据出票地人民法院

【答案】BC

【解析】因票据纠纷提起的诉讼，由票据支付地或者被告住所地的人民法院管辖。

表 1-11　　**诉讼地域管辖**

<table>
<tr><td rowspan="4">一般地域管辖</td><td colspan="2">由被告住所地人民法院管辖——原告就被告原则</td></tr>
<tr><td>（1）不一致怎么办</td><td>住所地与经常居住地不一致的，由经常居住地法院管辖
【住所地与经常居住地】公民的住所地是指该公民的户籍所在地；经常居住地是指公民离开住所地至起诉时已连续居住满 1 年的地方，但公民住院就医的地方除外</td></tr>
<tr><td>（2）几个被告怎么办</td><td>同一诉讼的几个被告住所地、经常居住地在两个以上人民法院辖区的，各人民法院都有管辖权</td></tr>
<tr><td>（3）个人合伙怎么办</td><td>①对没有办事机构的个人合伙、合伙型联营体提起的诉讼，由被告注册登记地人民法院管辖
②没有注册登记，几个被告又不在同一辖区的，被告住所地的人民法院都有管辖权</td></tr>
<tr><td rowspan="5">特殊地域管辖</td><td colspan="2">以诉讼标的所在地、法律事实所在地为标准</td></tr>
<tr><td>合同纠纷</td><td>被告住所地或合同履行地</td></tr>
<tr><td>保险合同</td><td>被告住所地或保险标的物所在地
①保险标的物是运输工具或运输中的货物的：运输工具登记注册地、运输目的地、保险事故发生地为保险标的物所在地
②人身保险：被保险人住所地即被告住所地</td></tr>
<tr><td>票据纠纷</td><td>被告住所地或票据支付地</td></tr>
<tr><td>铁路、公路、水上和航空事故请求损害赔偿</td><td>被告住所地
事故发生地
车辆船舶最先到达地
航空器最先降落地</td></tr>
<tr><td>级别管辖</td><td colspan="2">基层人民法院
中级人民法院
高级人民法院
最高人民法院</td></tr>
<tr><td rowspan="2">专属管辖</td><td>专利纠纷案件</td><td>由知识产权法院、最高人民法院确定的中级人民法院和基层人民法院管辖</td></tr>
<tr><td>海事、海商案件</td><td>由海事法院管辖</td></tr>
</table>

续表

协议管辖	适用于合同纠纷和其他财产权益纠纷（如因物权、知识产权中的财产权产生的民事纠纷）	
共同管辖	两个以上人民法院都有管辖权的诉讼，原告可以向其中一个人民法院起诉；原告向两个以上有管辖权的人民法院起诉的，由“最先立案”而非最先收到起诉状的人民法院管辖	
	（1）在先的怎么办	先立案的人民法院不得将案件移送给另一个有管辖权的人民法院
	（2）在后的怎么办	立案后，发现其他有管辖权的人民法院已先立案的，裁定将案件移送给先立案的人民法院

考点十三：民事诉讼一审程序（如图 1–16 所示）

- 民事诉讼一审程序
  - 普通程序
    - 程序
      - 7日内立案→5日内通知被告→被告15日内提出答辩状→法院收到后5日内发送原告
      - 【注意】被告不提出答辩状的，不影响人民法院审理
    - 起诉条件
      - ①原告是与本案有直接利害关系的公民、法人和其他组织
      - ②有明确的被告
      - ③有具体的诉讼请求和事实、理由
      - ④属于法院受理范围和管辖范围
    - 形式
      - 以书面形式提出，特别情况可以以口头形式提出
      - 【相关链接】仲裁必须采取书面形式
    - 传唤时间
      - ①人民法院应当在开庭3日前用传票传唤当事人
      - ②对诉讼代理人、证人、鉴定人、勘验人、翻译人员，应当用通知书通知其到庭
      - ③当事人或其他诉讼参与人在外地的，应当留有必要的在途时间
    - 公开审理
      - 开庭且公开
      - 【注意】特殊情况允许不公开审理（变动）★
      - 不公开审理
        - 法院主动决定（应当不公开）
          - 涉及国家秘密的案件
          - 涉及个人隐私的案件
          - 法律另有规定的案件
        - 当事人申请（可以不公开）
          - 离婚案件
          - 涉及商业秘密的案件
      - 【相关链接】仲裁一般是开庭不公开
  - 简易程序
    - 适用
      - 基层人民法院审理的事实清楚、权利义务关系明确、争议不大的简单案件，中级法院案件不适用简易程序
    - 不适用
      - ①起诉时被告下落不明的
      - ②发回重审的
      - ③当事人一方人数众多的
      - ④适用审判监督程序的
      - ⑤涉及国家利益、社会公共利益的
      - ⑥第三人起诉请求改变或撤销生效判决、裁定、调解书的
    - 开庭方式
      - 当事人双方可就开庭方式向人民法院提出申请，由人民法院决定是否准许
      - 经当事人双方同意，可以采用视听传输技术等方式开庭
    - 传唤方式
      - ①法院可以采取捎口信、电话、短信、传真、电子邮件等简便方式传唤双方当事人、通知证人和送达裁判文书以外的诉讼文书
      - ②以简便方式送达开庭通知，未经当事人确认或没有其他证据证明当事人已收到的，法院不得缺席判决
    - 程序 —— 允许口头起诉，独任审理
    - 转换审理★
      - ①案情复杂的，可由简易程序转为普通程序审理，转为普通程序审理的，审理期限自立案之日起计算
      - ②普通程序在开庭后不得转为简易程序审理

图 1–16　民事诉讼一审程序一览图

考点十四：民事诉讼二审程序与再审程序（如图 1–17 所示）

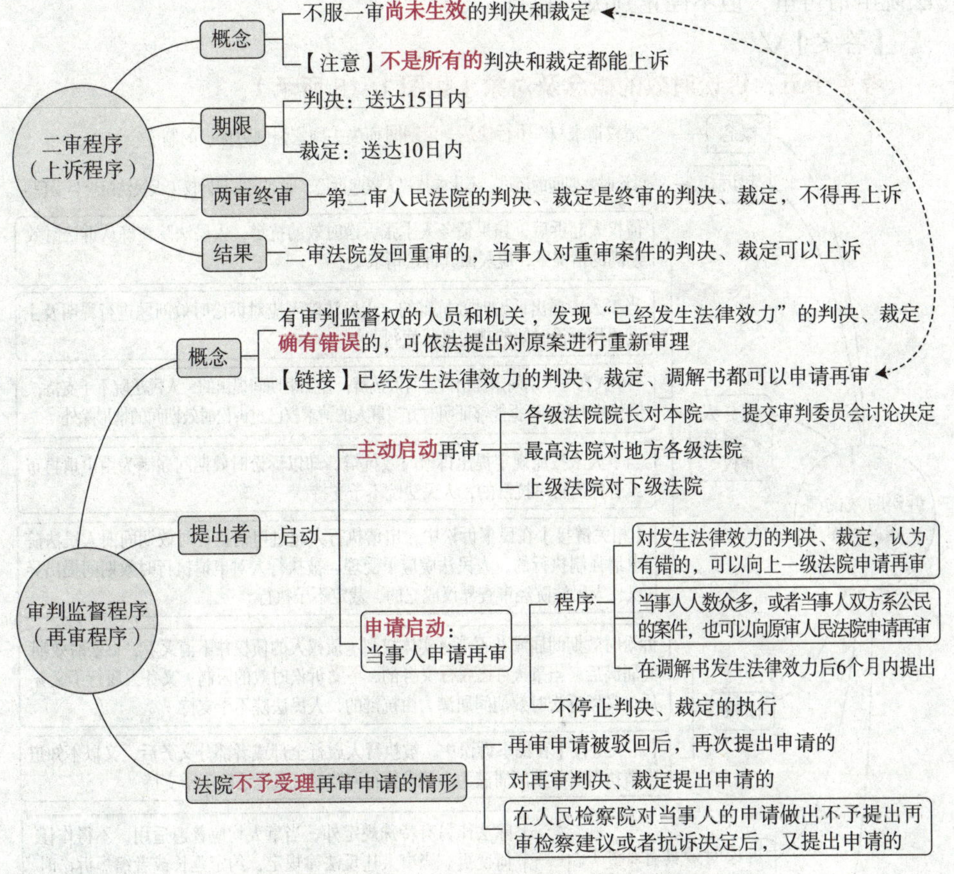

图 1–17 民事诉讼二审程序与再审程序一览图

【例题·单选题】根据《民事诉讼法》的规定，当事人不服人民法院第一审判决的，有权在法定期限内向上一级人民法院提起上诉，该法定期限是（　　）。

A. 判决书做出之日起 10 日内

B. 判决书做出之日起 15 日内

C. 判决书送达之日起 10 日内

D. 判决书送达之日起 15 日内

【答案】D

【解析】当事人不服人民法院第一审判决的，有权自判决书“送达”（而非做出）之日起 15 日内向上一级人民法院提起上诉。

【例题·判断题】当事人对发生法律效力的判决，认为有错误的，可以向

上一级人民法院申请再审，或者当事人双方为公民的案件，也可以向原审人民法院申请再审，但不停止判决的执行。（　　）

【答案】√

考点十五：诉讼时效的概念及对象（如图 1–18 所示）

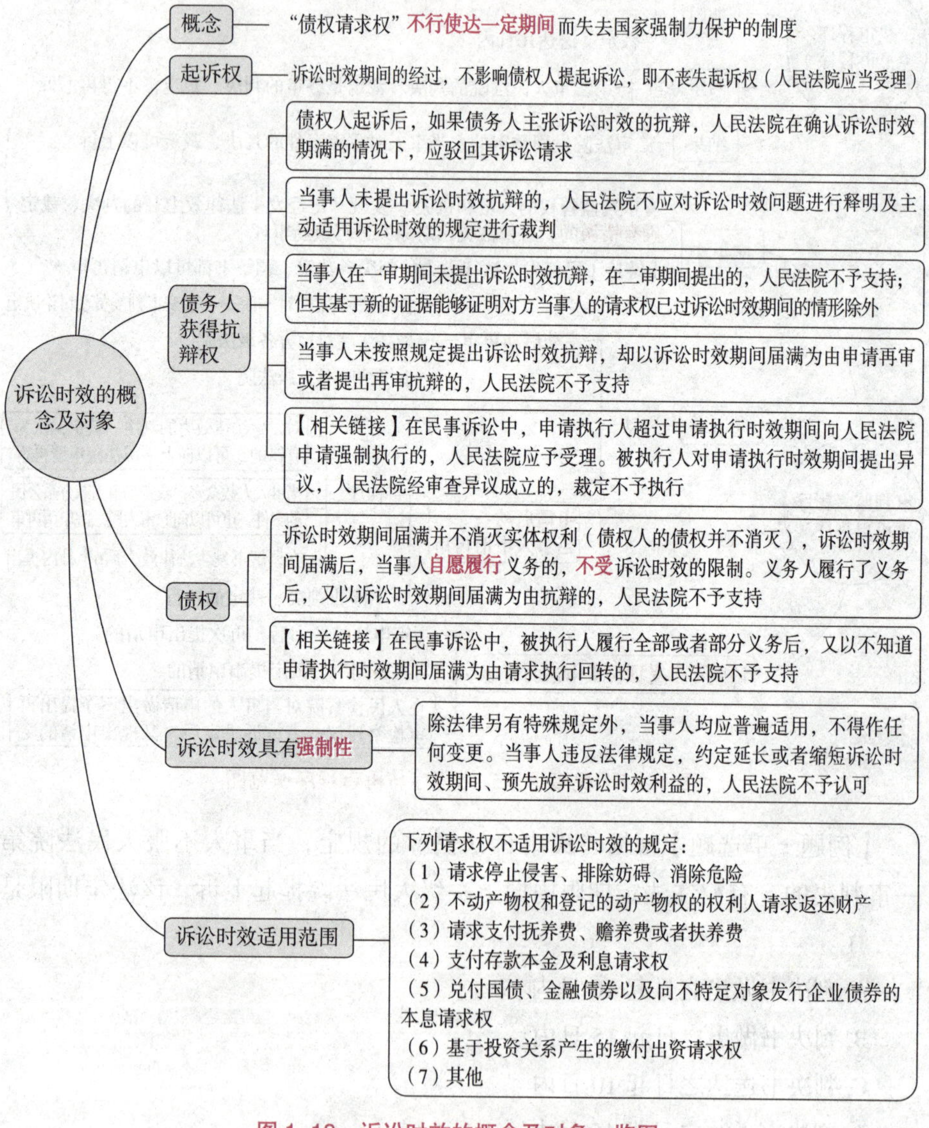

诉讼时效的概念及对象

- 概念——“债权请求权”**不行使达一定期间**而失去国家强制力保护的制度
- 起诉权——诉讼时效期间的经过，不影响债权人提起诉讼，即不丧失起诉权（人民法院应当受理）
- 债务人获得抗辩权
  - 债权人起诉后，如果债务人主张诉讼时效的抗辩，人民法院在确认诉讼时效期满的情况下，应驳回其诉讼请求
  - 当事人未提出诉讼时效抗辩的，人民法院不应对诉讼时效问题进行释明及主动适用诉讼时效的规定进行裁判
  - 当事人在一审期间未提出诉讼时效抗辩，在二审期间提出的，人民法院不予支持；但其基于新的证据能够证明对方当事人的请求权已过诉讼时效期间的情形除外
  - 当事人未按照规定提出诉讼时效抗辩，却以诉讼时效期间届满为由申请再审或者提出再审抗辩的，人民法院不予支持
  - 【相关链接】在民事诉讼中，申请执行人超过申请执行时效期间向人民法院申请强制执行的，人民法院应予受理。被执行人对申请执行时效期间提出异议，人民法院经审查异议成立的，裁定不予执行
- 债权
  - 诉讼时效期间届满并不消灭实体权利（债权人的债权并不消灭），诉讼时效期间届满后，当事人**自愿履行**义务的，**不受**诉讼时效的限制。义务人履行了义务后，又以诉讼时效期间届满为由抗辩的，人民法院不予支持
  - 【相关链接】在民事诉讼中，被执行人履行全部或者部分义务后，又以不知道申请执行时效期间届满为由请求执行回转的，人民法院不予支持
- 诉讼时效具有**强制性**——除法律另有特殊规定外，当事人均应普遍适用，不得作任何变更。当事人违反法律规定，约定延长或者缩短诉讼时效期间、预先放弃诉讼时效利益的，人民法院不予认可
- 诉讼时效适用范围——下列请求权不适用诉讼时效的规定：
  （1）请求停止侵害、排除妨碍、消除危险
  （2）不动产物权和登记的动产物权的权利人请求返还财产
  （3）请求支付抚养费、赡养费或者扶养费
  （4）支付存款本金及利息请求权
  （5）兑付国债、金融债券以及向不特定对象发行企业债券的本息请求权
  （6）基于投资关系产生的缴付出资请求权
  （7）其他

图 1–18　诉讼时效的概念及对象一览图

【例题·判断题】甲对乙享有货款债权，但诉讼时效已届满。乙向甲支付了货款，之后其以不知诉讼时效届满为由请求甲返还。人民法院应支持乙的请求。（　　）

【答案】×

【解析】诉讼时效届满后，当事人自愿履行义务的，不受诉讼时效的限制。义务人履行了义务后，又以超过诉讼时效为由反悔的，法律不予支持。

【例题·判断题】诉讼时效期间届满消灭的是胜诉权，并不消灭实体权利。诉讼时效期间届满后，当事人自愿履行义务的，不受诉讼时效的限制。（　）

【答案】√

【例题·单选题】下列关于诉讼时效的表述中，不正确的是（　）。

A. 当事人未提出诉讼时效抗辩的，人民法院不应对诉讼时效问题进行释明及主动适用诉讼时效的规定进行裁判

B. 当事人在一审期间未提出诉讼时效抗辩，在二审期间提出的，人民法院不予支持；但其基于新的证据能够证明对方当事人的请求权已过诉讼时效期间的情形除外

C. 基于投资关系产生的缴付出资请求权，对方当事人提出诉讼时效抗辩的，人民法院不予支持

D. 诉讼时效期间届满，债权人的债权随之消灭

【答案】D

【解析】诉讼时效期间届满并不消灭实体权利（债权人的债权并不消灭）。

【例题·单选题】根据民事法律制度的规定，下列关于诉讼时效期间届满法律效力的表述中，不正确的是（　）。

A. 诉讼时效期间届满后，权利人丧失胜诉权

B. 诉讼时效期间届满后，实体权利本身归于消灭

C. 诉讼时效期间届满后，当事人起诉的，人民法院应当受理

D. 诉讼时效期间届满后，当事人自愿履行义务的，不受诉讼时效限制

【答案】B

【例题·单选题】根据民事法律制度的规定，下列权利中，属于诉讼时效适用对象的是（　）。

A. 兑付国债、金融债券以及向不特定对象发行企业债券的本息请求权

B. 基于投资关系产生的缴付出资请求权

C. 未登记动产物权的权利人请求返还财产的权利

D. 支付存款本金及利息请求权

【答案】C

【解析】选项C：“登记”的动产物权的权利人请求返还财产的，不适用诉讼时效的规定；“未登记”的动产物权的权利人请求返还财产的，其属于诉讼时效适用对象。

【例题·单选题】根据诉讼时效法律制度的规定，下列表述中，不正确的是（　）。

A. 当事人不可以约定延长或缩短诉讼时效期间

B. 诉讼时效期间届满后，当事人自愿履行义务的，不受诉讼时效限制

C. 当事人未按照规定提出诉讼时效抗辩，却以诉讼时效期间届满为由申请再审的，人民法院不予支持

D. 当事人未提出诉讼时效抗辩，人民法院可以主动适用诉讼时效的规定进行裁判

【答案】D

考点十六：诉讼时效时间及起算点（如图 1–19 所示）

- 时限
  - 3年：常规情况
  - 1年：海上货运赔偿
  - 4年：国际货物买卖、技术进出口合同
  - 5年：人保
  - 20年：最长期限（自权利被侵害之日起计算）

- 起算点
  - 一般情况：知或应知权利受损及义务人之日
  - 无、限制行为能力人对法定代理人的请求权：法定代理终止之日
  - 未成年人遭受性侵害：年满18周岁之日
  - 约定履行期限之债：履行期限届满之日
  - 未约定期限之债：权利人提出履行之日；有宽限期的，为宽限期届满之日
  - 附条件、附期限之债：条件成就、期限达到之日
  - 人身伤害：伤势明显的，从受伤之日起算；不明显的，从确诊之日起算
  - 分期付款：最后一期履行期限届满之日

图 1–19　诉讼时效时间及起算点一览图

【例题·单选题】根据《民法典》的规定，向人民法院请求保护民事权利的普通诉讼时效期间为（　）。

A.2 年

B.10 年

C.3 年

D.20 年

【答案】C

【例题·单选题】根据《民法典》的规定，有关诉讼时效制度，下列表述中错误的是（　）。

A. 诉讼时效期间自权利人知道或者应当知道权利受到损害以及义务人之日起计算

B. 未成年人遭受性侵害的损害赔偿请求权的诉讼时效期间，自受害人受到侵害之日起计算

C. 当事人约定同一债务分期履行的，诉讼时效期间自最后一期履行期限届满之日起计算

D. 自权利受到损害之日起超过20年的，人民法院不予保护；有特殊情况的，人民法院可以根据权利人的申请决定延长

【答案】B

【例题·判断题】根据《国家赔偿法》的规定，赔偿请求人请求国家赔偿的时效为两年，自其知道或应当知道国家机关及其工作人员行使职权时的行为侵犯其人身权、财产权之日起计算，但被羁押等限制人身自由的期间不计算在内。

【答案】√

考点十七：诉讼时效的中止与中断（见表1-12）

表1-12　诉讼时效的中止与中断

项目	原因	发生时间	效果
中止	客观因素： （1）不可抗力 （2）权利被侵害的无民事行为能力人、限制民事行为能力人没有法定代理人，或者法定代理人死亡、丧失民事行为能力、丧失代理权 （3）继承开始后，继承人尚未确定继承人或者遗产管理人 （4）权利人被义务人或者其他人控制 （5）其他导致权利人不能行使请求权的障碍	诉讼时效期间的最后6个月内	暂停，中止事由消失后继续计算6个月
中断	主观因素： （1）权利人向义务人提出履行请求的 （2）义务人同意履行义务的 （3）权利人提起诉讼或者申请仲裁的 （4）与提起诉讼或者申请仲裁具有同等效力的其他情形	诉讼时效进行中	清零，从中断、有关程序终结时起，诉讼时效期间重新计算

【例题·单选题】在诉讼时效期间的最后6个月内，因一定事由的发生可导致诉讼时效中止。根据民事法律制度的规定，下列事由中，能够导致诉讼时效中止的是（　　）。

A．权利人提起诉讼

B．发生不可抗力导致权利人无法行使请求权

C．权利人向义务人提出履行义务的要求

D．义务人同意履行义务

【答案】B

【解析】选项ACD：属于导致诉讼时效中断的法定事由。

【例题·单选题】根据民事诉讼法律制度的规定，在一定期间内，债权人因不可抗力不能行使请求权的，诉讼时效中止，该期间为（　　）。

A．诉讼时效期间的最后6个月

B．诉讼时效期间的最后9个月

C．诉讼时效期间届满后6个月

D. 诉讼时效期间届满后 9 个月

【答案】A

【解析】在诉讼时效期间的最后 6 个月，发生中止事由，导致权利人不能行使请求权的，诉讼时效中止，自中止时效的原因解除之日起满 6 个月，诉讼时效期间届满。

（七）用图像调动右脑

没想到在杜老师的帮助下，我只花了不到两个小时的时间就把与经济法相关的知识精华全部提炼出来了。

提炼的时候，我只是在教材上按照自己的思路，把对应的考点画出来。整理笔记要花很多时间，好在杜老师培训班中有已经整理好的笔记，我只需要在其基础上修修改改就行了。

然后对于不太理解的考点，就看几个相应的习题，帮助自己理解。第一遍复习不用忙着做题，看题就是了，看根据自己总结出来的考点能不能把这些题做出来，总结到位了没有，笔记是否还需要完善。

我把所有的考点都转换成了图片，图片更有助于记忆。

我们都知道，人的左脑主要负责线性思维和数字化的分析工作，右脑则需要完整的图片信息才能形成理解。如果右脑一直处于闲置状态，不仅浪费了半个大脑的资源，还会阻碍左右脑的协同效应，加大理解的难度。

图像是大脑的自然语言，文字却只是人造的符号系统。右脑缺少了图像信息就相当于整个大脑正在阅读外语，自然就会感觉比较吃力。

如果一个外国人给你写几个字母：J'aime la neige，你脑子里肯定一片空白，一点感觉都没有。但是，如果他拿出一张雪花的图像，你立刻就明白了。如果你向一个生活在赤道附近的非洲人解释什么是雪，他可能毫无概念，无论你怎么解释，他都有可能不知道雪是什么东西。但是，如果你拿出一张雪的图片往他眼前一放，这就是雪。就算他从来没见过雪，也没听说过雪，不知道这个世界上还有雪这个东西，但是当他看到雪的图片时，他脑子里还是会立刻形成一幅生动的画面，噢，这就是雪，而不是大脑一片空白。

杜老师一再跟我强调不要逐字阅读，要快速扫描阅读。逐字阅读不但阅读速度慢，效率低，更要命的是它还阻碍理解和掌握。

对此，我总是有点将信将疑，遂反问道："不是说，慢工出细活吗？"

"细活并不需要慢工，慢工也不一定出得了细活。再说，就算你真的想细读研究，也是细读精华部分，你用得着把书上所有的文字都背下来吗？"

我还是有点儿不太相信读得慢会阻碍理解和掌握。

“那就做个小实验，感觉一下吧！”

如果　　　我有　　　8小
　　　　　时的　　　时间　　来　　砍
　　　　　一棵　　　　树，
我　　　　　就　　　会　　花
　　　　　6个　　　　　小时
来　　　　磨砺　　　自己
的　　　　　　斧子。

你这样读这句话，理解起来是否有点吃力？

那我们换一个阅读方式试试看。

如果我有8小时的时间
来砍一棵树，
我就会花6个小时
来磨砺自己的斧子。

眼睛一扫，是不是立马就明白了？

所以，不要一个字一个字地阅读，而要按照语义群，大片大片地快速扫描，扫描的时候，你的大脑会自然地把语义变成图像。

第二章

公司法律制度

（一）34% 股东捣蛋线

（节选自《小艾上班记 3——混在财务圈》）

尹嘉祯是楚帆以前的一个同事，一天大家聚会一起吃饭的时候，他突然说道，他准备跟两个同学合伙开公司。他的同学一个叫康宁，一个叫白俊，当时也在现场。

大家都是好兄弟，而且是一起干，自然就是股份平分。

一个公司的股权架构是公司运行的基础，一般有经验的创业者会做一个专业的咨询，然后才确定，但是对于普通的创业者，尤其是以前没接触过股权博弈的人来说，就会比较随意。

饭桌上，大家一团和气，我自然也不会多嘴。

因为是 3 个人，总投资 100 万元，股份 100%，3 个人分，就会出现小数点问题。于是，我笑着对尹嘉祯说道："你请我们吃饭那么大方，那投资也大方点，你出 34 万元，占 34% 的股份不就行了。"

尹嘉祯这人也比较爽快，当场就说："行，就听美女的，我出 34 万元。"

后来，一如我所料，工商登记的时候，需要撰写公司章程，然后确定董事长、总经理，监事。因为尹嘉祯占 34% 的股份，就很自然地把他登记成了董事长，康宁和白俊就分别登记为总经理和监事。

再后来，公司经营过程中，他们出现了理念分歧，康宁和白俊就想联合起来，撤掉尹嘉祯董事长的职位。而撤掉董事长，就需要修改公司章程，而修改公司章程，在《公司法》中是特别决议，需要拥有超过 2/3 的表决权才可以通过，而他们的股份加起来，才 66%，没有达到 2/3，差一点点，所以无法修改公司章程。

特别决议（见表 2–1），是中级经济法中经常考查的知识点，可能平时背诵的时候，并没有什么感觉，但是公司经营一旦出现了问题，就会发现《公司法》真的很有用。

表 2-1 特别决议

特别决议【必背法条】	有限公司的股东会	①增减注册资本 ②合并、分立、解散 ③修改公司章程 ④变更公司形式	代表 2/3 以上表决权的股东通过
	股份公司的股东大会		出席会议的股东所持表决权的 2/3 以上通过
	上市公司的股东大会	上述 + 在 1 年内购买、出售重大资产或担保金额超过公司资产总额的 30%	
	国有独资公司的股东会	①②③ + 发行公司债券 + 董事、监事选任	国有资产监督管理机构通过

【例题·多选题】股份有限公司股东大会所做的下列决议中，必须经出席会议的股东所持有表决权的 2/3 以上通过的有（ ）。

A．批准公司年度预算方案的决议

B．公司合并、分立、解散的决议

C．变更公司形式的决议

D．增加或者减少注册资本的决议

【答案】BCD

【解析】选项 A：属于股东大会决议事项，经出席股东大会的股东所持表决权过半数通过即可。

持股比例其实意味着权力，股东（大）会就是权力机构。

34% 在某种意义上，是一个相对控制线，我们在实践中也经常将其叫作股东捣蛋线。

根据《公司法》的规定，及其在实践中的应用，将持股比例总结归纳如下（见表 2-2）：

表 2-2 持股比例

持股比例	含义	详解
34%	股东捣蛋线	对特别决议有一票否决权
67%	完美控股线	股东所有决策，均有一票通过权
51%	绝对控股线	除了特别决议，其他拥有决策权
30%	实际控制认定线	投资者实际支配的上市公司股份表决权比重超过 30%
25%	首发公众股线	公开发行的股份达到公司股份总数的 25% 以上；公司股本总额超过人民币 4 亿元的，公开发行股份的比例为 10% 以上
20%	重大影响线	投资单位进行会计核算时，需采用权益法
	权益报告变动线	详式权益变动报告书
10%	申请解散线	陷入僵局 + 经营困难 + 其他途径不能解决
	股东大会召集线	临时股东大会，两个月内召开
5%	重要股东判断线	关联方、内幕知情人、短线交易认定线（结合证券法，可以看到很多 5% 的规定）
1%	股东代表诉讼线	有限责任公司或股份有限公司连续 180 日以上单独或合计持有公司 1% 股份的股东、独立董事提议线

后来，尹嘉祯一直感谢我，说我无意中的一句话，让他掌握了主动权。

我笑着告诉他："我不是无意的，我是有意的，因为34%在《公司法》中是一个股东捣蛋线。"

我向他解释了原委，他恍然大悟，感激地说道："你这么帮我，我怎么感谢你呢？"

"举手之劳而已，谁叫你是楚帆的好兄弟呢？"

其实，我帮他真正的原因是，楚帆第一次带我见他的时候，他夸我漂亮。当时，他用肩膀碰了一下楚帆，放低声音说道："你知不知道她其实挺漂亮的？"

楚帆当时挑了挑眉："你第一次见她就知道，她在我身边这么长时间，怎会不知道？"

"那让你带来见见还推三阻四的？"

楚帆莞尔浅笑道："好东西，得珍藏，岂能随便让人看？"

脸上完全是一副得意又欠揍的表情。

男人是最要面子的，那天他给了楚帆足够的面子，也给了我足够的面子。

所以，愿天下所有的男士，以后见了学会计的女生，第一要务就是，努力地、真诚地夸她漂亮，因为说不定哪天，她就能顺手帮你一把。毕竟，备考的这些日子不是白费的，知识学到手了，总是有用处的。

（二）人合与资合

《公司法》主要讲了两类公司：一类是有限责任公司；另一类是股份有限公司。其责任都有限，即以出资额为限承担责任，那为什么还要分开讲呢？它们之间很多规定是相同的，也有很多规定是不同的，为什么搞这么复杂呢？

（摘自《小艾上班记3——"混"在财务圈》）

那天，我们刚从民政局领完证出来，准备回程，楚帆就接到电话，公司有事。

他看了看我，有点内疚，本来打算带我出去逛逛，好歹今天结婚。

我有点失望，但随即表示理解。最近公司事多，虽然自己现在不在他的公司，但是通过交谈，也能感觉出公司现在并不稳定。

以前我总觉得，公司拿到投资应该是一件很开心的事，但凡事皆有两面性。

投资者给公司钱，公司给投资者股份，股权结构发生变化，同时公司性质也发生变化。

考中级、考注会，背《公司法》的时候，并没什么感觉，而此时却突然理解了很多东西。

比如《公司法》中，主要讲了两类公司：一个是有限责任公司；一个是股份有限公司。这两类公司在《公司法》中各有很多规定，但其实最本质的区别在于：**有限责任公司是人合性质；而股份有限公司是资合性质。**

所谓人合，就是股东基于相互之间的信任而集合在一起，股东间的关系非常紧密。就像楚帆创办睿智科技的时候，股东都是自己的兄弟，大家基于信任走在一起。

当外部投资者进入公司，并且决定走资本路线时，有限责任公司就变成股份有限公司。股份有限公司是资合公司，股东之间的关系就不那么紧密了，比如上市公司也是股份有限公司，上市公司有的股东之间可能一辈子都没见过面，大家只是把资金集合在一起。就算此时公司形式还是有限责任公司，但其实质已经悄然发生变化，工商手续变更是迟早的事。

正因为有人合和资合之分，所以《公司法》才会有不同的规定。

比如股份转让，《公司法》就规定，有限责任公司股份转让，对内没有特别的限制，股东之间可以相互转让部分或者全部股份；对外转让，得经其他股东过半数同意。其实这样就是为了保护这种人合性，因为有限责任公司的经营就是建立在这种信任的基础之上。

而股份有限公司，是资合性，同股同权，投票决议这些都是根据股份来的。股份对外转让，就不会说还要经过其他股东过半数同意，就像买上市公司的股票，你什么时候卖掉，你需要通知其他股东吗？需要他们同意吗？不需要。

一个其乐融融、靠兄弟情义创建起来的公司，现在突然加入外部人士，价值观和理念不可能完全一样，很可能会产生一系列的矛盾和冲突，这种矛盾和冲突需要慢慢磨合。

那天楚帆回家很晚，我生了好久的气，因为他说过，晚上会早点回来的，但是食言了。后来我才知道，公司一整天都处于剑拔弩张的气氛中，他根本就脱不开身。

股权、股权，意思就是股东基于股东资格而享有的从公司中获得利益并参与公司经营管理的权利，其叠加了股东对“财富”和“权力”的双重诉求。不同类型的股东对钱、权的诉求不同。

然而，对财富的渴望和对公司控制权的追求，很多时候是鱼与熊掌不可兼得的，你引入了投资，获得了资金，势必会失去一部分控制权。

如果对方是一个对钱强诉求、对权弱诉求的股东，那还好说，但如果对方也是一个对权强诉求的股东，那么他势必会争夺公司的控制权。

而睿智科技是楚帆一手创建起来的，他显然不希望公司的控制权落到对方手中。用他的话来说，就是“如果我不能控制这家公司，我宁愿把它卖掉”。

创建公司不仅仅是为了赚钱，更是实现自己理念的途径，然而每个人的价

值观和理念是不完全一样的，有时难免会起冲突。

楚帆有自己的理想，当初引入投资就是为了更好地实现自己的理想。现在倒好，居然被迫要求改弦易辙，他显然不能接受，更何况他也是一个控制欲很强的男人。

“那——那结果怎么样？”我轻轻地问道。

“Allen 说他最近有点忙，那边正在建写字楼，所以这边就暂时委托我们管理。”

意思就是 Allen 暂时放权，同时给自己和对方一个台阶下。

“不过，这让我又想起另一个问题，公司设有期权池用于员工激励，也就是持股的员工会越来越多，而公司的决策，根据《公司法》都是同股同权，那以后岂不是更复杂？”

“可以给员工股份，但是你不能给他们太多权力，否则的话，会乱套。”我连忙说道：“很多上市公司上市之前都出现过这种问题，比如欧派家居公司，其先是有限责任公司，后来引入投资改成股份有限公司。股改后，其对员工进行激励，前前后后，自然人直接持股股东达到了 110 人。在上市审核的过程中，每个人都要去签字，而且中间由于员工离职等各种原因，效率非常低下。更何况万一员工到时候不想要股份了，也不好退出。”

“那怎么做才好？”

“我们可以参考其他一些做得比较好的公司，比如海康威视。它上市前有 51 名自然人持股，它没有让他们直接持股，而是先成立了两家投资管理公司，让这 51 名自然人持有投资管理公司的股份，投资管理公司再持有海康威视的股份，从而间接持股。这样海康威视的决策，他们就不需要每个人都参与了，而是由投资管理公司参与表决就可以了。而投资管理公司一般采取有限合伙企业的形式，由创始人大股东承担合伙企业的无限连带责任，并享有全部表决权，但不分配财产权，也就是要‘权’但是不要‘钱’；高管员工是有限合伙人，不享有表决权，但是可以获得财产收益权，这就是有限合伙企业的妙用。”

楚帆一听：“这个办法好，当初 Allen 投资进来时，我要是也采取这种模式，就不会出现今日的股权之争了。”

“Allen 是一个对投资十分精通的人，在投资之前，他就会想到很多情况。换句话说，**如果他不想跟你争夺控制权，那他从一开始就会建议用投资公司的模式，**或者就算没有用投资公司的模式，他也会把所有的管理权交给你，自己只是财务投资。”

“那你的意思是他其实是冲着股权来的？”

“应该是，所以投资是把双刃剑。”

“看来学《公司法》还蛮有用的。”楚帆顺手开了灯，拿起床头的书，开始翻阅。

“那肯定了，虽然我注会还没考过，但是多少还是学了点。”

“你刚才说的在哪里？翻给我看。”

“教材上没写这么明白，只是一些法律规定，一条一条的，但是学完后，再碰到实际问题时，很多东西就突然想明白了。”

“行，那以后有时间，我尽量早点回来，陪你一起看。”楚帆温声软语地说道。

（三）公司股权转让

（摘自《小艾上班记 3——“混”在财务圈》）

睿智科技的同事得知天逸资本将股权卖给英曼科技的时候，十分震惊，接着就是愤怒。

舒子墨火冒三丈：“老子不干了，研发，我还研发什么？”接着，他把英曼科技和天逸资本大骂一通，说他们狼狈为奸，沆瀣一气。

楚帆也火急火燎的，怎么也弄不明白，好端端的，怎么说卖就卖呢？

现在睿智科技的发展如火如荼，只要假以时日，完全可以取代英曼科技在行业中的地位。

而偏偏在这个时候，天逸资本把它卖了，而且还是卖给竞争对手。

让人实在是忍无可忍！

我得知消息后，去找杜老师，想问问到底是怎么回事。

杜老师也纳闷，怎么就突然变成这样了呢？

他决定找黎斯年谈谈，问个究竟。我忙说道：“带上我，我也去！”

到了黎斯年办公室，杜老师开门见山道：“老黎，你怎么把睿智科技卖了呢？”

黎斯年淡笑道：“杜老师，别人不明白，你应该明白，这可是我做的一笔最好的投资，投资期短，回报率高。”

杜老师何等聪明之人，其实他早就想明白了，只是在感情上，有点不能接受。

“你这完全是陷我于不义啊！”

“怎么会不义呢？当初要是没有我出手，睿智科技早就死了。”

“可是今非昔比，如今睿智科技发展得很不错，你为什么不直接支援它，让它上市呢？到时候说不定，你赚得更多。”

“杜老师，你错了，李嘉诚说过一句话，**‘永远都别去赚最后一个铜板，投资要懂得见好就收，切忌贪婪’**。睿智科技上市，还需要一个极漫长的过程，这个过程，有太多不确定的事项，谁也不知道未来会发生什么，既然赖飞驰愿

意出高价，我为何不现金为王，落袋为安呢？股份卖给谁不是卖，干嘛非得卖给股民呢？”

“你是睿智科技的大股东，掌握绝大部分股份，现在你把它卖了，那我的兄弟，你打算怎么安排？”杜老师有点担忧地问道。

黎斯年将手上的烟抽了两口，苍白的指节动了动，说道：“萧总是一个难得的人才，只要他愿意，赖飞驰定会诚恳相留。睿智科技并入英曼科技后，睿智的 CEO 还是他。不光是他，睿智科技的其他员工，也可以全部留用。”

“如果他不愿意呢？”

“根据相关法律的规定，大股东出售股权，小股东可以按照同样的价格转让股权。”

事已至此，杜老师也不便再说什么了，站在投资者的角度上，人家也无可厚非。

我听了半天，才后知后觉，原来他们实际的投资只有 2 000 万元，当初对外宣布 2 亿元，就是为了日后套现离场，这从一开始就是一个局。

楚帆坐在办公室，快把那本《公司法》翻烂了，终于找到以下几条（见表 2-3）：

表 2-3　股权对外转让相关规定

通知征得同意	有限责任公司股东向股东之外的人转让股权，除公司章程另有规定（完全自由）外，应当经其他股东过半数同意；股东应就其股权转让事项书面通知其他股东征求同意
	【提示】有限责任公司的股东向股东以外的人转让股权，应就其股权转让事项以书面或者其他能够确认收悉的合理方式通知其他股东征求同意（无须召开股东会）
同意	（1）明确表示同意 （2）其他股东自接到书面通知之日起满 30 日未答复的，视为同意转让 （3）其他股东半数以上不同意转让，不同意的股东不购买的，人民法院应当认定视为同意转让
优先购买权	（1）经股东同意转让的股权，在同等条件下，转让股东以外的其他股东有权主张优先购买权，但转让股东依法放弃转让的除外 （2）两个以上股东主张行使优先购买权的，“协商”确定各自的购买比例；协商不成的，按照“转让时各自的出资比例”行使优先购买权

最后，他跟舒子墨几个人一合计，给天逸资本发了份公函，反对英曼科技收购睿智科技，因为**根据《公司法》相关法律的规定，股东转让股权时，必须先书面通知其他股东，应当经其他股东过半数同意，并且其他股东有优先购买权。**

黎斯年看到公函，火冒三丈，对高修平发怒道：“我不是让你去跟他们好好沟通吗？这就是你沟通的结果？”

“我去沟通了，我好言好语跟他们说了半天，可是他们就是油盐不进，而且情绪很激动。”

“那你现在就去回复他们，让他们明白：（1）我们没有书面通知，但是法律规定以其他能够确认收悉的合理方式进行通知，也是可以的，他们现在不是都已经知道了吗？（2）不同意转让，那他们就购买，不购买视为同意转让。（3）他们是有优先购买权，但是他们有钱吗？赖飞驰出得起1亿元，他们出得起吗？真是自不量力！”

于是，高修平又赶紧去跟睿智科技沟通，让他们好好理解一下《公司法》，气得楚帆把那本《公司法》直接丢在地上。

“那我们去找钱，投资人又不是只有他们一个，我们公司现在发展得那么好，说不定会有人投资的。”舒子墨愤愤地说道。

这确实也是一个办法。

（四）100天读33本书，开什么玩笑

窗外，阳光塞满了每个角落，天空明净得似乎有些过分，若不是那几朵悠然自得的白云，真怀疑它的存在。雨后的阳光，亮丽却不刺眼，直射进人的心里，柔柔的清风吹着树叶，像是在招手，让在家闷了一天的我，不由地向外走去。

一个人闲逛，轻松自在的同时也有些无聊。街角的咖啡店，挂着一串风铃叮当作响。我走进去，服务员立马问道：“请问有什么需要为你服务的吗？”

“给我来一杯卡布奇诺。”我习惯性地答道。

转念一想，还是不要咖啡了。

“你这有阿华田吗？”

“有。”

“那还是给我来杯阿华田吧。”

恋上咖啡的人容易恋上寂寞，搅着杯中的卡布奇诺，白色的奶油如泡沫般荡漾，空气里弥漫着诱人的馨香，如童话里美丽而虚幻的爱情。轻轻地品上一口，那浓郁的香气便会瞬间涌向咽喉再浸入腹中，有一股香醇的暖流层层包裹，接下来的却是一份浓浓的苦意。这就是咖啡的味道，有点苦涩，有点寂寞。

而现在的我，没有时间寂寞，更没有时间去品尝寂寞。

换个地点，换个心情，只是为了不让自己厌倦书本。

“同学，我可以坐在这里吗？”

我抬头一看，一个小伙子，留着平头，满脸谦和的笑容，手里还拿着一本书，难道是同行？

“可以。”我答道。

“请问你在看什么书？这么认真？”他继续问道。

“《中级经济法》。”

“我最近在看市场营销方面的书。”

我"哦"了一声，内心保持着警惕。做销售的，不会是想跟我推销什么东西吧？

"我花了100天的时间看完33本书，终于完成了目标。"

开什么玩笑？100天读完33本书，也就是3个月看33本，我3个月连1本书都没看完。

"你看的是小说吧？"我问道。

"不完全是，我也看专业书籍。"

"就算全是小说，3个月看33本，也会吐啊。"

"你不信是吧，我真的做到了。我今天来就是跟老师交作业的。"

"哦。"

我觉得这个人可能脑子有点问题，不太想搭理他。

"老师，您来啦？"突然，他热情地站了起来。

我抬头一看，四目相对，竟然是杜老师。

"你们两个怎么在一起？"杜老师问道。

"我们碰到了。"那"小平头"赶紧答道，好像我跟他很熟似的。

"噢，不是，刚在这——"我突然发现自己语塞了。

"小艾，怎么，不喝咖啡了，改喝可可粉啦？"

"嗯。"

"那我也来杯阿华田吧。服务员，给我来杯阿华田。"

"老师，你们怎么都喝可可粉啊？是不是我们组织都要求喝可可粉？""小平头"问道。

"什么组织？"我疑惑不解。

"COCO POLE。"

"COCO POLE是什么呀？"

"你不是COCO POLE的啊？我还以为你是呢！那你跟杜老师是怎么认识的？"

"我跟他是同事。"

"噢。"

"李城，你100天成功读完33本书，感觉如何？"杜老师问道。

"我觉得自己太不一般了，我自己都觉得自己很了不起。真是太感谢你了，要不是你，没准儿我就半途而废了。"

"看你说的，这些都是你自己努力取得的成绩。你本来就是一个意志很坚定的人。"

"不是，我不是一个意志坚定的人，还是因为老师您厉害。虽然我现在感觉精力殆尽，但是内心却斗志昂扬，就像翻过了一座自己认为无法翻越的大山一样。觉得以后再也没有什么干不了的事了，而且对读书的畏惧感消失了。”

“好，就是要以这种气势走下去。”杜老师鼓励他。

“读书任务是完成了，可总是觉得有点不踏实！”

“是不是感觉少了点什么？”

“嗯，就是那种感觉。”

“100 天读 33 本书，主要是为了培养读书的习惯。不论你读什么书，只要喜欢，就都是有意义的。”

“虽说有意义，可是——”

“怎么，感觉有点不完美？”

“是的，很多人都把读书当作兴趣爱好，可是也没见那些人的命运有很大变化呀？”

“你希望通过读书得到更重要的东西，是吧？”

“没错，不知道作为一个刚刚开始读书的人这么说是不是有些可笑，但我想，如果单纯地把读书当作兴趣，那就和看电视、玩游戏没两样。”

“进步够快，刚读了 100 天的书，就希望发生翻天覆地的变化，你这是一种欲望。这种欲望其实就是改变人生和获得成长的强烈愿望，有了这种欲望，才能向下一步迈进。”

“那下一步是什么？”

“用 1 年的时间，读 100 本跟自己工作相关的专业书籍。”

“1 年读 100 本？而且还是那些难懂的大部头？”

“怎么，100 天能读完 33 本书的人，1 年还读不了 100 本书？”

“这根本不是一码事啊。以前读的都是简单有趣的书，坐公交、坐地铁、等车的时候都能看。”

“到哪儿都想看看书，这是个好习惯。”

“是吗，我真的养成了读书习惯？哦，不，这不是——”

“那你还打算继续下去吗？”

“打算继续下去，但是，我真的能做到吗？”

“能，相信自己，养成读书习惯的人都可以做到。”

“真的吗？”

“真的。”

“那么，1 年读 100 本书，最先需要做的是什么？”

“当然是回去准备 100 本书和一个能放 100 本书的书架。”杜老师哈哈笑了起来。

“小平头”走了，回去准备他的书架去了，留下困惑的我。

“杜老师，COCO POLE 是什么啊？”

“一个读书人的组织。”

“100 天可以读 33 本书？是真的？”

“当然。”

“那我也要加入 COCO POLE 。”

“不行，你现在还不可以。”

“噢，那我什么时候可以？”

“你先花 10 天时间把这本经济法复习完第一遍，然后再花一个星期复习完第二遍，然后花 1 天做完 3 套模拟试卷，然后准备考试。”

“不到 20 天，复习完《经济法》？这怎么可能？”

“可以的，相信自己。有些东西从前你不相信的，后来都会相信。我以前也不相信，**我可以 1 年读 365 本书，而我最近实现了这个目标。**”

1 年读 365 本书，1 天 1 本，太恐怖了。

（五）天下武功，唯快不破

“快速学习，快速阅读，快速获取信息是一种很重要的能力。”杜老师说道。

“那你怎么会突然想起训练自己读书呢？”我问道。

“这也是一个偶然的想法，有一天我看了香港明珠台的一个电视节目。”

“什么节目？”

“这个节目是对世界前两名富豪比尔 · 盖茨和沃伦 · 巴菲特的专访。

主持人以及现场观众对他们两人轮流进行了很多提问，两位世界富豪也一一做了耐心的回答。

到了节目的最后，主持人向他们两人提了最后一个问题：‘请问两位，你们都已经如此成功了，那么在你们的人生中，还有什么事情是觉得最遗憾的呢？’

不愧是著名的节目主持人，这个问题问得实在是有很高的水平。呵呵，所有现场和电视机前的观众（当然也包括我）的好奇心立刻就被调动起来了，如此成功的两个人，到底还有什么样的遗憾呢？

当听到他们的回答时，我被深深震撼了！

对于人生最大的遗憾，世界前两名富豪比尔 · 盖茨和沃伦 · 巴菲特，他们的回答竟然是——

比尔 · 盖茨说：‘我最遗憾的事情，就是没有掌握快速学习、快速阅读的方法。**所有的成功者都是学习者，所有的领导者都是阅读者**。如果我能掌握快速学习、快速阅读的方法，多看很多书，相信我会更成功！’

沃伦·巴菲特说：‘我的回答跟盖茨的一样，我在年轻的时候要是能学会学习，学会快速阅读，多看一些书，多掌握一些资讯，我想，世界首富估计就轮不到他（盖茨）来当了，哈哈。’

随后，两人相视大笑。

后来，我就开始大量阅读，接着就结交了一些喜欢读书的朋友，然后知道他们组成的读书组织叫 COCO POLE。”

“太神奇了。”

“你知道自己为什么看书会走神吗？“

“为什么？”

“因为你看得太慢了。根据科学研究，人类的思维速度至少能达到 600 字 / 分钟，但一般人的语速却在 150 字 / 分钟左右。正是出于这个原因，我们在听讲或是听报告时才会经常走神。

万一碰上个枯燥的主题或是个无趣的教授，而我们又不懂得积极调动多余的精力去思考听到的内容，把理论与实际联系起来，白日梦就容易乘虚而入。

从神经学的角度来讲，人脑每秒钟有意识处理的信息量约为 126 个神经比特，潜意识的工作速度甚至高达 10 亿个神经比特 / 秒。如果以平均阅读速度 200 字 / 分钟来计算，就相当于每秒处理 40 个神经比特的信息，这就意味着大脑每秒钟都有高达 80 多个神经比特的空间未被利用。或许你会认为这是件好事。大脑有了空闲不是正好可以休息一下吗？其实不然。人脑是一台异常勤奋的计算机，一旦出现资源过剩的情况，它就会在后台自动调用空闲的资源来处理其他信息，也就是我先前提到的白日梦。

换言之，如果你的阅读速度跟不上大脑处理信息的速度，过剩的资源非但不能节约下来以备日后之需，反而会被用到其他无关紧要的地方，阻碍注意力的集中。在绝大多数情况下，我们会自言自语：‘别人肯定都比我读得快！为什么人家周末放假出去玩儿，我就得闷在图书馆里看书？’不用多说，大家也知道这种消极的自我暗示对阅读理解和记忆有害无益。

因此，你要快速阅读，快速提取对你有用的东西，快一点，快一点，再快一点！”

（六）本章通关地图（见图 2–1）

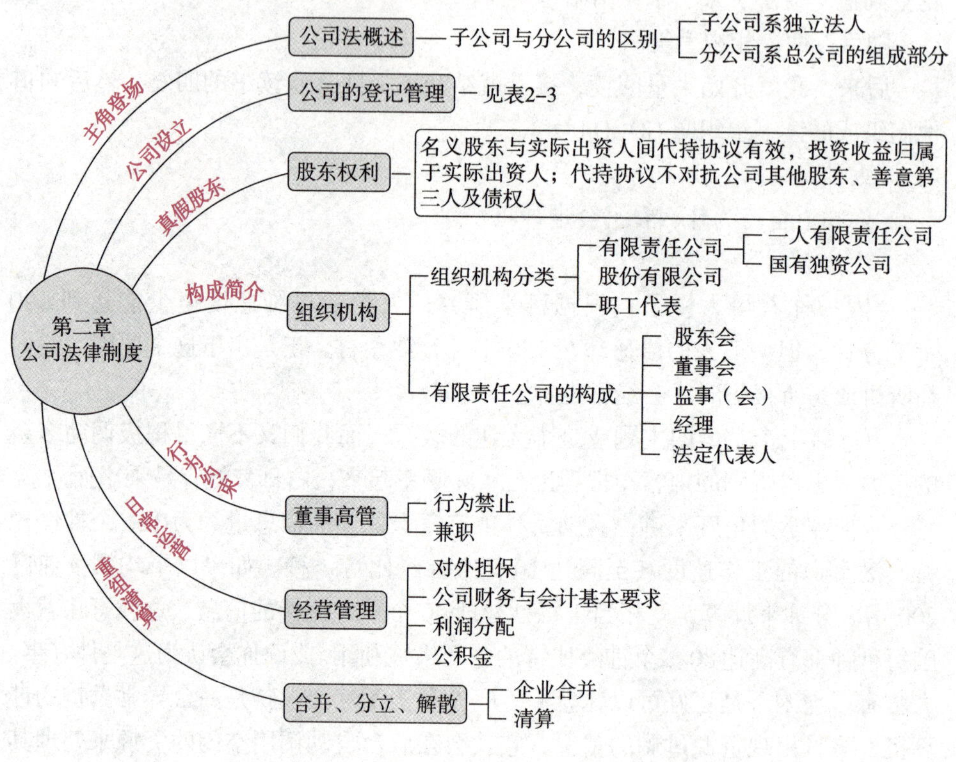

图 2–1　本章通关地图

（七）高频考点提炼

对于经济法第一遍复习，就是要快速扫描阅读，同时提取里面的精华；你一边阅读，一边归纳总结，提取精华，因而你是没有时间走神的。

不管如何提取，你首先得明确自己的总体思路。

《公司法》讲的主要是公司设立、经营以及最后注销的整个过程中的相关规定。那我就可以用自己的思维体系重新把相关的知识整理一遍。

首先是股东出资，出资后，其获得股东权利，股东权利是可以转让的；公司成立后，需要由对应的组织机构及相关的董事高管进行经营管理，公司最后不做了，要么合并，要么分立或者减资清算。

公司法的内容体系如图 2–2 所示。

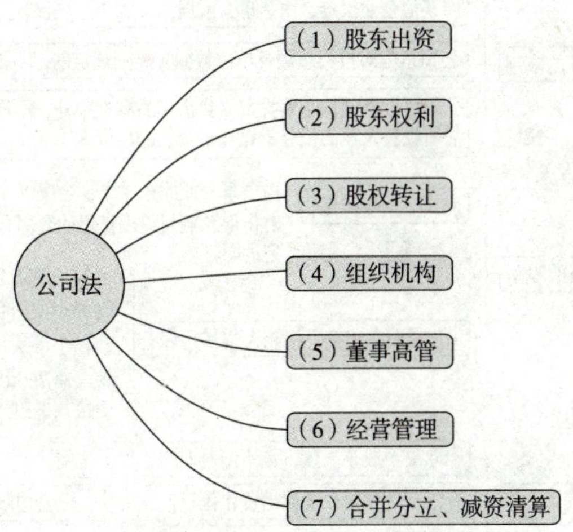

图 2-2　公司法的内容体系图

如果公司要上市，那就涉及证券法的相关内容。因此，本章有关公司上市、债券、优先股等相关内容可以合并到证券法那章一起复习。

第一遍复习，归纳总结相关考点时，总体思路要清晰，重点要突出，但是并不一定要面面俱到。第一遍复习更重要的是快速把教材过一遍，坚持二八原则，后续复习中，再逐渐完善。

1. 设立及出资

考点一：子公司与分公司（见表 2-4）

表 2-4　子公司与分公司

项目	子公司	分公司
异	对应母公司，母子公司之间存在控制与被控制的关系	对应总公司，在隶属公司的经营范围内从事经营活动
	独立法人：以自身全部财产为限对其负债独立承担责任	不具备法人资格：只是总公司的组成部分，责任由总公司承担
	拥有独立的财产	没有独立的财产
	取得企业法人营业执照	取得营业执照
同	都能独立地进行民事活动	

考点二：公司法人财产权（如图 2–3 所示）

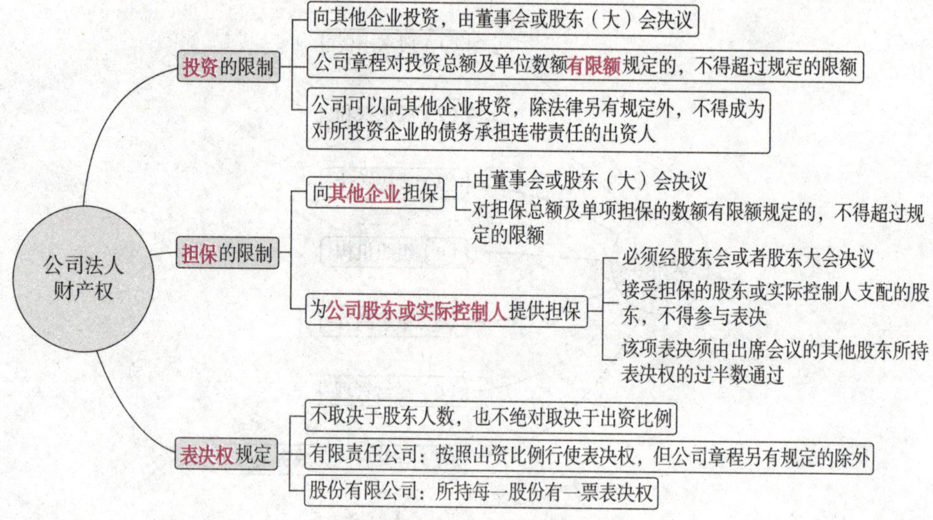

图 2–3　公司法人财产权

考点三：公司登记管理（见表 2–5）

表 2–5　　公司登记管理

<table>
<tr><td>住所</td><td colspan="2">公司住所只能有一个，公司变更住所的，在迁入前，要申请变更登记，并提交新住所使用证明</td></tr>
<tr><td>法定代表人</td><td colspan="2">法定代表人依照公司章程的规定，由“董事长、执行董事或者总经理”担任（法定范围内约定）</td></tr>
<tr><td>营业执照</td><td colspan="2">公司营业执照“签发”日期为公司成立日期
国家推行电子营业执照，电子营业执照与纸质营业执照具有同等法律效力</td></tr>
<tr><td>年度报告公示</td><td colspan="2">公司应当于每年 1 月 1 日至 6 月 30 日，通过企业信用信息公示系统向公司登记机关报送上一年度报告，并向社会公示</td></tr>
<tr><td rowspan="3">变更登记</td><td rowspan="2">自“变更决议做出之日”起 30 日内</td><td>公司名称、法定代表人（不包括董事、监事、经理）、经营范围变更的，自“变更决议做出之日”起 30 日内申请变更登记</td></tr>
<tr><td>公司增加变更的注册资本的，自“变更决议做出之日”起 30 日内申请变更登记</td></tr>
<tr><td>自“公告之日”起 45 日后</td><td>公司减少注册资本、合并、分立的，自“公告之日”起 45 日后申请变更登记</td></tr>
<tr><td rowspan="2">备案</td><td colspan="2">（1）公司章程修改未涉及登记事项的，公司应当将修改后的公司章程或者公司章程修正案送原公司登记机关备案</td></tr>
<tr><td colspan="2">（2）公司董事、监事、经理发生变动的，应当向原公司登记机构备案</td></tr>
</table>

考点四：股东出资——出资形式（如图 2–4 所示）

【例题 · 多选题】甲公司、乙公司与刘某、谢某欲共同设立一个注册资本为 200 万元的有限责任公司，下列他们在拟定公司章程时约定的各自的出资方式中，不符合公司法律制度规定的有（　　）。

A. 甲公司以其企业商誉评估作价 80 万元出资

B. 乙公司以其获得的某知名品牌特许经营权评估作价 60 万元出资

C. 刘某以劳务作价 20 万元出资

D. 谢某以其设定了抵押担保的房屋评估作价 40 万元出资

【答案】ABCD

股东出资形式

- （1）股东可以用货币出资，也可以用实物、知识产权、土地使用权等可以用货币估价并可以依法转让的非货币财产作价出资
- （2）股东不得以劳务、信用、自然人姓名、商誉、特许经营权或者设定担保的财产等作价出资
- （3）非货币出资
  - ①未依法评估
    - 公司、其他股东或者公司债权人请求认定出资人未履行出资义务，人民法院应当委托具有合法资格的评估机构对该财产评估作价
    - 评估确定的价格显著低于公司章程所定价格的，人民法院应当认定出资人未依法全面履行出资义务
    - 未依法评估的，先补正（由人民法院委托评估机构进行评估）
    - 只有当评估确定的价格“显著低于”公司章程所定价格时，人民法院才认定出资人未依法全面履行出资义务
    - 未经补正程序，人民法院不宜“直接认定”出资人未依法全面履行出资义务
  - ②事后贬值
    - 出资人以符合法定条件的非货币财产出资后，因市场变化或者其他客观因素导致出资财产贬值，公司、其他股东或者公司债权人请求该出资人承担补足出资责任的，人民法院不予支持；当事人另有约定的除外
  - ③土地使用权
    - 出资人以“划拨”的土地使用权或者设定权利负担（如设定了抵押担保）的土地使用权出资，公司、其他股东或者公司债权人主张认定该出资人未履行出资义务的，人民法院应当责令当事人在指定的合理期间内办理土地变更手续或者解除权利负担，逾期未办理或者未解除的，人民法院应当认定出资人未依法全面履行出资义务
  - ④登记
    - 已经交付公司使用但未办理权属变更手续
      - 出资人以房屋、土地使用权或者需要办理权属登记的知识产权等财产出资，已经交付公司使用但未办理权属变更手续，公司、其他股东或者公司债权人主张认定出资人未履行出资义务的，人民法院应当责令当事人在指定的合理期间内办理权属变更手续；在指定的期间内办理了权属变更手续的，人民法院应当认定其已经履行了出资义务；出资人主张自其实际交付财产给公司使用时享有相应股东权利的，人民法院应予支持
    - 已经办理权属变更手续但未交付公司使用
      - 出资人以房屋、土地使用权或者需要办理权属登记的知识产权等财产出资，已经办理权属变更手续但未交付公司使用的，公司或者其他股东主张其向公司交付，并在实际交付之前不享有相应股东权利的，人民法院应予支持
- （4）货币出资
  - 以贪污、受贿、侵占、挪用等违法犯罪行为所得的货币出资取得股权
    - 对违法犯罪行为予以追究、处罚时，应当采取拍卖或者变卖的方式处置其股权；这一规定防止将出资的财产直接从公司抽出，采取将出资财产所形成的股权折价补偿受害人损失的方式，以保障公司资本的充实和维护公司债权人的利益

图 2–4　股东出资——出资形式一览图

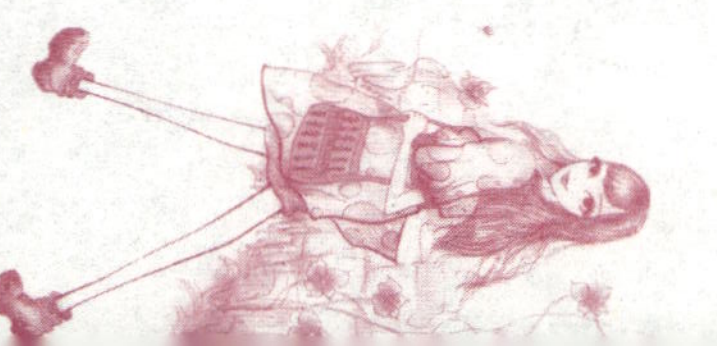

2. 股东权利

考点五：股东权利——名义股东与实际出资人（如图2-5所示）

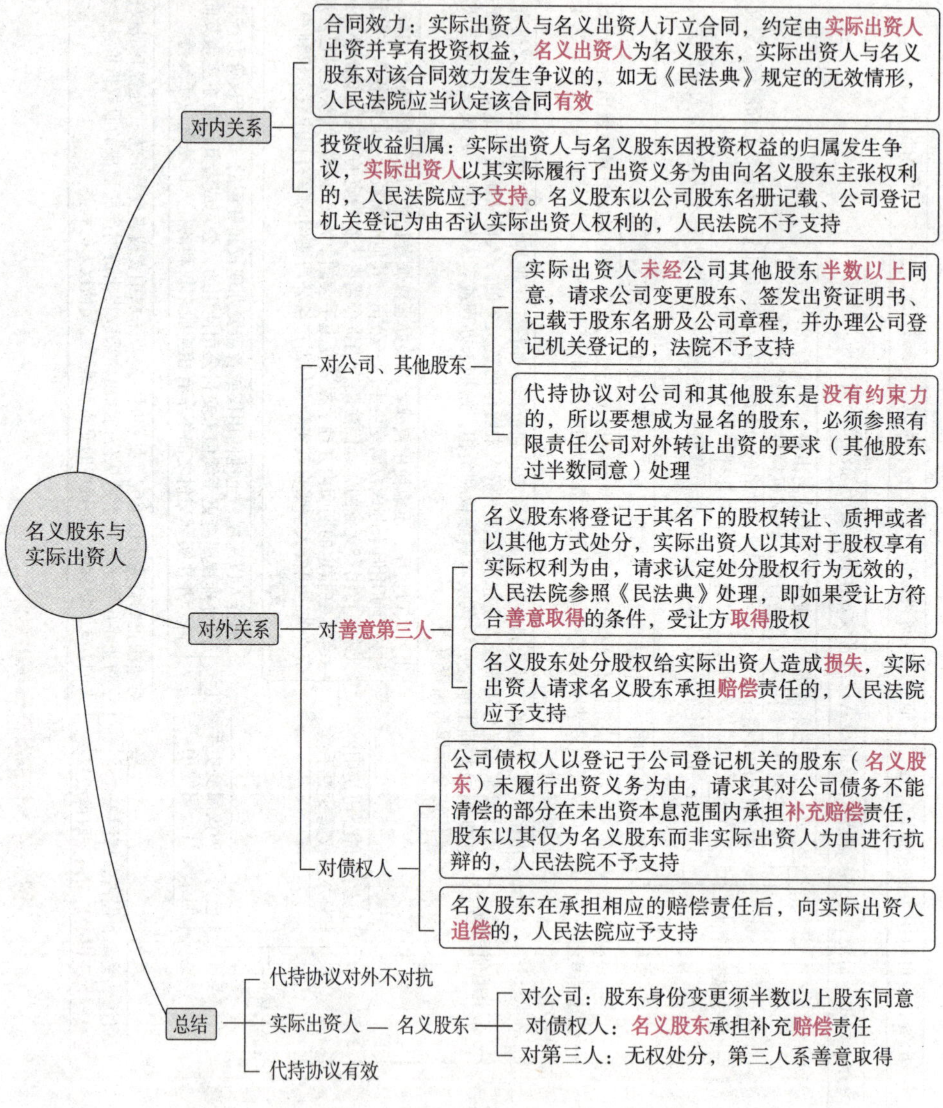

名义股东与实际出资人

- 对内关系
  - 合同效力：实际出资人与名义出资人订立合同，约定由**实际出资人**出资并享有投资权益，**名义出资人**为名义股东，实际出资人与名义股东对该合同效力发生争议的，如无《民法典》规定的无效情形，人民法院应当认定该合同**有效**
  - 投资收益归属：实际出资人与名义股东因投资权益的归属发生争议，**实际出资人**以其实际履行了出资义务为由向名义股东主张权利的，人民法院应予**支持**。名义股东以公司股东名册记载、公司登记机关登记为由否认实际出资人权利的，人民法院不予支持
- 对外关系
  - 对公司、其他股东
    - 实际出资人**未经**公司其他股东**半数以上**同意，请求公司变更股东、签发出资证明书、记载于股东名册及公司章程，并办理公司登记机关登记的，法院不予支持
    - 代持协议对公司和其他股东是**没有约束力**的，所以要想成为显名的股东，必须参照有限责任公司对外转让出资的要求（其他股东过半数同意）处理
  - 对**善意第三人**
    - 名义股东将登记于其名下的股权转让、质押或者以其他方式处分，实际出资人以其对于股权享有实际权利为由，请求认定处分股权行为无效的，人民法院参照《民法典》处理，即如果受让方符合**善意取得**的条件，受让方**取得**股权
    - 名义股东处分股权给实际出资人造成**损失**，实际出资人请求名义股东承担**赔偿**责任的，人民法院应予支持
  - 对债权人
    - 公司债权人以登记于公司登记机关的股东（**名义股东**）未履行出资义务为由，请求其对公司债务不能清偿的部分在未出资本息范围内承担**补充赔偿**责任，股东以其仅为名义股东而非实际出资人为由进行抗辩的，人民法院不予支持
    - 名义股东在承担相应的赔偿责任后，向实际出资人**追偿**的，人民法院应予支持
- 总结
  - 代持协议对外不对抗
  - 实际出资人 — 名义股东
    - 对公司：股东身份变更须半数以上股东同意
    - 对债权人：**名义股东**承担补充**赔偿**责任
    - 对第三人：无权处分，第三人系善意取得
  - 代持协议有效

图2-5　股东权利——名义股东与实际出资人一览图

【例题·多选题】甲、乙共同出资设立一家有限责任公司。乙与丙订立合同，约定由丙实际出资并享有投资权益，乙为名义股东。下列表述中，符合公司法律制度规定的有（　　）。

A. 丙不得要求公司变更股东

B. 丙有权要求乙将公司分配所得的利润转交给自己

C. 丙应对公司债务承担连带责任

D. 乙向不知情的银行借款时，以持有的该公司股权设定质押的，该质押有效

【答案】BD

【解析】选项 A: 实际出资人经公司其他股东半数以上同意，可以请求公司变更股东、签发出资证明书、记载于股东名册、记载于公司章程并办理公司登记机关变更登记；选项 C：名义股东对公司债务承担责任后，可以向实际出资人追偿，谈不上由实际出资人承担连带责任；选项 D: 名义股东将登记于其名下的股权转让、质押或者以其他方式处分，只要受让方构成善意取得，交易的股权可以最终为其所有，但是名义股东处分股权给实际出资人造成损失，实际出资人请求名义股东承担赔偿责任的，人民法院应予支持。

考点六：股东权利及其分类（见表 2–6）

表 2–6 股东权利及其分类

分类	类型	界定	举例
按权利行使的**目的**	**共益权**	股东基于公司利益的同时亦为自身利益而行使的权利	（1）股东大会参加权、提案权、表决权等 （2）知情权
	自益权	股东仅为个人利益而行使的权利	（1）分红权 （2）剩余财产分配请求权 （3）新股优先认购权 （4）股权转让、质押的权利
按权利行使的**条件**	**单独**股东权	每一单独股份均享有的权利	（1）分红权 （2）查阅权
	少数股东权	单独或共同持有，占股本总额一定比例以上股份者可行使的权利	（1）提议召开临时股东大会的权利 （2）自行召集、主持股东大会的权利

表 2–6 中的股东权利是指公司股东依法享有资产收益、参与重大决策和选择管理者等权利。

【例题 · 判断题】查阅公司账簿的权利，属于股东的共益权。（　）

【答案】√。

考点七：股东权利——分红权（见表 2–7）

表 2–7 股东权利——分红权

分红规定	有限责任公司股东	按**实缴的出资比例**分取红利，但全体股东约定不按照出资比例分取红利的除外
	股份有限公司股东	股份有限公司分配利润，按照股东**持有的股份比例**分配，但股份公司章程规定不按持股比例分配的除外
分红权诉讼	（1）诉讼当事人的列置	①股东请求公司分配利润案件，应当列公司为被告 ②一审法庭辩论终结前，其他股东基于同一分配方案请求分配利润并申请参加诉讼的，应当列为共同原告
	（2）股东请求分配利润的前提条件	①股东提交载明具体分配方案的股东会或者股东大会的有效决议，请求公司分配利润，公司拒绝分配利润且其关于无法执行决议的抗辩理由不成立的，人民法院应当判决公司按照决议载明的具体分配方案向股东分配利润 ②股东未提交载明具体分配方案的股东会或者股东大会决议，请求公司分配利润的，人民法院应当驳回其诉讼请求，但违反法律规定滥用股东权利导致公司不分配利润，给其他股东造成损失的除外

【例题·多选题】甲、乙、丙出资设立一家有限责任公司，在其拟订的公司章程中约定的下列事项中，符合公司法律制度规定的有（　　）。

A. 甲、乙、丙不按出资比例分配红利

B. 甲、乙、丙不按出资比例行使表决权

C. 由董事会直接决定公司的对外投资事宜

D. 由董事会直接决定其他人经投资而成为公司股东

【答案】ABC

【解析】选项 A：有限责任公司的股东按照实缴的出资比例分取红利，但是全体股东可以事先约定不按照出资比例分取红利；选项 B：有限责任公司的股东按照出资比例行使表决权，但公司章程另有规定的除外；选项 C：有限责任公司向其他企业投资，按照公司章程的规定应由董事会或者股东会决议；选项 D：其他人经投资而成为公司股东，必须经过增加公司注册资本这一法定程序，而法律明确规定该项决议属于股东会的特别决议，因此公司章程不能约定其"由董事会直接决定"。

考点八：股东查阅权（见表 2–8）

表 2–8　　股东查阅权

（1）查阅范围	①有限责任公司股东有权查阅、复制公司章程、股东会会议记录、董事会会议决议、监事会会议决议和财务会计报告；有限责任公司股东还有权要求查阅公司会计账簿 ②股份有限公司股东有权查阅公司章程、股东名册、公司债券存根、股东大会会议记录、董事会会议决议、监事会会议决议、财务会计报告
（2）查阅资格	①股东依法起诉请求查阅或者复制公司特定文件材料的，人民法院应当依法予以受理 ②公司有证据证明原告在起诉时不具有公司股东资格的，人民法院应当驳回起诉，但原告有初步证据证明在"持股期间"其合法权益受到损害，请求依法查阅或者复制其持股期间的公司特定文件材料的除外
（3）辅助查阅	股东依据人民法院生效判决查阅公司文件材料的，在该股东在场的情况下，可以由会计师、律师等依法辅助进行，或者由依据执业行为规范负有保密义务的中介机构执业人员辅助进行
（4）各方责任	①股东行使知情权后泄露公司商业秘密导致公司合法利益受到损害，公司请求该股东赔偿相关损失的，人民法院应当予以支持 ②辅助股东查阅公司文件材料的会计师、律师等泄露公司商业秘密导致公司合法利益受到损害，公司请求其赔偿相关损失的，人民法院应当予以支持
（5）查阅程序	①查阅股东应当向公司提出书面请求，说明目的 ②公司有合理根据认为股东查阅会计账簿有不正当目的，可能损害公司合法利益的，可以拒绝查阅，但应自股东提出书面请求之日起 15 日内书面答复股东并说明理由 ③公司拒绝提供查阅的，股东可以请求人民法院要求公司提供查阅
（6）拒绝查阅	有限责任公司有证据证明股东存在下列情形之一的，人民法院应当认定股东有"不正当目的"（支持公司拒绝股东查阅）： ①股东自营或者为他人经营与公司主营业务有实质性竞争关系业务的，但公司章程另有规定或者全体股东另有约定的除外 ②股东为了向他人通报有关信息查阅公司会计账簿，可能损害公司合法利益的 ③股东在向公司提出查阅请求之日前的 3 年内，曾通过查阅公司会计账簿，向他人通报有关信息损害公司合法利益的 ④股东有不正当目的的其他情形
	公司章程、股东之间的协议等实质性剥夺股东依法享有的查阅或者复制公司文件材料的权利，公司以此为由拒绝股东查阅或者复制的，人民法院不予支持

【例题·多选题】甲为一有限责任公司的小股东，不参与公司经营管理。某日，其口头向公司申请查阅和复制公司会计账簿，公司提出了下列拒绝理由，其中可能得到人民法院支持的有（　　）。

A．甲是不参与公司经营管理的小股东，无权要求查阅和复制公司会计账簿

B．甲可以要求查阅公司会计账簿，但不能要求复制

C．甲未以书面形式提出请求

D．甲提出该请求有不正当目的，可能损害公司合法利益

【答案】BCD

【解析】（1）选项AB：有限责任公司股东（不论是大股东，还是小股东，也不论其是否参与公司经营管理）有权“查阅”（不能复制）公司会计账簿；（2）选项C：查阅股东应当向公司提出“书面”请求并说明理由；（3）选项D：公司有合理根据认为股东查阅会计账簿有不正当目的，可能损害公司合法利益的，可以拒绝提供查阅，并应当自股东提出书面请求之日起15日内书面答复股东并说明理由。

【例题·单选题】郑贺为甲有限责任公司的经理，利用职务之便为其妻吴悠经营的乙公司谋取本来属于甲公司的商业机会，致甲公司损失50万元。甲公司小股东付冰欲通过诉讼维护公司利益。根据公司法律制度的规定，下列关于付冰做法的表述中，正确的是（　　）。

A. 必须先书面请求甲公司董事会对郑贺提起诉讼

B. 必须先书面请求甲公司监事会对郑贺提起诉讼

C. 只有在董事会拒绝起诉的情况下，才能请求监事会对郑贺提起诉讼

D. 只有在其所持股权比例达到1%时，才能请求甲公司有关部门对郑贺提起诉讼

【答案】B

【解析】选项ABC:“董事、高级管理人员”损害公司利益时，先找“监事会”；选项D: 有限责任公司的任何一个股东均有权代表公司提起诉讼，不受1%股权的限制。

考点九：滥用股东权利的责任（见表2–9）

表2–9　　**滥用股东权利的责任**

<table>
<tr><td colspan="2">1. 公司股东滥用股东权利，给公司或者其他股东造成损失的，应依法承担赔偿责任</td></tr>
<tr><td>2. 法人人格否认</td><td>公司股东滥用公司法人独立地位和股东有限责任、逃避债务、严重损害公司债权人利益的，应当对公司债务承担连带责任</td></tr>
<tr><td>3. 关联交易</td><td>（1）公司的控股股东、实际控制人、董事、监事、高级管理人员，不得利用关联关系损害公司利益，因违反规定而给公司造成损失的，应当承担赔偿责任
（2）关联交易损害公司利益，依法请求控股股东、实际控制人、董事、监事和高级管理人员赔偿所造成的损失，被告仅以该交易已经履行了信息披露，经股东（大）会同意等法律行政法规或者公司章程规定的程序为由抗辩的，人民法院不予支持；公司没有提起诉讼的，符合条件的股东，可以依法提起股东代表诉讼
（3）关联交易合同存在无效或者可撤销情形，公司没有起诉合同相对方的，符合条件的股东，可以依法提起股东代表诉讼</td></tr>
</table>

【例题·判断题】公司股东滥用公司法人独立地位和股东有限责任、逃避债务、严重损害公司债权人利益的，应当对公司债务承担连带责任。（　）

【答案】√。

考点十：股东权利——股东诉讼（如图 2-6 所示）

股东诉讼

- （1）股东**直接**诉讼 —— 公司董事、高级管理人员违反法律、行政法规或者公司章程的规定，损害股东利益的，股东可以依法向人民法院提起诉讼
- （2）股东**代表**诉讼
  - "董事、高级管理人员"侵犯公司利益：找**监事会** —— 股东（有限责任公司的股东、股份有限公司连续180日以上单独或者合计持有公司1%以上股份的股东）可以书面请求监事会向人民法院提起诉讼。如果监事会收到股东的书面请求后拒绝提起诉讼，或者自收到请求之日起30日内未提起诉讼，或者情况紧急，不立即提起诉讼将会使公司利益受到难以弥补的损害，股东有权为了公司的利益以自己的名义直接向人民法院提起诉讼
  - "监事"侵犯公司利益：找**董事会** —— 股东（有限责任公司的股东、股份有限公司连续180日以上单独或者合计持有公司1%以上股份的股东）可以书面请求"董事会"向人民法院提起诉讼。如果董事会收到股东的书面请求后拒绝提起诉讼，或者自收到请求之日起30日内未提起诉讼，或者情况紧急，不立即提起诉讼将会使公司利益受到难以弥补的损害，股东有权为了公司的利益以自己的名义直接向人民法院提起诉讼
  - 公司以外的他人侵犯公司利益：找**董事会或者监事会** —— 股东（有限责任公司的股东、股份有限公司连续180日以上单独或者合计持有公司1%以上股份的股东）可以书面请求董事会或者监事会向人民法院提起诉讼。如果董事会、监事会收到股东的书面请求后拒绝提起诉讼，或者自收到请求之日起30日内未提起诉讼，或者情况紧急，不立即提起诉讼将会使公司利益受到难以弥补的损害，股东有权为了公司的利益以自己的名义直接向人民法院提起诉讼
- （3）两者的**区别和联系**
  - ①股东代表诉讼（股东间接诉讼）的前提条件是他人侵犯了"**公司利益**"（全体股东的利益），股东直接诉讼的前提条件是他人侵犯了"**个别股东的利益**"
  - ②利益受到侵犯的个别股东，以自己的名义提起诉讼，对股东的资格没有限制
  - ③该股东可直接提起诉讼（无须先找董事会、监事会）
  - ④如果有人侵犯了"公司"利益，侵犯了"全体股东"的利益，"公司"应当作为原告对其提起诉讼。如果不对其提起诉讼，着急的是股东。股东可以"书面请求"董事会或者监事会对其提起诉讼，如果董事会、监事会收到股东的书面请求后拒绝提起诉讼，或者自收到请求之日起30日内未提起诉讼，或者情况紧急，不立即提起诉讼将会使公司利益受到难以弥补的损害，股东有权为了公司的利益以自己的名义直接向人民法院提起诉讼，即股东代表公司提起诉讼
  - ⑤哪个股东有资格代表公司提起诉讼？
    - 有限责任公司：任何一个股东均可，没有持股比例限制
    - 股份有限公司："连续180日以上单独或者合计持有公司1%以上股份的股东"才有资格
  - ⑥以谁的名义提起诉讼？ —— 尽管是代表公司提起诉讼，但股东只能以自己的名义，而不能以公司的名义对被告提起诉讼
  - ⑦股东能否不通过董事会、监事会而直接对被告提起诉讼？ —— 除非情况紧急，否则股东必须先找董事会、监事会，只有其明确拒绝或者超过30日迟迟不动的情况下，股东才不得不亲自出马
  - ⑧找董事会还是监事会？
    - "董事、高级管理人员"侵犯公司利益：找监事会
    - "监事"侵犯公司利益：找董事会
    - 公司以外的他人侵犯公司利益：找董事会或者监事会
- （4）股东代表诉讼中的相关规定
  - 诉讼当事人的列置 —— 股东依法对侵害公司利益的董事、监事、高级管理人员或者他人提起股东代表诉讼的（股东以自己的名义提起，股东为原告），应当列公司为第三人参加诉讼；一审法庭辩论终结前，符合法定条件的其他股东以相同的诉讼请求申请参加诉讼的，应当列为共同原告
  - 诉讼利益的归属 —— 股东依法提起股东代表诉讼的，胜诉利益归属于公司
  - 诉讼费用的负担 —— 股东依法提起股东代表诉讼，其诉讼请求部分或者全部得到人民法院支持的，公司应当承担股东因参与诉讼支付的合理费用

图 2-6　股东权利——股东诉讼一览图

考点十一：股东权利——解散诉讼（如图 2-7 所示）

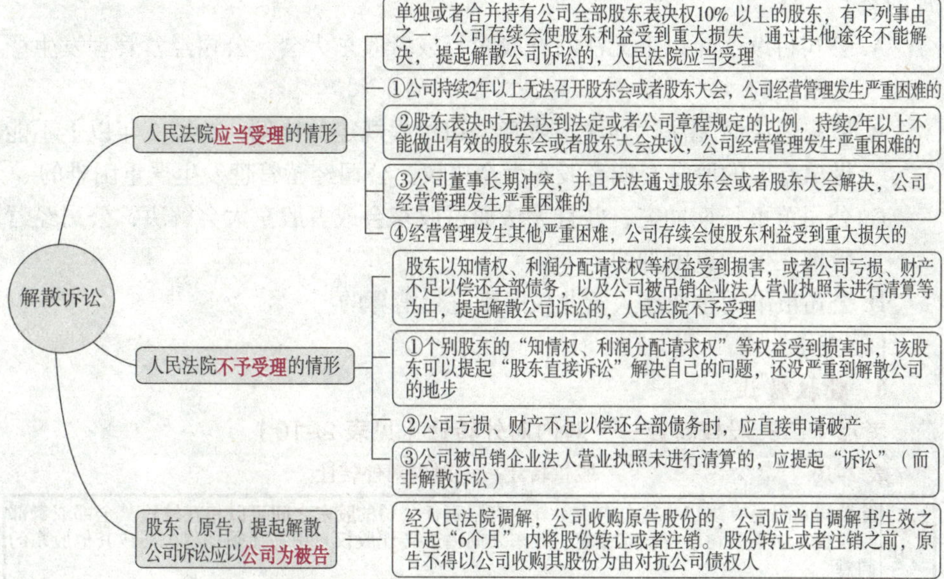

图 2-7　股东权利——解散诉讼一览图

【例题·单选题】甲、乙、丙、丁共同设立 A 有限责任公司，后丙拟提起解散公司诉讼。根据公司法律制度的规定，丙拟提出的下列理由中，人民法院应予受理的是（　　）。

A. 公司董事长甲严重侵害其股东知情权，其无法与甲合作

B. 公司管理层严重侵害其利润分配请求权，其股东利益受到重大损失

C. 公司被吊销企业法人营业执照而未进行清算为由

D. 公司经营管理发生严重困难，继续存续会使股东利益受到重大损失

【答案】D

【例题·多选题】甲公司为有限责任公司，根据公司法律制度的规定，下列各项中，属于甲公司解散事由的有（　　）。

A. 甲公司章程规定的营业期限届满

B. 甲公司被丁公司吸收合并

C. 经代表 2/3 以上表决权的股东同意，甲公司股东会通过了解散公司的决议

D. 甲公司被依法吊销营业执照

【答案】ABCD

【解析】公司解散的原因：公司章程规定的营业期限届满或者公司章程规定的其他解散事由出现；股东会或者股东大会决议解散；因公司合并、分立需要解散；依法被吊销营业执照、责令关闭或者被撤销；人民法院依法予以解散。

【例题·多选题】根据公司法律制度的规定，下列情形中，单独或者合并

持有公司全部股东表决权 10% 以上的股东提起解散公司诉讼，人民法院应当受理的有（　　）。

A. 公司持续 2 年以上无法召开股东会或者股东大会，公司经营管理发生严重困难的

B. 股东表决时无法达到法定或者公司章程规定的比例，持续 2 年以上不能做出有效的股东会或者股东大会决议，公司经营管理发生严重困难的

C. 公司董事长期冲突，并且无法通过股东会或者股东大会解决，公司经营管理发生严重困难的

D. 公司被吊销企业法人营业执照未进行清算的

【答案】ABC

3. 股权转让

考点十二：股权转让——对内对外转让（见表 2-10）

表 2-10　　股权转让——对内对外转让

<table>
<tr><td>对内转让</td><td colspan="3">除公司章程另有规定（完全自由）外，有限责任公司的股东之间可以相互转让其全部或者部分股权。如果公司章程没有规定，股东之间内部转让股权自由，无须征得公司或其他股东的同意</td></tr>
<tr><td rowspan="8">对外转让</td><td rowspan="2">1. 通知征得同意</td><td colspan="2">有限责任公司股东向股东之外的人转让股权，除公司章程另有规定（完全自由）外，应当经其他股东过半数同意；股东应就其股权转让事项书面通知其他股东征求其同意</td></tr>
<tr><td colspan="2">【提示】有限责任公司的股东向股东以外的人转让股权，应就其股权转让事项以书面或者其他能够确认收悉的合理方式通知其他股东征求其同意（无须召开股东会）</td></tr>
<tr><td>2. 同意</td><td colspan="2">（1）明确表示同意
（2）其他股东自接到书面通知之日起满 30 日未作答复的，视为同意转让
（3）其他股东半数以上不同意转让，不同意的股东又不购买的，人民法院应当认定为同意转让</td></tr>
<tr><td rowspan="5">3. 优先购买权</td><td>（1）基本规定</td><td>①经股东同意转让的股权，在同等条件下，转让股东以外的其他股东有权主张优先购买权，但转让股东依法放弃转让的除外
②两个以上股东主张行使优先购买权的，“协商”确定各自的购买比例；协商不成的，按照“转让时各自的出资比例”行使优先购买权</td></tr>
<tr><td>（2）继承转让</td><td>有限责任公司的自然人股东因继承发生变化时，其他股东主张行使优先购买权的，人民法院不予支持，但公司章程另有规定或者全体股东另行约定的除外</td></tr>
<tr><td>（3）后悔转让</td><td>①有限责任公司的转让股东，在其他股东主张优先购买后又不同意转让股权的，对其他股东优先购买的主张，人民法院不予支持，但公司章程另有规定或者全体股东另有约定的除外
②其他股东主张转让股东赔偿其损失合理的，人民法院应当予以支持</td></tr>
<tr><td rowspan="2">（4）同等条件的通知与判断</td><td>经股东同意转让的股权，其他股东主张转让股东应当向其以书面或者其他能够确认收悉的合理方式通知转让股权的同等条件的，人民法院应当予以支持</td></tr>
<tr><td>人民法院在判断是否符合“同等条件”时，应当考虑转让股权的数量、价格、支付方式及期限等因素</td></tr>
</table>

续表

对外转让	3. 优先购买权	（5）优先购买权的行使期间	①有限责任公司的股东主张优先购买转让股权的，应当在收到通知后，在公司规定的行使期间内提出购买请求 ②公司章程没有规定行使期间或者规定不明确的，以通知确定的期间为准，确定的期间短于30日或者未明确行使期间的，行使期间为30日
		（6）优先购买权损害	有限责任公司的股东向股东以外的人转让股权，未就其股权转让事项征求其他股东意见，或者以欺诈、恶意串通等手段，损害其他股东优先购买权时： ①其他股东主张按照同等条件购买该转让股权的，人民法院应当予以支持，但其他股东自知道或者应当知道行使优先购买权的同等条件之日起30日内没有主张，或者自股权变更登记之日起超过1年的除外 ②其他股东仅提出确认股权转让合同及股权变动效力等请求，未同时主张按照同等条件购买转让股权的，人民法院不予支持，但其他股东非因自身原因导致无法行使优先购买权，请求损害赔偿的除外 ③股东以外的股权受让人，因股东行使优先购买权而不能实现合同目的的，可以依法请求转让股东承担相应民事责任
	4. 股权对外转让的程序	股东转让股权后，公司应当“注销”原股东的出资证明书，向新股东“签发”出资证明书，并相应“修改”公司章程和股东名册中有关股东及其出资额的记载。对公司章程的该项修改不需要再由股东会表决	

【例题·判断题】股份有限公司的股东可以自由向股东以外的人转让股份，无须经股东大会审议通过；而有限责任公司的股东向股东以外的人转让出资时，须经股东会审议通过。(　　)

【答案】×

【解析】有限责任公司的股东向股东以外的人转让股权不再需要经过股东会决议。

【例题·多选题】甲、乙、丙共同出资设立了一家有限责任公司，1年后，甲拟将其在公司的全部出资转让给丁，乙、丙不同意。下列解决方案中，符合公司法律制度规定的有(　　)。

A. 由乙或丙购买甲拟转让给丁的出资

B. 由乙和丙共同购买甲拟转让给丁的出资

C. 如果乙和丙均不愿意购买，甲无权将出资转让给丁

D. 如果乙和丙均不愿意购买，甲有权将出资转让给丁

【答案】ABD

【例题·判断题】公司章程规定的营业期限届满，股东会通过决议修改章程使公司存续，对股东会该项决议投反对票的股东可以请求公司按照合理的价格收购其股权。(　　)

【答案】√

考点十三：股权转让——人民法院强制执行的股权转让（如图 2-8 所示）

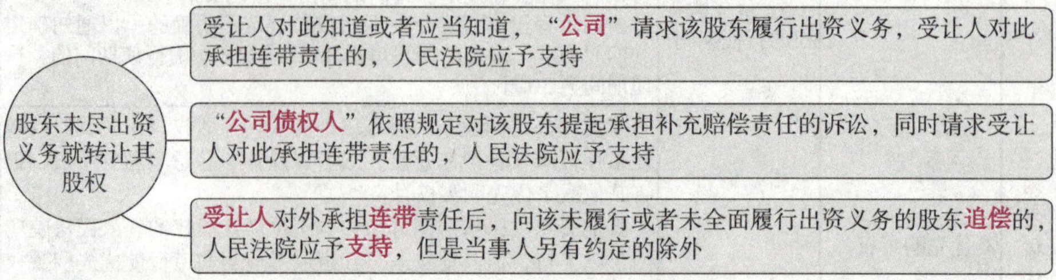

股东未尽出资义务就转让其股权

- 受让人对此知道或者应当知道，“公司”请求该股东履行出资义务，受让人对此承担连带责任的，人民法院应予支持
- “公司债权人”依照规定对该股东提起承担补充赔偿责任的诉讼，同时请求受让人对此承担连带责任的，人民法院应予支持
- 受让人对外承担连带责任后，向该未履行或者未全面履行出资义务的股东追偿的，人民法院应予支持，但是当事人另有约定的除外

图 2-8　股权转让——人民法院强制执行的股权转让一览图

【例题·多选题】甲公司因欠付货款被乙公司申请法院强制执行，法院决定对甲公司所持丙有限责任公司的股权予以强制执行。丁公司（非丙公司的股东）表示愿意受让该股权。根据公司法律制度的规定，下列表述中，正确的有（　　）。

A. 人民法院依照强制执行程序转让甲公司的股权时，应当通知丙公司及全体股东

B. 丙公司的其他股东对该股权在同等条件下享有优先购买权

C. 丙公司的其他股东自人民法院通知之日起满 10 日不行使优先购买权的，视为放弃优先购买权

D. 丙公司的其他股东自人民法院通知之日起满 20 日不行使优先购买权的，视为放弃优先购买权

【答案】ABD

考点十四：股权转让——股东未尽出资义务就转让其股权（如图 2-9 所示）

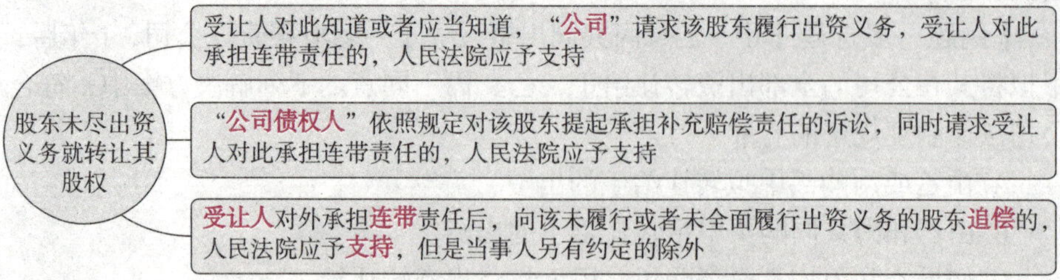

股东未尽出资义务就转让其股权

- 受让人对此知道或者应当知道，“公司”请求该股东履行出资义务，受让人对此承担连带责任的，人民法院应予支持
- “公司债权人”依照规定对该股东提起承担补充赔偿责任的诉讼，同时请求受让人对此承担连带责任的，人民法院应予支持
- 受让人对外承担连带责任后，向该未履行或者未全面履行出资义务的股东追偿的，人民法院应予支持，但是当事人另有约定的除外

图 2-9　股权转让——股东未尽出资义务就转让其股权一览图

【例题·单选题】某有限责任公司股东甲将其所持全部股权转让给该公司股东乙。乙受让该股权时，知悉甲尚有 70% 的出资款未按期缴付。下列关于甲履行出资责任的表述中，符合公司法律制度规定的是（　　）。

A. 甲继续向公司履行足额缴纳出资的义务，乙对此不承担责任

B. 甲继续向公司履行足额缴纳出资的义务，乙对此承担连带责任

C. 乙代替甲向公司履行足额缴纳出资的义务，甲对此不再承担连带责任

D. 乙代替甲向公司履行足额缴纳出资的义务，甲对此承担补充清偿责任

【答案】B

【解析】有限责任公司的股东未履行或者未全面履行出资义务即转让股权，受让人对此知道或者应当知道，公司请求该股东履行出资义务、受让人对此承担连带责任的，人民法院应予支持。

考点十五：有限责任公司异议股权回购（见表 2-11）

表 2-11　　有限责任公司异议股权回购

回购转让	（1）股东退出公司的法定条件：有右列情形之一的，对股东会该决议投反对票的股东可以请求公司按照合理的价格收购其股权，退出公司★	①公司**连续 5 年**不向股东分配利润，而公司该 5 年连续盈利，并且符合公司法规定的分配利润条件的
		②公司合并、分立、转让主要财产的
		③公司章程规定的营业期限届满或者章程规定的其他解散事由出现，股东会会议通过决议修改章程使公司存续的
	（2）股东退出公司的法定程序	自股东会会议决议通过之日起 60 日内，股东与公司不能达成股权收购协议的，股东可以自股东会会议决议通过之日起 90 日内向人民法院提起诉讼
注重调解	人民法院审理涉及有限责任公司股东重大分歧的案件时，应当注重调解，当事人协商一致，以下列方式解决分歧，且不违反法律、行政法规的强制性规定的，人民法院应予支持： （1）公司回购部分股东的股份 （2）其他股东受让部分股东的股份 （3）他人受让部分股东的股份 （4）公司减资 （5）公司分立 （6）其他能够解决分歧、使公司恢复正常经营和避免公司解散的方式	

【注】记忆口诀：5 年盈利不分红，合并分立转财产，公司到期还要干，股东反对赶紧闪。

考点十六：股权转让——股份有限公司——股份转让限制（如图 2-10 所示）

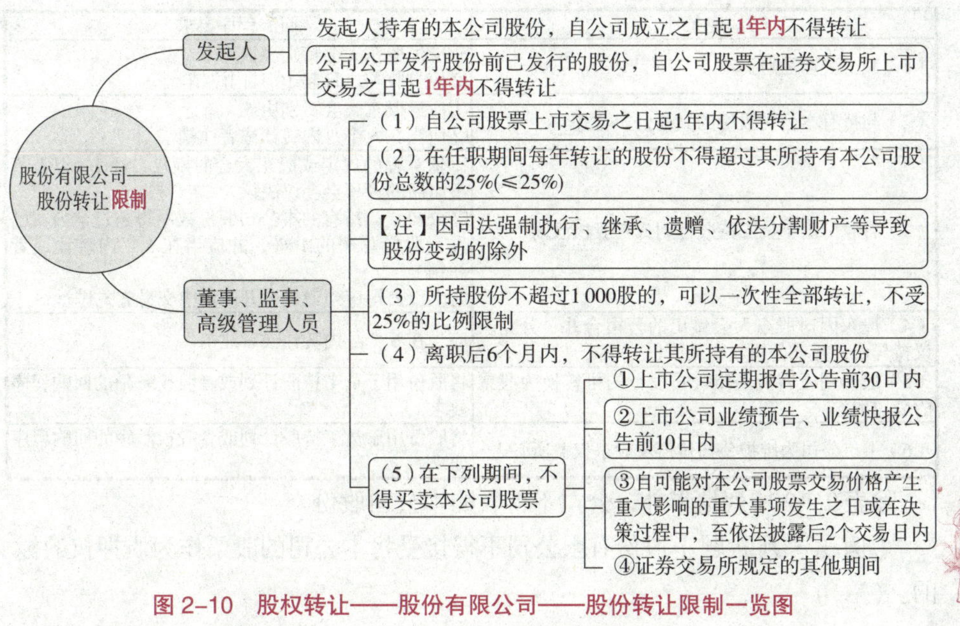

图 2-10　股权转让——股份有限公司——股份转让限制一览图

【例题·单选题】根据公司法律制度的规定，下列关于股份有限公司股份转让限制的表述中，错误的是(　　)。

A. 公司发起人持有的本公司股份自公司成立之日起1年内不得转让

B. 公司高级管理人员离职后1年内不得转让其所持有的本公司股份

C. 公司监事所持本公司股份自公司股票上市交易之日起1年内不得转让

D. 公司董事在任职期间每年转让的股份不得超过其所持有本公司股份总数的25%

【答案】B

【例题·单选题】下列关于股份有限公司股票转让限制的表述中，符合公司法律制度规定的是(　　)。

A. 股东转让其股份，必须在依法设立的证券交易所进行

B. 发起人持有的本公司股份，自公司成立之日起1年内不得转让

C. 公司公开发行股份前已发行的股份，自公司股票在证券交易所上市交易之日起3年内不得转让

D. 公司董事、监事、高级管理人员离职1年内，不得转让所持有的本公司股份

【答案】A

【解析】选项A: 股东转让其股份，应当在依法设立的证券交易所进行或者按照国务院规定的其他方式进行。

考点十七：股权转让——股份回购（见表2–12）

表2–12　　**股权转让——股份回购**

法定条件	回购程序要求
（1）减少公司注册资本	①应经股东大会特别决议 ②应自收购之日起10日内注销
（2）与持有本公司股份的其他公司合并	①应经股东大会特别决议 ②应当在6个月内转让或者注销
（3）将股份用于员工持股计划或者股权激励	①依章程的规定或股东大会的授权，经2/3以上董事出席的董事会会议决议 ②公司合计持有的本公司股份数不得超过本公司已发行股份总额的10%，并应当在3年内转让或者注销 ③上市公司应当通过公开的集中交易方式进行
（4）股东因对股东大会做出的公司合并、分立决议持异议，要求公司收购其股份	应当在6个月内转让或者注销
（5）股份用于转换上市公司发行的可转换为股票的公司债券	将股份用于员工持股计划或者股权激励的回购程序要求
（6）上市公司为维护公司价值及股东权益所必需	将股份用于员工持股计划或者股权激励的回购程序要求

除表2–12所列情形外，公司不得收购本公司股份。

【例题·判断题】股份有限公司不得接受将本公司的股票作为质押权的标的。(　　)

【答案】√

【例题·单选题】某股份有限公司于 2016 年 6 月在上海证券交易所上市。该公司有关人员的下列股份转让行为中，不符合《公司法》规定的是（　）。

A. 监事张某 2017 年 3 月将其所持有该公司 25% 的股份转让

B. 董事吴某 2018 年 8 月将其所持有的该公司全部股份 500 股一次性转让

C. 董事罗某 2019 年将其所持有的该公司 25% 的股份转让

D. 经理王某 2020 年 1 月离职，8 月转让其所持有的本公司所有股份

【答案】A

【解析】本题考查股份转让的限制。根据《公司法》的规定，发起人持有的本公司股份，自公司成立之日起 1 年内不得转让。公司公开发行股份前已发行的股份，自公司股票在证券交易所上市交易之日起 1 年内不得转让，故选项 A 不符合规定。公司董事、监事、高级管理人员应当向公司申报所持有的本公司的股份及其变动情况，在任职期间每年转让的股份不得超过其所持有本公司股份总数的 25%；所持本公司股份自公司股票上市交易之日起 1 年内不得转让，故选项 C 符合规定。上述人员离职后半年内，不得转让其所持有的本公司股份，故选项 D 符合规定。上市公司董事、监事和高级管理人员所持股份不超过 1 000 股的，可一次全部转让，不受前款转让比例的限制，故选项 B 符合规定。

【例题·多选题】甲公司为股份有限公司。根据《公司法》的规定，下列各项中，属于甲公司可以收购本公司股份情形的有（　）。

A. 甲公司减少注册资本

B. 甲公司与持有本公司股份的其他公司合并

C. 甲公司将股份用于员工持股计划或者股权激励

D. 甲公司接受本公司的股票作为质押权的标的

【答案】ABC

【解析】本题考核股份转让的限制。公司不得收购本公司股份，但有下列情形之一的除外：（1）减少公司注册资本；（2）与持有本公司股份的其他公司合并；（3）将股份用于员工持股计划或者股权激励；（4）股东因对股东大会做出的公司合并、分立决议持异议，要求公司收购其股份；（5）将股份用于转换上市公司发行的可转换为股票的公司债券；（6）上市公司为维护公司价值及股东权益所必需。

4. 组织机构

考点十八：各类组织机构对比（见图 2-11、表 2-13 至表 2-21）

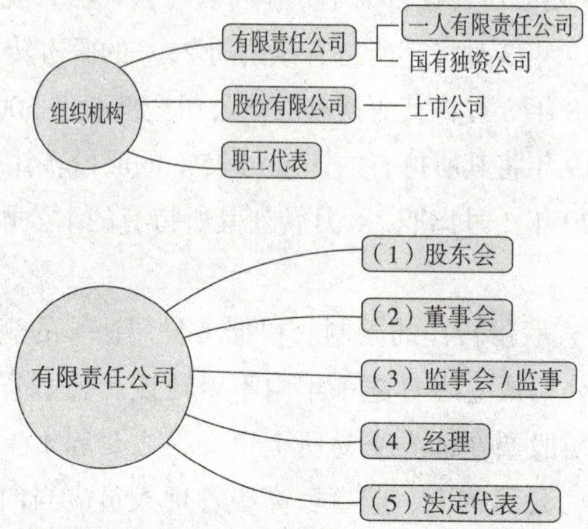

图 2-11　组织机构分类及有限责任公司构成

表 2-13　股东（大）会、董事会和监事会设立比较

项目	股东（大）会	董事会	监事会
一般的有限责任公司	√	小公司可以不设董事会，只设 1 名执行董事，执行董事可以兼任公司经理	小公司可以不设监事会，只设 1~2 名监事
一人有限责任公司	x	可以无	可以无
国有独资公司	x	√	√
股份有限公司	√	√	√

表 2-14　股东（大）会运行机制

项目	有限责任公司	股份有限公司
开会	由公司章程规定	每年 1 次
		上市公司：在“上半年”召开
召集	首次：“**出资最多**”的股东	董事会（董事长→副董事长→半数以上推举）→监事会→连续 90 日以上持股 10% 的股东
	以后：董事会（董事长→副董事长→半数以上推举）→监事会→持股 10% 的股东	
通知	会议召开 15 日前（约定除外）	年会：会议召开 20 日前
		临时会：会议召开 15 日前
		发行无记名股：会议召开 30 日前
临时提案	—	持有“3% 以上”股份的股东在会议召开 10 日前书面提出；董事会召开前 2 日内通知其他股东；股东（大）会不得对通知中未列明的事项做出决议
累积投票	—	选举董事、监事适用
普通决议	章程约定	“出席”会议股东，所持“表决权”应“过半数”
特别决议	代表“**2/3 以上**”“**表决权**”	“**出席**”会议的“**股东**”所持“**表决权**”的“**2/3 以上**”
会议记录签名	出席会议的股东	主持人、出席会议的董事

表 2-15　　董事会运行机制

项目	有限责任公司	国有独资公司	股份有限公司
人数	3~13 人 【注意】小公司可设“1 名”执行董事，不设董事会	3~13 人	5~19 人
职工代表	股东均为国企——应当有 其他——可以有	应当有	可以有
董事长、副董事长	董事长、副董事长的产生办法由公司章程规定	国资委指定	全体董事过半数选举
任期	章程规定，每届任期≤ 3 年，可以连任	每届任期≤ 3 年，可以连任	章程规定，每届任期≤ 3 年，可以连任
定期会议	章程规定	—	至少每年 2 次，会议召开 10 日前通知
召集	董事长→副董事长→半数以上董事推举一名董事	—	董事长→副董事长→半数以上董事推举一名董事
举行	章程规定	—	全体董事过半数出席★
决议	章程规定	—	全体董事过半数通过★
委托出席	董事因故不能出席会议的，可以“书面”委托其他“董事”代为出席		
免责	表决时曾“表明异议”并“记载于会议记录”的（同意和弃权都要担责） 董事会的决议违反法律、行政法规或者公司章程、股东大会决议，致使公司遭受严重损失的，“参与决议”的董事对公司负赔偿责任 但经证明在表决时曾表明异议并记载于会议记录的，该董事可以免责		
上市公司关联关系董事表决权排除制度		自己不得表决、不得代其他董事表决；过半数的无关联关系董事出席可举行，过半数的无关联关系董事通过；无关联关系董事不足 3 人的，提交股东大会讨论	

表 2-16　　监事会运行机制

项目	有限责任公司	国有独资公司	股份有限公司
人数	≥ 3 【注意】小公司可以设置“1 至 2 名”监事，不设置监事会	≥ 5	≥ 3
职工代表	应当有，且比例不得低于“1/3”（不设监事会可以没有职工代表）★		
主席	全体监事“过半数选举”	国资委指定	全体监事“过半数选举”
任期	3 年，可连任		
开会	1 年 1 次		6 个月 1 次
决议	半数以上监事通过		
提议召开的会议	提议召开临时股东会	—	提议召开临时董事会、临时股东大会

表 2-17　　股东会与董事会职权比较

股东会	董事会
（1）决定公司的经营“方针”和投资“计划” （2）人事任免权：选举和更换“非由职工代表”担任的董事、监事，决定有关董事、监事的报酬事项 【总结】监事 & 董事中的职工代表：职工代表大会选举产生	（1）决定公司的经营计划和投资方案 （2）决定公司内部管理机构的设置 （3）决定聘任或者解聘公司经理及其报酬事项，并根据经理的提名决定聘任或者解聘公司副经理、财务负责人及其报酬事项

续表

（3）事务管理权 ①审议批准董事会、监事会或者监事的报告 ②审议批准公司的年度财务预算方案、决算方案、利润分配方案和弥补亏损方案 ③对公司增加或者减少注册资本、发行公司债券做出决议 ④对公司合并、分立、变更公司形式、解散和清算等事项做出决议 ⑤修改公司章程 【注意】对外转让出资不需要股东会审议批准	（4）召集股东会会议，并向股东会报告工作 （5）执行股东会的决议 （6）制订公司的年度财务预算方案、决算方案、利润分配方案和弥补亏损方案 （7）制订公司增加或者减少注册资本以及发行公司债券的方案 （8）制订公司合并、分立、解散或者变更公司形式的方案 （9）制定公司的基本管理制度

表 2–18　**股东会、董事会、经理职权对比**

股东会	董事会	经理
决定公司的“经营方针”和“投资计划”	决定公司的“经营计划”和“投资方案”	—
—	决定公司“内部管理机构”的设置	拟订公司内部管理机构设置方案
选举和更换由“非职工代表”担任的董事、监事，决定有关董事、监事的报酬	决定聘任或者解聘“公司经理”及其报酬事项；根据经理的提名，决定聘任或者解聘公司“副经理”“财务负责人”及其报酬事项	提请聘任或者解聘公司“副经理”“财务负责人”
修改“公司章程”	制定公司的“基本管理制度”	制定公司的“具体规章”
—	执行“股东会决议”	组织实施“董事会决议”
【说明】三方职权主要从“事务管理”和“人事任免”上体现，股东会是公司权力机构，其主要职责为“审议批准”“决定”；董事会是公司的执行机构，其主要职责为“制定”；经理层负责公司具体的运营管理		

表 2–19　**监事会的职权**

（1）检查公司财务
（2）对董事、高级管理人员执行公司职务的行为进行监督，对违反法律、行政法规、公司章程或者股东会决议的董事、高级管理人员提出罢免的“建议”（NOT 直接罢免）
（3）当董事、高级管理人员的行为损害公司的利益时，要求董事、高级管理人员予以纠正
（4）提议召开临时股东会会议，在董事会不履行召集和主持股东会会议职责时召集和主持股东会会议
（5）向股东会会议提出提案
（6）对董事、高级管理人员提起诉讼
（7）监事可以列席董事会会议（NOT 提案权），并对董事会决议事项提出质询或者建议
（8）发现公司经营情况异常，可以进行调查
【注意】监事会行使职权所必需的费用，由公司承担

表 2–20　**各种临时会议运行机制**

临时会议	临时股东会	股份公司临时董事会	临时股东大会
董事人数不足5人或章程规定的2/3的人数			√
未弥补亏损达实收股本的1/3时			√
表决权10%以上的股东	√	√	√
监事会提议	√（不设监事会的监事）	√	√
董事/董事会提议	≥1/3董事人数	≥1/3董事人数	董事会

表 2–21　**职工代表运行机制**

	职工代表的必要性		职工代表比例
职工代表	所有监事会必须有		不低于监事会人数的1/3
监事会	国有独资公司、由两个以上的国有企业或国有投资主体投资设立的有限公司	**必须有**	无限制
董事会	其余有限公司和所有股份公司	**非必须**	

【例题·判断题】某股份有限公司的未弥补亏损达到了公司实收股本总额的 40%，该公司应当在 2 个月内召开临时股东大会。(　　)

【答案】√

【例题·单选题】A、B、C、D、E、F、G 为某上市公司的董事。董事 A、B、C、D、E、F 出席了 2020 年度第一次董事会会议，G 因故未能出席，也未书面委托其他董事代为出席。该次会议通过的一项决议违反了法律规定，给公司造成了严重损失。董事 A 在董事会会议上就该项决议表决时表明了异议，但未将异议记录在董事会会议记录中。根据公司法律制度的规定，应当对公司承担赔偿责任的是(　　)。

A. 董事 A、B、C、D、E、F、G　　B. 董事 A、B、C、D、E、F

C. 董事 B、C、D、E、F、G　　D. 董事 B、C、D、E、F

【答案】B

【解析】董事 G“未参与”董事会决议，因此董事 G 不应承担赔偿责任；董事 A 虽表示异议但未将异议记录在董事会会议记录中，因此董事 A 不能免除赔偿责任。

【例题·多选题】根据公司法律制度的规定，下列各项中，可以提议召开股份有限公司临时董事会会议的有(　　)。

A. 代表 20% 表决权的股东

B. 40% 的董事

C. 总经理

D. 监事会

【答案】ABD

【例题·多选题】下列关于股份有限公司董事会的表述中，符合公司法律制度规定的有(　　)。

A. 董事会成员为 5 ~ 19 人，且人数须为单数

B. 董事会成员中应有一定比例的独立董事

C. 董事会会议应有过半数的董事出席方可举行

D. 董事会做出决议须全体董事过半数通过，董事会决议的表决实行一人一票

【答案】CD

【解析】选项 A: 公司法律制度并未要求股份有限公司董事会的人数必须为单数; 选项 B: 只有“上市公司”才要求董事会成员中至少有 1/3 成员为独立董事，“非上市公司”可以不设独立董事。

【例题·多选题】根据公司法律制度的规定，下列选项中，属于股份有限公司监事会职权的有（　）。

A. 提议召开临时董事会会议　　B. 提议召开临时股东大会会议

C. 选举和更换由股东代表出任的监事　　D. 决定公司内部管理机构的设置

【答案】AB

【解析】选项 C: 属于股东大会的职权；选项 D: 属于董事会的职权。

考点十九：公司决议的效力（见表 2-22）

表 2-22　　公司决议的效力

<table>
<tr><td>1. 决议不成立</td><td colspan="2">股东（大）会、董事会决议存在下列情形之一，当事人主张决议不成立的，人民法院应当予以支持：
（1）公司未召开会议的，但依法或者公司章程规定可以不召开股东（大）会而直接做出决定，并由全体股东在决议文件上签名、盖章的除外
（2）会议未对决议事项进行表决的
（3）出席会议的人数或者股东所持表决权不符合公司法或者公司章程规定的
（4）会议的表决结果未达到公司法或者公司章程规定的通过比例的
（5）导致决议不成立的其他情形</td></tr>
<tr><td>2. 决议可撤销</td><td colspan="2">股东会或者股东大会、董事会的会议召集程序、表决方式违反法律、行政法规或者公司章程（导致决议不成立的情形除外），或者决议内容违反公司章程的，股东可以自决议做出之日起 60 日内，请求人民法院撤销
【提示】会议召集程序或者表决方式仅有轻微瑕疵，且对决议未产生实质影响的，人民法院不予支持</td></tr>
<tr><td rowspan="2">3. 决议瑕疵诉讼</td><td>（1）原告</td><td>①公司股东、董事、监事等请求确认股东会或者股东大会、董事会决议无效或者不成立的，人民法院应当依法予以受理
②依法请求撤销股东会或者股东大会、董事会决议的原告，应当在起诉时具有公司股东资格
③ 一审法庭辩论终结前，其他有原告资格的人以相同的诉讼请求申请参加前款规定诉讼的，可以列为共同原告</td></tr>
<tr><td>（2）被告与第三人</td><td>原告请求确认股东会或者股东大会、董事会决议不成立、无效或者撤销决议的案件，应当列公司为被告。对决议涉及的其他利害关系人，可以依法列为第三人</td></tr>
<tr><td>4. 后果</td><td colspan="2">股东会或者股东大会、董事会决议被人民法院判决确认无效或者撤销的，公司依据该决议与善意相对人形成的民事法律关系不受影响</td></tr>
</table>

【例题·判断题】有限责任公司和股份有限公司的法定代表人均可由公司的经理担任。（　）

【答案】√

【例题·多选题】根据公司法律制度的规定，公司的下列人员中，公司章程可以规定由其担任法定代表人的有（　）。

A. 财务负责人　B. 总经理　C. 执行董事　D. 监事

【答案】BC

【解析】公司法定代表人依照公司章程的规定，由“董事长、执行董事或者经理”担任。

【例题 · 多选题】根据公司法律制度的规定，某有限责任公司的下列人员中，可以提议召开股东会临时会议的有（　　）。

A. 总经理　B. 董事长　C. 40% 的董事　D. 代表 20% 表决权的股东

【答案】CD

【例题 · 单选题】根据公司法律制度的规定，下列各项中，属于有限责任公司股东会职权的是（　　）。

A. 决定公司的经营计划和投资方案

B. 选举和更换全部监事

C. 对发行公司债券做出决议

D. 对股东向股东以外的人转让出资做出决议

【答案】C

【解析】选项 A：属于董事会的职权；选项 B：股东会只能选举和更换由“非职工代表”担任的董事、监事；选项 D：有限责任公司的股东向股东以外的人转让出资时，无须股东会决议通过。

【例题 · 单选题】甲、乙、丙、丁四人拟共同出资设立一个有限责任公司，其草拟的公司章程记载的下列事项中，符合公司法律制度规定的是（　　）。

A. 公司由副经理担任法定代表人

B. 公司不设董事会，由甲担任执行董事，任期为 4 年

C. 公司不设监事会，由乙担任监事，任期为 2 年

D. 股东向股东以外的人转让股权，应当经其他股东 2/3 以上同意

【答案】D

【解析】选项 A：公司法定代表人依照公司章程的规定，由董事长、执行董事或者经理担任（甲作为副经理不能担任法定代表人）；选项 B：股东人数较少或者规模较小的有限责任公司，可以不设立董事会，只设 1 名执行董事，但董事的任期不得超过 3 年（不能是 4 年）；选项 C：股东人数较少或者规模较小的有限责任公司，可以不设立监事会，只设 1 ～ 2 名监事，不设立监事会的，可以不考虑职工代表的问题，但监事任期为法定制 3 年（不能是 2 年）；选项 D：有限责任公司的股东对外转让股权时，先看公司章程的规定，只有公司章程未规定，才适用《公司法》的规定（经其他股东过半数同意）。

【例题 · 单选题】新余有限责任公司共有股东 4 人，股东刘某为公司执行董事。根据公司法律制度的规定，在公司章程无特别规定的情形下，刘某可以行使的职权是（　　）。

A. 决定公司的投资计划

B. 否决其他股东对外转让股权行为的效力

C. 决定聘任公司经理

D. 决定公司的利润分配方案

【答案】C

【解析】选项C：股东人数较少或者规模较小的有限责任公司，可以不设董事会，只设1名执行董事，由执行董事行使董事会的职权（聘任公司经理属于董事会的职权）；选项AD：属于股东会的职权，执行董事无权行使；选项B：有限责任公司的股东对外转让股权，无须股东会决议通过，更谈不上由执行董事来否决其他股东对外转让股权行为的效力。

【例题·单选题】根据公司法律制度的规定，下列关于有限责任公司经理的表述中，正确的是（　　）。

A. 经理应由股东会决定聘任或者解聘

B. 经理主持公司的生产经营管理工作，组织实施董事会决议

C. 经理负责制订公司的经营方针和投资方案

D. 经理可以出席董事会会议，并具有表决权

【答案】B

【解析】选项A：经理由董事会决定聘任或者解聘；选项C：股东会决定公司的经营方针和投资计划，董事会决定公司的经营计划和投资方案；选项D：经理有权列席董事会会议，但非董事经理并无表决权。

【例题·多选题】根据公司法律制度的规定，甲有限责任公司章程中规定的下列事项中，符合法律规定的有（　　）。

A. 由总经理担任公司的法定代表人

B. 股东会的表决权按照一人一票进行计算

C. 召开股东会会议应当于会议召开20日前通知全体股东

D. 董事会设董事长一人，由出资最多的股东委派

【答案】ABCD

【解析】选项A：公司的法定代表人按照公司章程的规定，由董事长、执行董事或者经理担任；选项B：股东会会议由股东按照出资比例行使表决权，但公司章程另有规定的除外；选项C：有限责任公司召开股东会会议，应当于会议召开15日前通知全体股东，但公司章程另有规定或者全体股东另有约定的除外；选项D：有限责任公司董事会设董事长1人，可以设副董事长，董事长、副董事长的产生办法由公司章程确定。

考点二十：组织机构——特别决议（如图 2-12 所示）

特别决议

特别决议事项		
项目	有限责任公司	股份有限公司
增减注册资本	√	√
修改章程	√	√
合并、分立、解散	√	√
变更组织形式	√	√
1 年 30%	√	√（上市公司）
通过条件	代表 2/3 的表决权	出席会议 2/3 表决权

图 2-12　组织机构——特别决议一览图

【例题·单选题】某股份有限公司共发行股票 3 000 万股，公司拟召开股东大会对与另一公司合并的事项做出决议。根据公司法律制度的规定，在股东大会表决时可能出现的下列情形中，能使决议得以通过的是（　　）。

A. 出席大会的股东共持有 2 700 万股，其中持有 1 600 万股的股东同意

B. 出席大会的股东共持有 2 400 万股，其中持有 1 200 万股的股东同意

C. 出席大会的股东共持有 1 800 万股，其中持有 1 300 万股的股东同意

D. 出席大会的股东共持有 1 500 万股，其中持有 800 万股的股东同意

【答案】C

【解析】合并事项属于股东大会的特别决议，须“出席”股东大会的股东持有 2/3 以上的表决权才能通过。

考点二十一：组织机构——一人有限责任公司（如图 2-13 所示）

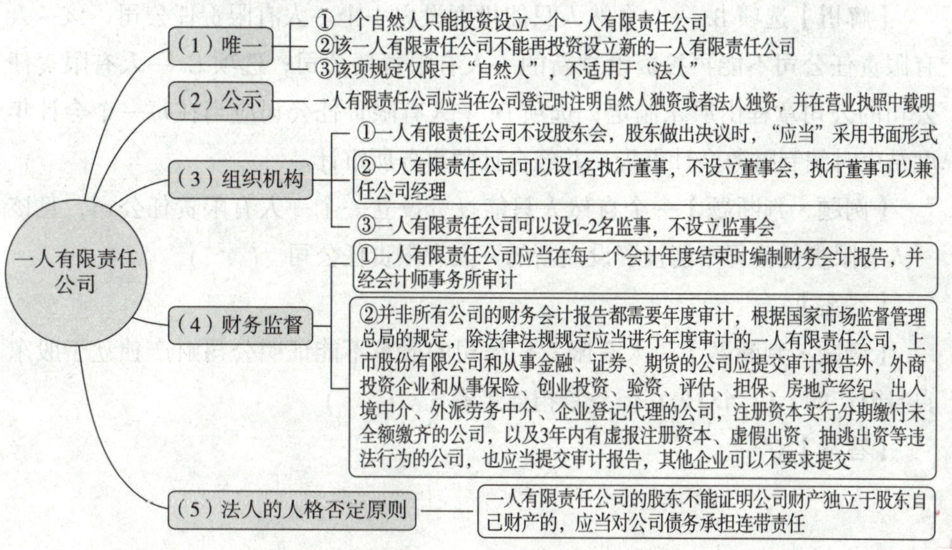

图 2-13　组织机构——一人有限责任公司一览图

【例题·单选题】根据公司法律制度的规定，下列关于一人有限责任公司的表述中，正确的是(   )。

A. 一个法人只能投资设立一个一人有限责任公司

B. 一人有限责任公司应设立股东会

C. 一个自然人投资设立的一人有限责任公司，不能投资设立新的一人有限责任公司

D. 债权人不能证明一人有限责任公司的财产与其股东自身的财产相独立的，一人有限责任公司的股东以其出资额为限对公司债务承担责任

【答案】C

【解析】选项D: 一人有限责任公司的"股东"（而非债权人）不能证明公司财产独立于股东自身财产的，股东应当对公司债务承担连带责任。

【例题·单选题】刘某出资设立了一个一人有限责任公司。公司存续期间，刘某的下列行为中，符合公司法律制度规定的是(   )。

A. 决定由其本人担任公司经理和法定代表人

B. 决定用公司盈利投资设立另一个一人有限责任公司

C. 决定不制定公司章程

D. 决定不编制财务会计报告

【答案】A

【解析】选项B: 一个自然人只能投资设立一个一人有限责任公司，该一人有限责任公司不能再投资设立新的一人有限责任公司；选项C: 一人有限责任公司的公司章程由股东制定；选项D: 一人有限责任公司应当在每一个会计年度结束时编制财务会计报告，并经会计师事务所审计。

【例题·判断题】一个自然人只能投资设立一个一人有限责任公司，且该一人有限责任公司不能投资设立新的一人有限责任公司。(   )

【答案】√

【例题·判断题】一人有限责任公司的股东不能证明公司财产独立于股东自身财产的，应当对公司债务承担连带责任。(   )

【答案】√

考点二十二：组织机构——国有独资公司（如图 2-14 所示）

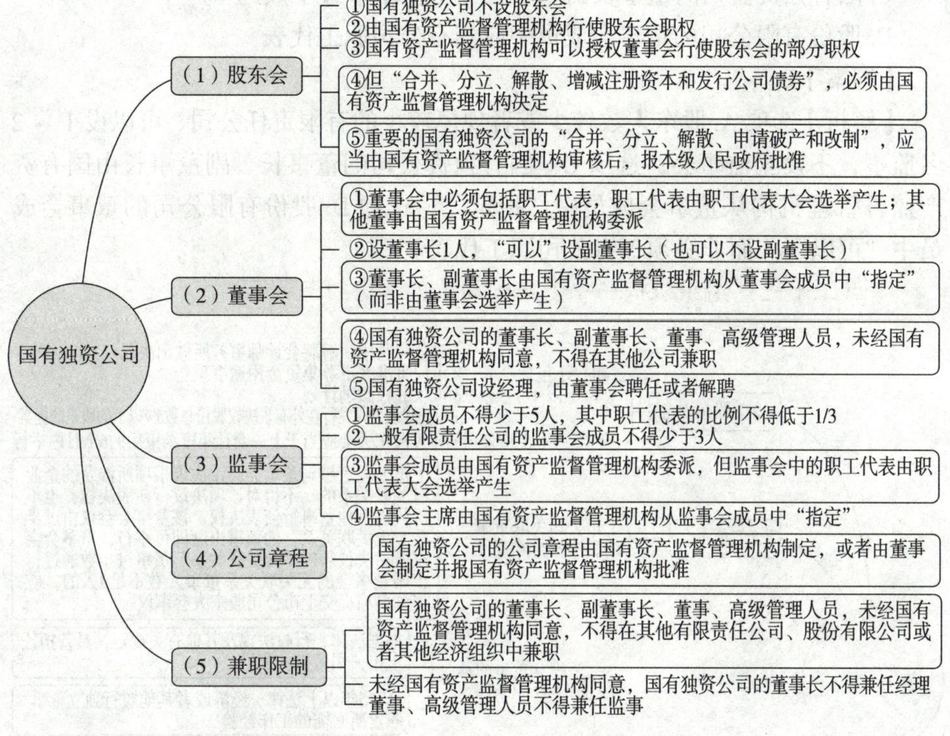

图 2-14　组织机构——国有独资公司一览图

【例题·单选题】根据公司法律制度的规定，下列关于国有独资公司组织机构的表述中，正确的是（　　）。

A. 国有独资公司不设股东会

B. 国有独资公司必须设 1 名董事长和 1 名副董事长

C. 国有独资公司董事长由董事会选举产生

D. 国有独资公司监事由董事长任命

【答案】A

【解析】选项 B：国有独资公司是否设副董事长，应视需要而定；选项 C：国有独资公司的董事长、副董事长由国有资产监督管理机构从董事会成员中“指定”；选项 D: 国有独资公司的监事会成员由国有资产监督管理机构委派，但监事会中的职工代表由职工（代表）大会选举产生。

【例题·单选题】根据公司法律制度的规定，下列表述中，正确的是（　　）。

A. 股东人数较少或者规模较小的有限责任公司可以不设监事会，也可以不设监事

B. 一人有限责任公司不设股东会

C. 国有独资公司的董事长由董事会经全体董事过半数选举产生

D. 股份有限公司的董事会成员中应当有公司职工代表

【答案】B

【解析】选项 A: 股东人数较少或者规模较小的有限责任公司，可以设 1 ~ 2 名监事，不设立监事会；选项 C：国有独资公司的董事长、副董事长由国有资产监督管理机构从董事会成员中“指定”；选项 D: 股份有限公司的董事会成员中“可以”（而非必须）有公司职工代表。

考点二十三：组织机构——上市公司（如图 2-15 所示）

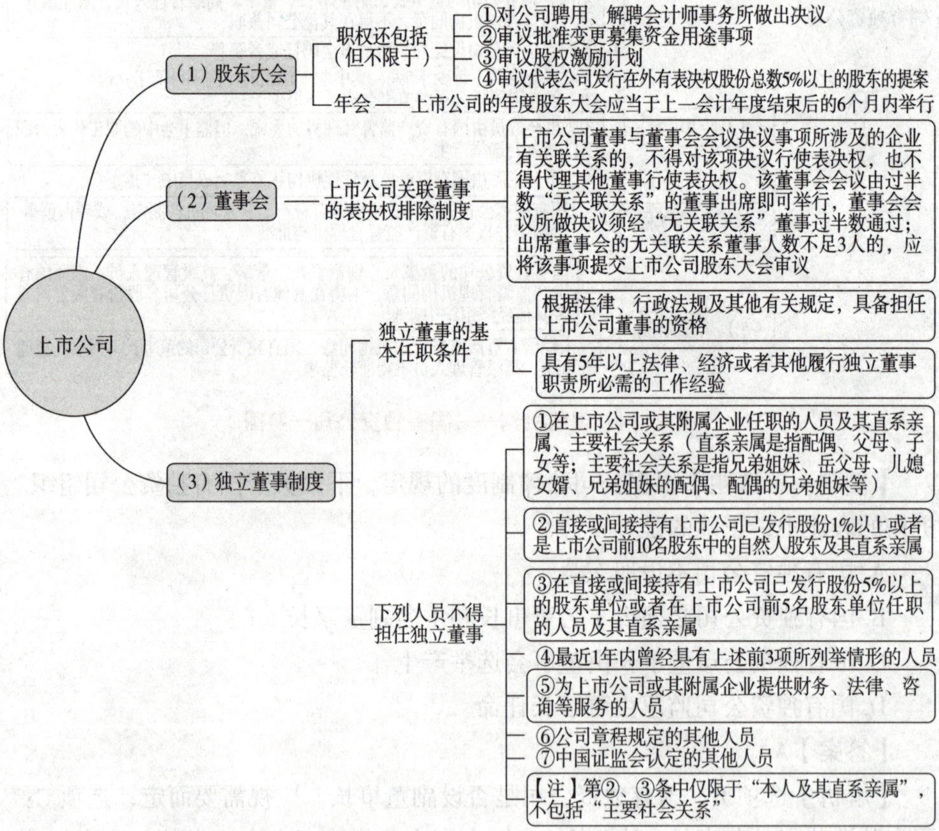

上市公司
- （1）股东大会
  - 职权还包括（但不限于）
    - ①对公司聘用、解聘会计师事务所做出决议
    - ②审议批准变更募集资金用途事项
    - ③审议股权激励计划
    - ④审议代表公司发行在外有表决权股份总数5%以上的股东的提案
  - 年会——上市公司的年度股东大会应当于上一会计年度结束后的6个月内举行
- （2）董事会——上市公司关联董事的表决权排除制度
  - 上市公司董事与董事会会议决议事项所涉及的企业有关联关系的，不得对该项决议行使表决权，也不得代理其他董事行使表决权。该董事会会议由过半数“无关联关系”的董事出席即可举行，董事会会议所做决议须经“无关联关系”董事过半数通过；出席董事会的无关联关系董事人数不足3人的，应将该事项提交上市公司股东大会审议
- （3）独立董事制度
  - 独立董事的基本任职条件
    - 根据法律、行政法规及其他有关规定，具备担任上市公司董事的资格
    - 具有5年以上法律、经济或者其他履行独立董事职责所必需的工作经验
  - 下列人员不得担任独立董事
    - ①在上市公司或其附属企业任职的人员及其直系亲属、主要社会关系（直系亲属是指配偶、父母、子女等；主要社会关系是指兄弟姐妹、岳父母、儿媳女婿、兄弟姐妹的配偶、配偶的兄弟姐妹等）
    - ②直接或间接持有上市公司已发行股份1%以上或者是上市公司前10名股东中的自然人股东及其直系亲属
    - ③在直接或间接持有上市公司已发行股份5%以上的股东单位或者在上市公司前5名股东单位任职的人员及其直系亲属
    - ④最近1年内曾经具有上述前3项所列举情形的人员
    - ⑤为上市公司或其附属企业提供财务、法律、咨询等服务的人员
    - ⑥公司章程规定的其他人员
    - ⑦中国证监会认定的其他人员
    - 【注】第②、③条中仅限于“本人及其直系亲属”，不包括“主要社会关系”

图 2-15　组织机构——上市公司一览图

【例题·单选题】某上市公司拟聘任独立董事 1 名，甲为该公司人力资源总监的大学同学；乙为在该公司中持股 7% 的某国有企业的负责人；丙曾任该公司财务部经理，半年前离职；丁为某大学法学院教授，兼职担任该公司子公司的法律顾问。根据公司法律制度的规定，可以担任该公司独立董事的是（　　）。

A. 甲　　　　　　　　　　　　　B. 乙

C. 丙　　　　　　　　　　　　　D. 丁

【答案】A

【解析】选项 A: 在上市公司或其附属企业任职的人员及其直系亲属、主要社会关系不得担任独立董事。直系亲属是指配偶、父母、子女等；主要社会关系是指兄弟姐妹、岳父母、儿媳女婿、兄弟姐妹的配偶、配偶的兄弟姐妹等。本题中，甲不属于主要社会关系。选项 B：系在直接或间接持有上市公司已发行股份 5% 以上的股东单位或者在上市公司前 5 名股东单位任职的人员及其直系亲属。选项 C: 系最近 1 年内曾经在上市公司或者其附属企业任职的人员及其直系亲属、主要社会关系。选项 D: 系为上市公司或其附属企业提供财务、法律、咨询等服务的人员。

【例题 · 多选题】根据公司法律制度的规定，下列各项中，属于上市公司股东大会职权的有（　　）。

A. 对增加、减少注册资本做出决议

B. 决定公司的经营计划和投资方案

C. 对聘用、解聘会计师事务所做出决议

D. 对发行公司债券做出决议

【答案】ACD

【解析】选项 B：属于董事会的职权。

【例题 · 多选题】根据公司法律制度的规定，上市公司的下列事项中，应当由股东大会做出决议的有（　　）。

A. 决定公司内部管理机构的设置

B. 为控股股东提供担保

C. 决定公司的经营计划和投资方案

D. 修改公司章程

【答案】BD

【解析】选项 AC：属于董事会的职权；选项 B：公司为股东或者实际控制人提供担保的，必须经股东大会决议；选项 D: 属于股东大会的特别决议事项。

5. 董事高管

考点二十四：董事高管——行为禁止（如图 2-16 所示）

董事高管——行为禁止

（1）挪用公司资金

（2）将公司资金以其个人名义或者以其他个人名义开立账户存储

（3）违反公司章程的规定，未经“股东（大）会或者董事会”同意，将公司资金借贷给他人
【注】公司章程对公司、股东、董事、监事和高级管理人员均有约束力

（4）违反公司章程的规定或者未经“股东（大）会”同意，与本公司订立合同或者进行交易
【注】如果公司章程有规定，或者事先经股东（大）会（而非董事会）同意，董事、高级管理人员可以同本公司进行交易

（5）未经股东（大）会同意，利用职务便利为自己或者他人谋取属于公司的商业机会，自营或者为他人经营与所任职公司同类的业务
【注】公司董事、高级管理人员违反上述规定所得的收入应当归公司所有；给公司造成损失的，应当承担赔偿责任

图 2-16　董事高管——行为禁止一览图

【例题·判断题】甲公司的董事王某经董事会同意，为乙公司经营与甲公司同类的业务，不违反《公司法》的规定。(　　)

【答案】×

【解析】未经“股东（大）会”（而非董事会）同意，董事、高级管理人员不得自营或者为他人经营与所任职公司同类的业务。

【例题·判断题】甲公司主要经营医疗器械业务，该公司的总经理王某经监事会同意，在任职期间代理乙公司从国外进口的一批医疗器械并销售给丙公司，获利 2 万元。甲公司得知上述情形后，除将王某获得的 2 万元收归公司所有外，还撤销了王某的职务。甲公司的上述做法不符合《公司法》的规定。(　　)

【答案】×

【解析】未经“股东（大）会”（而非监事会）同意，董事、高级管理人员不得自营或者为他人经营与所任职公司同类的业务，否则所得收入归公司所有。

考点二十五：董事高管——兼职（如图 2-17 所示）

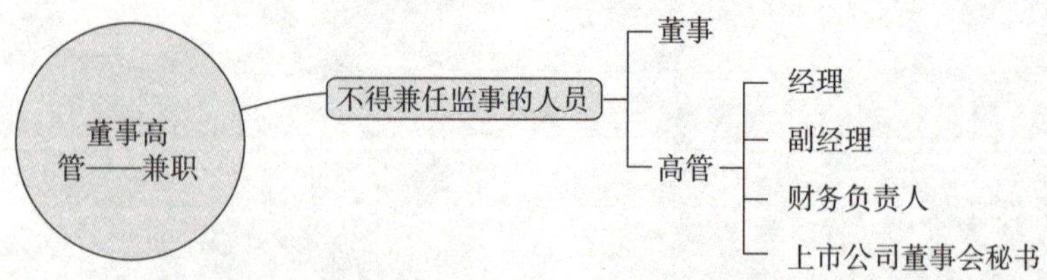

图 2-17　董事高管——兼职一览图

【例题·单选题】下列有关公司董事、监事以及高级管理人员兼职的表述中，符合公司法律制度规定的是（　　）。

A. 公司董事可以兼任公司经理

B. 公司董事可以兼任公司监事

C. 公司经理可以兼任公司监事

D. 公司董事会秘书可以兼任公司监事

【答案】A

【解析】董事、高级管理人员（经理、副经理、财务负责人、上市公司董事会秘书）不得兼任监事。

6. 经营管理

考点二十六：经营管理——对外担保（如图 2-18 所示）

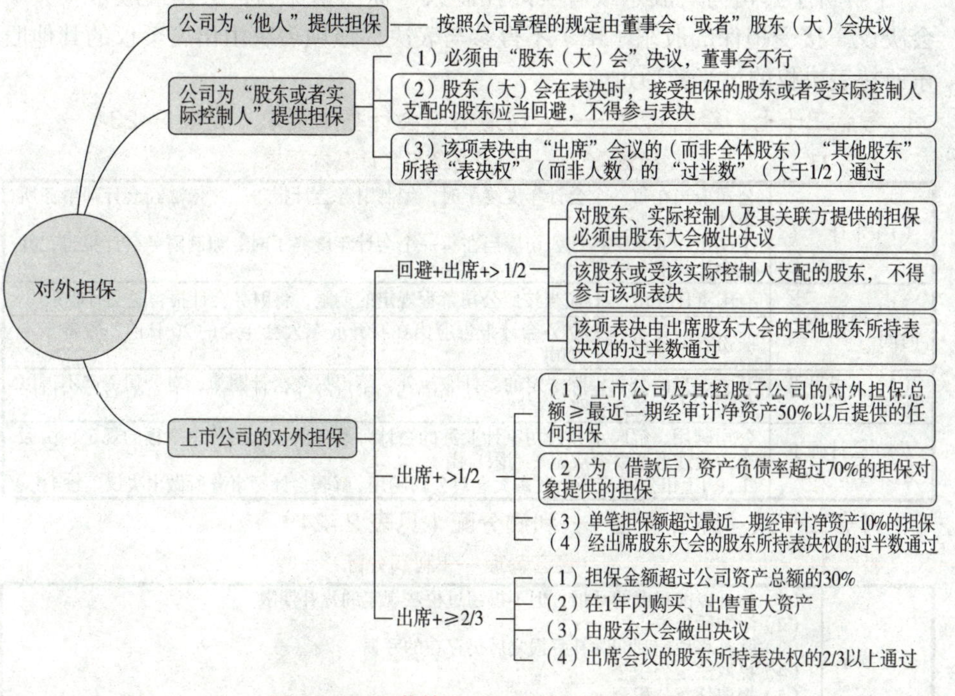

图 2-18　经营管理——对外担保一览图

【例题·单选题】某有限责任公司的股东会拟对公司为股东甲提供的担保事项进行表决。下列有关该事项表决通过的表述中，符合公司法律制度规定的是（　　）。

A. 该项表决由公司全体股东所持表决权的过半数通过

B. 该项表决由出席会议的股东所持表决权的过半数通过

C. 该项表决由除甲以外的股东所持表决权的过半数通过

D. 该项表决由出席会议的除甲以外的股东所持表决权的过半数通过

【答案】D

【例题·单选题】甲持有乙股份有限公司 34% 的股份，为其第一大股东。2015 年 4 月，乙公司召开股东大会讨论其为甲向银行借款提供担保事宜。出席本次大会的股东（包括甲）所持表决权占公司发行在外股份总数的 49%，除 1 名持有公司股份总额 1% 的小股东反对外，其余股东均同意乙公司为甲向银行借款提供担保。根据公司法律制度的规定，下列表述中，正确的是（ ）。

A. 决议无效，因为出席股东大会的股东所持表决权数不足股份总额的半数

B. 决议无效，因为决议所获同意票代表的表决权数不足公司股份总额的半数

C. 决议无效，因为甲未回避表决

D. 决议无效，因为公司不得为其股东提供担保

【答案】C

【解析】公司为"股东或者实际控制人"提供担保的，必须经股东（大）会决议。接受担保的股东（甲）不得参与表决，该项表决由出席会议的其他股东所持表决权的过半数通过。

考点二十七：经营管理——公司财务与会计基本要求（见表 2-23）

表 2-23 经营管理——公司财务与会计基本要求

<table>
<tr><td>（1）审计</td><td colspan="2">公司应当在每一个会计年度终了时，编制财务会计报告，并依法经会计师事务所审计
【注】一人有限责任公司应当在每一个会计年度终了时，编制财务会计报告，并经会计师事务所审计</td></tr>
<tr><td rowspan="2">（2）财报送交时间</td><td>有限责任公司</td><td>应当按照公司章程规定的期限，将财务会计报告送交各股东</td></tr>
<tr><td>股份有限公司</td><td>财务会计报告应当在召开股东大会年会的 20 日前，置备于本公司</td></tr>
<tr><td>（3）不得另设账簿</td><td colspan="2">开立账户的公司，除法定的会计账簿外，不得另立会计账簿，对公司资产不得以任何个人名义开立账户存储</td></tr>
<tr><td>（4）会计师事务所聘用</td><td colspan="2">公司聘用、解聘承办公司审计业务的会计师事务所，依照公司章程的规定，由股东大会或者董事会决定（有限自由）
【注】上市公司应当由股东大会对公司聘用、解聘会计师事务所做出决议（无自由）</td></tr>
</table>

考点二十八：经营管理——利润分配（见表 2-24）

表 2-24 经营管理——利润分配

<table>
<tr><td>分配顺序</td><td>（1）弥补以前年度的亏损，但不得超过税法规定的弥补期限
（2）缴纳所得税
（3）弥补将税前利润弥补亏损之后仍存在的亏损
（4）提取法定公积金
（5）提取任意公积金
（6）向股东分配利润</td></tr>
<tr><td rowspan="3">分配金额</td><td>（1）公司弥补亏损和提取公积金后所余税后利润，有限责任公司按照股东实缴的出资比例分配，但全体股东约定不按出资比例分配的除外</td></tr>
<tr><td>（2）公司弥补亏损和提取公积金后所余税后利润，股份有限公司按照股东持有的股份比例分配，但股份有限公司的章程规定不按持股比例分配的除外</td></tr>
<tr><td>（3）公司持有的本公司股份不得分配利润</td></tr>
<tr><td rowspan="3">分配时间</td><td>（1）分配利润的股东（大）会决议做出后，公司应当在决议载明的时间内完成利润分配，决议没有载明时间的，以公司章程的规定为准，决议章程中均未规定时间或者时间超过 1 年的，公司应当自决议做出之日起，1 年内完成利润分配</td></tr>
<tr><td>（2）决议中载明的利润分配完成时间，超过公司章程规定时间的，股东可以依法请求人民法院撤销决议中关于该时间的规定</td></tr>
<tr><td>（3）【理解】决议载明的时间、章程规定的时间和 1 年，三者中最短的时间为完成利润分配的时间</td></tr>
</table>

考点二十九：经营管理——公积金（如图 2-19 所示）

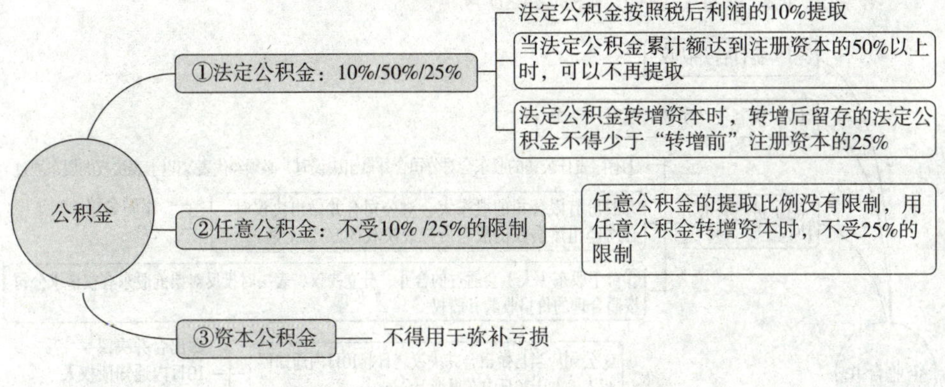

图 2-19　经营管理——公积金一览图

【例题·判断题】法定公积金可用于弥补公司亏损，资本公积金不得用于弥补公司亏损。(　　)

【答案】√

【例题·判断题】公司持有的本公司股份不得用于分配利润。(　　)

【答案】√

【例题·多选题】某股份有限公司注册资本为 3 000 万元，公司现有法定公积金 1 000 万元，任意公积金 500 万元，现该公司拟以公积金 500 万元增资派股，下列方案中，符合公司法律制度规定的有(　　)。

A. 将法定公积金 500 万元转为公司资本

B. 将任意公积金 500 万元转为公司资本

C. 将法定公积金 200 万元、任意公积金 300 万元转为公司资本

D. 将法定公积金 300 万元、任意公积金 200 万元转为公司资本

【答案】BC

【解析】用法定公积金转增资本时，转增后所留存的该项公积金不得少于转增前公司注册资本的 25%，故本次最多转增 250 万元；用任意公积金转增资本的，不受 25% 的限制。

7. 合并、分立、解散

考点三十：企业合并（如图 2-20 所示）

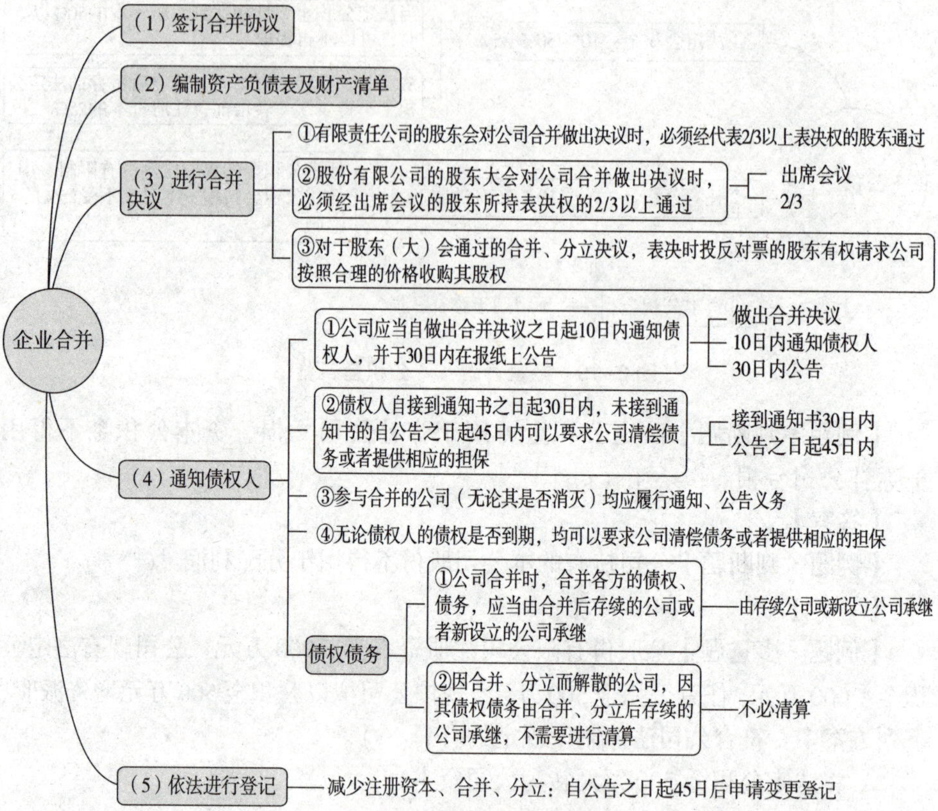

- 企业合并
  - （1）签订合并协议
  - （2）编制资产负债表及财产清单
  - （3）进行合并决议
    - ①有限责任公司的股东会对公司合并做出决议时，必须经代表2/3以上表决权的股东通过
    - ②股份有限公司的股东大会对公司合并做出决议时，必须经出席会议的股东所持表决权的2/3以上通过
      - 出席会议
      - 2/3
    - ③对于股东（大）会通过的合并、分立决议，表决时投反对票的股东有权请求公司按照合理的价格收购其股权
  - （4）通知债权人
    - ①公司应当自做出合并决议之日起10日内通知债权人，并于30日内在报纸上公告
      - 做出合并决议
      - 10日内通知债权人
      - 30日内公告
    - ②债权人自接到通知书之日起30日内，未接到通知书的自公告之日起45日内可以要求公司清偿债务或者提供相应的担保
      - 接到通知书30日内
      - 公告之日起45日内
    - ③参与合并的公司（无论其是否消灭）均应履行通知、公告义务
    - ④无论债权人的债权是否到期，均可以要求公司清偿债务或者提供相应的担保
    - 债权债务
      - ①公司合并时，合并各方的债权、债务，应当由合并后存续的公司或者新设立的公司承继——由存续公司或新设立公司承继
      - ②因合并、分立而解散的公司，因其债权债务由合并、分立后存续的公司承继，不需要进行清算——不必清算
  - （5）依法进行登记——减少注册资本、合并、分立：自公告之日起45日后申请变更登记

图 2-20　企业合并一览图

【例题·单选题】根据公司法律制度的规定，公司合并时，应在法定期限内通知债权人，该法定期限为（　　）。

A. 公司做出合并决议之日起 10 日内

B. 合并各方签订合并协议之日起 10 日内

C. 合并各方主管部门批准之日起 10 日内

D. 公司办理变更登记后 10 日内

【答案】A

考点三十一：清算

（一）清算组在自行清算与强制清算中的构成（见表 2-25）。

表 2-25　　清算组在自行清算与强制清算中的构成一览表

自行清算	解散事由出现之日起 15 日内	①有限责任公司：由股东组成 ②股份有限公司：由董事或股东大会确定的人员组成
强制清算	出现下列情形之一，债权人申请法院指定清算组进行清算时，法院应予受理（债权人未提，股东申请）：①公司解散逾期（解散事由出现之日起 15 日）不成立清算组进行清算的；②虽然成立清算组但故意拖延清算的；③违法清算可能严重损害债权人或股东利益	①股东、董事、监事、高级管理人员 ②社会中介机构 ③中介机构中具备相关专业知识并取得执业资格的人员

（二）清算责任的相关内容（如图 2-21 所示）。

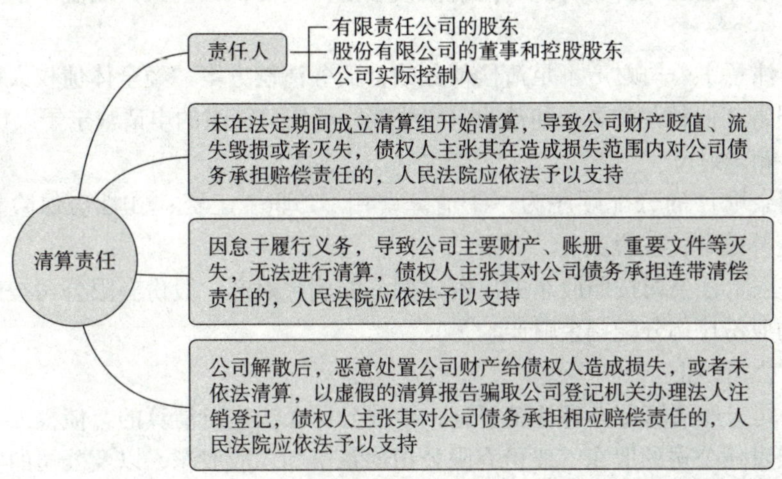

图 2-21　清算责任的相关内容

（三）清算程序

1. 登记债权

分立一月又减资，合并旬月月一半；清算一路三四五，逾期债权还申报。

①期限：清算组应当自成立之日起 10 日内通知债权人，并于 60 日内在报纸上公告；债权人应当自接到通知书之日起 30 日内，未接到通知书的自公告之日起 45 日内，向清算组申报其债权。公司清算、合并减资以及分立的相关期限见表 2-26。

表 2-26　　公司清算、合并减资以及分立的相关期限一览表

项目	通知	公告	接到通知	未接到通知
公司清算	清算组成立之日起 10 日	60 日	30 日	45 日
公司合并减资	决议做出之日起 10 日	30 日	30 日	45 日
公司分立	决议做出之日起 10 日	30 日		

②未按期申报：债权人在规定的期限内未申报债权，在公司清算程序终结前补充申报的，清算组应予登记。债权人补充申报的债权，可以在公司尚未分配的财产中依法清偿。

2. 清算方案

①清算方案应当报股东（大）会或法院确认。

【补充】清算组执行未经确认的清算方案给公司或债权人造成损失的，公司、股东或债权人有权要求清算组成员赔偿。

② 公司解散时，股东尚未缴纳的出资均应视作清算财产。

【补充】尚未缴纳的出资：包括到期应缴而未缴的出资和合法的缴纳期限尚未届满的出资。

③清算组发现公司财产不足清偿债务的，应当依法向人民法院申请宣告破产。

【注意】公司财产不足清偿债务的，债务清偿方案“经全体债权人确认”且不损害其他利害关系人利益的，“法院”可依清算组的申请裁定予以认可。

3. 剩余财产

剩余财产的分配顺序为：①清算费用；②职工工资；③社会保险费用；④法定补偿金；⑤税款。

有限责任公司按照股东的出资比例分配剩余财产；股份有限公司按照股东持有的股份比例分配剩余财产。

4. 公司终止

公司未经清算即办理注销登记，导致公司无法进行清算的，债权人有权要求有限责任公司的股东、股份有限公司的董事和控股股东，以及公司的实际控制人对公司债务承担清偿责任。

【例题·单选题】公司解散时，逾期不成立清算组进行清算，且债权人未提起清算申请的，根据《公司法》的规定，相关人员可以申请人民法院指定清算组对公司进行清算。下列各项中，属于该相关人员的是（　）。

A. 公司股东　　B. 公司董事　　C. 公司监事　　D. 公司经理

【答案】A

【解析】公司解散时，逾期不成立清算组进行清算，且债权人未提起清算申请，公司股东申请法院指定清算组对公司进行清算的，法院应予支持。

5. 挂失规则（见表 2-27）

表 2-27　　挂失规则一览表

适用	（1）记名式：可以挂失；（2）不记名式：不能挂失
程序	特殊情况下，可以用口头或函电形式申请挂失，且必须在 5 天之内补办书面挂失手续，否则挂失不再有效
责任	（1）受理挂失后，必须立即停止支付该储蓄存款；（2）在挂失前或挂失失效后已被他人支取的，储蓄机构不负责

考点三十二：公司章程约定与公司法法定（如图 2-22 所示）

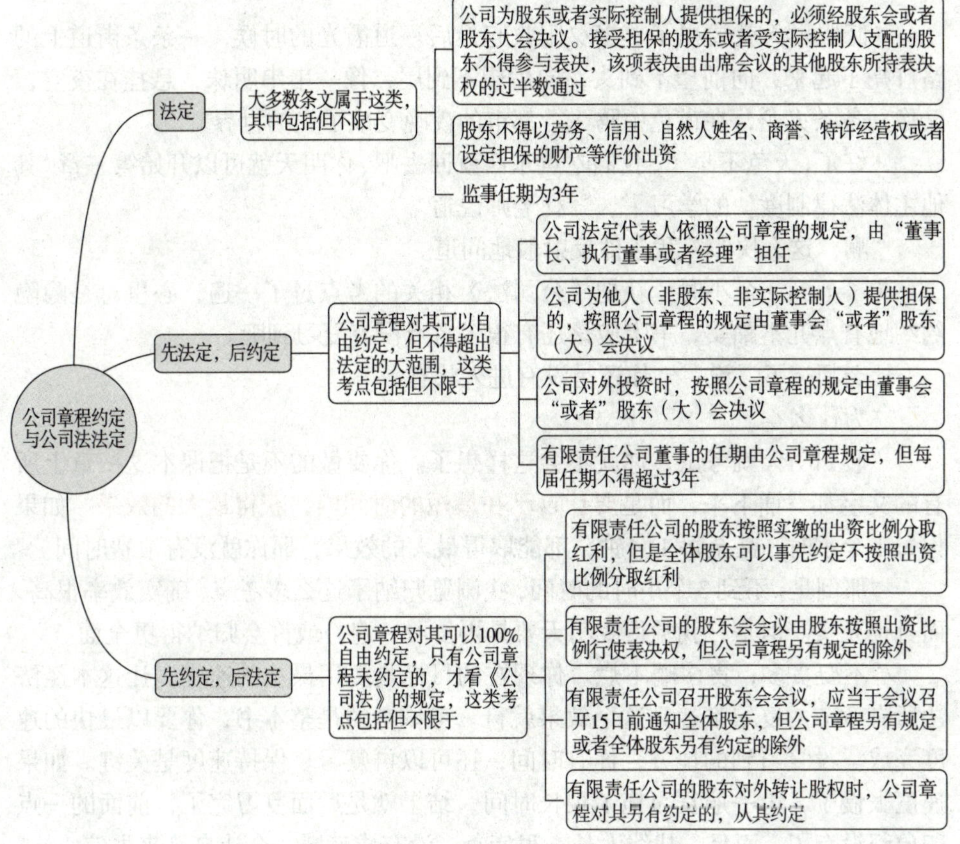

图 2-22 公司章程约定与公司法法定一览图

【例题·多选题】根据公司法律制度的规定，下列各项中，受公司章程约束的有（　　）。

A. 公司的经理

B. 公司的副经理

C. 公司的董事

D. 公司的财务负责人

【答案】ABCD

公司法涉及的数字特别多，从这一章开始就应该慢慢总结，把所有的数字都分类归纳起来。后续每看一章，再根据自己的记忆情况，逐渐补充。

（八）像红皇后一样奔跑着复习

一眨眼，天就要黑了。当夕阳收起最后一道霞光的时候，一条条街道上的路灯亮了起来，向前望不到头，向后望不到尾，像一串串明珠，悬挂在夜空，又像一条条火龙，在夜色中腾飞。都市的夜晚变成了光的世界。

“好了，天色不早了，我们吃点东西就回去吧，你明天就可以开始第三章‘其他主体法律制度’的学习了。”杜老师说道。

“啊，这么快？”我条件反射般地问道。

花了不到3个小时，就把《公司法》相关的考点过了一遍，心里总是隐隐约约地有点儿不踏实，书上应该还有很多考点没有复习到吧。

杜老师笑了，说：“你还是没有进入状态。”

“为什么？”

“假如明天就考试，你就不会这样想了。你要做的不是把课本这一章上所有的文字都背诵下来，而是**要让自己在最短的时间内，获得最大的效果**。如果你每1个小时，甚至每1分钟，都能取得最大的效果，那你就没有浪费时间。”

“那倒是，不到3个小时的时间，我浏览归纳了这么多考点，确实效率很高，而且很充实。但是，我觉得我明天要是再复习一遍，或许会归纳得更全面。”

“不要贪多，贪多嚼不烂。你现在的目标是要用最快的速度，让这本经济法所有章节的复习都达到这个效果就行。考试考的是整本书，你要以最快的速度完成。没复习到的地方，你有时间，还可以再复习。保持速度是关键。如果速度太慢了，第一遍复习拖了很长时间，结果就是后面复习完了，前面的一点印象都没有了。而且，战线太长，很疲惫，没有成就感，会让自己丧失信心。”

“噢。”

“看过《爱丽丝梦游仙境》吗？刘易斯·卡罗尔写的。”杜老师突然问道。

我不好意思地摇了摇头，《爱丽丝梦游仙境》听说过，但是我没有看过，刘易斯·卡罗尔这个名字都是第一次听说。

“刘易斯·卡罗尔还写过一本《爱丽丝魔镜之旅》。这两本书中，有一个很著名的理论，叫作‘红皇后效应’。若沿逆行的滚梯往上走，即便是跑步前进，如果速度不够快，结果还是停在原地。‘红皇后效应’就是指这个现象。也就是说，如果自己的速度与周边环境变化一致，就只能是在原地踏步，无论如何都无法向前迈进。红皇后是小说中的女王，也是国际象棋中的棋子之一，是个奔跑高手。她对不论怎么跑也跑不出去的爱丽丝说：**‘为了保住自己的位置，就要全力奔跑；要想去别的地方，就要用比现在至少快两倍的速度奔跑’**。

‘红皇后效应’经常被用于生物学。生物为了生存下去，不断进化，而环境也在同时变化，如果你不够快，最终的结果便是在原地停留，如同没有变化。

在很久以前，猎豹的奔跑速度并不像现在这么快，由于其与羚羊形成了追与被追的关系，相互间经常要进行殊死的较量，所以速度成了它们生存的必备条件。到了第二代、第三代猎豹，速度快渐渐变成了遗传性质。这被称为‘共同进化’，就是说在彼此不停的相互作用中共同慢慢进化。这不仅适用于生物界，同样也适用于企业。一项技术的开发会带出另一项技术，技术越改进，变化就越大。企业经营者同样要懂得‘红皇后效应’。如果一个企业没有长远眼光，而只是热衷于短期的竞争，其结果必然是停滞不前。试想如果第一代猎豹满足于自己的条件，那后代没准就饿死了。不仅是生物和企业，社会中的每一个人不也是一样吗？都是因为不停地‘奔跑’才存活了下来。”

“这个跟我复习经济法有什么关系吗？”

“有关系，‘红皇后效应’也同样适用于复习。首先，你复习就会遗忘，所以**你复习的速度要快于遗忘的速度，你才有可能取胜**。不然，你一边复习一边遗忘，等你慢慢地把整本书复习完后，就会发现，前面复习的内容一点儿印象都没有了，又得重来。所以，你要‘奔跑’着复习。其次，考试其实就是竞争，职称考试在某种意义上，还是一种选拔性考试。它的通过率一般来说是相对稳定的，要难大家都难，要容易大家都容易。所以，你要做的不是把整本书背诵下来，复习得尽善尽美，而是你要比其他考生在相同的时间内复习得更快，复习效率更高，这样同样的时间内你就可以多复习一遍。所以，你要‘奔跑’着复习。再说，人生短暂，我们还有很多有意义的事情要去做，不能把太多的时间花费在备考上。若要在有限的时间内取得最佳效果，你的动作就得快。”

‘奔跑’着复习，当我的内心树立这个理念后，我发现我很少走神了。因为我给自己的任务是，2 个小时或 3 个小时内，把这一章的知识要点全部提炼出来。如果时间到，我就进入下一章了。所以，在这两三个小时内，我会尽可能多地挑重要的考点提炼。就像在沙滩上捡贝壳一样，因为时间有限，空间有限，所以我就尽可能快点儿捡，同时尽可能挑漂亮的捡，那些不是特别漂亮的就暂时舍弃吧。

第三章

合伙企业法律制度

（一）给自己一个备考的理由

清晨，窗外万籁俱寂，天蒙蒙亮，黑夜正欲隐去，破晓的晨光慢慢唤醒沉睡的生灵。

我走下床，轻轻推开窗户，一股新鲜空气迎面扑来。接着，银白的曙光渐渐显出绯红，朝霞映在千家万户的窗棂之上。

清晨，真的很美。

洗漱完毕，我坐在镜子前，轻轻地往脸上拍了点爽肤水，让紧绷的皮肤慢慢舒缓起来。接着，我打开面霜瓶盖，取两粒黄豆大小的量放在四指指腹，轻轻揉搓到半透明，然后轻拍到全脸、脖子。最后，再用手掌捂脸几秒，帮助吸收。

在这争分夺秒的备考期间，我宁愿早起，也不敢怠慢我的肌肤。

奥黛丽·赫本说过："外在决定两个人是否在一起，内在决定两个人在一起多久。"外貌是女人不可或缺的资本。见面前，两个人聊得再投机，见面之后，还是外貌决定一切。

第一次听到这个言论时，我立即反驳，嘲笑说话之人肤浅。一则可能是因为我不是美女，别人这么一说，引起恐慌，本能地通过反驳来捍卫自己的尊严；二则可能是因为我从小到大接受的教育都是要我们"好好学习，天天向上"，做个好女孩，不要一天到晚就知道梳妆打扮，想着穿好的、吃好的，这叫好吃懒做。要知道，在父母这一辈人的眼里，一天到晚花很多时间打扮的人都是无所事事的人。

但是，走上社会后才发现，内在美固然重要，外在美也非常重要。没有外在美，谁会花大量时间发现你的内在美？

为什么呢？其实这是一个成本效益问题，因为内在美不好判断，费了半天劲儿要是发现没什么内在美，岂不是亏大了？选人也是需要成本的。

同理，有的人说，考那么多会计证有什么用，会计要的是工作经验。但是没有各种会计证件作佐证，谁会花大量时间让你去证明？如果你有很多证，多少算是给他们提供了一份心理担保。

从此我再也不说什么不在乎外表，我不是那么肤浅的人，而是努力让自己内外兼修，永远不让自己有邋遢的机会，永远不放过让自己变得更美好的机会。

因此也越来越喜欢赫本，喜欢她的人，也喜欢她说的话。比如：

Elegance is the only beauty that never fades.

优雅是唯一不会褪色的美。

For attractive lips, speak words of kindness.

要有吸引人的双唇，请说好意的言语。

For lovely eyes, seek out the good in people.

要有美丽的双眼，请寻索他人的优点。

For a slim figure, share your food with the hungry.

要有纤细的身材，请与饥民分享你的食物。

从最开始不懂得护肤到变身护肤达人，从最开始连凝霜和面霜都分不清楚到现在对各大品牌如数家珍。

当我美美地坐在桌子旁边，带着美美的心情开始复习时，我的感觉是不一样的。我会变得特别积极，我身上会充满无限的正能量，我会完全投入复习中。因为我知道，当我把中级考过之后，我的内在美、外在美都会进一步提升，而这些东西都是我的资本，任何人都拿不走。

（二）本章通关地图（见图3-1）

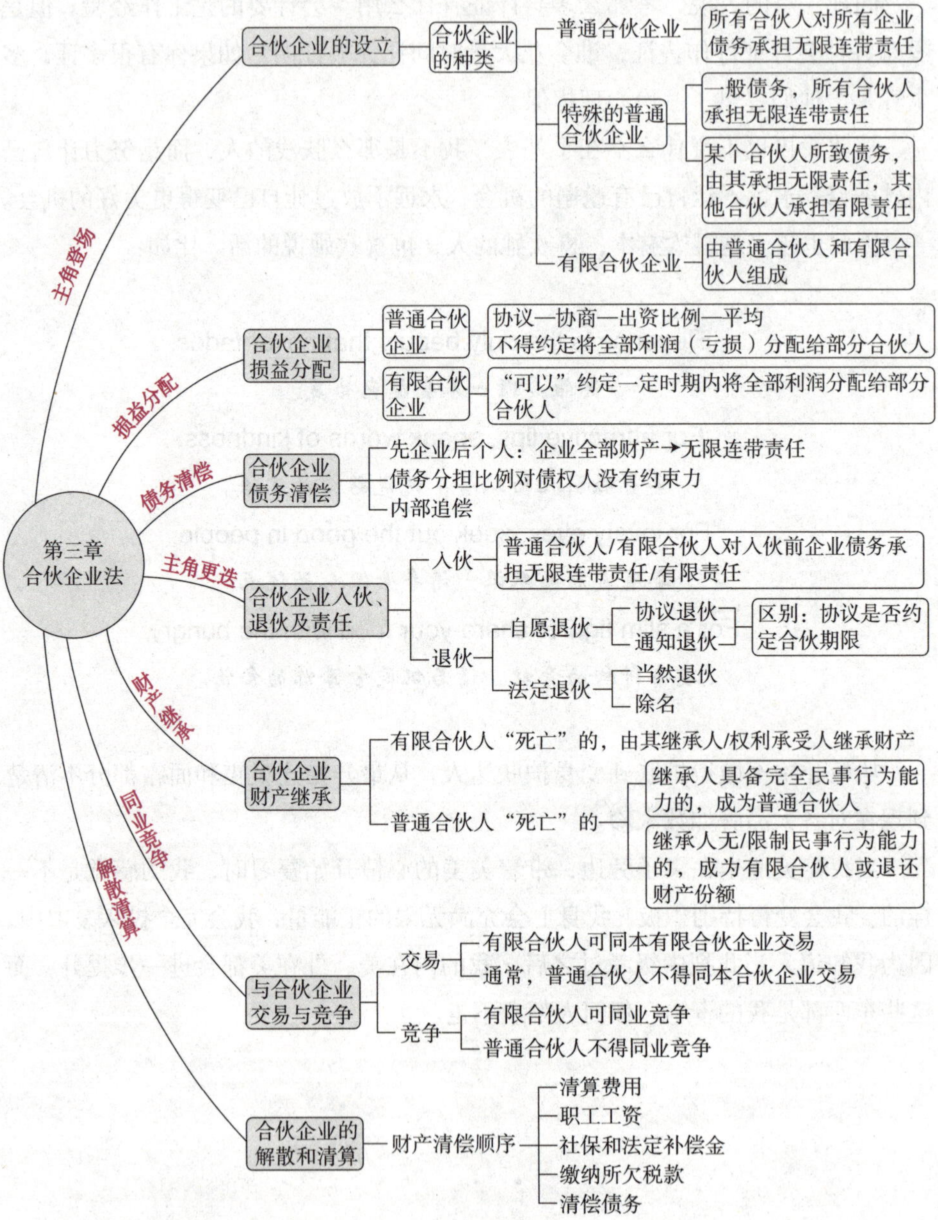

第三章 合伙企业法

- 主角登场：合伙企业的设立
  - 合伙企业的种类
    - 普通合伙企业——所有合伙人对所有企业债务承担无限连带责任
    - 特殊的普通合伙企业
      - 一般债务，所有合伙人承担无限连带责任
      - 某个合伙人所致债务，由其承担无限责任，其他合伙人承担有限责任
    - 有限合伙企业——由普通合伙人和有限合伙人组成
- 损益分配：合伙企业损益分配
  - 普通合伙企业——协议—协商—出资比例—平均；不得约定将全部利润（亏损）分配给部分合伙人
  - 有限合伙企业——"可以"约定一定时期内将全部利润分配给部分合伙人
- 债务清偿：合伙企业债务清偿
  - 先企业后个人：企业全部财产→无限连带责任
  - 债务分担比例对债权人没有约束力
  - 内部追偿
- 主角更迭：合伙企业入伙、退伙及责任
  - 入伙——普通合伙人/有限合伙人对入伙前企业债务承担无限连带责任/有限责任
  - 退伙
    - 自愿退伙
      - 协议退伙
      - 通知退伙
      - 区别：协议是否约定合伙期限
    - 法定退伙
      - 当然退伙
      - 除名
- 财产继承：合伙企业财产继承
  - 有限合伙人"死亡"的，由其继承人/权利承受人继承财产
  - 普通合伙人"死亡"的
    - 继承人具备完全民事行为能力的，成为普通合伙人
    - 继承人无/限制民事行为能力的，成为有限合伙人或退还财产份额
- 同业竞争：与合伙企业交易与竞争
  - 交易
    - 有限合伙人可同本有限合伙企业交易
    - 通常，普通合伙人不得同本合伙企业交易
  - 竞争
    - 有限合伙人可同业竞争
    - 普通合伙人不得同业竞争
- 解散清算：合伙企业的解散和清算
  - 财产清偿顺序
    - 清算费用
    - 职工工资
    - 社保和法定补偿金
    - 缴纳所欠税款
    - 清偿债务

图3-1　本章通关地图

（三）高频考点提炼

考点一：合伙企业的设立（如图 3–2 所示）

【例题·单选题】根据合伙企业法律制度的规定，下列关于有限合伙企业的表述中，正确的是（　　）。

A. 国有企业可以成为有限合伙企业的普通合伙人

B. 有限合伙人可以以土地使用权、机器设备和劳务出资

C. 自然人作为有限合伙人，可以执行合伙事务，对外代表有限合伙企业

D. 如合伙协议无相反约定，有限合伙人可以经营与本有限合伙企业相竞争的业务

【答案】D

【解析】选项 A：国有独资公司、国有企业、上市公司以及公益性的事业单位、社会团体不得成为普通合伙人，但可以成为有限合伙人；选项 B：有限合伙人不得以劳务出资；选项 C：有限合伙人不执行合伙事务，不得对外代表有限合伙企业；选项 D：有限合伙人可以自营或者同他人合作经营与本有限合伙企业相竞争的业务，但合伙协议另有约定的除外。

合伙企业的设立

- （1）合伙企业的种类
  - 普通合伙企业
    - 特征是“所有”：“所有的合伙人”（不论其出资形式，不论其是否执行企业事务）对“所有的企业债务”均承担无限连带责任
  - 特殊的普通合伙企业
    - ①特征是“先看债务，再找人”
    - ②一般的企业债务，“所有的合伙人”均承担无限连带责任
    - ③某一个合伙人故意或者因重大过失造成的企业债务，由该合伙人承担无限责任，其他合伙人只承担有限责任
  - 有限合伙企业
    - ①特征是“先找人，再确定责任”
    - ②有限合伙企业由普通合伙人和有限合伙人组成
    - ③普通合伙人应当对所有的企业债务承担无限连带责任
    - ④有限合伙人以其认缴的出资额为限对合伙企业债务承担责任
    - ⑤第三人有理由相信有限合伙人为普通合伙人并与其交易的，该有限合伙人对该笔交易承担与普通合伙人同样的责任
    - ⑥有限合伙人未经授权以有限合伙企业名义与他人进行交易，给有限合伙企业或者其他合伙人造成损失的，该有限合伙人应当承担赔偿责任
- （2）合伙人
  - ①合伙人为2人以上，对于合伙人数的最高限额，《合伙企业法》未做规定
  - ②合伙人可以是自然人，也可以是法人或者其他组织（如个人独资企业、合伙企业）
  - ③合伙人为自然人的，应当具有完全民事行为能力。无民事行为能力人和限制民事行为能力人不得成为普通合伙企业的合伙人，但可以成为有限合伙人
  - ④国有独资公司、国有企业、上市公司以及公益性的事业单位、社会团体不得成为普通合伙人，但可以成为有限合伙人
  - 有限合伙企业合伙人
    - ①有限合伙企业由2个以上50个以下合伙人设立，但法律另有规定的除外
    - 【注】普通合伙企业的合伙人为2人以上，法律并未规定最高限额
    - ②有限合伙企业至少应当有1个普通合伙人和1个有限合伙人，有限合伙企业仅剩有限合伙人的，应当解散；有限合伙企业仅剩普通合伙人的，应当转为普通合伙企业
- （3）企业名称
  - ①普通合伙企业应当在名称中标明“普通合伙”字样
  - ②特殊的普通合伙企业应当在名称中标明“特殊普通合伙”字样
  - ③有限合伙企业的名称中应当标明“有限合伙”字样
  - ④合伙企业的名称中必须有“合伙”字样

图 3-2　合伙企业的设立相关内容列示图

考点二：合伙企业相关内容及损益分配（如图 3–3、图 3–4 所示）

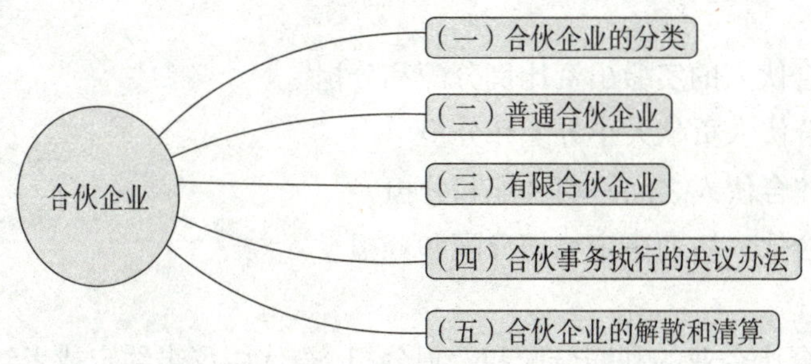

图 3–3　合伙企业相关内容列示图

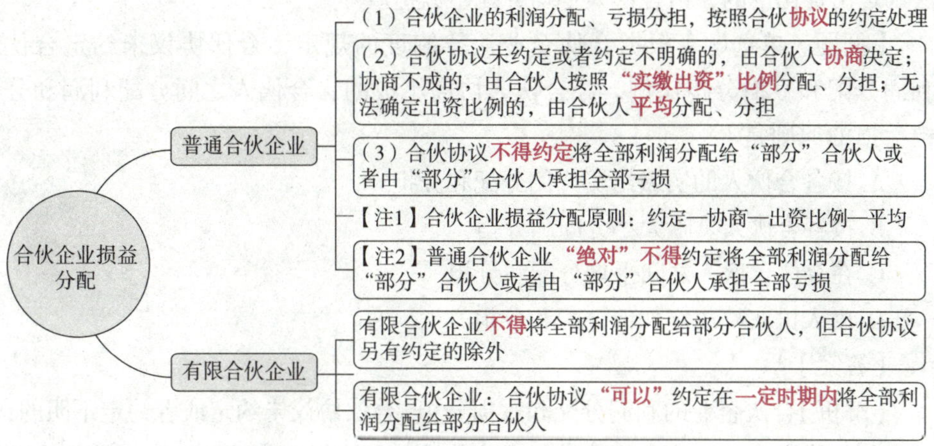

图 3–4　合伙企业的损益分配内容列示图

【例题·单选题】某有限合伙企业合伙协议的下列约定中，符合合伙企业法律制度规定的是（　　）。

A. 普通合伙人以现金出资，有限合伙人以劳务出资

B. 合伙企业成立后前 3 年的利润全部分配给普通合伙人

C. 有限合伙人甲对外代表本合伙企业，执行合伙事务

D. 合伙企业由普通合伙人 1 人、有限合伙人 99 人组成

【答案】B

【解析】选项 A: 有限合伙人不得以劳务出资；选项 B: 有限合伙企业不得将全部利润分配给部分合伙人，但是合伙协议另有约定的除外；选项 C：有限合伙企业由普通合伙人执行合伙事务，有限合伙人不执行合伙企业事务，不得对外代表有限合伙企业；选项 D: 有限合伙企业由 2 个以上 50 个以下合伙人设立。

【例题·单选题】根据合伙企业法律制度的规定，合伙协议未约定合伙

企业利润分配和亏损分担比例的，合伙人之间分配利润和分担亏损的原则是（　　）。

A. 按各合伙人的实缴出资比例分配和分担

B. 按各合伙人贡献大小分配和分担

C. 在全体合伙人之间平均分配和分担

D. 由各合伙人协商决定如何分配和分担

【答案】D

【解析】合伙企业的利润分配和亏损分担，合伙协议未约定或者约定不明的，由合伙人协商决定；协商不成的，由合伙人按照实缴出资比例分配、分担；无法确定出资比例的，由合伙人平均分配、分担。

【例题·单选题】根据合伙企业法律制度的规定，合伙协议未约定合伙利润分配和亏损分担比例，经合伙人协商不成的，合伙人之间分配利润和分担亏损的原则是（　　）。

A. 按各合伙人的实缴出资比例分配和分担

B. 按各合伙人贡献大小分配和分担

C. 在全体合伙人之间平均分配和分担

D. 由人民法院决定如何分配和分担

【答案】A

【解析】合伙企业的利润分配和亏损分担，合伙协议未约定或者约定不明的，由合伙人协商决定；协商不成的，由合伙人按照实缴出资比例分配、分担；无法确定出资比例的，由合伙人平均分配、分担。

【例题·单选题】甲、乙、丙拟设立一个普通合伙企业，出资比例为4∶4∶2。有关合伙协议约定的利润分配和亏损分担的下列表述中，不符合《合伙企业法》规定的是（　　）。

A. 按4∶4∶2的比例分配损益

B. 在合伙人之间平均分配损益

C. 按3∶3∶4的比例分配损益

D. 利润按3∶3∶4的比例分配，亏损由丙承担

【答案】D

【解析】选项ABC: 合伙企业属于契约式企业，其损益分配比例由合伙协议自由约定，与出资比例无关；选项D: 普通合伙企业的合伙协议不得约定将全部利润分配给部分合伙人或者由部分合伙人承担全部亏损。

【例题·多选题】根据合伙企业法律制度的规定，普通合伙企业出现亏损时，

由合伙人分担。下列有关亏损分担的表述中，正确的有（　　）。

A. 合伙协议有约定比例的，按约定比例分担

B. 合伙协议没有约定比例的，由合伙人协商决定

C. 合伙协议没有约定比例的，由各合伙人平均分担

D. 合伙协议可以约定由执行合伙事务的合伙人承担全部亏损

【答案】AB

【解析】选项 C：合伙协议未约定或者约定不明确的，由合伙人协商决定；协商不成的，由合伙人按照实缴出资比例分担；无法确定出资比例的，由合伙人平均分担。选项 D：合伙协议不得约定将全部利润分配给部分合伙人或者由部分合伙人承担全部亏损。

【例题·判断题】合伙协议未约定合伙企业的利润分配和亏损分担比例的，由各合伙人平均分配和分担。（　　）

【答案】×

【解析】合伙协议未约定或者约定不明确的，由合伙人协商决定；协商不成的，由合伙人按照实缴出资比例分配、分担；无法确定出资比例的，由合伙人平均分配、分担。

【例题·判断题】甲、乙两个自然人出资设立普通合伙企业，双方签订书面合伙协议并约定：甲以 10 万元出资，乙以劳务出资；乙执行合伙企业事务；合伙企业利润由甲、乙按 80% 和 20% 的比例分配，亏损由甲、乙按 20% 和 80% 的比例分担。该合伙协议的约定符合《合伙企业法》的规定。

【答案】√

【例题·判断题】甲、乙共同出资设立普通合伙企业，双方订立书面合伙协议时约定：甲以 10 万元出资，乙以劳务出资；乙执行合伙事务；合伙企业利润由甲乙平均分配，亏损由乙承担。该合伙协议的约定符合《合伙企业法》的规定。

【答案】×

【解析】普通合伙企业的合伙协议不得约定将全部利润分配给部分合伙人或者由部分合伙人承担全部亏损。

考点三：合伙企业决议（如图 3–5 所示）

合伙企业决议

- 1. 某些事项法律有明确规定的，合伙协议的约定不得与法律相抵触，其中包括但不限于：
  - ①普通合伙人以其财产份额出资的，必须经其他合伙人一致同意
  - ②普通合伙人绝对不得从事同本企业相竞争的业务
  - ③普通合伙企业的合伙协议绝对不得约定将全部利润分配给部分合伙人或者由部分合伙人承担全部亏损
  - ④将合伙人除名必须经其他合伙人一致同意
  - ⑤普通合伙人死亡，继承人为无民事行为能力人或者限制民事行为能力人的，经全体合伙人一致同意，其可以依法成为有限合伙人
- 2. 法律规定只需“通知”的事项
  - ①普通合伙人之间转让在合伙企业中的全部或者部分财产份额时，应当通知其他合伙人
  - ②有限合伙人可以按照合伙协议的约定向合伙人以外的人转让其在有限合伙企业中的财产份额，但应当提前30日通知其他合伙人
- 3. 合伙协议未约定，但法律做出“特别规定”（经全体合伙人一致同意）的事项（先约定后法定）
  - （1）合伙企业委托一个或者数个合伙人执行企业事务的，除合伙协议另有约定外，合伙企业的下列事项应经全体合伙人一致同意：
  - ① 改变合伙企业的名称
  - ② 改变合伙企业的经营范围、主要经营场所的地点
  - ③ 处分合伙企业的不动产
  - ④ 转让或者处分合伙企业的知识产权和其他财产权利
  - ⑤ 以合伙企业的名义为他人提供担保
  - ⑥ 聘任合伙人以外的人担任合伙企业的经营管理人员
  - （2）合伙协议未约定的，法律规定必须经全体合伙人一致同意的事项还包括（但不限于）：
  - ①除合伙协议另有约定外，修改或者补充合伙协议
  - ②新合伙人入伙，除合伙协议另有约定外
  - ③除合伙协议另有约定外，普通合伙人转变为有限合伙人，或者有限合伙人转变为普通合伙人
  - ④除合伙协议另有约定外，普通合伙人向合伙人以外的人转让其在合伙企业中的全部或者部分财产份额
  - ⑤按照合伙协议的约定或者经全体合伙人一致同意，普通合伙人可以同本合伙企业进行交易
  - ⑥普通合伙人死亡，继承人具备完全民事行为能力的，按照合伙协议的约定或者经全体合伙人一致同意，其可以取得普通合伙人资格
- 4. 合伙协议未约定或者约定不明、法律也没有特别规定时，实行合伙人一人一票并经“全体合伙人过半数通过”的表决办法
  - 需区分以下三种情况：
  - ①如果普通合伙人以其财产份额出资，必须经其他合伙人一致同意，这是法律的强制性规定，合伙协议不得越雷池半步
  - ②如果要改变合伙企业的名称，先看合伙协议有没有约定（合伙协议爱怎么约定就怎么约定），合伙协议未约定的，应当经全体合伙人一致同意
  - ③如果执行合伙事务的两个合伙人产生争议，先看合伙协议有没有约定（合伙协议爱怎么约定就怎么约定），合伙协议对此未做约定的（法律对此也没有特别规定），实行合伙人一人一票并经全体合伙人过半数通过的表决办法
- 5. 合伙协议
  - ①合伙协议经全体合伙人签名、盖章后生效
  - ②合伙企业的营业执照签发日期，为合伙企业成立日期
  - ③修改或补充合伙协议，应当经全体合伙人一致同意，但合伙协议另有约定的除外
    【解释】修改或者补充合伙协议时，先约定后法定；先看合伙协议有没有约定（爱怎么约定就怎么约定）；合伙协议没有约定的，再看法定（经全体合伙人一致同意）
  - ④合伙人违反合伙协议的，应当依法承担违约责任
  - ⑤争议
    - 合伙人履行合伙协议产生争议的，合伙人可以通过协商或者调解解决
    - 不愿通过协商、调解解决或者协商、调解不成的，可以按照合伙协议约定的仲裁条款或者事后达成的书面仲裁协议，向仲裁机构申请仲裁
    - 合伙协议中未订立仲裁条款，事后又没有达成书面仲裁协议的，可以向人民法院起诉

图 3–5　合伙企业决议相关内容列示图

【例题·单选题】根据合伙企业法律制度的规定，除合伙协议另有约定外，下列事项中，需全体合伙人一致同意的是（　　）。

A. 聘请合伙人以外的人担任企业的财务负责人

B. 出售合伙企业名下的动产

C. 合伙人以其个人财产为他人提供担保

D. 聘请会计师事务所承办合伙企业的审计业务

【答案】A

【解析】除合伙协议另有约定外，合伙企业的下列事项应当经全体合伙人一致同意：改变合伙企业的名称；改变合伙企业的经营范围、主要经营场所；处分合伙企业的“不动产”（选项 B 排除）；转让或者处分合伙企业的知识产权和其他财产权利；以“合伙企业”名义为他人提供担保（选项 C 排除）；聘任合伙人以外的人担任合伙企业的经营管理人员（选项 A 正确）。

【例题·多选题】根据合伙企业法律制度的规定，下列各项中，除合伙协议另有约定外，应当经全体合伙人一致同意才能做出决议的有（　　）。

A. 修改合伙协议

B. 改变合伙企业名称

C. 处分合伙企业的不动产

D. 吸收新的合伙人

【答案】ABCD

【解析】选项 A：修改或者补充合伙协议，应当经全体合伙人一致同意，但合伙协议另有约定的除外；选项 D：新合伙人入伙，除合伙协议另有约定外，应当经全体合伙人一致同意，并依法订立书面入伙协议。

考点四：合伙企业债务清偿（如图 3-6 所示）

【例题·单选题】甲为普通合伙企业的合伙人，乙为甲个人债务的债权人，当甲的个人财产不足以清偿对乙的债务时，根据合伙企业法律制度的规定，乙可以行使的权利是（　　）。

A. 代位行使甲在合伙企业中的权利

B. 依法请求人民法院强制执行甲在合伙企业中的财产份额用于清偿债务

C. 自行接管甲在合伙企业中的财产份额

D. 以对甲的债权抵销其对合伙企业的债务

【答案】B

【解析】选项 AD：合伙人发生与合伙企业无关的债务，相关债权人不得以其债权抵销其对合伙企业的债务，也不得代位行使合伙人在合伙企业中的权利；选项 BC：合伙人的自有财产不足清偿其与合伙企业无关的债务的，该合伙人可以其从合伙企业中分取的收益清偿，债权人也可以依法请求人民法院强制执行该合伙人在合伙企业中的财产份额用于清偿。

合伙企业债务清偿

- （1）对外代表权的效力
  - ①合伙企业对合伙人执行合伙事务以及对外代表合伙企业权利的限制，**不得对抗**善意第三人
  - ②合伙人在合伙企业清算前私自转移或者处分合伙企业财产的，合伙企业**不得**以此**对抗**善意第三人
- （2）企业的债务清偿
  - ①先企业后个人：合伙企业对其债务，应先以其**全部财产**进行清偿。合伙企业不能清偿到期债务的，普通合伙人承担**无限连带**责任
  - ②无限连带责任：合伙人之间的分担比例**对债权人没有约束力**。债权人可以根据自己的清偿利益，请求全体合伙人中的一人或者数人承担全部清偿责任，也可以按照自己确定的比例向各合伙人分别追索
  - ③内部追偿：如果某一合伙人实际支付的清偿数额超过其依照既定比例所应承担的数额，该合伙人有权就超过部分向其他未支付或者未足额支付应承担数额的合伙人**追偿**
- （3）普通合伙企业**个人**的**债务**清偿
  - ①合伙人发生与合伙企业**无关**的债务，相关债权人**不得**以其债权“**抵销**”其对合伙企业的债务，也不得“代位”行使合伙人在合伙企业中的权利
  - ②合伙人的自有财产不足清偿其与合伙企业无关的债务的，该合伙人可以以其从合伙企业中**分取的“收益”**清偿，债权人也可以依法“请求人民法院强制执行”该合伙人在合伙企业中的财产份额用于清偿
  - ③债权人不能自行接管（或者直接变卖）该合伙人在合伙企业中的财产份额，只能依法“请求人民法院强制执行”该合伙人在合伙企业中的**财产份额**用于清偿
  - ④人民法院强制执行普通合伙人的财产份额时，应当**通知全体**合伙人，其他合伙人有**优先购买权**；其他合伙人未购买，又不同意将该财产份额转让给他人的，依照《合伙企业法》的规定为该合伙人办理退伙结算，或者办理削减该合伙人相应财产份额的结算
  - ⑤合伙人在合伙企业中的“**全部**”财产份额被人民法院强制执行的，该合伙人“**当然退伙**”
- （4）有限合伙企业个人的债务清偿
  - ①有限合伙人的自有财产不足清偿其与合伙企业无关的债务的，该合伙人可以以其从有限合伙企业中**分取的收益**清偿；债权人也可以依法请求人民法院强制执行该合伙人在有限合伙企业中的**财产份额**用于清偿
  - ②普通合伙人的自有财产不足清偿其与合伙企业无关的债务的，该合伙人可以以其从合伙企业中分取的收益清偿；债权人也可以依法请求人民法院强制执行该合伙人在合伙企业中的财产份额用于清偿
  - 优先购买权
    - ①人民法院强制执行“**有限**合伙人”的财产份额时，应当**通知全体**合伙人，在**同等条件**下，其他合伙人有**优先购买权**
    - ②人民法院强制执行“**普通**合伙人”的财产份额时，应当**通知全体**合伙人，其他合伙人有**优先购买权**
    - ③人民法院依照强制执行程序转让有限责任公司股东的股权时，应当通知公司及全体股东，其他股东在同等条件下有优先购买权。其他股东自人民法院**通知之日起满20日**不行使优先购买权的，视为**放弃**优先购买权

图 3-6　合伙企业债务清偿相关内容列示图

【例题·单选题】某合伙企业欠甲到期借款 3 万元，该合伙企业的合伙人乙亦欠甲到期借款 2 万元；甲从该合伙企业购买了一批产品，应付货款 5 万元。根据合伙企业法律制度的规定，下列表述中，正确的是（　　）。

A. 甲可将其所欠合伙企业 5 万元货款与该合伙企业所欠其 3 万元到期借款以及合伙人乙所欠其 2 万元到期借款相抵销，甲无须再向合伙企业偿付货款

B. 甲只能将其所欠合伙企业 5 万元货款与该合伙企业所欠其 3 万元到期借款进行抵销，因此甲仍然应向该合伙企业偿付 2 万元

C. 甲只能将其所欠合伙企业 5 万元货款与乙所欠其 2 万元到期借款进行抵销，因此甲仍然应向该合伙企业偿付 3 万元

D. 甲所欠合伙企业之债务与该合伙企业及乙所欠其债务之间均不能抵销

【答案】B

【解析】合伙人发生与合伙企业无关的债务，相关债权人不得以其债权抵销其对合伙企业的债务。

【例题·多选题】汪、钱、潘、刘共同投资设立了一个有限合伙企业，其中汪、钱为普通合伙人，潘、刘为有限合伙人。后该合伙企业因经营不善，企业资产不足以清偿到期债务。根据合伙企业法律制度的规定，下列选项中，正确的有（　　）。

A. 债权人可以依法申请该合伙企业破产

B. 债权人可以要求任一合伙人清偿全部债务

C. 债权人只能要求汪、钱清偿全部债务

D. 如果该合伙企业被宣告破产，则汪、钱仍需承担无限连带责任

【答案】ACD

【解析】选项 ABC: 合伙企业不能清偿到期债务的，债权人可以依法向人民法院提出破产清算申请，也可以要求“普通合伙人”清偿；选项 D: 合伙企业依法被宣告破产的，“普通合伙人”对合伙企业债务仍应承担无限连带责任。

【例题·判断题】合伙人个人负有债务的，其债权人可以代位行使该合伙人在合伙企业中的权利。（　　）

【答案】×

【解析】合伙人发生与合伙企业无关的债务，相关债权人不得“代位”行使该合伙人在合伙企业中的权利。

【例题·判断题】甲为乙普通合伙企业的合伙人。甲欠丙 20 万元，丙欠乙 30 万元。丙提出: 将甲欠丙的 20 万元抵销丙欠乙的 20 万元，丙再偿还乙 10 万元。丙的主张符合《合伙企业法》的规定。（　　）

【答案】×

【解析】合伙人发生与合伙企业无关的债务，相关债权人不得以其债权“抵

销”其对合伙企业的债务。

【例题·判断题】合伙企业不能清偿到期债务的，债权人可以依法向人民法院提出破产清算申请，也可以要求普通合伙人清偿。(　　)

【答案】√

考点五：合伙企业入伙、退伙及责任（如图 3-7 所示）

【例题·单选题】甲、乙、丙、丁成立一普通合伙企业，1 年后甲转为有限合伙人。此前，合伙企业欠银行 30 万元债务，该债务直至合伙企业因严重资不抵债被宣告破产仍未偿还。对该 30 万元银行债务的偿还，根据合伙企业法律制度的规定，下列选项中，正确的是(　　)。

A. 乙、丙、丁应按合伙份额对该笔债务承担清偿责任，甲无须承担责任

B. 各合伙人均应对该笔债务承担无限连带责任

C. 乙、丙、丁应对该笔债务承担无限连带责任，甲无须承担责任

D. 合伙企业已宣告破产，债务归于消灭，各合伙人无须偿还该笔债务

【答案】B

【解析】甲：普通合伙人转变为有限合伙人的，对其作为普通合伙人期间合伙企业发生的债务承担无限连带责任；乙、丙、丁：合伙企业依法被宣告破产的，普通合伙人对合伙企业债务仍应承担无限连带责任。

【例题·单选题】甲、乙、丙、丁设立一个有限合伙企业，其中甲、乙为普通合伙人，丙、丁为有限合伙人。1 年后，甲转为有限合伙人，同时丙转为普通合伙人。合伙企业设立之初，企业欠银行 50 万元，该债务直至合伙企业被宣告破产仍未偿还。下列关于该 50 万元债务清偿责任的表述中，符合合伙企业法律制度规定的是(　　)。

A. 乙、丙承担无限连带责任，甲、丁以其出资额为限承担责任

B. 甲、乙、丙承担无限连带责任，丁以其出资额为限承担责任

C. 甲、乙承担无限连带责任，丙、丁以其出资额为限承担责任

D. 乙承担无限责任，甲、丙、丁以其出资额为限承担责任

【答案】B

【解析】甲：普通合伙人转变为有限合伙人的，对其作为普通合伙人期间合伙企业发生的债务承担无限连带责任；丙：有限合伙人转变为普通合伙人的，对其作为有限合伙人期间有限合伙企业发生的债务承担无限连带责任。

合伙企业入伙、退伙及责任

- 入伙
  - ①新合伙人入伙，除合伙协议另有约定外，应当经**全体**合伙人一致同意，并依法订立**书面**入伙协议
  - ②入伙的新合伙人与原合伙人享有**同等权利**，承担**同等责任**。入伙协议另有约定的，从其约定
  - 【注】如果原合伙人愿意以更优越的条件吸引新合伙人入伙，或者新合伙人愿意以较为不利的条件入伙，也可以在入伙协议中另行约定
  - ③新合伙人对**入伙前**合伙企业的债务承担**无限连带**责任
  - ④新入伙的**有限**合伙人对入伙前有限合伙企业的债务，以其“**认缴的出资额**”（而非实缴）为限承担责任
- 退伙
  - **自愿**退伙
    - **协议**退伙
      - ①合伙协议约定的退伙事由出现
      - ②经全体合伙人一致同意
      - ③发生合伙人难以继续参加合伙的事由
      - ④其他合伙人严重违反合伙协议约定
    - **通知**退伙——合伙协议未约定合伙期限的，合伙人在不给合伙企业事务执行造成不利影响的情况下，可以退伙，但应当提前30日通知其他合伙人
    - 协议退伙、通知退伙的主要**区别**：**合伙协议是否约定了合伙期限**
  - **法定**退伙
    - **当然**退伙
      - ①作为合伙人的自然人死亡或者被依法宣告死亡
      - ②个人丧失偿债能力
      - ③作为合伙人的法人或者其他组织依法被吊销营业执照，责令关闭、撤销，或者被宣告破产
      - ④法律规定或者合伙协议约定合伙人必须具有相关资格而其丧失该资格
      - ⑤合伙人在合伙企业中的全部财产份额被人民法院强制执行
      - 【注】退伙事由实际发生之日为退伙生效日
      - 普通合伙人与有限合伙人当然退伙的区别

事由	普通合伙人	有限合伙人
合伙人死亡	√	√
全部财产份额被人民法院强制执行	√	√
丧失偿债能力	√	×
丧失民事行为能力	经其他合伙人一致同意，可以依法转为有限合伙人，普通合伙企业依法转为有限合伙企业；否则，视为退伙	×

    - **除名**
      - ①未履行出资义务
      - ②因故意或者重大过失给合伙企业造成损失
      - ③执行合伙事务时有不正当行为
      - ④发生合伙协议约定的事由
      - 【注】如果合伙人“故意、主动”犯错误，应当除名；如果合伙人“被动”出问题，属于当然退伙
      - 【注】对合伙人的除名决议应当书面通知被除名人。被除名人自接到除名通知之日起，除名生效，被除名人退伙。被除名人对除名决议有异议的，可以自接到除名通知之日起30日内，向人民法院起诉
  - 责任
    - ①退伙的普通合伙人对基于其退伙前的原因发生的合伙企业债务，承担无限连带责任
    - ②普通合伙企业所有的退伙人（不论是通知退伙还是除名），均应当对其退伙前的合伙企业债务，承担无限连带责任
    - ③普通合伙人只对基于“退伙前”的原因发生的企业债务承担无限连带责任，退伙后的企业债务与其无关（不在其位，不谋其政）
    - ④有限合伙人退伙后，对基于其退伙前的原因发生的有限合伙企业债务，以其退伙时从有限合伙企业取回的财产承担责任
  - 合伙人的性质转变
    - ①有限合伙人转变为普通合伙人的，对其作为有限合伙人期间有限合伙企业发生的债务承担无限连带责任
    - 【理解】如果有限合伙人胆敢“弃明投暗”“不顾一切地往火坑里跳”，就应当对身份转变之前、转变之后的合伙企业债务承担无限连带责任（普通合伙人对所有的企业债务均承担无限连带责任）
    - ②普通合伙人转变为有限合伙人的，对其作为普通合伙人期间合伙企业发生的债务承担无限连带责任
    - 【理解】如果普通合伙人“弃暗投明”，其不能“立地成佛”，需要把“旧账”处理完了再“重新做人”，必须对身份转变之前的合伙企业债务承担无限连带责任

图 3-7 合伙企业入伙、退伙及责任相关内容列示图

【例题·单选题】某有限合伙企业在经营期间吸收甲为有限合伙人。关于甲入伙前有限合伙企业的债务，下列表述中，符合《合伙企业法》规定的是(　　)。

A. 甲不承担责任

B. 甲承担无限连带责任

C. 甲以其认缴的出资额为限承担责任

D. 甲以其实缴的出资额为限承担责任

【答案】C

【解析】新入伙的“有限合伙人”对入伙前有限合伙企业的债务，以其“认缴的出资额”（而非实缴）为限承担责任。

【例题·单选题】根据合伙企业法律制度的规定，下列各项中，属于普通合伙人当然退伙情形的是(　　)。

A. 合伙人在执行合伙企业事务的过程中有侵占合伙企业财产的行为

B. 合伙人未履行出资义务

C. 合伙人被法院强制执行其在合伙企业中的全部财产份额

D. 合伙人因重大过失给合伙企业造成损失

【答案】C

【解析】选项 ABD 属于应“除名”的情形。

【例题·单选题】赵某、钱某、孙某和李某共同设立了一家合伙企业，钱某被委托单独执行合伙企业事务。钱某因重大过失给合伙企业造成了较大的损失，但自己并未谋取私利。为此，赵某、孙某和李某一致同意将钱某除名，并做出除名决议，书面通知钱某本人。根据合伙企业法律制度的规定，关于该除名决议的下列表述中，正确的是(　　)。

A. 赵某、孙某和李某不能决议将钱某除名，但可以终止对钱某单独执行合伙事务的委托

B. 如果钱某对除名决议没有异议，该除名决议自做出之日起生效

C. 如果钱某对除名决议有异议，可以在接到除名通知之日起 30 日内，向人民法院起诉

D. 如果钱某对除名决议有异议，可以在接到除名通知之日起 30 日内，请求市场监管机关做出裁决

【答案】C

【解析】选项 A: 合伙人因故意或者重大过失给合伙企业造成损失的，经其他合伙人一致同意，可以决议将其除名；选项 B：被除名人自“接到除名通知”之日起，除名生效，被除名人退伙；选项 CD: 被除名人对除名决议有异议的，可以自接到除名通知之日起 30 日内，向“人民法院”起诉。

【例题·单选题】甲、乙、丙共同投资设立一个普通合伙企业，合伙协议

对合伙人的资格取得或丧失未作约定。合伙企业存续期间，甲因车祸去世，甲的妻子丁是其唯一继承人。根据合伙企业法律制度的规定，下列表述中，正确的是（　　）。

A. 丁自动取得该企业合伙人资格

B. 经乙、丙一致同意，丁取得该企业合伙人资格

C. 丁不能取得该企业合伙人资格，只能由该企业向丁退还甲在企业中的财产份额

D. 丁自动成为有限合伙人，该企业转为有限合伙企业

【答案】B

【解析】选项 ABD: 继承人具备完全民事行为能力的（甲的妻子具备完全民事行为能力），按照合伙协议的约定或者经全体合伙人一致同意，其可以取得普通合伙人资格；选项 C：普通合伙人死亡，继承人不愿意成为合伙人或者继承人未取得合伙协议约定的合伙人资格时，合伙企业应当向合伙人的继承人退还被继承合伙人的财产份额。

【例题 · 单选题】2020 年 3 月，刘、关、张三人分别出资 2 万元、2 万元、1 万元设立甲普通合伙企业，并约定按出资比例分配损益。8 月，甲合伙企业为乙企业的借款提供担保；12 月因乙企业无偿债能力，甲合伙企业承担保证责任，为乙企业支付 1 万元。12 月底，刘提出退伙要求，关、张同意，经结算，甲合伙企业净资产为 3 万元。根据合伙企业法律制度的规定，应退还刘的财产数额是（　　）。

A. 2 万元　　B. 1.2 万元

C. 1 万元　　D. 0.8 万元

【答案】B

【解析】合伙人退伙，其他合伙人应当与该退伙人按照“退伙时”的合伙企业财产状况进行结算，并退还退伙人的财产份额。因此，在刘某退伙时应退还其的财产数额为 $3 \times 2 \div 5=1.2$（万元）。

【例题 · 多选题】甲、乙、丙三人各自出资 10 万元、6 万元、4 万元设立普通合伙企业。因经营管理不善，对丁负债 10 万元，丙遂提出退伙，并拿出 1 万元由甲、乙代为偿还对丁的债务。如合伙企业财产不能清偿丁的债务，根据合伙企业法律制度的规定，下列表述中，正确的有（　　）。

A. 丁可以分别向甲、乙、丙要求偿还 5 万元、3 万元、2 万元

B. 丁只能要求丙偿还 1 万元，其余部分向甲、乙追偿

C. 丁可以只向甲或只向乙要求偿还全部 10 万元，但不能要求丙单独偿还 10 万元

D. 丁可以向甲、乙、丙中任何一人要求偿还 10 万元

【答案】AD

【解析】选项 AD: 债权人可以根据自己的清偿利益，请求全体合伙人中的一人或者数人承担全部清偿责任，也可以按照自己确定的比例向各合伙人分别追索；选项 BC: 普通合伙人丙应当对其退伙前的企业债务 10 万元承担无限连带责任。

【例题 · 多选题】根据合伙企业法律制度的规定，下列情形中，属于普通合伙人当然退伙的有（ ）。

A. 合伙人未履行出资义务

B. 合伙人个人丧失偿债能力

C. 合伙人故意给合伙企业造成损失

D. 合伙人被依法宣告死亡

【答案】BD

【解析】选项 AC: 属于应除名的情形；选项 B：普通合伙人丧失偿债能力，当然退伙；有限合伙人丧失偿债能力，无须退伙。

【例题 · 多选题】根据合伙企业法律制度的规定，下列情形中，经其他合伙人一致同意，可以决议将其除名的有（ ）。

A. 普通合伙人甲在执行事务的过程中有贪污合伙企业财产的行为

B. 普通合伙人乙未履行出资义务

C. 普通合伙人丙个人丧失偿债能力

D. 普通合伙人丁加入了另一经营同类业务的合伙组织

【答案】ABD

【解析】选项 C: 属于当然退伙；选项 AD: 属于执行合伙事务时的不正当行为。

【例题 · 多选题】甲死亡，乙对甲在某普通合伙企业中的财产份额享有合法继承权。根据合伙企业法律制度的规定，下列表述中，正确的有（ ）。

A. 如果乙不愿意成为合伙企业的合伙人，则该合伙企业可以不必向乙退还甲的财产份额

B. 如果乙未取得合伙协议约定的合伙人资格，则该合伙企业可以不必向乙退还甲的财产份额

C. 如果乙为无民事行为能力人，全体合伙人未能一致同意乙入伙，则该合伙企业应当将甲的财产份额退还乙

D. 如果乙为无民事行为能力人，经全体合伙人一致同意，乙可以成为有限合伙人，但该合伙企业应转为有限合伙企业

【答案】CD

【解析】选项 AB: 普通合伙人死亡，继承人不愿意成为合伙人或者继承人未取得合伙协议约定的合伙人资格时，合伙企业应当向合伙人的继承人退还被继承合伙人的财产份额。选项 CD: 继承人为无民事行为能力人或者限制民事行为能力人的，经全体合伙人一致同意，其可以依法成为有限合伙人，普通合伙

企业依法转为有限合伙企业；全体合伙人未能一致同意的，合伙企业应当将被继承合伙人的财产份额退还给该继承人。

【例题·多选题】根据合伙企业法律制度的规定，普通合伙企业的下列人员中，应对合伙企业债务承担连带责任的有（　　）。

A. 合伙企业的全体合伙人

B. 合伙企业债务发生后办理入伙的新合伙人

C. 合伙企业债务发生后办理退伙的退伙人

D. 合伙企业聘用的合伙人以外的经营管理人员

【答案】ABC

【解析】经营管理人员属于“非合伙人”，无须对合伙企业债务承担无限连带责任。

【例题·多选题】根据合伙企业法律制度的规定，在普通合伙企业中，当合伙企业的财产不足以清偿其债务时，下列人员中，应对合伙企业的债务承担连带责任的有（　　）。

A. 合伙企业债务发生后入伙的新合伙人

B. 合伙企业债务发生后自愿退伙的合伙人

C. 合伙企业债务发生后被除名的合伙人

D. 不参与执行合伙企业事务的合伙人

【答案】ABCD

【解析】选项 A：普通合伙企业的新合伙人对入伙前合伙企业的债务承担无限连带责任；选项 BC: 普通合伙企业的退伙人对基于其退伙前的原因发生的合伙企业债务，承担无限连带责任；选项 D: 普通合伙企业的所有合伙人（不论是否执行企业事务）均应对合伙企业的债务承担连带责任。

【例题·多选题】某普通合伙企业在经营期间吸收甲入伙。甲入伙前，合伙企业对乙负债 10 万元。甲入伙后，该合伙企业继续亏损，甲遂要求退伙，获其他合伙人一致同意。在此期间，该合伙企业欠丙货款 20 万元。甲退伙后，合伙企业又向丁借款 20 万元。后合伙企业解散，上述债务均未清偿。根据合伙企业法律制度的规定，下列表述中，正确的有（　　）。

A. 对于合伙企业对乙的债务，甲应承担无限连带责任

B. 对于合伙企业对丙的债务，甲应承担无限连带责任

C. 对于合伙企业对丁的债务，甲应承担无限连带责任

D. 对于合伙企业对乙、丁的债务，甲均不承担责任

【答案】AB

【解析】新入伙的普通合伙人对入伙前合伙企业的债务（对乙的债务 10 万元）承担无限连带责任；退伙的普通合伙人对基于其退伙前的原因发生的合伙企业债务（对丙的债务 20 万元）承担无限连带责任；退伙的普通合伙人对

退伙后的债务（对丁的债务 20 万元）不承担责任。

【例题 · 多选题】根据合伙企业法律制度的规定，当有限合伙企业的财产不足以清偿其债务时，下列人员中，应对有限合伙企业的债务承担无限连带责任的有（　　）。

A. 有限合伙企业债务发生后新入伙的有限合伙人

B. 有限合伙企业债务发生后退伙的有限合伙人

C. 有限合伙企业债务发生后新入伙的普通合伙人

D. 不参与执行有限合伙企业事务的普通合伙人

【答案】CD

【解析】选项 A: 新入伙的有限合伙人对入伙前有限合伙企业的债务，以其认缴的出资额为限承担责任，不承担无限连带责任；选项 B: 有限合伙人退伙后，对基于其退伙前的原因发生的有限合伙企业债务，以其退伙时从有限合伙企业取回的财产承担责任，不承担无限连带责任；选项 C：新入伙的普通合伙人对入伙前合伙企业的债务承担无限连带责任；选项 D: 有限合伙企业的普通合伙人，不论是否执行企业事务，均对企业债务承担无限连带责任。

【例题 · 判断题】新入伙的普通合伙人只对其入伙后的合伙企业债务承担连带责任。（　　）

【答案】×

【解析】新入伙的普通合伙人对入伙前合伙企业的债务承担无限连带责任。

【例题 · 判断题】入伙的新合伙人与原合伙人可以在入伙协议中约定，新合伙人比原合伙人享有更大的权利，承担更小的责任。（　　）

【答案】√

考点六：特殊的普通合伙企业（如图 3–8 所示）

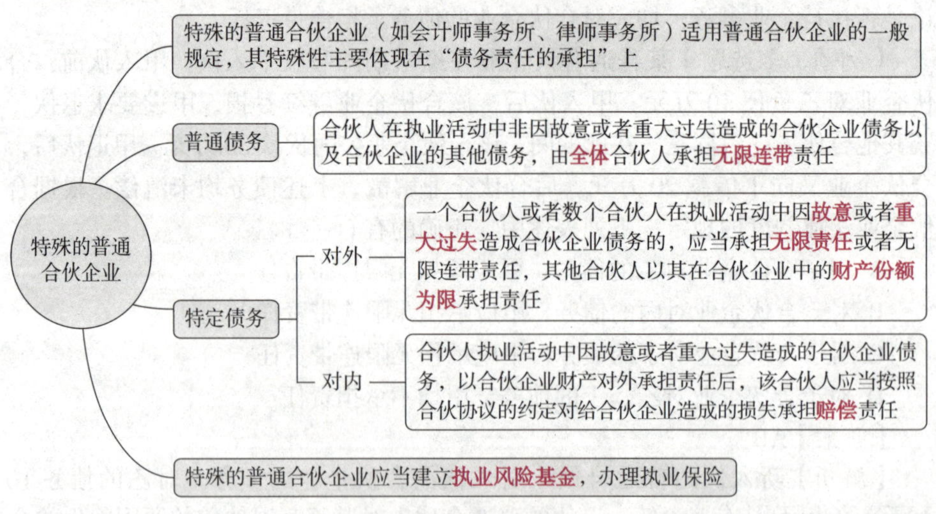

图 3–8　特殊的普通合伙企业相关内容列示图

【例题·单选题】注册会计师甲、乙、丙共同出资设立一个特殊的普通合伙制的会计师事务所。甲、乙在某次审计业务中，因故意出具不实审计报告被人民法院判决由会计师事务所赔偿当事人 80 万元。根据合伙企业法律制度的规定，下列有关该赔偿责任承担的表述中，正确的是（　　）。

A. 甲、乙、丙均承担无限连带责任

B. 以该会计师事务所的全部财产为限承担责任

C. 甲、乙、丙均以其在会计师事务所中的财产份额为限承担责任

D. 甲、乙应当承担无限连带责任，丙以其在会计师事务所中的财产份额为限承担责任

【答案】D

【解析】特殊的普通合伙企业中，一个合伙人或者数个合伙人在执业活动中因故意或者重大过失造成合伙企业债务的，应当承担无限责任或者无限连带责任，其他合伙人以其在合伙企业中的财产份额为限承担责任。

【例题·判断题】注册会计师甲、乙、丙共同出资设立一合伙制会计师事务所（特殊的普通合伙企业）。甲、乙在某次审计业务中，因出具虚假审计报告造成会计师事务所负债 80 万元。对该笔债务，甲、乙应承担无限连带责任，丙应以其在会计师事务所中的财产份额为限承担责任。（　　）

【答案】√

考点七：合伙企业的出资及财产性质（如图 3-9 所示）

出资

- （1）合伙人可以用货币、实物、知识产权、土地使用权或者其他财产权利出资
- （2）**普通**合伙人也可以用**劳务**出资，**只有**普通合伙人可以以劳务出资，**有限**合伙人不得以劳务出资
- （3）合伙人以实物、知识产权、土地使用权或者其他财产权利出资，需要评估作价，可以由全体合伙人协商确定，也可以由全体合伙人的委托法定评估机构评估
  - 合伙企业：协商或者评估
  - 公司：必须评估
- （4）合伙人以劳务出资的，其评估办法由全体合伙人协商确定，并在合伙协议中载明
- （5）合伙人应当按照合伙协议约定的出资方式、数额和缴付期限，履行出资义务；合伙人可以一次性缴付出资，也可以按期缴付出资
- （6）以非货币财产出资的，依照法律、行政法规的规定，需要办理财产权转移手续的，应当依法办理

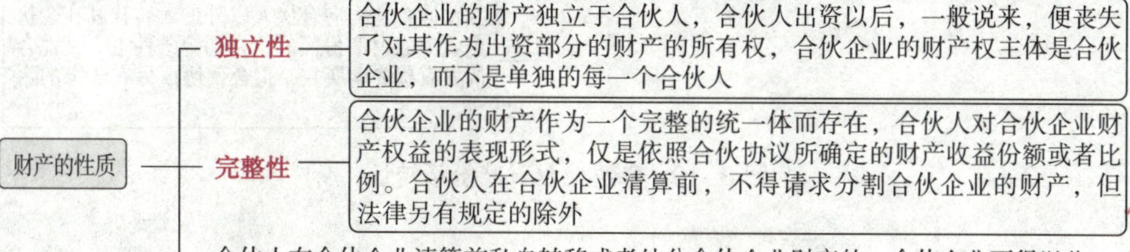

图 3-9　合伙企业的出资及财产性质

考点八：合伙企业财产份额转让（如图 3-10 所示）

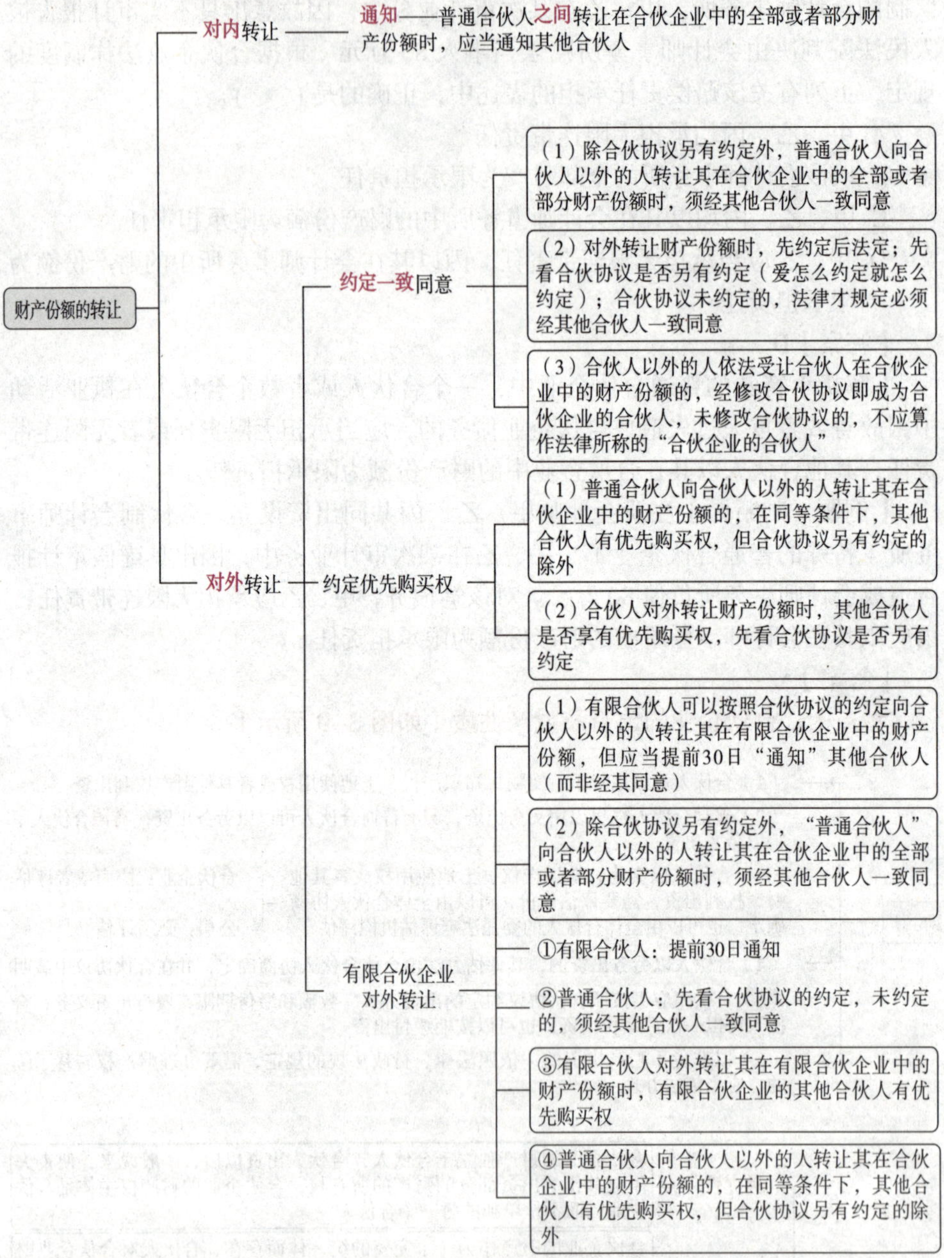

- 财产份额的转让
  - 对内转让
    - 通知——普通合伙人之间转让在合伙企业中的全部或者部分财产份额时，应当通知其他合伙人
  - 对外转让
    - 约定一致同意
      - （1）除合伙协议另有约定外，普通合伙人向合伙人以外的人转让其在合伙企业中的全部或者部分财产份额时，须经其他合伙人一致同意
      - （2）对外转让财产份额时，先约定后法定；先看合伙协议是否另有约定（爱怎么约定就怎么约定）；合伙协议未约定的，法律才规定必须经其他合伙人一致同意
      - （3）合伙人以外的人依法受让合伙人在合伙企业中的财产份额的，经修改合伙协议即成为合伙企业的合伙人，未修改合伙协议的，不应算作法律所称的“合伙企业的合伙人”
    - 约定优先购买权
      - （1）普通合伙人向合伙人以外的人转让其在合伙企业中的财产份额的，在同等条件下，其他合伙人有优先购买权，但合伙协议另有约定的除外
      - （2）合伙人对外转让财产份额时，其他合伙人是否享有优先购买权，先看合伙协议是否另有约定
    - 有限合伙企业对外转让
      - （1）有限合伙人可以按照合伙协议的约定向合伙人以外的人转让其在有限合伙企业中的财产份额，但应当提前30日“通知”其他合伙人（而非经其同意）
      - （2）除合伙协议另有约定外，“普通合伙人”向合伙人以外的人转让其在合伙企业中的全部或者部分财产份额时，须经其他合伙人一致同意
      - ①有限合伙人：提前30日通知
      - ②普通合伙人：先看合伙协议的约定，未约定的，须经其他合伙人一致同意
      - ③有限合伙人对外转让其在有限合伙企业中的财产份额时，有限合伙企业的其他合伙人有优先购买权
      - ④普通合伙人向合伙人以外的人转让其在合伙企业中的全部或者部分财产份额的，在同等条件下，其他合伙人有优先购买权，但合伙协议另有约定的除外

图 3-10　合伙企业财产份额转让

考点九：合伙企业财产份额出资（如图 3-11 所示）

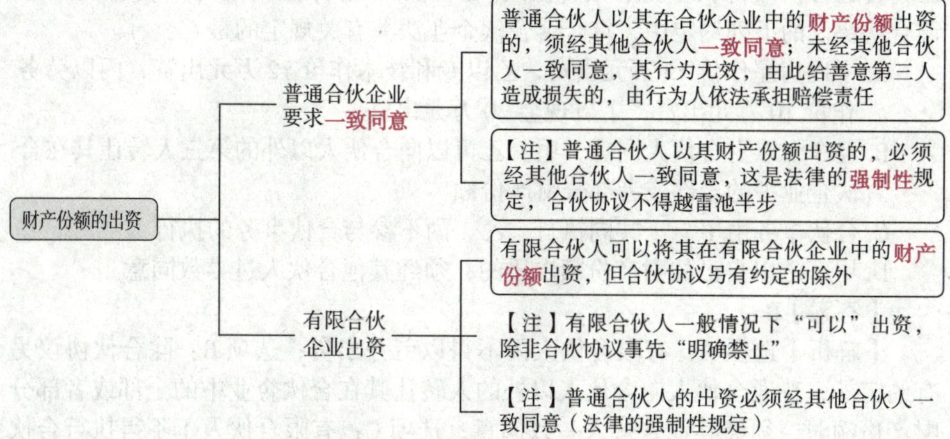

图 3-11 合伙企业财产份额出资

考点十：合伙企业财产继承（如图 3-12 所示）

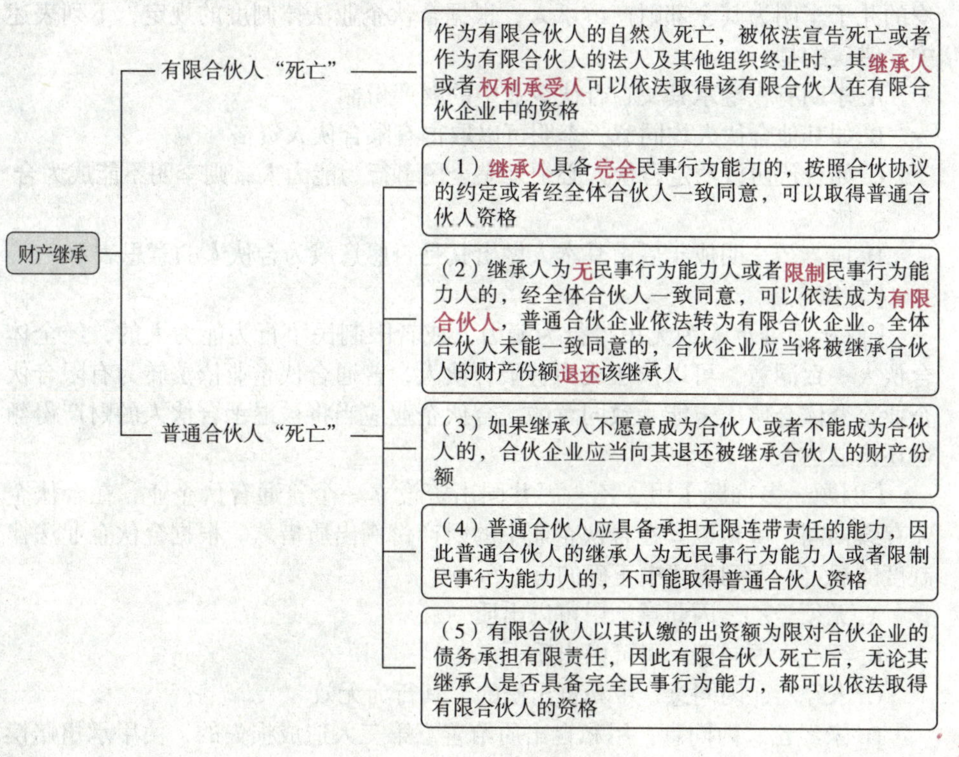

图 3-12 合伙企业财产继承

【例题·单选题】甲、乙、丙、丁拟共同投资设立一个有限合伙企业，甲、乙为普通合伙人，丙、丁为有限合伙人。各合伙人经协商后草拟了一份合伙协议。该合伙协议的下列约定中，符合《合伙企业法》有关规定的是（　　）。

A. 甲以房屋作价 15 万元出资，乙以专利技术作价 12 万元出资，丙以劳务作价 10 万元出资，丁以现金 20 万元出资

B. 经 3 个以上合伙人同意，甲、乙可以向合伙人以外的第三人转让其在合伙企业中的全部或者部分财产份额

C. 合伙事务由甲、丁共同执行，乙、丙不参与合伙事务的执行

D. 甲、乙以自己的财产份额出质的，须经其他合伙人过半数同意

【答案】B

【解析】选项 A：有限合伙人丙不得以劳务出资；选项 B：除合伙协议另有约定外，普通合伙人向合伙人以外的人转让其在合伙企业中的全部或者部分财产份额时，须经其他合伙人一致同意；选项 C：有限合伙人丁不得执行合伙企业事务；选项 D: 普通合伙人以其在合伙企业中的财产份额出质的，须经其他合伙人一致同意（法定要求）。

【例题·单选题】普通合伙企业合伙人李某因车祸遇难，生前遗嘱指定 14 岁的儿子李明为其全部财产继承人；根据合伙企业法律制度的规定，下列表述中，错误的是（　　）。

A. 李明有权继承其父在合伙企业中的财产份额

B. 如其他合伙人均同意，李明可以取得有限合伙人资格

C. 如合伙协议约定合伙人必须是完全民事行为能力人，则李明不能成为合伙人

D. 应当待李明成年后由其本人做出其是否愿意成为合伙人的意思表示

【答案】D

【解析】继承人为无民事行为能力人或者限制民事行为能力人的，经全体合伙人一致同意，可以依法成为有限合伙人，普通合伙企业依法转为有限合伙企业。全体合伙人未能一致同意的，合伙企业应当将被继承合伙人的财产份额退还该继承人。

【例题·多选题】甲、乙、丙共同出资设立一个普通合伙企业，在合伙企业存续期间，甲拟以其在合伙企业中的财产份额出质借款。根据合伙企业法律制度的规定，下列表述中正确的有（　　）。

A. 无须经乙、丙同意，甲可以出质

B. 经乙、丙同意，甲可以出质

C. 未经乙、丙同意，甲私自出质的，其行为无效

D. 未经乙、丙同意，甲私自出质给善意第三人造成损失的，由甲承担赔偿责任

【答案】BCD

【解析】普通合伙人以其在合伙企业中的财产份额出质的，须经其他合伙

人一致同意；未经其他合伙人一致同意，其行为无效，由此给善意第三人造成损失的，由行为人依法承担赔偿责任。

【例题·判断题】合伙人在合伙企业清算前私自转移或者处分合伙企业财产的，合伙企业不得以此对抗善意第三人。（　　）

【答案】√

考点十一：合伙企业事务执行的形式（如图 3-13 所示）

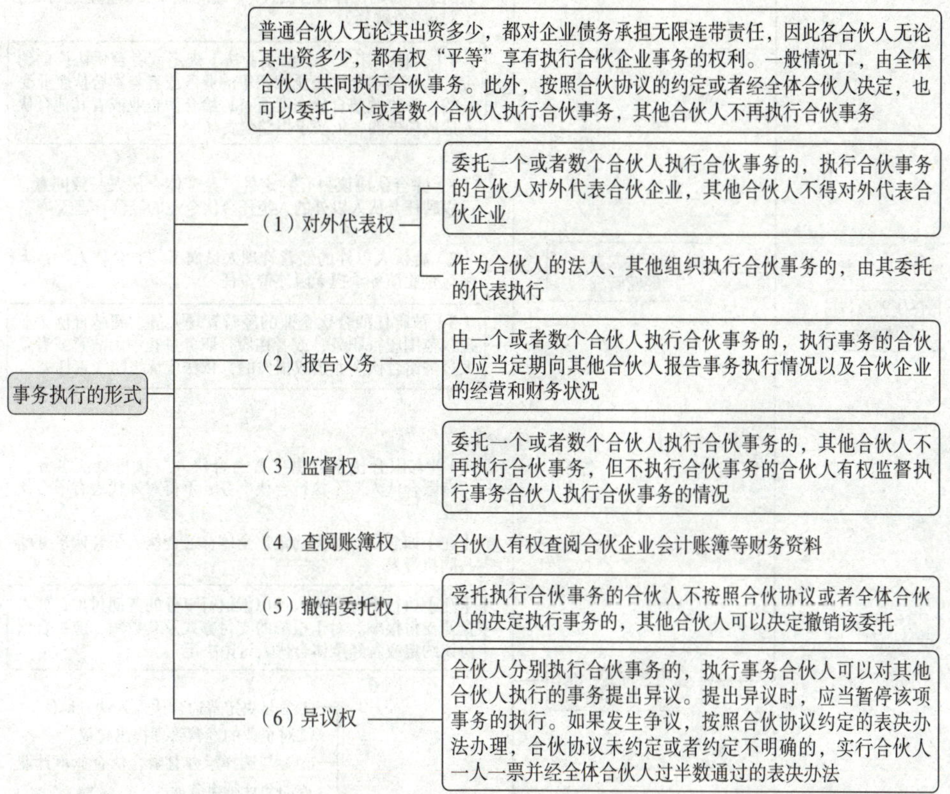

图 3-13 合伙企业事务执行的形式

考点十二：合伙人执行合伙事务（如图 3-14 所示）

- 合伙人执行合伙事务
  - 普通合伙人的义务
    - （1）普通合伙人不得自营或者同他人合作经营与本合伙企业相竞争的业务，这是法律的强制性规定，合伙协议不得做出与此相矛盾的约定
    - （2）除合伙协议另有约定或者经全体合伙人一致同意外，普通合伙人不得同本合伙企业进行交易
    - （3）除非合伙协议事先“明确可以”或者经全体合伙人一致同意，否则，普通合伙人“不能”同本合伙企业进行交易（对第2条解释）
    - （4）合伙人违反《合伙企业法》规定或者合伙协议的约定，从事与本合伙企业相竞争的业务或者与本合伙企业交易的，该收益归合伙企业所有；给合伙企业或者其他合伙人造成损失的，依法承担赔偿责任
  - 非合伙人参与经营管理
    - （1）除合伙协议另有约定外，经全体合伙人一致同意，可以聘任合伙人以外的人担任合伙企业的经营管理人员
    - （2）合伙人以外的经营管理人员属于“非合伙人”，无须对企业债务承担无限连带责任
    - （3）被聘任的合伙企业的经营管理人员，超越合伙企业授权范围履行职务，或者在履行职务过程中因故意或者重大过失给合伙企业造成损失的，依法应承担赔偿责任
  - 有限合伙人事务执行
    - （1）有限合伙企业由“普通合伙人”执行合伙事务，“有限合伙人”不执行合伙事务，不得对外代表有限合伙企业
    - 【注】如合伙协议无约定，全体普通合伙人是合伙事务的共同执行人
    - 【注】执行事务合伙人可以就执行事务的劳动付出，要求企业支付报酬。对于报酬的支付方式及其数额，应由合伙协议约定或者经全体合伙人讨论决定
    - （2）有限合伙人的下列行为，不视为执行合伙事务
      - ①参与决定普通合伙人入伙、退伙
      - ②对企业的经营管理提出建议
      - ③参与选择承办有限合伙企业审计业务的会计师事务所
      - ④获取经审计的有限合伙企业财务会计报告
      - ⑤对涉及自身利益的情况，查阅有限合伙企业财务会计账簿等财务资料
      - ⑥在有限合伙企业中的利益受到侵害时，向有责任的合伙人主张权利或者提起诉讼
      - ⑦执行事务合伙人怠于行使权利时，督促其行使权利或者为了本企业的利益以自己的名义提起诉讼
      - ⑧依法为本企业提供担保

图 3-14 合伙人执行合伙事务

考点十三：与合伙企业交易与竞争（如图 3-15 所示）

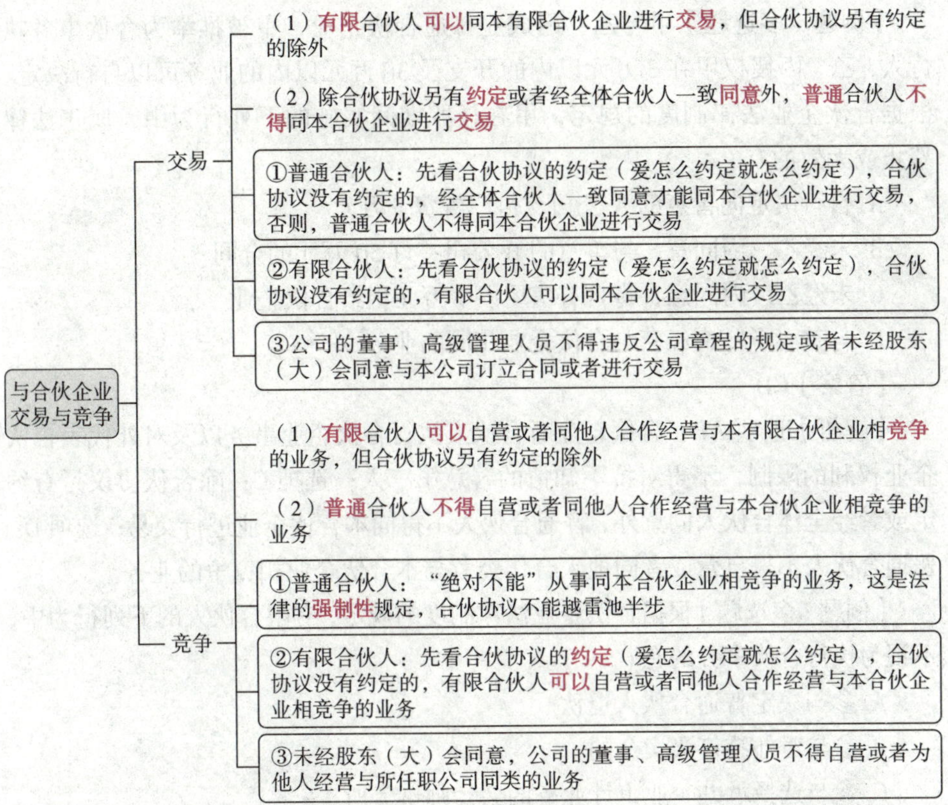

图 3-15 与合伙企业交易与竞争

【例题 · 单选题】甲是某有限合伙企业的有限合伙人，持有该企业 15% 的股份。在合伙协议无特别约定的情况下，甲在合伙期间未经其他合伙人同意实施的下列行为中，违反《合伙企业法》规定的是（　　）。

A. 将自购的机器设备出租给合伙企业使用

B. 以合伙企业的名义购买汽车一辆归合伙企业使用

C. 以自己在合伙企业中的财产份额向银行提供质押担保

D. 提前 30 日通知其他合伙人将其部分合伙份额转让给合伙人以外的人

【答案】B

【解析】选项 A：有限合伙人可以同本有限合伙企业进行交易，但合伙协议另有约定的除外；选项 B：有限合伙人不执行合伙事务，不得对外代表有限合伙企业；选项 C：有限合伙人可以将其在有限合伙企业中的财产份额出质，但合伙协议另有约定的除外；选项 D：有限合伙人可以按照合伙协议的约定向合伙人以外的人转让其在有限合伙企业中的财产份额，但应当提前 30 日通知

其他合伙人。

【例题·多选题】甲与乙、丙成立普通合伙企业，甲被推举为合伙事务执行人，乙、丙授权甲在3万元以内的开支及30万元以内的业务可以自行决定。根据合伙企业法律制度的规定，甲在任职期间实施的下列行为中，属于法律禁止或无效的有（　　）。

A. 自行决定向善意的A公司支付广告费5万元

B. 未经乙、丙同意，与善意的B公司签订50万元的合同

C. 未经乙、丙同意，将自有房屋以1万元租给合伙企业

D. 与其妻子一道经营与合伙企业相同的业务

【答案】CD

【解析】选项AB：合伙企业对合伙人执行合伙企业事务以及对外代表合伙企业权利的限制，不得对抗不知情的善意第三人；选项C：除合伙协议另有约定或者经全体合伙人同意外，普通合伙人不得同本合伙企业进行交易；选项D：普通合伙人不得自营或者同他人合作经营与本合伙企业相竞争的业务。

【例题·多选题】根据合伙企业法律制度的规定，有限合伙人的下列行为中，不视为执行合伙事务的有（　　）。

A. 参与决定普通合伙人退伙

B. 参与对外签订买卖合同

C. 参与选择承办企业审计业务的会计师事务所

D. 依法为本企业提供担保

【答案】ACD

【解析】选项B：有限合伙人不执行合伙事务，不得对外代表有限合伙企业。

【例题·判断题】除合伙协议另有约定外，有限合伙企业的有限合伙人不得自营或者同他人合作经营与本有限合伙企业相竞争的业务。（　　）

【答案】×

【解析】有限合伙企业的有限合伙人可以自营或者同他人合作经营与本有限合伙企业相竞争的业务，但合伙协议另有约定的除外。

【例题·判断题】除合伙协议另有约定外，有限合伙企业的有限合伙人不得同本有限合伙企业进行交易。（　　）

【答案】×

【解析】有限合伙企业的有限合伙人可以同本有限合伙企业进行交易，但合伙协议另有约定的除外。

考点十四：合伙企业的解散和清算（如图 3–16 所示）

合伙企业的解散和清算

- 1. 解散
  - （1）事由
    - ①合伙期限届满，合伙人决定不再经营
    - ②合伙协议约定的解散事由出现
    - ③全体合伙人决定解散
    - ④合伙人已不具备法定人数满30天
    - ⑤合伙协议约定的合伙目的已经实现或者无法实现
    - ⑥依法被吊销营业执照、责令关闭或者被撤销
    - ⑦法律、行政法规规定的其他原因
  - （2）【链接】其他情况
    - ①有限合伙企业仅剩有限合伙人的，应当解散
    - ②合伙协议未约定合伙期限的，合伙人在不给合伙企业事务执行造成不利影响的情况下，可以退伙，但应当提前30日通知其他合伙人
    - ③被除名人对除名决议有异议的，可以自接到除名通知之日起30日内，向人民法院起诉
    - ④有限合伙人可以按照合伙协议的约定向合伙人以外的人转让其在有限合伙企业中的财产份额，但应当提前30日通知其他合伙人
- 2. 清算人
  - （1）清算人由全体合伙人担任
  - （2）经全体合伙人过半数同意，可以自合伙企业解散事由出现后15日内指定一个或者数个合伙人，或者委托第三人担任清算人
  - （3）自合伙企业解散事由出现之日起15日内未确定清算人的，“合伙人或者其他利害关系人”可以申请人民法院指定清算人
- 3. 债权申报期限
  - （1）清算人自被确定之日起10日内将合伙企业解散事项通知债权人，并于60日内在报纸上公告
  - （2）债权人应当自接到通知书之日起30日内，未接到通知书的自公告之日起45日内，向清算人申报债权
- 4. 财产清偿顺序
  - 清算费用
  - 合伙企业职工工资
  - 社会保险费用和法定补偿金
  - 缴纳所欠税款
  - 清偿债务
- 5. 民事赔偿优先执行
  - 违反《合伙企业法》的规定，应当承担民事赔偿责任和缴纳罚款、罚金，其财产不足以同时支付的，首先承担“民事赔偿责任”
- 6. 合伙企业不能清偿到期债务的处理
  - 合伙企业不能清偿到期债务的，债权人可以依法向人民法院提出破产清算申请，也可以要求“普通合伙人”清偿。合伙企业依法被宣告破产的，“普通合伙人”对合伙企业的债务仍应承担无限连带责任
  - （1）新入伙的“有限合伙人”对入伙前有限合伙企业的债务，以其认缴的出资额为限承担责任
（2）新入伙的“普通合伙人”对入伙前合伙企业的债务承担无限连带责任
  - （1）“有限合伙人”退伙后，对基于其退伙前的原因发生的有限合伙企业的债务，以其退伙时从有限合伙企业中取回的财产承担责任
（2）退伙的“普通合伙人”对基于其退伙前的原因发生的合伙企业的债务，承担无限连带责任
  - （1）有限合伙人转变为普通合伙人的，对其作为有限合伙人期间有限合伙企业发生的债务承担无限连带责任
（2）普通合伙人转变为有限合伙人的，对其作为普通合伙人期间合伙企业发生的债务承担无限连带责任

图 3–16　合伙企业的解散和清算相关内容列示

【例题·单选题】根据合伙企业法律制度的规定，下列各项中，不属于合伙企业应当解散情形的是（　　）。

A. 合伙人因决策失误给合伙企业造成重大损失

B. 合伙企业被依法吊销营业执照

C. 合伙企业的合伙人已不具备法定人数满 30 天

D. 合伙协议约定的合伙目的无法实现

【答案】A

【解析】选项 A：合伙人因故意或者重大过失给合伙企业造成损失，属于应“除名”的情形。

【例题·单选题】根据合伙企业法律制度的规定，下列关于有限合伙企业解散和清算的表述中，不正确的是（　　）。

A. 有限合伙企业仅剩有限合伙人的，应当解散

B. 经全体合伙人过半数同意，可以自合伙企业解散事由出现后 15 日内指定一个或者数个合伙人，或者委托第三人担任清算人

C. 清算人自被确定之日起 10 日内将合伙企业解散事项通知债权人，并于 30 日内在报纸上公告

D. 债权人应当自接到通知书之日起 30 日内，未接到通知书的自公告之日起 45 日内，向清算人申报债权

【答案】C

【解析】清算人自被确定之日起 10 日内将合伙企业解散事项通知债权人，并于 60 日内在报纸上公告。

【例题·多选题】某合伙企业解散时，在如何确定清算人的问题上，合伙人甲、乙、丙、丁各执一词。下列各合伙人的主张中，不符合合伙企业法律制度规定的有（　　）。

A. 甲：由我们 4 人共同担任清算人

B. 乙：我是大家一致同意的企业事务执行人，只能由我担任清算人

C. 丙：建议从我们 4 人中推选一人担任清算人

D. 丁：合伙企业清算不允许由合伙人担任，因此建议请一名注册会计师来担任清算人

【答案】BD

【解析】清算人由全体合伙人担任；经全体合伙人过半数同意，可以自合伙企业解散事由出现后 15 日内指定一个或者数个合伙人，或者委托第三人担任清算人。

【例题·多选题】根据合伙企业法律制度的规定，下列各项中，可导致合伙企业解散的有（　　）。

A. 2/3 的合伙人决定解散

B. 合伙人已不具备法定人数满 15 天

C. 合伙企业被依法吊销营业执照

D. 合伙协议约定的合伙目的已经实现

【答案】CD

【解析】选项 A：应当由“全体”合伙人决定解散；选项 B：应为合伙人已不具备法定人数满 30 天。

考点十五：有限合伙人与普通合伙人的比较（见表 3–1）

表 3–1　有限合伙人与普通合伙人的比较

项目	普通合伙人	有限合伙人
合伙人死亡	√	√
全部财产份额被人民法院强制执行	√	√
丧失偿债能力	√	×
丧失民事行为能力	经其他合伙人一致同意，可以依法转为有限合伙人，普通合伙企业依法转为有限合伙企业；否则，视为退伙	×
能否以劳务出资	√	×
国有独资公司、国有企业、上市公司以及公益性的事业单位、社会团体	×	√
事务执行	√	×
交易	约定→一致同意→ ×	约定→√
竞争	×	约定→√
出质	必须经其他合伙人一致同意	约定→√
对外转让财产份额	约定→一致同意	提前 30 日通知
丧失偿债能力时是否当然退伙	√	×
丧失民事行为能力时是否当然退伙	经其他合伙人一致同意，可以依法转为有限合伙人；其他合伙人未能一致同意的，只能退伙	×
继承	（1）继承人具备完全民事行为能力的，按照合伙协议的约定或者经全体合伙人一致同意，从继承开始之日起，取得普通合伙人资格	无论该继承人是否具备完全民事行为能力，都可以依法取得有限合伙人的资格
	（2）继承人为无民事行为能力人或者限制民事行为能力人的，经全体合伙人一致同意，可以依法成为有限合伙人，普通合伙企业依法转为有限合伙企业。全体合伙人未能一致同意的，合伙企业应当将被继承合伙人的财产份额退还该继承人	

续表

项目	普通合伙人	有限合伙人
新入伙	新入伙的普通合伙人对入伙前、入伙后合伙企业的债务承担无限连带责任	新入伙的有限合伙人对入伙前有限合伙企业的债务，以其认缴的出资额为限承担责任
退伙	对基于其退伙前的原因发生的合伙企业的债务，承担无限连带责任	对基于其退伙前的原因发生的有限合伙企业的债务，以其退伙时从有限合伙企业取回的财产承担责任
合伙人的性质转变	普通合伙人转变为有限合伙人的，对其作为普通合伙人期间合伙企业发生的债务承担无限连带责任	有限合伙人转变为普通合伙人的，对其作为有限合伙人期间有限合伙企业发生的债务承担无限连带责任
人数不够时	有限合伙企业仅剩普通合伙人的，应当转为普通合伙企业	有限合伙企业仅剩有限合伙人的，应当解散

注：此表是对前面内容的一个总结，因此表中有些内容并未详述，仅用“√”“×”号来表示。

【例题·多选题】甲、乙、丙、丁欲设立一个有限合伙企业，合伙协议中约定了如下内容，其中符合合伙企业法律制度规定的有（　　）。

A. 甲仅以出资额为限对企业的债务承担责任，同时被推举为合伙事务执行人

B. 乙为有限合伙人，乙在合伙企业存续期间不得从事同本合伙企业相竞争的业务

C. 丙以其劳务出资，为普通合伙人，其出资份额经各合伙人商定为 5 万元，丙在合伙企业存续期间可以同本合伙企业进行交易

D. 经全体合伙人同意，有限合伙人可以全部转变为普通合伙人，普通合伙人也可以全部转变为有限合伙人

【答案】BC

【解析】选项 A: 甲仅以出资额为限对企业的债务承担责任，说明其为有限合伙人，不能再执行合伙事务。选项 B：有限合伙人可以自营或者同他人合作经营与本有限合伙企业相竞争的业务，但合伙协议另有约定的除外。选项 C：普通合伙人可以劳务出资，合伙人以劳务出资的，其评估办法由全体合伙人协商确定，并在合伙协议中载明；除合伙协议另有约定或者经全体合伙人一致同意外，普通合伙人不得同本合伙企业进行交易。选项 D：有限合伙企业至少应当有 1 个普通合伙人和 1 个有限合伙人。

【例题·多选题】甲、乙、丙、丁拟共同投资设立一个有限合伙企业，甲、乙为普通合伙人，丙、丁为有限合伙人。各合伙人经协商后草拟了一份合伙协议。该合伙协议的下列约定中，符合合伙企业法律制度规定的有（　　）。

A. 甲以房屋作价 15 万元出资，乙以专利技术作价 12 万元出资，丙以劳务

作价 10 万元出资，丁以现金 20 万元出资

B. 经 3 个以上合伙人同意，甲、乙可以向合伙人以外的第三人转让其在合伙企业中的全部或者部分财产份额

C. 合伙事务由甲、丁共同执行，乙、丙不参与合伙事务的执行

D. 乙、丙均不能同本合伙企业进行交易

【答案】BD

【解析】选项 A：有限合伙人丙不得以劳务出资；选项 B：普通合伙人对外转让出资时，先看合伙协议的约定，未约定的，才须经其他合伙人一致同意；选项 C：有限合伙人丁不得执行合伙企业事务；选项 D：普通合伙人、有限合伙人能否同本合伙企业进行交易，均应先看合伙协议的约定。

【例题 · 多选题】贾某是一有限合伙企业的有限合伙人。根据合伙企业法律制度的规定，下列选项中，正确的有（　　）。

A. 若贾某被法院判决认定为无民事行为能力人，其他合伙人可以因此要求其退伙

B. 若贾某死亡，其继承人可以取得贾某在有限合伙企业中的资格

C. 若贾某转为普通合伙人，其必须对作为有限合伙人期间企业发生的债务承担无限连带责任

D. 如果合伙协议没有限制，贾某可以不经过其他合伙人同意而将其在合伙企业中的财产份额出质

【答案】BCD

【解析】选项 A：有限合伙人被认定为无民事行为能力人的，无须退伙；选项 B：作为有限合伙人的自然人死亡、被依法宣告死亡或者作为有限合伙人的法人终止时，其继承人或者权利承受人可以依法取得该有限合伙人在有限合伙企业中的有限合伙人资格；选项 C：有限合伙人转变为普通合伙人的，对其作为有限合伙人期间有限合伙企业发生的债务承担无限连带责任；选项 D：有限合伙人可以将其在有限合伙企业中的财产份额出质，但合伙协议另有约定的除外。

【例题 · 判断题】有限合伙人转变为普通合伙人的，对其作为有限合伙人期间有限合伙企业发生的债务，以其认缴的出资额为限承担责任。（　　）

【答案】×

【解析】有限合伙人转变为普通合伙人的，对其作为有限合伙人期间有限合伙企业发生的债务承担无限连带责任。

【例题 · 判断题】有限合伙企业的普通合伙人转变为有限合伙人的，对其作为普通合伙人期间合伙企业发生的债务承担无限连带责任。（　　）

【答案】√

【例题·判断题】第三人有理由相信有限合伙人为普通合伙人并与其交易的，该有限合伙人对该笔交易承担与普通合伙人同样的责任。(　　)

【答案】√

【例题·判断题】新入伙的有限合伙人对入伙前有限合伙企业的债务，以其实缴的出资额为限承担责任。(　　)

【答案】×

【解析】新入伙的有限合伙人对入伙前有限合伙企业的债务，以其认缴的出资额为限承担责任。

【例题·判断题】作为有限合伙人的自然人在有限合伙企业存续期间丧失民事行为能力的，其他合伙人不得因此要求其退伙。(　　)

【答案】√

【例题·判断题】有限合伙企业依法被宣告破产的，普通合伙人对合伙企业的债务仍应承担无限连带责任。(　　)

【答案】√

（四）人生是一场开卷考试

花了差不多三天的时间，我才勉强归纳完这一章。而和杜老师一起复习时，我只要花几个小时就能搞定一章。原因在于，杜老师对《经济法》的复习了如指掌，他实在是太熟悉了，因为他考过中级会计职称、注册会计师，而且还通过了司法考试。他能快速且准确地给你画出这一章的考点，并且能立马把要点画出来。而自己归纳总结时，虽然也在遵循杜老师说的二八原则，先抓重点，但哪些是重点呢？如何去归纳呢？归纳后，还是不理解，怎样才能让自己理解呢？看一两道对应的习题能理解。但是，对应的习题去哪里找呢？我怎样判断哪些习题就是针对这个考点的呢？就算好不容易判断出来了，时间花在找题上，对我的复习是不是有帮助呢？那我的进度是不是又慢下来了呢？

我突然想到了一个词，叫作“杠杆”。在财务上叫财务杠杆，财务杠杆又叫筹资杠杆或融资杠杆，它是指由于固定债务利息和优先股股利的存在而导致普通股每股利润变动幅度大于息税前利润变动幅度的现象。其实，就是用别人的钱赚钱，风险高，但收益也大。

在物理学中，也有一个类似的理论，就是利用一根杠杆和一个支点，就能用很小的力量抬起很重的物体。正如阿基米德所说：“给我一个支点，我能撬动地球。”那么在学习中，是否也有杠杆呢？

有，**这个杠杆就是学习方法、学习资料及其他相关的学习资源**。

很多学霸分享经验的时候，都是说自己如何如何地努力，如何通过提高劳动密度来提高产出。努力虽然重要，但是盲目地努力，就悲催了。

而真正的学霸会找到一个高效的学习方法去提升自己做某件事的杠杆率。所以，比尔·盖茨说：“我总是会选择一个懒人去完成一份困难的工作，因为他会找到捷径。”

明白“提高杠杆率可以事半功倍”这个道理后，我突然想把它作为最高纲领铭记于心，以防止资源被不必要地浪费。对于学习《经济法》，我也在拼命地寻找相应的杠杆，比如巧妙的学习方法、好的学习资源，但是杠杆不是那么容易就能找到的。

好在中级会计职称考试是一场闭卷考试，但是人生是一场开卷考试。

我可以充分利用别人已经有的成果，利用自己身边已有的资源，就像牛顿一样，站在巨人的肩上，自然就看得更远、走得更快！

有一个故事是这样讲的：一个小孩搬石头，父亲在旁边鼓励他：“孩子，只要你全力以赴，一定搬得起来！”最终孩子未能搬起石头，他告诉父亲：“我已经拼尽全力了！”

父亲答道：“你没有拼尽全力，因为我在你旁边，你都没请求我的帮助！”

而杜老师就是资源，也是我的复习杠杆。

第四章

金融法律制度

（一）青出于蓝而胜于蓝

婉晴觉得《经济法》怎么记也记不住，想来想去应该是自己记忆力不行。于是，她拉着我去找杜老师，想问问有没有什么方法能快速提高记忆力。

于是，杜老师拿出一副扑克牌，跟她说："回去自己训练，直至 3 分钟内能识记一副扑克牌（洗牌后，让你看 3 分钟，然后按顺序背诵下来）。"

我大呼："怎么可能？这简直是赌神风采。"

"别人不行，你肯定行。"杜老师戏谑道。

"你为什么就这么看好我们家小艾？"婉晴问道。

"因为你们家小艾对打牌特别有悟性。这么有慧根的学生，怎么可能不行？"

杜老师这么一说，让我多少有点不好意思。

刚到会计师事务所上班那会儿，因为下班一个人无处可去，无聊至极，就干脆在办公室用电脑玩牌。由于我牌技很差，结果输了好多分。

有一次，杜老师突然对我说："小艾，你也太可怜了，你的分数都输成负数了。"

我说："是呀。"

"我教你一个方法，能让你能赢很多分。"

"什么方法？"

"你看着啊。"

于是，杜老师接过我的牌开始打起来。他一发完牌，就开始在聊天框里跟别的玩家说话：

"活得久，你是不是长得很丑啊？只有长得丑的人才能活得久。"

"跳河自杀的鱼，你娘舅最近还好吗？"

"裸奔的毛毛虫，我最近手肿肿的，很痒，你能帮帮我吗？"

"男人拽，你怎么又改名字了？不用这么拽，拽的男人照样被人甩。"

结果很多玩家忍无可忍，啪啪啪乱出牌，然后就退出了。就这样，杜老师靠打字赢了打牌，赚到 75% 的胜率。

我心想，这无非就是通过说废话，分散别人的注意力嘛。可是套近乎说废话，我不在行的。

我在行的是什么呢？讲故事，哈哈。

于是，我把杜老师的绝招稍微改了改，系统一发牌，我就开始在聊天框里讲故事：

“一对恋人失恋了，女的跳楼死了。男的很害怕，说她的鬼魂缠上他了。他在街上碰上一道士，道士给了那男的一张符，告诉他晚上躲在床底下，不管碰上什么情况都不要出来。晚上，男的躲在床底下，只感觉一阵风吹来和开门的声音，接着就是咚，咚，咚，咚……的响声。第二天，有人发现那个男的死了。之后那道士去调查，才发现……”

接着，我开始打牌。

对话框里一片混乱，其他三个人在嚎叫：“发现什么了？快说，到底发现什么了？”

就这样，靠讲故事赢牌的胜算率比杜老师还要高。

有一次，没想到杜老师也用电脑玩牌，而且还进了我这一桌。

我继续施展我的伎俩。

系统一发牌，我就开始打字：“从前有个神父，他住的村子里最美的姑娘叫小芳。突然小芳怀孕了，死也不肯说是谁的孩子。村民就暴打她，要将她浸猪笼。小芳哭着说，是神父的。村民一起冲进教堂，神父没有否认，任凭他们打断自己的双腿。过了二十年，奇迹发生了……”

然后我就开始打牌。对话框里又是一片混乱。

“发生什么啦，快说！”

我不理他们，打牌赢分，哈哈！

第二天上班，杜老师一见到我就问：“二十年后，到底发生什么奇迹啦？”

我不说话，只是一个劲地抿着嘴笑。

杜老师竖起大拇指说：“牛，我今天才知道什么叫‘青出于蓝而胜于蓝’。”

别人的经验可以借鉴，但也用不着全部照搬，重要的是他给你的启发。正所谓借别人的知识，长自己的智慧。毕竟我们每个人的思维方式都是独一无二的。

杜老师给了婉晴一副锻炼记忆力的扑克牌，我看了看他的训练方法。

记忆一副扑克牌训练（60 小时达到“世界记忆大师”标准）：每天训练 2 小时，共训练 30 天。

最后的效果为：在 3 分钟之内记住一副扑克牌，并且能够倒背如流。

这 30 天的训练分为 6 个阶段，每个阶段训练 5 天。

52 张牌（去掉大、小王）的对应密码为：

1. 四种花色的 J、Q、K 共 12 张，为“人物牌”，按自己的喜好找出相应的人物代替。

建议：

黑桃、草花用男性人物代替；红桃、方片用女性人物代替。

2. 其余 40 张为“数字牌”，用数字编码来代替。

规则：

黑桃代表十位数的 1（黑桃的下半部分像“1”）；

红桃代表十位数的 2（红桃的上半部分是 2 个半圆的弧形）；

草花代表十位数的 3（草花由 3 个半圆组成）；

方片代表十位数的 4（方片有 4 个尖角）。

例如：

黑桃 1 代表 11，黑桃 2 代表 12；红桃 1 代表 21，红桃 2 代表 22；草花 3 代表 33；方片 4 代表 44；依此类推。

对于数字为 10 的牌，可当作 0，即黑桃 10 代表 10，红桃 10 代表 20，草花 10 代表 30，方片 10 代表 40。

3. 数字牌需要用到 10~49，共 40 个编码。

数字编码：

1——树；　2——鸭子；　3——耳朵；　4——红旗；　5——钩子；
6——勺子；　7——拐杖；　8——葫芦；　9——球拍；　10——棒球；
11——筷子；　12——婴儿；　13——医生；　14——钥匙；　15——鹦鹉；
16——杨柳；　17——玉玺；　18——篱笆；　19——泥鳅；　20——耳环；
21——鳄鱼；　22——鸳鸯；　23——和尚；　24——盒子；　25——二胡；
26——河流；　27——耳机；　28——荷花；　29——阿胶；　30——森林；
31——鲨鱼；　32——仙鹤；　33——仙丹；　34——绅士；　35——珊瑚；
36——山鹿；　37——山鸡；　38——沙发；　39——香蕉；　40——司令；
41——雪梨；　42——雪耳；　43——雪山；　44——石狮；　45——水母；
46——石榴；　47——司机；　48——雪花；　49——雪球；　50——五环。

记忆方法：

首先熟悉每张牌所代表的相应图像，然后找到 26 个地点。记忆的时候，在每个地点上放 2 张牌，把这 2 张牌代表的图像与地点进行紧密的联结，26 个地点刚好放下 52 张牌。回忆的时候，把这 26 个地点在大脑中过一遍，就能快速地回想起相应的 52 张牌。

必备工具：

1. 去掉大、小王的扑克牌一副，共 52 张；

2. 有秒针的钟或表一个；

3. 训练进度表一份，记录每天的训练成绩及心得；

4. 需要为每一个编码找到相对应的图片。

第一步：熟悉数字编码和 52 张牌。（5 天）

1. 完全熟悉 50 个数字编码，30 秒内能够按顺序背诵出来。（3 天）

2. 完全熟悉 52 张牌，找出每张牌的图像记忆点。（2 天）

训练关键：

（1）首先要熟悉 50 个数字编码，虽然我们只需用到其中的 40 个，但最好对 50 个编码都熟悉。训练的时候，从 1 到 50，按顺序把 50 个数字的编码背诵出来。背的时候最好发出声音，就像背书那样；不方便的时候，则可以在心中默念。背诵的要求是能够清楚、流畅地背诵，要做到 30 秒内能够很顺畅地把 50 个编码从头到尾全部背诵出来（极限速度是 20 秒左右）。刚开始随时随地可以背诵，然后则需要对着钟或表来检查自己的背诵速度。

（2）对于数字密码，如果从数字联想相应的图像不太容易，可做这样的联想练习：首先完全熟悉 1 ~ 9 这 9 个数字编码，然后把相应数字拆开来进行联想。如 31（鲨鱼），可拆为 3（耳朵）和 1（树），可联想为树顶上有一只耳朵，一条鲨鱼要爬上树去吃这只耳朵。这样，当一时想不起 31 所代表的编码时，就可通过“树上有只耳朵”这个图像而把“鲨鱼”联想出来。其他不熟悉的编码，都可按此方法来进行联结。

（3）通过看每张牌左上角的图标，熟悉每张数字牌所对应的数字，然后通过数字转换，熟悉每张数字牌所对应的编码。

（4）选择 12 个人物的时候，要选择那些自己非常熟悉的人物，并找出他们每一个人的特征，并尽量按照特征在头脑中固定他们的表情、动作，尽量让每一个人都特征鲜明、与众不同。

（5）仔细观察 52 张牌，比较它们的相似之处与不同之处，找出 52 张牌的图像记忆点。无论数字牌还是人物牌，都要从牌面的整体图像中找出独特的记忆特征，然后用这个特征与相应的编码进行联结，达到一看这张牌就能在脑海中条件反射出相应图像的目的。

（6）12 张人物牌比较容易找出独特的特征，因此也就比较容易与相应编码进行联结。记忆人物牌的时候，应当从牌面找出独特的特征与相应的人物进行联结，一看到这个特征，立即在脑海中反射出相应的人物。

（7）40 张数字牌不太容易找到非常鲜明、独特的特征，但为了能够达到相应的训练效果，即使再难也要找出这些记忆点。不能通过左上角的图标转换为相应数字后再得出编码，因为这样会降低记忆速度。

（8）对着数字牌找记忆点的时候，可以把相同数字的 4 种花色牌放在一起，比较它们的异同，找出各不相同的记忆点，然后再通过与邻近数字牌的比较，区分并确认每张牌的记忆点，这样才能达到一看牌面特征就能认出相应编码的效果。通过把这些记忆点与相应编码进行联结来记忆，可以使数字牌的读牌速度与人物牌一样快。

（9）对整副牌的熟悉，还要求对 40 张数字牌能够在脑海中默想出每张牌的图案，并默想出它们的记忆点。这样，就能够在默读 40 个编码的时候，同时在脑海中浮现出相应的牌面，以及相应的记忆点。

第二步：读牌训练。（5 天）

1.30 秒内背诵 52 张牌对应的编码。（1 天）

2.100 秒内读完整副牌。（2 天）

3.60 秒内读完整副牌。（2 天）

训练关键：

（1）经过第一步的训练之后，30 秒内能够背诵 50 个编码。第二步就要在 60 秒内读完 52 张牌。这一步只要求能够快速辨别每张牌对应的编码，并不要求脑海中浮现出清晰的图像。

（2）首先要做的就是在 30 秒内背出 52 张牌所对应的编码，40 张数字牌要按顺序背出编码，12 张人物牌也要按顺序把相应的人物名字背出来。

（3）翻牌的方式为左手握牌，用左手大拇指把每一张读完的牌推给右手。读牌的时候要显示出整张牌，以快速看到每张牌的记忆点。刚开始可能需要看到整张牌，甚至需要看左上角的图标才能辨认，但熟练之后要求只扫一眼记忆点就能辨认出来。显示整张牌的速度虽然比只显示左上角的速度要慢一些，但这个速度对于记忆来说已经足够快了。如果不进行记忆，匀速翻一副牌大约只需要 20 秒。

（4）读牌的时候，要尽量读出声音，并要快速、流畅。刚开始的时候，可以把 52 张牌分为 2~4 组进行读牌练习，在读牌的过程中找出那些辨认速度较慢的牌，把它们抽出来单独练习，直到完全熟悉为止。读牌不太熟练的时候，可以不洗牌，按相同顺序或按数字顺序反复地读牌。

（5）在第一步和第二步这 10 天中，有空的时候可以去找找地点，最好能够找到 3 组（每组 26 个）以上地点。

第三步：想象训练。（5 天）

1. 无须翻牌，60 秒内在脑海中按顺序清晰地过完 52 张牌的图像。（1 天）

2. 翻牌训练，脑海中清晰地浮现出相应的图像，要求 100 秒内翻完 52 张牌。（1 天）

3. 找出 3 组地点中每一个地点的鲜明特征，在脑海中清晰地想象这些特征。（1 天）

4. 在脑海中清晰地想象每一个地点，做到 15 秒内过完一组地点。（1 天）

5. 把任意 2 张牌与每一个地点进行联结想象，找出每一个地点的想象模式。（1 天）

训练关键：

（1）想象训练只要一有空就可以闭上眼睛做，每天再用一段集中的时间进行练习。

（2）地点在前两步的 10 天中就要找好，地点可选择家里、家附近以及常去的地方（如超市、电影院、餐馆等）。记忆一副扑克牌用一组 26 个地点即可，但在训练中如果反复用同一组地点，容易混乱，所以最好找出 3 组以上的地点。如果时间不够，也可以只找一组地点。

（3）选择地点的时候，要尽量避免出现过多类似的地点，以避免记忆的时候出现混乱。每一个地点都要找出其鲜明的特征，只有特征鲜明，才容易与 2 张牌进行联结。

（4）进行想象训练的时候，要放松身体、闭上眼睛，在脑海中想象每一张牌的记忆点，尽量在脑海中“看见”清晰的图案，包括相应的颜色。对地点，则要清晰地想象出每一个地点的特征。

（5）图像想象要尽量清晰，联结想象要尽量生动。对每一个地点最好能够找出最容易记忆的动作，思考 2 张牌应该如何摆、如何与这个地点联结才是最

好的方式。

（6）对于不清晰的编码图像，要尽可能找出相应的图画，仔细观察后记住；而对于不清晰的地点，最好也能拍成照片反复观察。

（7）对想象训练的主要要求是：在 100 秒内翻 52 张牌时，能清晰地想象出每张牌所对应的图像。如果能够达到这个要求，基本上就可以在 5 分钟内记住一副扑克牌。

（8）记忆速度取决于三个因素：① 对每张牌能快速清晰地想象出相应的图像；② 对地点特征的快速清晰想象；③ 2 张牌与一个地点联结时的鲜明快速。这三个因素中任何一个因素的加强，都可以使记牌速度加快；相反，任何一个因素不达标，都会使我们无法在 3 分钟内完成对一副牌的记忆。这三个因素中，训练时间最长的是第一个因素，会占用 80% 以上的时间。

（9）如果可能的话，找一些介绍 NLP 的书来阅读，了解每个图像都可以在想象中划分出几类次感元，可以对这些图像进行放大、缩小，以及进行明暗、颜色的随意调整。这对想象训练很有帮助。

第四步：整副扑克记忆训练。（5 天）

1. 把整副扑克牌分为 2 组，26 张一组，5 分钟内记住一组。（1 天）

2. 8 分钟内，完成对整副扑克牌的记忆。（2 天）

3. 5 分钟内，完成对整副扑克牌的记忆。（2 天）

训练关键：

（1）经过前面三步共 15 天的练习，记忆扑克牌已经具备了非常好的基础，这时候来记忆整副扑克牌，速度会非常快。从时间来估算，经过前面三步的练习，读牌时间和过地点的时间加起来不足 2 分钟，只要能把地点与牌进行联结的时间控制在 3 分钟内，就可做到 5 分钟内记住一副扑克牌。事实上，这是一件很容易的事情。

（2）如果前面三步的训练效果好的话，事实上在第四步一开始就能达到 5 分钟内记住一副扑克牌的效果。如果仍然不能在 5 分钟内记住一副扑克牌的话，就必须找出自己的薄弱环节，进行针对性的强化训练，力争能够在最后一天的训练中达到要求。

（3）在每个地点放置 2 张牌的时候，这 2 张牌的先后顺序一定要确定，如果是动作就要安排好先后，如果是画面就要分出上下。第 1 张牌的图像放在上方或前面，第 2 张牌的图像放在下方或后面。

第五步：连续联结训练。（5天）

1. 把52张牌分为4张一组，共13组，运用想象将每组的4张牌联结起来。（2天）

2. 把52张牌分为6组，每组9张左右，运用想象对每组的几张牌进行联结。（2天）

3. 把52张牌分为13张一组，共4组，运用想象把每组的13张牌联结起来。（1天）

训练关键：

（1）这是对串联联想能力的训练，主要训练的是牌与牌之间进行紧密联结的能力。

（2）每进行一组联结训练之后，要回忆一下联结的效果，看能否把所联结的这组牌都记下来。

（3）如果连续联结13张牌都能够回忆起来的话，就说明这种联结想象进行得非常有效。当然，速度不能拖得太慢，最好能够在3分钟内完成对所有牌的联结。

第六步：快速联结训练。（5天）

1. 快速地翻牌，对每2张牌进行联结想象，在2分钟内完成整副牌的联结想象。（3天）

2. 运用地点法记忆，3分钟内牢牢记住，要能倒背如流！（2天）

训练关键：

（1）通过第五步的联结训练，我们的联结能力已经有所提高，这时再来训练联结的速度，就会发现速度的提高会比较快。

（2）第六步前3天的训练，就是训练把每2张牌联结在一起的速度，这个速度越快，那么记忆整副牌的速度就会越快。

（3）事实上，如果前面训练比较认真的话，那么在最后2天的整副牌记忆训练中，许多人都能够在2分钟左右记住一副牌，比较快的人甚至可以在100秒以内记住整副牌。

总结：

1. 记忆速度第一取决于读牌的速度，所以前10天的训练一定要达到相应的效果，如果达不到的话，必须找出原因并进行针对性训练；第二取决于联想的清晰与生动，因此最好能够找到相应的图片，通过对照来熟悉，这样在联想

的时候才会比较清晰。

2. 必须连续 30 天每天训练 2 小时以上，每天可集中训练，也可分段训练，也可见缝插针地进行训练，但时间必须保证在 2 个小时以上。30 天的训练必须连续，如果不连续，效果会打折扣，因为一天不训练，前面所训练的就会相应地被遗忘，必须再花更多的时间重新训练。如果整段的时间不够，就要用零碎的时间来弥补。

3. 增加每天的训练时间，一天训练时间即使再多，也要坚持训练 20 天以上，这样才能巩固效果。不是说每天 10 小时，6 天就能达到相应效果，这是不能等同的。当然，如果时间允许，每天训练时间可以增多，训练天数也可以增多。最好养成自主训练记忆扑克牌的习惯，一有空就来做一下记忆扑克牌的训练，这样可以持续训练想象力和联结能力。

4. 为了保证能在 30 天内达到相应的效果，每天应该充分利用可以利用的一切空余时间，在脑海中回想 52 张牌对应的图像，越熟练越好。最好能随身带一副扑克牌，抓紧一切时间进行练习。

婉晴已经开始实施她的记忆力训练，快速记忆能力主要由联想能力与编码能力所组成，扑克牌训练确实是一种好方法。只是内心有点隐隐担忧，这个时候去训练记忆力，是不是晚了点，同时感觉有点浪费时间，毕竟现在得抓紧时间复习啊！另一个就是，我发现，扑克牌训练的目标非常明确，就是把这一副牌记下来，也就是说，你要记忆的东西是明确的。但是，《经济法》记忆的内容是明确的吗？不是，因为你不可能把书上所有的内容都记下来。想到这里，我决定不盲目地训练自己的记忆力，去拼命地识记，而是有步骤、有策略地实施自己的学习计划：

1. 首先，继续提炼书上的考点，因为只有提炼完考点，才能明确自己的记忆目标和范围。

2. 然后，领悟扑克牌中的联想能力和编码能力，将其移植到对《经济法》的记忆上来。

3. 接着，扑克牌的记忆训练就是把无意义的东西尽量变成有意义的东西后识记，而《经济法》本身很多内容是有意义的，所以还是要先理解，实在理解不了的，再把它当成无意义的东西，利用扑克牌联想记忆的方法，把其记下来。

4. 最后，无聊的时候，休闲的时候，玩玩扑克牌记忆训练，提高一下自己的记忆能力。

（二）本章通关地图（见图 4-1）

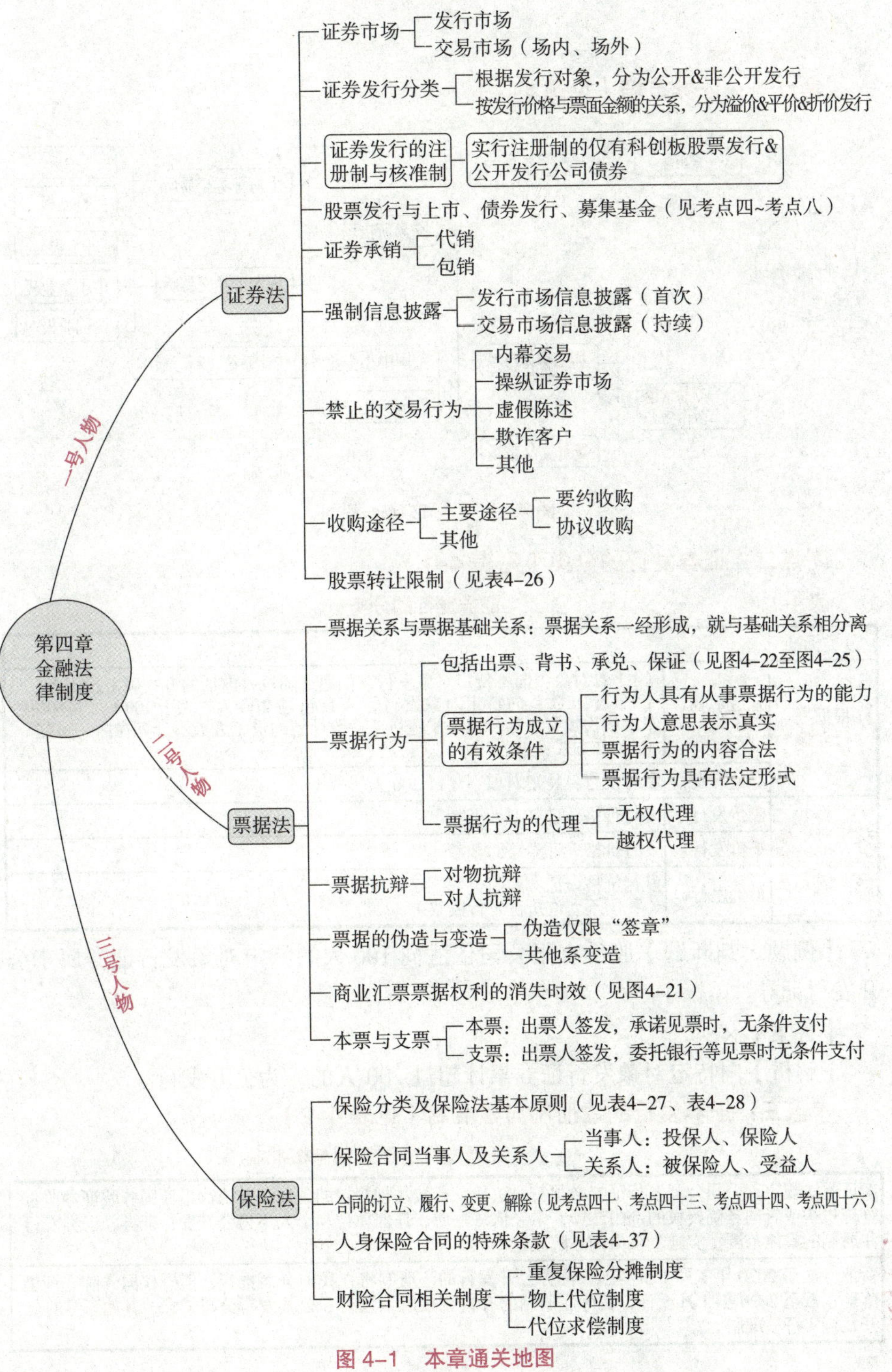

图 4-1　本章通关地图

（三）高频考点提炼

1. 证券法

考点一：证券市场（见图 4-2）

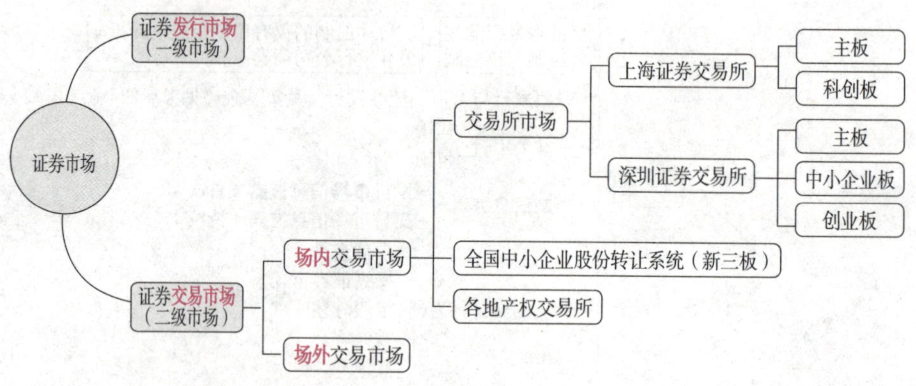

图 4-2　证券市场一览图

考点二：证券发行的分类（见表 4-1）

表 4-1　证券发行的分类

分类标准	类　型	
根据发行对象	公开发行	（1）看对象：向不特定对象发行，如通过随机打电话的方式确定投资者 （2）看人数：向特定对象发行，人数超过 200 人（大于 200），如公司股东、机构投资者等，依法实施员工持股计划的员工人数不计算在内 （3）看方式：以公开方式（广告、公开劝诱等）发行
	非公开发行	私募发行：特定对象不超过 200 人
按发行价格与证券票面金额的关系	溢价发行	发行价格＞证券票面金额
	平价发行	发行价格＝证券票面金额
	折价发行	发行价格＜证券票面金额 （我国不允许折价发行股票）

【例题·判断题】股份有限公司依法向 100 人的特定对象发行证券属于公开发行证券。(　　)

【答案】×

【解析】向特定对象发行证券累计超过 200 人的，为公开发行。

考点三：证券发行的注册制与核准制（见表 4-2）

表 4-2　证券发行的注册制与核准制

新证券法规定，公司公开发行证券必须符合法律、行政法规规定的条件，并依法报经国务院证券监督管理机构或者国务院授权的部门注册，未经依法注册，任何单位和个人不得公开发行证券，证券发行注册制的具体范围、实施步骤由国务院规定
新证券法于 2020 年 3 月 1 日实施，证券公开发行的注册制将在我国全面推行，但授权国务院亦渐渐落地，截至 2020 年 3 月 5 日，实行注册制的有科创板股票发行和公开发行公司债券，其他证券的公开发行实行核准制

首次公开发行股票，并在科创板上市的，应依法经上海证券交易所进行发行上市审核，并报经中国证监会履行发行注册程序和新程序，如图 4–3 所示：

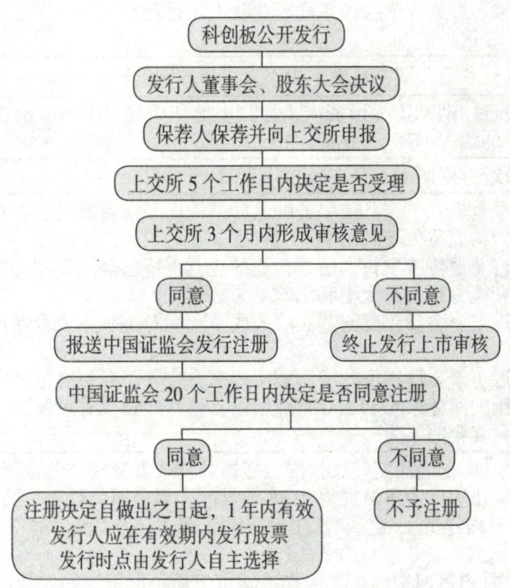

图 4–3　科创板股票公开发行注册程序和新程序一览图

考点四：股票发行

（1）首次公开发行股票的基本条件及资金用途规定（见表 4–3）

表 4–3　　首次公开发行股票的基本条件及资金用途规定

公司首次公开发行新股，应当符合的条件	（1）具备健全且运行良好的组织机构 （2）具有持续经营能力 （3）最近 3 年财务会计报告被出具无保留意见审计报告 （4）发行人及其控股股东、实际控制人，最近 3 年不存在贪污贿赂、侵占财产、挪用财产或者破坏社会主义市场经济秩序的刑事犯罪 （5）经国务院批准的国务院证券监督管理机构规定行为的其他条件
资金用途规定	（1）公司对公开发行股票所募集的资金，必须按照招股说明书或者其他公开发行募集文件所列资金用途使用 （2）改变资金用途，必须经股东大会做出决议 （3）擅自改变用途，未作纠正的，或者未经股东大会认可的，不得公开发行新股

（2）在主板和中小板上市的公司首次公开发行股票的条件（见表 4–4）

表 4–4　　在主板和中小板上市的公司首次公开发行股票的条件

主体资格	存续时间满3年	①股份有限公司自成立后，持续经营时间在 3 年以上 ②有限责任公司按原账面净资产值折股整体变更为股份有限公司的，持续经营时间可以从有限责任公司成立之日起计算，并达 3 年以上 【提示】有限责任公司变更为股份有限公司时，折合的实收股本总额不得高于有限责任公司的净资产额 ③经国务院批准，可以不受上述时间的限制
	最近 3 年稳定	发行人最近 3 年内主营业务和董事、高级管理人员没有发生重大变化，实际控制人没有发生变更
	资本充实，生产经营合规，股权清晰，运行规范	

发行人的**财务状况**良好	利润	最近3个会计年度净利润均为正数且累计超过人民币3 000万元 【提示】净利润以扣除非经常性损益前后较低者为计算依据
	经营	（1）最近3个会计年度经营活动产生的现金流量净额累计超过人民币5 000万元 （2）最近3个会计年度营业收入累计超过人民币3亿元 （二选一）
	股本	发行“前”股本总额不少于人民币3 000万元
	资产	最近一期期末无形资产（扣除土地使用权、水面养殖权和采矿权等后）占净资产的比例不高于20%
	亏损	最近一期期末不存在未弥补亏损
发行人应当具有**持续盈利**能力，不得有右列影响持续盈利能力的情形	①发行人的经营模式、产品或服务的品种结构已经或者即将发生重大变化，并对发行人的持续盈利能力构成重大不利影响 ②发行人的行业地位或发行人所处行业的经营环境已经或者即将发生重大变化，并对发行人的持续盈利能力构成重大不利影响 ③发行人最近1个会计年度的营业收入或净利润对关联方或者存在重大不确定性的客户存在重大依赖 ④发行人最近1个会计年度的净利润主要来自合并财务报表范围以外的投资收益 ⑤发行人在用的商标、专利、专有技术以及特许经营权等重要资产或技术的取得或者使用存在重大不利变化的风险	
发行人存在右列情形之一的，构成首次发行股票并上市的法定障碍	①最近36个月内未经法定机关核准，擅自公开或者变相公开发行过证券 【提示】有关违法行为虽然发生在36个月前，但目前仍处于持续状态 ②最近36个月内违反工商、税收、土地、环保、海关以及其他法律、行政法规，受到行政处罚，且情节严重 ③最近36个月内曾向中国证监会提出发行申请，但报送的发行申请文件有虚假记载、误导性陈述或重大遗漏；或者不符合发行条件以欺骗手段骗取发行核准；或者以不正当手段干扰中国证监会及其发行审核委员会审核工作；或者伪造、变造发行人或其董事、监事、高级管理人员的签字、盖章 ④本次报送的发行申请文件有虚假记载、误导性陈述或者重大遗漏 ⑤涉嫌犯罪被司法机关立案侦查，尚未有明确的结论意见等（董事、监事、高管最近36个月没有受到证监会处罚，最近12个月内没有受到的证券交易所谴责，没有禁入期，不存在涉嫌犯罪（司法机关）、违法违规（证监会）行为，立案侦查无明确意见）	

（3）科创板、创业板上市公司首次公开发行股票的条件（见表4-5）

表4-5　　**科创板、创业版上市公司首次公开发行股票的条件**

（1）行业**技术**符合科创板、创业板定位	科创板发行人应当面向世界科技前沿，面向经济主战场，面向国家重大要求，符合国家战略，拥有关键核心技术，科技创新能力突出，主要依靠核心技术开展生产经营，具有稳定的商业模式，市场认可度高，社会形象好，具有较强成长性。在创业板上市的发行人应当为成长型的创新创业企业，或与新技术、新产业、新业态、新模式深度融合的传统企业
（2）组织机构健全，持续经营满3年	
（3）**会计**基础工作规范，内控制度健全、有效	①发行人会计基础工作规范，财务报表的编制和披露符合企业会计准则和相关信息披露规则的规定，在所有重大方面，公允地反映了发行人的财务状况、经营成果和现金流量，并由注册会计师出具标准、无保留意见的审计报告 ②发行人内部制度、内部控制制度健全，且被有效执行，能够合理保证公司运行效率，合法合规，财务报告可靠，并由注册会计师出具无保留意见的内部控制鉴证报告
（4）业务完整并具有直接面向市场独立、持续经营的能力	①资产完整，业务及人员、财务机构独立，与控股股东、实际控制人及其控制的其他企业间，不存在对发行人构成重大不利影响的同业竞争，不存在严重影响独立性，或显失公平的关联交易
	②发行人主营业务、控制权、管理团队和核心技术人员稳定，最近两年内主营业务和董事、高级管理人员及核心技术人员均没有发生重大不利变化，控股股东和受控股股东、实际控制人支配的股东所持发行人的股份权属清晰，最近两年实际控制人没有发生变更，不存在导致控制权可能变更的重大权属纠纷

续表

(4)业务完整并具有直接面向市场独立、持续经营的能力	③发行人不存在主要资产、核心技术、商标等的重大权属纠纷，重大偿债风险，重大担保、诉讼，仲裁等或有事项，经营环境已经或者将要发生重大变化等对持续经营有重大不利影响的事项
(5)生产经营合法合规，相关主体不存在违法违规记录	①发行人生产经营符合法律行政法规的规定，符合国家产业政策
	②最近3年内，发行人及其控股股东、实际控制人不存在贪污、贿赂，侵占财产、挪用财产或者破坏社会主义市场经济秩序的刑事犯罪行为，不存在欺诈发行、重大信息披露违法，或者其他涉及国家安全、公共安全、生态安全、生产安全、公众健康安全等领域的重大违法行为
	③董事、监事和高级管理人员不存在最近3年内受到中国证监会行政处罚，或者因涉嫌犯罪被司法机关立案侦查，或者涉嫌违法违规被中国证监会立案调查，尚未有明确结论意见等情形

(4)配股和增发的条件

除符合公开发行证券的条件外，主板和中小板配股和增发还需满足表4–6中所列的条件，科创板、创业板配股与增发需满足表4–7中所列的条件。

表4–6　主板和中小板配股和增发的条件

项目	条　件
配股	①拟配售股份数量不超过本次配售股份前股本总额的30% ②控股股东应在股东大会召开前公开承诺认配股份的数量 ③采用代销方式发行（非包销） 【提示】控股股东不履行认配股份的承诺，或代销期限届满，原股东认购股票的数量未达到拟配售数量的70%的，发行人应按发行价并加算银行同期存款利息返还已认购的股东
增发	①最近3个会计年度加权平均净资产收益率平均不低于6%，扣除非经常性损益后的净利润与扣除前的净利润相比，以低者作为加权平均净资产收益率的计算依据 ②最近一期期末不存在持有金额较大的交易性金融资产和以公允价值计量且其变动计入其他综合收益的权益工具、借给他人款项、委托理财等财务性投资的情形，金融类企业除外 ③发行价格应不低于公告招股意向书前20个交易日公司股票均价"或"前1个交易日的均价

表4–7　科创板、创业板配股与增发的条件

1. 向不特定对象发行	(1)组织机构健全且运行良好 (2)董高监符合要求 (3)有完整的业务体系和直面市场独立经营的能力，不存在对持续经营有重大不利影响的情形 (4)会计规范，内控健全，最近3年财务会计报告由注册会计师出具无保留审计意见的审计报告 (5)除金融类企业外，最近一期期末不存在金额较大的财务性投资 如果是创业板，还应符合盈利要求，即最近2年盈利，净利润以扣除非经常性损益前后孰低者为计算依据
2. 有右列情形之一的，不得向不特定对象发行股票	(1)擅自改变前次募集资金用途未作纠正，或者未经股东大会认可 (2)上市公司及其控股股东、实际控制人最近1年存在未履行向投资者做出的公开承诺的情形 (3)上市公司及其董高监最近3年被证监会处罚，或者最近1年被证券交易所公开谴责，或者因涉嫌犯罪正在被司法机关立案侦查，或者涉嫌违法违规被证监会立案调查 (4)上市公司及其控股股东、实际控制人最近3年做出贪污、贿赂、侵占财产、挪用财产或者破坏社会主义市场经济秩序等刑事犯罪行为，或者存在严重损害上市公司利益、投资者合法权益、社会公共利益的重大违法行为
3. 有右列情形之一的，不得向特定对象发行股票	(1)擅自改变前次募集资金用途未作纠正，或者未经股东大会认可 (2)财报披露不合规，最近1年被出具否定意见或者无法表示意见，或者保留意见的审计报告，且保留意见涉及的事项有重大不利影响未消除 (3)现任董高监，最近3年被证监会处罚，或者最近1年被证券交易所公开谴责 (4)上市公司及其董高监涉嫌犯罪正在被司法机关立案侦查或者涉嫌违规正在被证监会立案调查 (5)控股股东、实际控制人最近3年存在严重损害上市公司利益或者投资者合法权益的重大违法行为 (6)最近3年存在严重损害投资者合法权益或者社会公共利益的重大违法行为

续表

4. 募集资金使用规定	（1）符合国家产业政策及有关规定 （2）不做出对控股股东、实际控制人及其控制的其他企业构成重大不利影响的同业竞争、显失公平的关联交易，或者严重影响公司生产经营行为独立性 （3）科创板：应用于科技创新领域；创业板：不得进行财务性投资，不得直接或间接投资于以买卖有价证券为主要业务的公司

【例题·多选题】根据证券法律制度的规定，下列属于证券公开发行情形的有（　　）。

A. 向不特定对象发行证券

B. 向累计不超过 200 人的不特定对象发行证券

C. 向累计不超过 200 人的特定对象发行证券

D. 采取电视广告方式发行证券

【答案】ABD

【解析】本题考核证券的公开发行。有下列情形之一的，为公开发行：（1）向不特定对象发行证券；（2）向特定对象发行证券累计超过 200 人（依法实施员工持股计划的员工人数不计算在内）；（3）法律、行政法规规定的其他发行行为。非公开发行证券，不得采用广告、公开劝诱和变相公开方式。

【例题·单选题】根据证券法律制度的规定，下列关于主板、中小板公司配股条件的表述中，不正确的是（　　）。

A. 上市公司最近 36 个月内财务会计文件无虚假记载，且不存在重大违法行为

B. 控股股东应当在股东大会召开前公开承诺认配股份的数量

C. 拟配售股份数量不超过本次配售股份前股本总额的 30%

D. 采用包销方式发行

【答案】D

【解析】本题考核上市公司配股条件。选项 D：上市公司配股应当采用证券法规定的代销方式发行。

考点五：新证券法基本规定（见表 4–8）

表 4–8　新证券法基本规定

申请上市	申请证券上市交易，应当向证券交易所提出申请，由证券交易所依法审核同意，并由双方签订上市协议
	申请证券上市交易应当符合证券交易所上市规则规定的上市条件，证券交易所上市规则规定的上市条件应当对发行人的经营年限、财务状况、最低公开发行比例和公司治理、诚信记录等提出要求
终止上市	有证券交易所规定的终止上市情形的，由证券交易所按照业务规则，终止其上市交易；证券交易所决定终止证券上市交易的，应当及时公告，并报中国证监会备案
	【注】新证券法规定，注册制下取消暂停上市环节，触发退市条件的直接退市

考点六：股票的科创板上市条件（见表 4–9）

表 4–9　股票的科创板上市条件

科创板上市条件	由上交所申请股票的科创板上市，发行人除应当符合科创板股票首次公开发行条件外，还应当满足下列条件： （1）发行后股本总额不低于人民币 3 000 万元

科创板上市条件	（2）公开发行的股份达到公司股份总数的 25% 以上，公司股本总额超过人民币 4 亿元的，公开发行股份的比例为 10% 以上 （3）市值及财务指标符合上交所上市规则规定的标准 （4）其他	
差异化上市条件（主要体现在上市市值及财务指标上）	股票首次发行上市，市值及财务指标至少符合右列标准中的一项	（1）预计市值不低于 10 亿元，最近两年净利润均为正，且累计净利润不低于 5 000 万元，或者预计市值不低于 10 亿元，最近 1 年净利润为正，且营业收入不低于 1 亿元
		（2）预计市值不低于 15 亿元，最近 1 年营业收入不低于 2 亿元，且最近 3 年研发投入合计占最近 3 年营业收入的比例不低于 15%
		（3）预计市值不低于 20 亿元，最近 1 年营业收入不低于 3 亿元，且最近 3 年经营活动产生的现金流量净额累计不低于 1 亿元
		（4）预计市值不低于 30 亿元，且最近 1 年营业收入不低于 3 亿元
		（5）预计市值不低于 40 亿元，主要业务或产品需经国家有关部门批准，市场空间大，且目前已取得阶段性成果，并获得知名投资机构一定金额的投资。医药行业企业须取得至少一项一类新药 2 期临床试验批件，其他符合科创板定位的企业需具备明显的技术优势，并满足相应条件
	红筹企业上市，市值及财务指标至少符合右列标准中的一项	（1）预计市值不低于人民币 100 亿元
		（2）预计市值不低于人民币 50 亿元，且最近 1 年营业收入不低于人民币 5 亿元
	表决权差异企业上市，发行人应当至少符合右列标准中的一项	（1）预计市值不低于人民币 100 亿元
		（2）预计市值不低于人民币 50 亿元，且最近 1 年营业收入不低于人民币 5 亿元

考点七：公司债券发行（如图 4-4、表 4-10 所示）

非公开发行公司债券

1. 非公开发行的公司债券应当向“合格投资者”发行，不得采用广告、公开劝诱和变相公开方式，每次发行对象不得超过 200 人

【注】上市公司非公开发行股票的发行对象不得超过 10 人

【注】上市公司非公开发行股票，不得采用广告、公开劝诱和变相公开方式

2. 非公开发行的公司债券仅限在“合格投资者”范围内转让；转让后，持有同次发行债券的“合格投资者”合计不得超过 200 人

3. 发行人的董事、监事、高级管理人员及持股比例超过 5% 的股东，可以参与本公司非公开发行公司债券的认购与转让，不受“合格投资者”资质条件的限制

4. 非公开发行公司债券是否进行信用评级由发行人确定，并在债券募集说明书中披露

5. 非公开发行公司债券，募集的资金应当用于约定的用途。除金融类企业外，募集的资金不得转借他人

6. 合格投资者

合格投资者，应当具备相应的风险识别和承担能力，知悉并自行承担公司债券的投资风险，并符合右列资质条件

（1）经有关金融监管部门批准设立的金融机构，包括证券公司、基金管理公司及其子公司、期货公司、商业银行、保险公司和信托公司等，以及经中国证券投资基金业协会（以下简称“基金业协会”）登记的私募基金管理人

（2）上述金融机构面向投资者发行的理财产品，包括但不限于证券公司资产管理产品、基金及基金子公司产品、期货公司资产管理产品、银行理财产品、保险产品、信托产品以及经基金业协会备案的私募基金

（3）净资产不低于人民币 1 000 万元的企事业单位法人、合伙企业

（4）合格境外机构投资者（QFII）、人民币合格境外机构投资者（RQFII）

（5）社会保障基金、企业年金等养老基金、慈善基金等社会公益基金

（6）名下金融资产不低于人民币 300 万元的个人投资者

（7）经中国证监会认可的其他合格投资者

图 4-4　非公开发行公司债券

表 4-10　　公开发行公司债券

<table>
<tr><td colspan="2">项目</td><td>面向合格投资者公开发行</td><td>面向公众投资者公开发行</td></tr>
<tr><td rowspan="7">发行条件</td><td rowspan="2">应当符合的条件</td><td colspan="2">发行人具备健全且运行良好的组织机构</td></tr>
<tr><td>发行人最近 3 年平均可分配利润足以支付公司债券 1 年的利息</td><td>发行人最近 3 年平均可分配利润足以支付公司债券 1 年利息的 1.5 倍</td></tr>
<tr><td rowspan="2">不得再次公开发行公司债券的情形</td><td>对已公开发行的公司债券或者其他债务有违约或者有延迟支付本息的事实，且仍处于持续状态</td><td>发行人最近 3 年有债务违约或者延迟支付本息的事实</td></tr>
<tr><td colspan="2">违反证券法的规定，改变公开发行公司债券募集资金的用途</td></tr>
<tr><td rowspan="3">资金用途</td><td colspan="2">公开发行公司债券募集的资金，必须按照公司债券募集办法所列资金用途使用，改变资金用途，必须经债券持有人会议做出决议</td></tr>
<tr><td colspan="2">公开发行公司债券募集的资金，不得用于弥补亏损和非生产性支出</td></tr>
<tr><td colspan="2">除金融类企业外，募集的资金不得转借他人</td></tr>
<tr><td rowspan="3">发行程序</td><td>注册制</td><td colspan="2">自 2020 年 3 月 1 日起，公开发行公司债券，由上交所、深交所负责受理、审核，报中国证监会履行发行注册程序，中国证监会应自受理公司债券发行申请文件之日起 3 个月内，依法做出注册或者不予注册的决定</td></tr>
<tr><td rowspan="2">一次注册，分期发行</td><td colspan="2">公开发行公司债券，可以申请一次注册、分期发行；自中国证监会注册发行之日起，发行人应当在 12 个月内完成首期发行，剩余数量应当在 24 个月内发行完毕</td></tr>
<tr><td colspan="2">公开发行公司债券的募集说明书自最后签署之日起 6 个月内有效</td></tr>
</table>

【例题·判断题】非公开发行的公司债券仅限于在合格投资者范围内转让，转让后，持有同次发行债券的合格投资者合计不得超过 200 人。（　　）

【答案】√

【例题·判断题】非公开发行公司债券，应当委托具有从事证券服务业务资格的资信评级机构进行信用评级。（　　）

【答案】×

【解析】非公开发行公司债券是否进行信用评级由发行人确定，并在债券募集说明书中披露。

【例题·判断题】公开发行公司债券，应当委托具有从事证券服务业务资格的资信评级机构进行信用评级。（　　）

【答案】√

【例题·判断题】公开发行公司债券的募集说明书自最后签署之日起 12 个月内有效。（　　）

【答案】×

【解析】公开发行公司债券的募集说明书自最后签署之日起 6 个月内有效。

【例题·单选题】根据证券法律制度的规定，下列关于公司债券发行的表述中，不正确的是（　　）。

A. 公司债券的发行包括面向公众投资者公开发行、面向合格投资者公开发行和非公开发行三种方式

B. 公开发行公司债券是否进行信用评级由发行人确定，并在债券募集说明书中披露

C. 公开发行公司债券，可以申请一次注册、分期发行

D. 非公开发行的公司债券仅限在合格投资者范围内转让

【答案】B

【解析】公开发行公司债券，应当委托具有从事证券服务业务资格的资信评级机构进行信用评级。

【例题·单选题】根据证券法律制度的规定，下列关于非公开发行公司债券的表述中，不正确的是（　　）。

A. 非公开发行的公司债券，应当向合格投资者发行

B. 非公开发行的公司债券，每次发行对象不得超过 200 人

C. 非公开发行的公司债券，仅限在合格投资者范围内转让

D. 非公开发行的公司债券，应当委托具有从事证券服务业务资格的资信评级机构进行信用评级

【答案】D

【解析】非公开发行公司债券是否进行信用评级由发行人确定，并在债券募集说明书中披露。

考点八：公开募集基金与非公开募集基金（见表 4-11，如图 4-5、图 4-6 所示）

表 4-11　　　　基金分类与募集程序

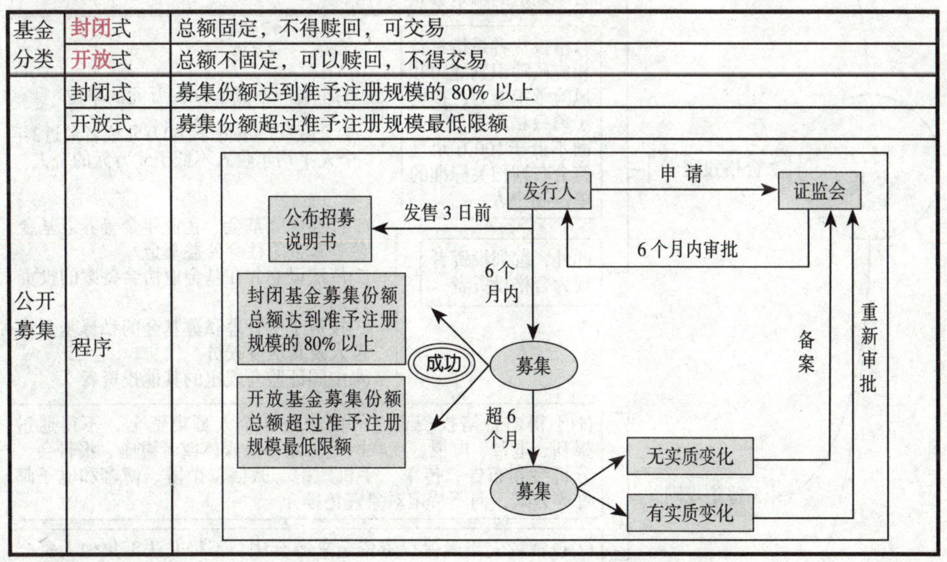

基金分类	封闭式	总额固定，不得赎回，可交易
	开放式	总额不固定，可以赎回，不得交易
公开募集	封闭式	募集份额达到准予注册规模的 80% 以上
	开放式	募集份额超过准予注册规模最低限额
	程序	（见流程图）

- 公开募集基金
  - 定义
    - 公开募集基金分为封闭式基金和开放式基金，封闭式基金上市交易
    - 开放式基金一般不上市交易，基金份额的申购、赎回，投资人可以通过基金管理人或者其委托的基金服务机构办理
    - 但是，目前也有数十个开放式基金（如博时主题基金、南方高增基金）在深圳证券交易所发行和上市
  - 封闭式基金的上市条件
    - 基金的募集符合《证券投资基金法》的规定
    - 【注】基金募集期限届满，封闭式基金募集的基金份额总额达到核准规模的 80% 以上
    - 基金合同期限为 5 年以上
    - 基金募集金额不低于 2 亿元人民币
    - 基金份额持有人不少于 1 000 人
    - 基金份额上市交易规则规定的其他条件
  - 非交易上市的开放式基金
    - 开放式基金的基金份额的申购、赎回和登记，由基金管理人或其委托的基金服务机构办理
    - 基金管理人应当在每个工作日办理基金份额的申购、赎回业务；基金合同另有约定的，按其约定办理
    - 投资人交付申购款项，申购成立；基金份额登记机构确认基金份额时，申购生效；基金份额持有人递交赎回申请，赎回成立；基金份额登记机构确认赎回的，赎回生效

图 4-5　公开募集基金

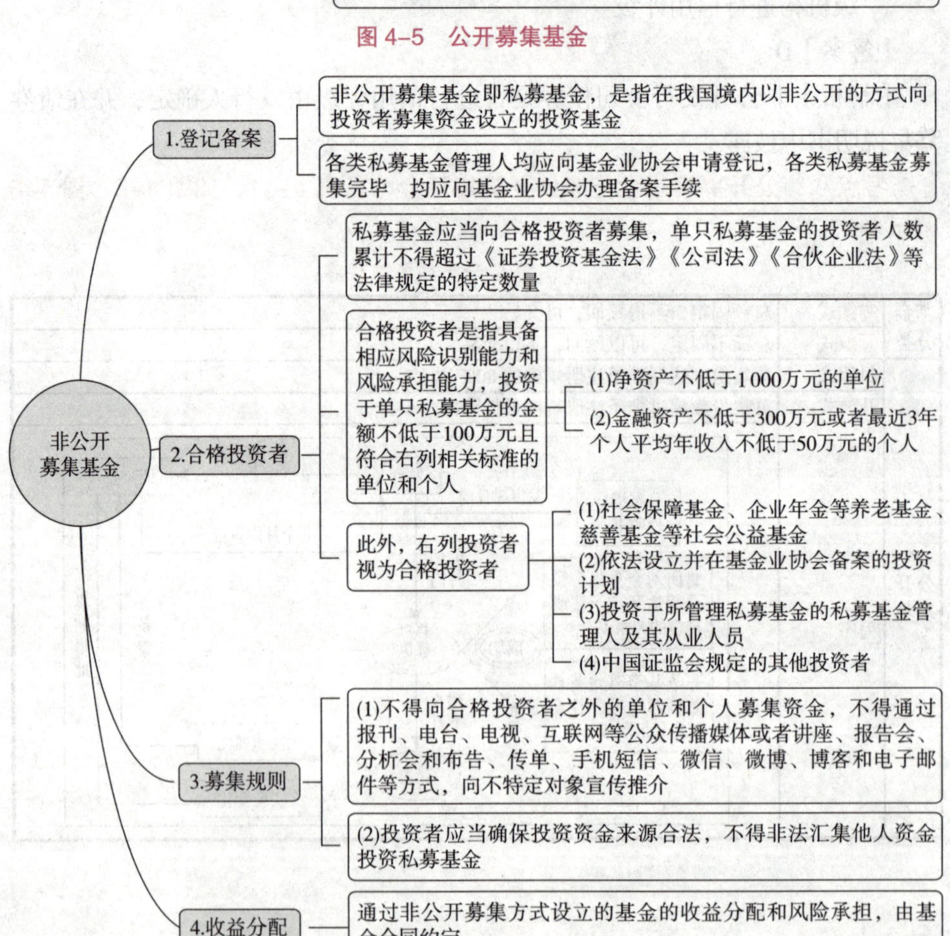

图 4-6　非公开募集基金

【例题·单选题】根据证券法律制度的规定，下列有关证券投资基金发行和交易的表述中，正确的是（ ）。

A. 封闭式基金的基金份额可以在证券交易所交易，但基金份额持有人不得申请赎回

B. 开放式基金可以在销售机构的营业场所销售及赎回，也可以上市交易

C. 申请上市基金的基金份额持有人不得少于 500 人

D. 基金上市后发生基金合同期限届满的情形将暂停上市

【答案】A

【解析】选项 B：开放式基金可以申购、赎回，但不能上市交易；选项 C：封闭式基金申请上市的条件包括，基金份额持有人不得少于 1 000 人；选项 D：封闭式基金合同期限届满的，应终止上市（而非暂停上市）。

考点九：证券的承销（如图 4–7 所示）

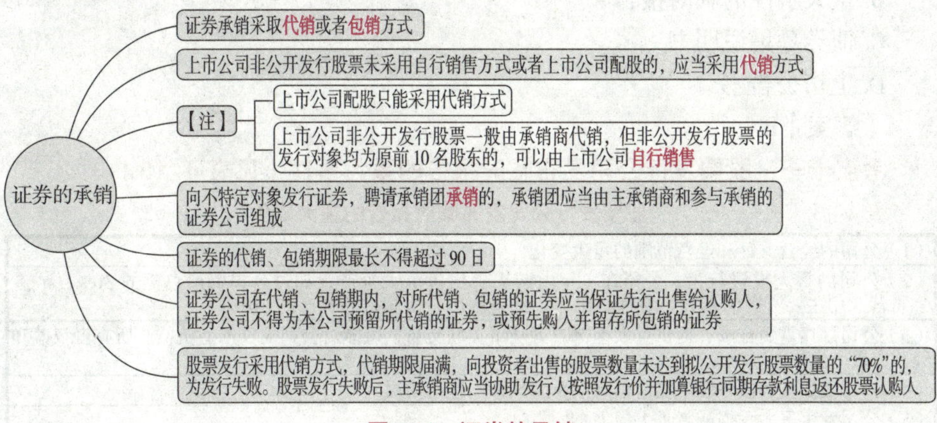

图 4–7 证券的承销

【例题·单选题】根据证券法律制度的规定，下列关于证券公司承销证券的说法中，错误的是（ ）。

A. 证券公司承销证券应当同发行人签订代销或者包销协议

B. 证券公司对代销或者包销的证券应当先行出售给认购人

C. 证券公司可以为本公司事先预留所代销的证券

D. 证券的代销、包销期限最长不得超过 90 日

【答案】C

【解析】证券公司在代销、包销期内，对所代销、包销的证券应当保证先行出售给认购人，证券公司不得为本公司预留所代销的证券，或预先购入并留存所包销的证券。

考点十：强制信息披露制度（见表 4–12）

表 4–12　　强制信息披露制度的内容

<table>
<tr><th colspan="2">类型</th><th colspan="2">具体规定</th></tr>
<tr><td rowspan="2">证券发行市场信息披露（首次信息披露）</td><td>证券发行文件的预先披露制度</td><td colspan="2">发行人申请首次公开发行股票的，在提交申请文件后，应当按照中国证监会的规定，预先披露有关申请文件</td></tr>
<tr><td>证券发行信息披露制度</td><td colspan="2">证券发行申请经注册后，发行人应依法在证券公开发行前，公告公开发行募集文件，主要有招股说明书、公司债券募集说明书和上市公告书，并将上述文件置备于指定场所，供公众查阅</td></tr>
<tr><td rowspan="3">证券交易市场信息披露（持续信息披露）</td><td rowspan="2">定期报告</td><td>年度报告</td><td>每一会计年度结束之日起 4 个月内报送并公告</td></tr>
<tr><td>中期报告</td><td>每一会计年度的上半年结束之日起 2 个月内报送并公告</td></tr>
<tr><td>临时报告</td><td colspan="2">发生法定的重大事件，投资者尚未得知时报送并公告</td></tr>
</table>

【例题·单选题】根据证券法律制度的规定，下列各项中属于上市公司持续信息披露文件的是（　）。

A. 招股说明书

B. 重大事件的临时报告

C. 债券募集说明书

D. 上市公告书

【答案】B

考点十一：股票发行公司发布临时报告的重大事件（见表 4–13）

表 4–13　　股票发行公司发布临时报告的重大事件

（1）公司的经营方针和经营范围的重大变化
（2）公司的重大投资行为，公司在 1 年内购买、出售重大资产，超过公司资产总额的 30%，或者公司营业用主要资产的抵押、质押、出售，或者报废一次超过总资产的 30%
（3）公司订立重要合同、提供重大担保或者从事关联交易，可能对公司的资产、负债、所有者权益和经营成果产生重大影响
（4）公司发生重大债务和未能清偿到期重大债务的违约情况
（5）公司发生重大亏损或者重大损失
（6）公司生产经营的外部条件发生重大变化
（7）公司的董事、1/3 以上监事或者经理（不是所有高管）发生变动；董事长或者经理无法履行职责
（8）持有公司 5% 以上股份的股东或者实际控制人，持有股份或者控制公司的情况发生较大变化，公司的实际控制人及其控制的其他企业，从事与公司相同或者相似业务的情况发生较大变化
（9）公司分配股利、增资的计划，公司股权结构的重大变化，公司减资、合并、分立、解散及申请破产的决定，或者依法进入破产程序，被责令关闭
（10）涉及公司的重大诉讼、仲裁，股东大会、董事会决议被依法撤销或者宣告无效
（11）公司涉嫌犯罪被司法机关立案调查，公司控股股东、实际控制人、董事、监事、高级管理人员涉嫌犯罪被司法机关采取强制措施
（12）其他

发生可能对上市公司、股票交易价格产生较大影响的“重大事件”，投资者尚未得知时，上市公司应当立即将有关该重大事件的情况向国务院证券监督管理机构和证券交易所报送临时报告。

【例题·单选题】根据证券法律制度的规定，上市公司发生的下列事件中，应当立即公告的是（　）。

A. 公司副总经理发生变动

B. 公司 30% 的监事发生变动

C. 公司财务负责人发生变动

D. 人民法院依法撤销股东大会决议

【答案】D

【解析】选项 ABC：上市公司的董事、1/3 以上监事或者经理发生变动，属于重大事件；选项 D：股东大会、董事会决议被依法撤销或者宣告无效，属于重大事件。

【例题·多选题】根据证券法律制度的规定，下列各项中，属于重大事件的有（　　）。

A. 公司经理发生变动

B. 公司 40% 的监事发生变动

C. 公司财务负责人发生变动

D. 人民法院依法撤销董事会决议

【答案】ABD

【例题·单选题】根据证券法律制度的规定，下列各项中，属于重大事件的有（　　）。

A. 上市公司变更会计政策、会计估计

B. 上市公司的主要资产被查封、扣押、冻结或者被抵押、质押

C. 董事会就股权激励方案形成相关决议

D. 上市公司 40% 的监事发生变动

【答案】D

考点十二：债券上市交易公司发布临时报告的重大事件（见表 4–14）

表 4–14　债券上市交易公司发布临时报告的重大事件

债券上市交易公司发布临时报告的重大事件
（1）公司股权结构或者生产经营状况发生重大变化
（2）公司债券信用评级发生变化
（3）公司重大资产被抵押、质押、出售、转让、报废
（4）公司发生未能清偿到期债务的情况
（5）公司新增借款或者对外提供担保，超过上年年末净资产的 20%
（6）公司放弃债权或者财产，超过上年年末净资产的 10%
（7）公司发生超过上年年末净资产 10% 的重大损失
（8）公司分配股利，做出减资、合并、分立、解散及申请破产的决定，或者依法进入破产程序，被责令关闭
（9）涉及公司的重大诉讼、仲裁
（10）公司涉嫌犯罪，被依法立案调查，公司的控股股东、实际控制人，董事、监事、高级管理人员涉嫌犯罪被依法采取强制措施
（11）其他

考点十三：临时报告披露时点（见表 4–15）

表 4–15　　临时报告披露时点

1. 上市公司应当在最先发生的右列任一时点，及时（2个交易日内）履行重大事件的信息披露义务	（1）董事会或者监事会就该重大事件形成决议时
	（2）有关各方就该重大事件签署意向书或者协议时
	（3）董事、监事或者高级管理人员，知悉该重大事件的发生并报告时
2. 提前披露：在法定的及时披露时点之前出现右列情形之一的，上市公司应当及时（2个交易日内）披露相关事项的现状和可能影响事件进展的风险因素	（1）该重大事件难以保密
	（2）该重大事件已经泄露或者市场出现传闻
	（3）公司证券及其衍生品种出现异常交易情况

考点十四：强制信息披露的其他规定（见表 4–16）

表 4–16　　强制信息披露的其他规定

1. 义务人	发行人及法律、行政法规和中国证监会规定的其他信息披露义务人（控股股东、实际控制人、保荐人和证券承销商等），应当及时依法履行信息披露义务	
2. 对象	不特定的社会公众	
3. 基本要求	（1）信息披露义务人披露的信息应当真实、准确、完整、简明清晰、通俗易懂，不得有虚假记载、误导性陈述或者重大遗漏	
	（2）时间的一致性	①证券同时在境内境外公开发行、交易的，其信息披露义务人在境外披露的信息应当在境内同时披露
		②信息披露义务人披露的信息应当同时向所有投资者披露，不得提前向任何单位和个人泄露，但法律、行政法规另有规定的除外
		③任何单位和个人不得非法要求信息披露义务人提供依法需要披露，但尚未披露的信息，任何单位和个人提前获知前述信息的，在依法披露前应当保密
	（3）内容的一致性	除依法需要披露的信息之外，信息披露义务人可以自愿披露与投资者做出价值判断和投资决策有关的信息，但不得与依法披露的信息相冲突，不得误导投资者
4. 董事、监事、高级管理人员的信息披露职责	（1）书面确认意见	①发行人的董事、高级管理人员应当对证券发行文件和定期报告签署书面确认意见
		②发行人的监事会应当对董事会编制的证券发行文件和定期报告进行审核，并提出书面审核意见，监事应当签署书面确认意见
	（2）保证责任	①发行人的董事、监事和高级管理人员，应当保证发行人及时、公平地披露信息，所披露的信息真实、准确和完整
		②董事、监事和高级管理人员无法保证证券发行文件和定期报告内容的真实性、准确性和完整性或者有异议的，应当在书面确认意见中发表意见，并陈述理由，发行人应当披露
		③发行人不予披露的，董事、监事和高级管理人员可以直接申请披露
5. 民事责任	（1）100%责任	信息披露义务人未按照规定披露信息，或者公告的证券发行文件、定期报告、临时报告及其他信息披露资料，存在虚假记载、误导性陈述或者重大遗漏，导致投资者在证券交易中遭受损失的，信息披露义务人应当承担赔偿责任
	（2）自证清白	发行人的控股股东、实际控制人、董事、监事、高级管理人员和其他直接责任人员以及保荐人、承销的证券公司及其直接责任人员，应当与发行人承担连带赔偿责任，但能够证明自己没有过错的除外

考点十五：禁止的交易行为（见表 4-17 至表 4-21）

表 4-17　　内幕交易行为

基本规定	（1）证券交易内幕信息的知情人和非法获取内幕信息的人，在内幕信息公开前，不得买卖该公司的证券，或者泄露该信息，或者建议他人买卖该证券
	（2）持有或者通过协议、其他安排与他人共同持有公司 5% 以上股份的自然人、法人、非法人组织收购上市公司股份，法律另有规定的，适用其规定（更为严格的规定：并非允许收购人利用内幕信息进行交易）
	（3）内幕交易行为给投资者造成损失的，其应当依法承担赔偿责任
内幕信息	在证券交易活动中，涉及发行人的经营、财务或者对该发行人证券的市场价格有重大影响的、尚未公开的信息为内幕信息，主要指重大事件（见考点：发布临时报告的重大事件）
内幕信息知情人员	（1）发行人及董事、监事、高级管理人员
	（2）持有公司 5% 以上股份（不计优先股）的股东，及其董事、监事和高级管理人员，公司的实际控制人及其董事、监事和高级管理人员
	（3）发行人控股或者实际控制的公司及其董事、监事和高级管理人员
	（4）由于所任公司职务，或者因与公司有业务往来，可以获取公司有关内幕信息的人员
	（5）上市公司收购人或者重大资产交易方及其控股股东、实际控制人、董事、监事和高级管理人员
	（6）因职务、工作可以获取内幕信息的证券交易场所、证券公司、证券登记结算机构和证券服务机构的有关人员
	（7）因职责、工作可以获取内幕信息的证券监督管理机构的工作人员
	（8）因法定职责对证券的发行、交易或者对上市公司及其收购、重大资产交易进行管理，可以获取内幕信息的有关主管部门、监管机构的工作人员
	（9）其他

表 4-18　　操纵证券市场行为

禁止任何人以右列手段操纵证券市场，影响或者意图影响证券交易价格或者证券交易量，给投资者造成损失的，应当依法承担赔偿责任	（1）单独或者通过合谋，集中资金优势、持股优势，或者利用信息优势，联合或者连续买卖
	（2）与他人串通，以事先约定的时间、价格和方式相互进行证券交易
	（3）在自己实际控制的账户之间进行证券交易
	（4）不以成交为目的，频繁或者大量申报并撤销申报
	（5）利用虚假或者不确定的重大信息，诱导投资者进行证券交易
	（6）对证券发行人公开做出评价、预测或者投资建议，并进行反向证券交易
	（7）利用在其他相关市场的活动操纵证券市场
	（8）操纵证券市场的其他手段

表 4-19　　虚假陈述行为

1. 虚假陈述包括虚假记载、误导性陈述、重大遗漏以及不正当披露	
2. 利用信息扰乱证券市场	（1）禁止任何单位和个人编造、传播虚假信息或者误导性信息，扰乱证券市场
	（2）禁止证券交易场所、证券公司、证券登记结算机构、证券服务机构及其从业人员，证券业协会、证券监督管理机构及其工作人员，在证券交易活动中做出虚假陈述或者信息误导
	（3）各种传播媒介传播证券市场信息时，必须真实、客观，禁止误导。传播媒介及其从事证券市场信息报道的工作人员，不得从事与其工作职责发生利益冲突的证券买卖
	（4）编造、传播虚假信息或者误导性信息，扰乱证券市场，给投资者造成损失的，应当依法承担赔偿责任

表 4-20　　　　　　　　　　**欺诈客户行为**

违反规定，给客户造成损失的，依法承担赔偿责任	（1）违背客户的委托为其买卖证券
	（2）不在规定时间内向客户提供交易的确认文件
	（3）未经客户的委托，擅自为客户买卖证券，或者假借客户的名义买卖证券
	（4）为谋取佣金收入，诱使客户进行不必要的证券买卖
	（5）其他违背客户真实意思表示、损害客户利益的行为

表 4-21　　　　　　　　　　**其他禁止的交易行为**

（1）禁止任何单位和个人违反规定出借自己的证券账户，或者借用他人的证券账户从事证券交易
（2）禁止资金违规流入股市
（3）禁止投资者违规利用财政资金、银行信贷资金买卖证券
（4）国有独资企业、国有独资公司、国有资本控股公司买卖上市公司交易的股票，必须遵守国家有关规定

【例题·多选题】根据证券法律制度的规定，下列选项中，属于知悉证券交易内幕信息的知情人员的有（　　）。

A. 发行人的董事、监事和高级管理人员

B. 持有上市公司 3% 股份的股东的董事、监事和高级管理人员

C. 上市公司的实际控制人的董事、监事和高级管理人员

D. 发行人控股的公司的董事、监事和高级管理人员

【答案】ACD

【解析】选项 B：持有上市公司 5% 以上股份的股东的董事、监事和高级管理人员，才属于内幕人员。

【例题·判断题】甲、乙、丙、丁合谋，集中资金优势、持股优势，或者利用信息优势联合或者连续买卖证券，影响证券交易价格，从中牟取利益的行为是欺诈客户行为。（　　）

【答案】×

【解析】当事人的行为属于“操纵市场”。

【例题·判断题】证券公司不在规定时间内向客户提供交易的书面确认文件，属于欺诈客户行为。（　　）

【答案】√

【例题·单选题】张某与他人串通，以事先约定的时间、价格和方式相互进行证券交易，严重影响证券交易价格。根据证券法律制度的规定，该行为属于（　　）。

A. 内幕交易　　　　　　　　B. 操纵市场

C. 欺诈客户　　　　　　　　D. 虚假陈述

【答案】B

考点十六：投资者保护（见表 4–22）

表 4–22　　投资者保护

<table>
<tr><td rowspan="3">1. 投资者适当性管理制度</td><td colspan="2">（1）证券公司向投资者销售证券或者提供服务时，应当按照规定充分了解投资者的基本情况、财产状况、金融资产状况、投资知识和经验以及专业能力等相关信息，如实说明证券服务的重要内容，充分揭示投资风险，提供与投资者上述状况相匹配的证券服务</td></tr>
<tr><td colspan="2">（2）投资者在购买证券或者接受服务时，应当按照证券公司明示的要求，提供前述所列真实信息。拒绝提供或者未按照要求提供信息的，证券公司应当告知其后果，并按照规定拒绝向其销售证券、提供服务</td></tr>
<tr><td colspan="2">（3）证券公司违反投资者适当性管理规定，导致投资者损失的，应当承担相应的赔偿责任</td></tr>
<tr><td rowspan="4">2. 对普通投资者的特殊保护</td><td colspan="2">（1）根据财产状况、金融资产状况、投资知识和经验、专业能力等因素，投资者可以分为普通投资者和专业投资者</td></tr>
<tr><td colspan="2">（2）证券公司自证清白制度
普通投资者与证券公司发生纠纷的，证券公司应当证明其行为符合相关规定，不存在误导、欺诈等情形，证券公司不能证明的，应当承担相应的赔偿责任</td></tr>
<tr><td rowspan="2">（3）强制调解</td><td>①投资者与发行人、证券公司等发生纠纷的，双方可以向投资者保护机构申请调解</td></tr>
<tr><td>②普通投资者与证券公司发生证券业务纠纷，普通投资者提出调解请求的，证券公司不得拒绝</td></tr>
<tr><td rowspan="4">3. 上市公司股东权利代为行使征集制度</td><td colspan="2">（1）上市公司董事会、独立董事、持有 1% 以上有表决权股份的股东或者依法设立的投资者保护机构，可以作为征集人，自行或者委托证券公司、证券服务机构，公开请求上市公司股东委托其代为出席股东大会，并代为行使提案权、表决权等股东权利</td></tr>
<tr><td rowspan="3">（2）征集要求</td><td>①依法征集股东权利的，征集人应当披露征集文件，上市公司应当予以配合</td></tr>
<tr><td>②禁止以有偿或者变相有偿的方式公开征集股东权利</td></tr>
<tr><td>③公开征集股东权利违反有关规定，导致上市公司或者其他股东遭受损失的，应当依法承担赔偿责任</td></tr>
<tr><td rowspan="2">4. 现金分红制度</td><td colspan="2">（1）上市公司应当在章程中明确分配现金股利的具体安排和决策程序，依法保障股东的资产收益权</td></tr>
<tr><td colspan="2">（2）上市公司当年税后利润在弥补亏损及提取法定公积金后有盈余的，应当按照公司章程的规定分配现金股利</td></tr>
<tr><td rowspan="5">5. 公司债券持有人会议和债券受托管理人制度</td><td colspan="2">（1）公开发行公司债券的，应当设立债券持有人会议，并在募集说明书中说明债券持有人会议的召集程序、会议规则和其他重要事项</td></tr>
<tr><td rowspan="4">（2）受托管理人</td><td>①公开发行公司债券的，发行人应当为债券持有人聘请债券受托管理人，并订立债券受托管理协议</td></tr>
<tr><td>②受托管理人应当由本次发行债券的承销机构或者其他经国务院证券监督管理机构认可的机构担任，债券持有人会议可以决议变更债券受托管理人</td></tr>
<tr><td>③债券受托管理人应当勤勉尽责，公正履行受托管理职责，不得损害债券持有人利益</td></tr>
<tr><td>④债券发行人未能按期兑付债券本息的，债券受托管理人可以接受全部或者部分债券持有人的委托，以自己的名义代表债券持有人提起、参加民事诉讼或者清算程序</td></tr>
<tr><td>6. 先行赔付制度</td><td colspan="2">发行人因欺诈发行、虚假陈述，或者其他重大违法行为，给投资者造成损失的，发行人的控股股东、实际控制人以及相关的证券公司，可以委托投资者保护机构，就赔偿事宜与受到损失的投资者达成协议，予以先行赔付。先行赔付后，可以依法向发行人以及其他连带责任人追偿</td></tr>
<tr><td rowspan="2">7. 投资者保护机构代表诉讼</td><td colspan="2">（1）投资者保护机构对损害投资者利益的行为，可以依法支持投资者向人民法院提起诉讼</td></tr>
<tr><td colspan="2">（2）发行人的董事、监事和高级管理人员执行公司职务时违反规定，给公司造成损失，或发行人的控股股东、实际控制人等侵犯公司合法权益，给公司造成损失，投资者保护机构持有该公司股份的，可以出于公司的利益，以自己的名义向人民法院提起诉讼，持股比例和持股期限不受“股东代表诉讼”相关规定（1%，180 日）的限制</td></tr>
</table>

续表

8. 代表人诉讼制度	（1）投资者提起虚假陈述等证券民事赔偿诉讼时，诉讼标的是同一种类，且当事人一方人数众多的，可以依法推选代表人进行诉讼
	（2）对按照前述规定提起的诉讼，可能存在有相同诉讼请求的其他众多投资者的，人民法院可以发出公告，说明该诉讼请求的案件情况，通知投资者在一定期间向人民法院登记。人民法院做出的判决、裁定，对参加登记的投资者发生效力
	（3）投资者保护机构受50名以上投资者委托，可以作为代表人参加诉讼，并为经证券登记结算机构确认的权利人依照规定向人民法院登记，但投资者明确表示不愿意参加该诉讼的除外

考点十七：实际控制权与收购人的限制（如图4–8、图4–9所示）

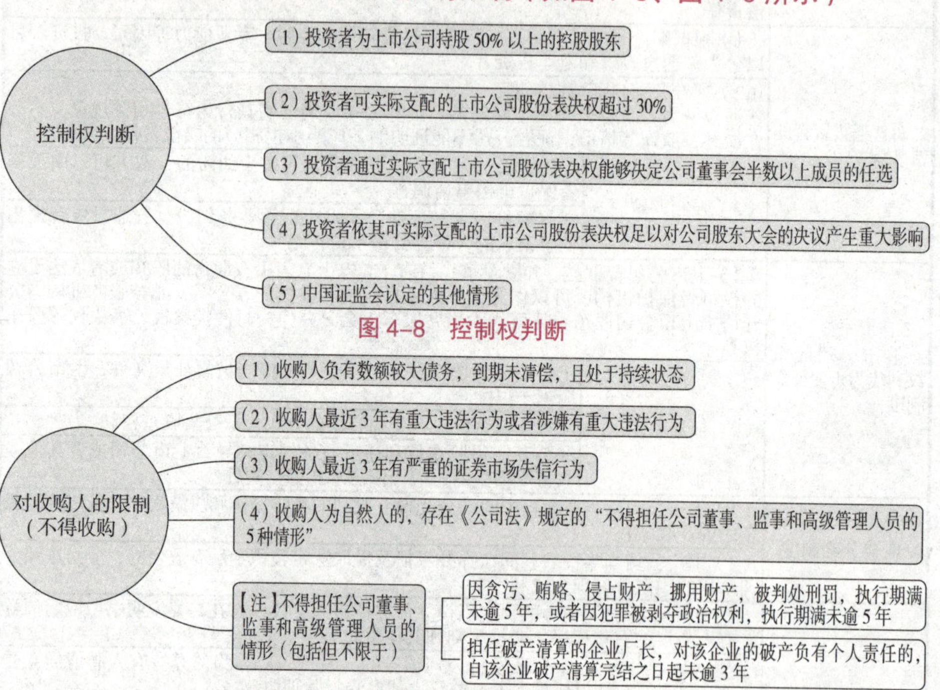

图4–9　对收购人的限制（不得收购）

考点十八：收购途径

（1）收购途径构成（如图4–10所示）

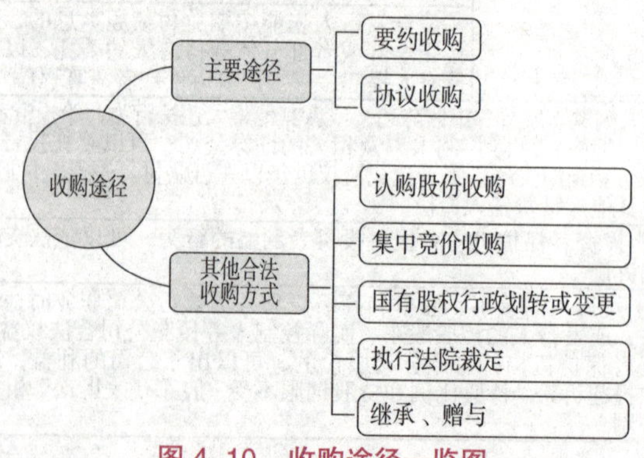

图4–10　收购途径一览图

（2）几种收购途径比较（见表 4–23）

表 4–23 几种收购途径比较

要约收购	收购人在证券交易所内集中竞价系统之外直接向股东发出要购买其手中持有股票的要约的一种收购方式
协议收购	收购人在证券交易所之外，通过与被收购公司的股东协商一致、达成协议，受让其持有的上市公司的股份而进行的收购 以协议收购方式收购上市公司时，收购协议的各方应当获得相应的内部批准；收购协议达成后，收购人必须在 3 日内将该收购协议向中国证监会、证券交易所做出书面报告，并予以公告，在公告前不得履行收购协议
认购股份收购	收购人经上市公司股东大会非关联股东批准，通过认购上市公司发行的新股，使其在公司拥有表决权，达到控制权的获得与巩固
集中竞价收购	收购人在场内交易市场上，通过证券交易所集中竞价交易的方式，对目标上市公司进行收购

考点十九：一致行动人（如图 4–11 所示）

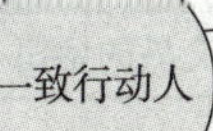

（1）投资者之间有股权控制关系

（2）投资者受同一主体控制

（3）投资者的董事、监事或者高级管理人员中的主要成员，同时在另一个投资者担任董事、监事或者高级管理人员

（4）投资者参股另一投资者，可以对参股公司的重大决策产生重大影响

（5）“银行”以外的其他法人、其他组织和自然人为投资者取得相关股份提供融资安排

（6）投资者之间存在合伙、合作、联营等其他经济利益关系

（7）持有投资者 30% 以上股份的自然人，与投资者持有同一上市公司的股份

（8）在投资者公司任职的董事、监事及高级管理人员，与投资者持有同一上市公司的股份

（9）持有投资者 30% 以上股份的自然人和在投资者公司任职的董事、监事及高级管理人员，其父母、子女及配偶的父母、兄弟姐妹及其配偶、配偶的兄弟姐妹及其配偶等亲属，与投资者持有同一上市公司的股份

（10）在上市公司任职的董事、监事及高级管理人员及其前项所述亲属，同时持有本公司股份，或者与其自身或其前项所述亲属直接或间接控制的企业同时持有本公司股份

（11）上市公司董事、监事及高级管理人员和员工与其所控制或者委托的法人或者其他组织持有本公司股份

（12）投资者之间具有其他关联关系

【注】投资者及其一致行动人在一个上市公司中拥有的权益应当合并计算

图 4–11 一致行动人

考点二十：收购人的义务与收购支付方式（见表 4–24 和图 4–12）

表 4–24　　收购人的义务

<table>
<tr><td rowspan="2">公告义务</td><td>实施要约收购的收购人，应当编制要约收购报告书，聘请财务顾问，通知被收购公司，同时对要约收购报告书摘要做出提示性公告</td></tr>
<tr><td>要约收购完成后，收购人应当在 15 日内将收购情况报告中国证监会和证券交易所，并予以公告</td></tr>
<tr><td>禁售义务</td><td>一个人在要约收购期内不得卖出被收购公司的股票，也不得采取要约规定以外的形式和超出要约的条件，买入被收购公司的股票</td></tr>
<tr><td>锁定义务</td><td>收购人持有的被收购的上市公司的股票，在收购行为完成后的 18 个月内不得转让，但收购人在被收购公司中拥有表决权的股份在同一实际控制人控制的不同主体之间进行转让，不受该 18 个月的限制</td></tr>
<tr><td>平等对待所有股东</td><td>公平对待被收购公司的所有股东，持有同一种类股份的股东应当得到同等对待</td></tr>
</table>

上市公司收购的支付方式

- （1）上市公司收购可以采用：①现金；②依法可以转让的证券；③现金与证券相结合等合法方式支付收购上市公司的价款
- （2）收购人为终止上市公司的上市地位而发出全面要约的，或者向中国证监会提出申请但未取得豁免而发出全面要约的，应当以现金支付收购价款
- （3）以依法可以转让的证券支付收购价款的，应当同时提供现金方式供被收购公司股东选择

图 4–12　上市公司收购的支付方式

考点二十一：上市公司收购的权益披露（见表 4–25）

表 4–25　　上市公司收购的权益披露

<table>
<tr><th colspan="2">持股比例</th><th>权益披露要求</th><th>交易限制要求</th><th>违规交易的惩罚</th></tr>
<tr><td colspan="2">通过在证券交易所的证券交易，投资者持有或者通过协议、其他安排，与他人共同持有一个上市公司已发行的有表决权的股份达到 5% 时</td><td rowspan="2">在该事实发生之日起 3 日内，向国务院证券监督管理机构、证券交易所做出书面报告，通知该上市公司，并予以公告</td><td>在报告、通知、公告期间内不得再买卖该上市公司的股票，但国务院证券监督管理机构规定的情形除外</td><td rowspan="2">违规买入上市公司有表决权的股份的，在买入后的 36 个月内，对该超过规定比例的部分的股份不得行使表决权</td></tr>
<tr><td rowspan="2">通过在证券交易所的证券交易，投资者持有或者通过协议、其他安排，与他人共同持有一个上市公司已发行的有表决权的股份达到 5% 后</td><td>其所持有该上市公司已发行的有表决权股份的比例每增加或者减少 5%</td><td>自该事实发生之日起，至公告 3 日内，不得再买卖该公司的股票，但国务院证券监督管理机构规定的情形除外</td></tr>
<tr><td>其所持有该上市公司已发行的有表决权股份的比例每增加或者减少 1%</td><td>在该事实发生的次日，通知该上市公司，并予以公告</td><td>—</td><td>—</td></tr>
</table>

考点二十二：要约收购与协议收购（如图 4-13 至图 4-15 所示）

- 要约收购
  - 要约收购的定义
    - 通过在证券交易所的证券交易，投资者持有或者通过协议、其他安排与他人共同持有一个上市公司的股份达到该公司已发行股份的30%时，继续增持股份的，应当向该上市公司的所有股东发出收购其全部或者部分股份的要约，按规定豁免的除外
    - 【注】要约收购的适用条件
      - 持股比例达到30%
      - 继续增持股份
  - 收购要约的期限——收购要约约定的期限不得少于30日，并不得超过60日
  - 收购要约的撤销——在收购要约确定的承诺期限内，收购人“不得撤销”其收购要约
  - 收购要约的变更
    - 收购要约期限届满前15日内，收购人不得变更收购要约，但是出现竞争要约的除外
    - 收购人需要变更收购要约的，必须及时公告，载明具体变更事项，且不得存在下列情形：
      （1）降低收购价格
      （2）减少预定收购股份的数额
      （3）缩短收购期限
      （4）国务院证券监督管理机构规定的其他情形
  - 在要约收购期间，被收购公司董事不得辞职
  - 收购人应当公平对待被收购公司的所有股东，持有同一种类股份的股东应当得到同等对待

图 4-13　要约收购

- 协议收购
  - 收购协议达成后，收购人必须在3日内将该收购协议向中国证监会、证券交易所做出书面报告，并予以公告。在公告前，不得履行收购协议
  - 采取协议收购方式，收购人收购或者通过协议、其他安排与他人共同收购一个上市公司已发行的股份达到30%时，继续进行收购的，应当向该上市公司所有股东发出收购上市公司全部或者部分股份的要约，转化为要约收购，但经中国证监会免除发出要约的除外

图 4-14　协议收购

- 上市公司收购的法律后果
  - 收购期限届满，被收购公司股权分布不符合上市条件的，该上市公司的股票应当由证券交易所依法“终止”上市交易。其余仍持有被收购公司股票的股东，有权向收购人以收购要约的同等条件出售其股票，收购人应当收购
  - 【注】上市条件之一：公开发行的股份达到公司股份总数的25%以上；公司股本总额超过人民币4亿元的，公开发行股份的比例为10%以上
  - 收购行为完成后，被收购公司不再具备股份有限公司条件的，应当依法变更企业形式
  - 收购行为完成后，收购人与被收购公司合并，并将该公司解散的，被解散公司的原有股票由收购人依法更换

图 4-15　上市公司收购的法律后果

【例题·单选题】根据证券法律制度的规定，在上市公司收购中，要约收购的收购期限为（　　），但是出现竞争要约的除外。

A. 不得少于 15 日，并不得超过 30 日

B. 不得少于 15 日，并不得超过 60 日

C. 不得少于 30 日，并不得超过 60 日

D. 不得少于 30 日，并不得超过 90 日

【答案】C

【例题·单选题】根据证券法律制度的规定，下列关于要约收购的表述中，不正确的是（　　）。

A. 采取要约收购方式的，收购人在收购期限内，不得卖出被收购公司的股票

B. 在要约收购期间，被收购公司董事不得辞职

C. 采取要约收购方式的，在收购要约确定的承诺期限内，收购人不得撤销其收购要约

D. 收购期限届满，被收购公司股权分布不符合上市条件的，该上市公司的股票应当由证券交易所依法暂停上市交易

【答案】D

【解析】选项 D：收购期限届满，被收购公司股权分布不符合上市条件的，该上市公司的股票应当由证券交易所依法“终止”（而非暂停）上市交易。

【例题·多选题】根据证券法律制度的规定，下列关于上市公司要约收购的表述中，正确的有（　　）。

A. 在要约收购期间，被收购公司董事不得辞职

B. 在收购要约确定的承诺期限内，收购人不得撤销其收购要约

C. 收购人需要变更收购要约的，必须及时公告，载明具体变更事项

D. 收购要约期限届满前 20 日内，收购人不得变更收购要约，但是出现竞争要约的除外

【答案】ABC

【解析】选项 D：收购要约期限届满前 15 日内，收购人不得变更收购要约，但是出现竞争要约的除外。

考点二十三：股票转让限制总结（见表 4–26）

表 4–26　　股票转让限制总结

<table>
<tr><th>情形</th><th colspan="2">具体规定</th></tr>
<tr><td rowspan="2">发起人</td><td colspan="2">自公司成立之日起 1 年内不得转让</td></tr>
<tr><td colspan="2">自公司股票在证券交易所上市交易之日起 1 年内不得转让</td></tr>
<tr><td rowspan="5">董事、监事和高级管理人员</td><td colspan="2">自公司股票上市交易之日起 1 年内不得转让</td></tr>
<tr><td rowspan="2">在任职期间，每年转让的股份不得超过其所持有本公司股份总数的 25%</td><td>因司法强制执行、继承、依法分割财产等导致股份变动的除外</td></tr>
<tr><td>上市公司董事、监事和高级管理人员所持股份不超过 1 000 股的，可一次性全部转让</td></tr>
<tr><td colspan="2">离职后 6 个月内不得转让其持有的本公司股份</td></tr>
<tr><td colspan="2">在下列期间不得买卖本公司股票：
（1）定期报告公告前 30 日内
（2）业绩报告、业绩快报公告前 10 日内
（3）重大事件发生之日或在决策过程中至依法披露后 2 个交易日内</td></tr>
<tr><td>持有上市公司 5% 以上股份的股东、董事、监事和高级管理人员</td><td colspan="2">在买入后 6 个月内卖出，或者在卖出后 6 个月内又买入，所得收益归上市公司所有，公司董事会负责收回</td></tr>
<tr><td>证券业从业人员</td><td colspan="2">在任期或者法定限期内，不得直接或者以化名、借用他人名义持有、买卖股票，也不得收受他人赠送的股票</td></tr>
<tr><td rowspan="2">证券服务机构和人员</td><td>为股票发行出具审计报告等文件的</td><td>在该股票承销期内和期满后 6 个月内，不得买卖该股票</td></tr>
<tr><td>除股票发行事项外，为上市公司出具审计报告等文件的</td><td>自接受上市公司委托之日起至上述文件公开后 5 日内，不得买卖该股票</td></tr>
<tr><td>传播媒介及其从事证券市场信息报道的工作人员</td><td colspan="2">不得从事与其工作职责发生利益冲突的证券买卖</td></tr>
<tr><td rowspan="2">权益披露（通过证券交易所）</td><td>达到 5%</td><td>报告、通知、公告期间内不得再行买卖该上市公司的股票，另有规定的除外</td></tr>
<tr><td>每增加或减少 5%</td><td>在该事实发生之日起至公告后 3 日内不得再买卖该上市公司的股票，另有规定的除外</td></tr>
<tr><td>内幕交易</td><td colspan="2">证券交易内幕信息的知情人和非法获取内幕信息的人，在内幕信息公开前，不得买卖该公司的证券，或者泄露该信息，或者建议他人买卖该证券</td></tr>
<tr><td rowspan="3">上市公司收购</td><td colspan="2">收购人在要约收购期内，不得卖出被收购公司的股票，也不得采取要约规定以外的形式和超出要约的条件，买入被收购公司的股票</td></tr>
<tr><td colspan="2">收购人持有的被收购的上市公司的股票，在收购行为完成后的 18 个月内不得转让，但收购人在被收购公司中拥有表决权的股份在同一实际控制人控制的不同主体之间进行转让，不受该 18 个月的限制</td></tr>
<tr><td colspan="2">收购协议达成后，收购人必须在 3 日内，将该收购协议向中国证监会证券交易所做出书面报告，并予以公告，收购协议公告前不得履行</td></tr>
</table>

2. 票据法

考点二十四：票据关系与票据基础关系（如图 4–16 所示）

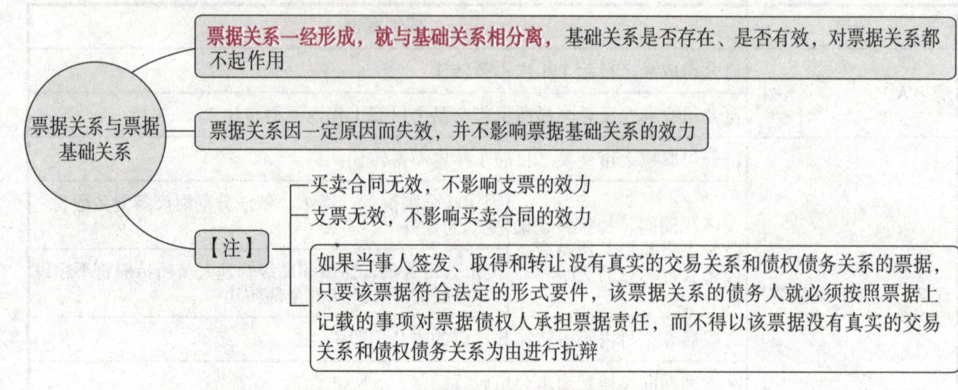

图 4–16　票据关系与票据基础关系

【例题·单选题】甲、乙签订了买卖合同，甲以乙为收款人开出一张票面金额为 5 万元的银行承兑汇票，作为预付款交付于乙，乙接受汇票后将其背书转让给丙。后当事人因不可抗力解除该合同。根据票据法律制度的规定，下列表述中，正确的是（　　）。

A. 甲有权要求乙返还汇票

B. 甲有权要求丙返还汇票

C. 甲有权请求付款银行停止支付

D. 甲有权要求乙返还 5 万元的预付款

【答案】D

【解析】票据关系一经形成，就与基础关系相分离，基础关系是否存在、是否有效，对票据关系都不起作用。在本题中，甲、乙之间解除买卖合同，并不影响持票人丙的票据权利。因此，出票人甲无权要求丙返还汇票，也无权请求付款银行停止向丙支付汇票金额。在银行向丙付款后，甲有权要求乙返还 5 万元的预付款。

考点二十五：票据行为（如图 4-17 所示）

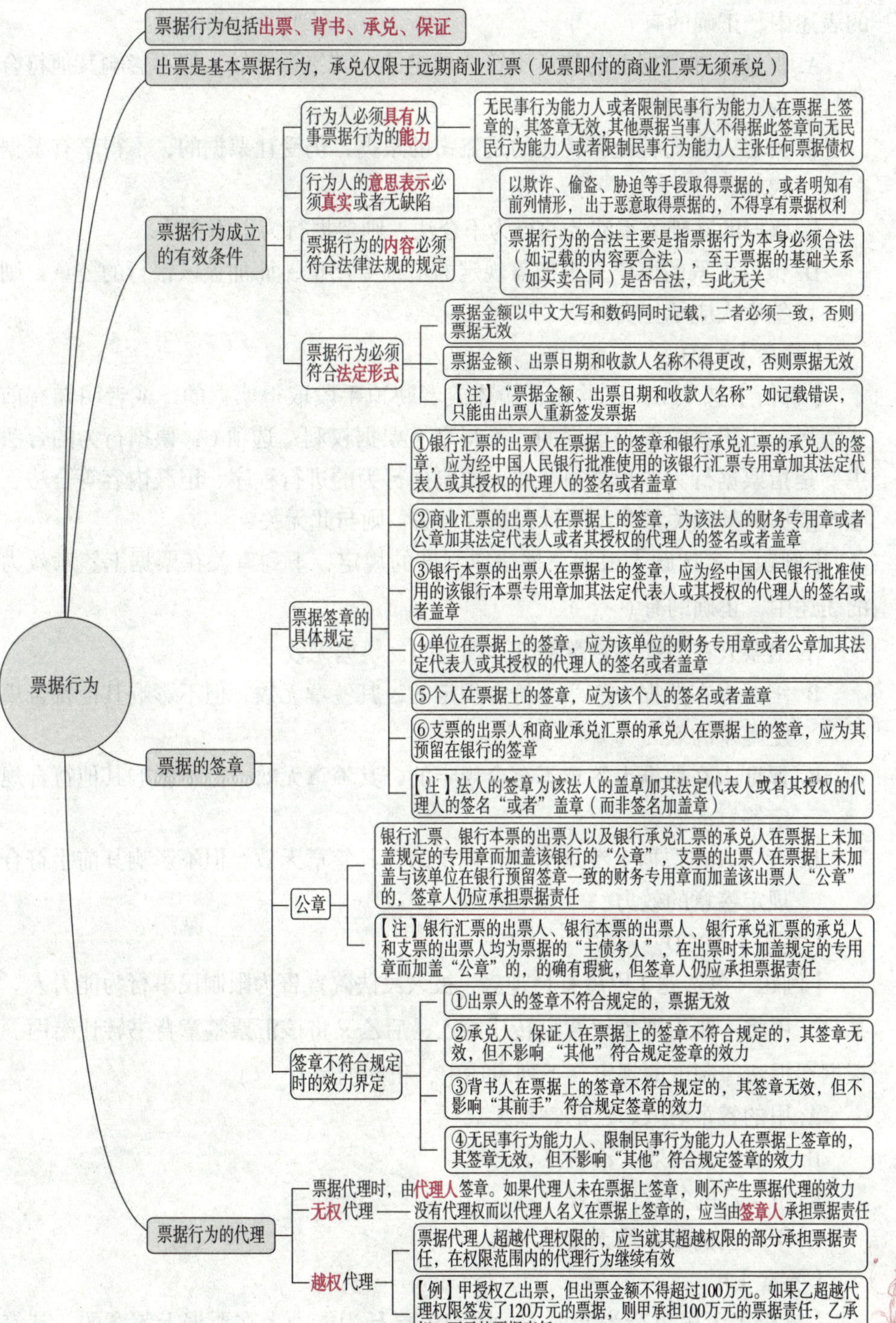

图 4-17　票据行为

【例题·多选题】根据票据法律制度的规定，下列有关票据行为有效要件的表述中，正确的有（　　）。

A. 保证人在票据上的签章不符合规定的，其签章无效，但不影响其他符合规定签章的效力

B. 持票人明知转让者转让的是盗窃的票据，仍受让票据的，不得享有票据权利

C. 票据的基础关系涉及的行为不合法，则票据行为也不合法

D. 银行汇票的出票人未加盖规定的汇票专用章，而加盖该银行的公章，则签章人应承担责任

【答案】ABD

【解析】选项 B：以欺诈、偷盗或者胁迫手段取得票据的，或者明知有前述情形，出于恶意取得票据的，不得享有票据权利；选项 C：票据行为的合法主要是指票据行为本身必须合法，即票据行为的进行程序、记载内容等合法，至于票据的基础关系涉及的行为是否合法，则与此无关。

【例题·多选题】根据票据法律制度的规定，下列有关在票据上签章效力的表述中，正确的有（　　）。

A. 出票人在票据上签章不符合规定的，票据无效

B. 承兑人在票据上签章不符合规定的，其签章无效，但不影响其他符合规定签章的效力

C. 保证人在票据上签章不符合规定的，其签章无效，但不影响其他符合规定签章的效力

D. 背书人在票据上签章不符合规定的，其签章无效，但不影响其前手符合规定签章的效力

【答案】ABCD

【例题·单选题】甲患有精神病，被人民法院宣告为限制民事行为能力人。某日，甲将一张汇票签章背书转让给乙，后乙又将该汇票签章背书转让给丙。根据票据法律制度的规定，下列表述中，正确的是（　　）。

A. 甲的签章有效，乙的签章无效

B. 甲的签章无效，乙的签章有效

C. 甲与乙的签章均有效

D. 甲与乙的签章均无效

【答案】B

【解析】无民事行为能力人、限制民事行为能力人在票据上签章的，其签章无效，但不影响“其他”符合规定签章的效力。

考点二十六：票据权利的取得（如图 4–18 所示）

- 票据权利的取得
  - 票据权利包括付款请求权和追索权。一般情况下，持票人应首先行使付款请求权（第一次权利），得不到付款时，才可以行使追索权（第二次权利）。持票人不先行使付款请求权而先行使追索权遭到拒绝而起诉的，人民法院不予受理
  - 票据权利的取得方式
    - 出票取得——出票是创设票据权利的票据行为，从出票人处取得票据，即取得票据权利
    - 转让取得——票据通过背书转让方式可以转让给他人，被背书人即获得票据权利
    - 以税收、继承、赠与、企业合并等方式获得票据
  - 票据权利取得的限制
    - （1）票据的取得，必须给付对价。凡是无对价或者无相当对价取得票据的，如果属于善意取得，仍然享有票据权利，但票据持有人必须承受其前手的权利瑕疵，即该票据权利不得优于其前手。如果前手的权利因违法或者有瑕疵而受影响或者丧失，该持票人的权利也因此而受到影响或者丧失
    - 【注】凡是善意的、已付对价的正当持票人可以向任何票据债务人请求付款，不受其前手权利瑕疵和前手相互间抗辩的影响
    - 【注】持票人取得的票据是无对价或者不相当对价的，其享有的权利不能优于其前手，因此票据债务人可以对抗持票人前手的抗辩事由对抗该持票人
    - 【注】
      - 如果持票人以胁迫、欺诈等“恶意”手段取得票据，其肯定不享有票据权利
      - 如果持票人“善意”“无对价”取得票据，则要看其前手的情况：如果其前手“干干净净”，则持票人也平安无事；如果其前手的票据权利存在瑕疵，则持票人的票据权利就要受到“牵连”
      - 如果持票人“善意”“对价”取得票据，则享有100%的票据权利，不会受其前手的“牵连”
    - （2）因税收、继承、赠与依法无偿取得票据的，不受给付对价的限制，但所享有的票据权利不得优于其前手
    - 【注】只要持票人依法举证，表现其合法取得票据的方式，证明其票据权利，就能享有票据权利，但其票据权利不得优于其前手
    - 【例】甲向乙签发支票，乙将该支票赠与丙。只要持票人丙依法举证（如赠与合同），表现其合法取得票据的方式，证明其票据权利，就能享有票据权利（不受背书连续的限制）。但是，丙（无对价取得）的票据权利不得优于其前手乙。如果乙发给甲的货物存在严重的质量问题，则出票人甲就可以对抗乙的理由来对抗丙
    - （3）因欺诈、偷盗、胁迫、恶意或者重大过失而取得票据的，不得享有票据权利

图 4–18　票据权利的取得

【例题·单选题】甲偷盗所得某银行签发的金额为5 000元的银行本票一张，并将该本票赠与其女友乙作为生日礼物，乙不知该本票系甲偷盗所得，按期持票要求银行付款。假设银行知晓该本票系甲偷盗所得并送给乙，对于乙的付款请求，根据票据法律制度的规定，下列表述中，正确的是（　　）。

A. 根据票据无因性原则，银行应当支付

B. 乙无对价取得本票，银行应拒绝支付

C. 虽甲取得本票不合法，但因乙不知情，银行应支付

D. 甲取得本票不合法，且乙无对价取得本票，银行应拒绝支付

【答案】D

【解析】乙因赠与可以无偿取得票据，不受给付对价的限制。但是，其所享有的票据权利不得优于其前手甲，而甲因偷盗所得不享有票据权利，因此乙也不享有票据权利。

考点二十七：票据权利的补救（如图 4-19 所示）

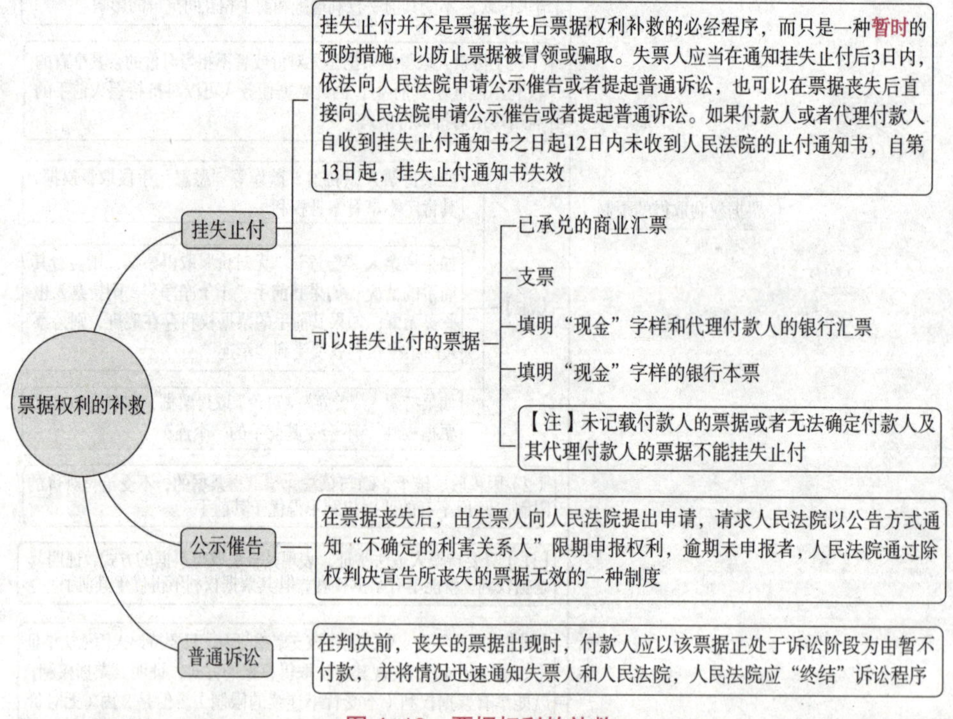

图 4-19　票据权利的补救

【例题·单选题】在票据权利补救的普通诉讼中，丧失的票据在判决前出现时，付款人应以该票据正处于诉讼阶段为由暂不付款，并将情况迅速通知失票人和人民法院。根据票据法律制度的规定，人民法院正确的处理

方式是（ ）。

A. 终结诉讼程序

B. 中止诉讼程序

C. 判决付款人付款，其他争议另立案审理

D. 追加持票人作为第三人，诉讼程序继续进行

【答案】A

【解析】在判决前，丧失的票据出现时，付款人应以该票据正处于诉讼阶段为由暂不付款，并将情况迅速通知失票人和人民法院，人民法院应终结诉讼程序。

【例题·多选题】根据票据法律制度的规定，下列各项中，属于不可以挂失止付的票据的有（ ）。

A. 已承兑的商业汇票

B. 未记载付款人的汇票

C. 未填明“现金”字样的银行汇票

D. 未填明“现金”字样的银行本票

【答案】BCD

【解析】未记载付款人的票据或者无法确定付款人及其代理付款人的票据不能挂失止付。可以挂失止付的票据包括：已承兑的商业汇票、支票，填明“现金”字样和代理付款人的银行汇票和填明“现金”字样的银行本票。

考点二十八：票据抗辩（如图 4–20 所示）

【例题·单选题】根据票据法律制度的规定，下列各项中，属于汇票债务人可以对持票人行使抗辩权的事由的是（ ）。

A. 汇票债务人与出票人之间存在合同纠纷

B. 汇票债务人与持票人的前手存在抵销关系

C. 背书不连续

D. 出票人存入汇票债务人的资金不够

【答案】C

【解析】选项 AD：票据债务人不得以自己和出票人之间的抗辩事由对抗持票人，如出票人与票据债务人存在合同纠纷、出票人存入票据债务人的资金不够；选项 B：票据债务人不得以自己与持票人的前手之间的抗辩事由对抗持票人，如票据债务人与持票人的前手存在抵销关系；选项 C：属于“对物抗辩”，票据债务人可以对任何持票人提出抗辩。

- 票据抗辩
  - 对物抗辩
    - （1）票据行为不成立而为的抗辩（如票据应记载的内容有欠缺、票据债务人无民事行为能力、背书不连续、持票人存在票据权利瑕疵）
    - （2）依票据记载不能提出请求而为的抗辩（如票据未到期、付款地不符）
    - （3）票据载明的权利已经消灭或者因失效而为的抗辩（如票据债权因付款、抵销、提存、免除、除权判决、时效届满而消灭）
    - （4）票据权利的保全手续欠缺而为的抗辩（如应作成拒绝证明而未作）
    - （5）票据上有伪造、变造情形而为的抗辩
    - 【注】对物抗辩是基于票据本身的内容而发生的事由所进行的抗辩，可以对任何持票人提出；而对人抗辩是指票据本身没问题，只是特定的持票人有问题，只能对特定的持票人进行抗辩
    - 【注】在出票时绝对应记载事项未记载的，票据无效，可以进行抗辩；相对应记载事项未记载的，并不影响票据的效力，不能进行抗辩
    - 【注】对物抗辩可以对任何持票人提出，但并非所有的票据债务人均有权提出对物抗辩，只有享有抗辩权的人才有权对任何持票人提出抗辩
  - 对人抗辩
    - 票据债务人可以对不履行约定义务的与自己“有直接债权债务关系的”持票人，进行抗辩
    - 【注】票据债务人只能对基础关系中的“直接相对人”不履行约定义务的行为进行抗辩，该基础关系必须是该票据赖以产生的民事法律关系，而不是其他的民事法律关系
  - 票据抗辩的限制
    - （1）票据债务人不得以自己与出票人之间的抗辩事由（如出票人与票据债务人存在合同纠纷、出票人存入票据债务人的资金不够）对抗持票人
    - （2）票据债务人不得以自己与持票人的前手之间的抗辩事由（如票据债务人与持票人的前手存在抵销关系）对抗持票人，持票人明知存在抗辩事由而取得票据的除外
    - （3）凡是善意的、已付对价的正当持票人可以向任何票据债务人请求付款，不受其前手权利瑕疵和前手相互间抗辩的影响
    - （4）持票人取得的票据是无对价或者不相当对价的，由于其享有的权利不能优于其前手，因此票据债务人可以对抗持票人前手的抗辩事由对抗该持票人

图 4-20 票据抗辩

考点二十九：票据的伪造和变造（如图 4-21 所示）

【例题 · 单选题】下列有关票据伪造的表述中，符合票据法律制度规定的有（　　）。

A. 票据上有伪造签章的，不影响票据上其他真实签章的效力

B. 善意的且支付相当对价的合法持票人有权要求被伪造人承担票据责任

C. 善意的且支付相当对价的合法持票人无权要求被伪造人承担票据责任

D. 票据伪造人的伪造行为即使给他人造成损害，其也不承担票据责任

【答案】ACD

票据的伪造和变造

- 票据的伪造与变造
  - 票据的伪造限于“签章”，变更“签章”以外的其他事项（如票据金额、付款日期等）属于票据的变造
- 票据的伪造定义
  - 票据的伪造包括票据的伪造和票据上签章的伪造。前者是指假冒他人或者以虚构之人的名义进行出票行为，如在空白票据上伪造出票人的签章或者盗盖出票人的印章而进行出票；后者是指假冒他人名义进行出票行为之外的其他票据行为，如伪造背书签章、承兑签章、保证签章等
- 票据的伪造
  - ① 持票人即使是善意取得，对“被伪造人”也不能行使票据权利
  - ② 由于“伪造人”没有以自己的名义“在票据上”签章，因此不承担“票据责任”。但是，如果伪造人的行为给他人造成损失，应承担“民事责任”；构成犯罪的，还应承担“刑事责任”
  - ③ 票据上有伪造签章的，不影响票据上其他真实签章的效力。持票人依法提示承兑、提示付款或者行使追索权时，在票据上真正签章人不能以伪造为由进行抗辩
  - 【注】背书连续主要是指背书在“形式上”连续，如果背书在“实质上”不连续，如有伪造签章，付款人仍应对持票人付款。但是，如果付款人明知持票人不是真正票据权利人，则不得向持票人付款，否则应自行承担责任
  - 【注】付款人及其代理付款人付款时，应当审查汇票背书的连续性，并审查提示付款人的合法身份证明或者有效证件。审查义务仅限于汇票形式上的审查，而不包括实质上的审查。如果付款人未尽审查义务，对不符合法定形式的票据付款，或者存在恶意或者重大过失而付款，付款人的义务不能免除，其他债务人也不能免除责任
- 票据的变造
  - 如果当事人的签章在变造之前，应当按照原记载的内容负责；如果当事人的签章在变造之后，则应当按照变造后的记载内容负责。如果无法辨别签章发生在变造之前还是变造之后，视同在变造之前签章
  - 变造人的行为给他人造成经济损失的，应当对此承担民事责任；构成犯罪的，依法承担刑事责任
  - 【注】
    - (1) 票据的变造，是指“无权”更改票据内容的人，对票据上“签章”以外的记载事项（偷偷地）加以变更的行为
    - (2) 出票人“有权”对票据的某些内容（票据金额、出票日期和收款人名称除外）进行合法的更改，但应当在更正处盖章
  - 【注】被变造的票据仍然有效，因此在票据上签章的当事人肯定要承担票据责任
  - 【注】
    - (1) 在票据上签章的变造人应当按照变造后的金额承担“票据责任”
    - (2) 由于“伪造人”没有以自己的名义“在票据上”签章，因此不承担“票据责任”

图 4-21　票据的伪造和变造

【解析】选项 A：票据上有伪造签章的，不影响票据上其他真实签章的效力，在票据上真正签章的当事人，仍应对被伪造的票据的债权人承担票据责任；选项 BC：持票人即使是善意取得，对被伪造人也不能行使票据权利；选项 D：由于伪造人没有在票据上以自己的名义签章，因此不承担票据责任。

【例题·单选题】甲私刻乙公司的财务专用章，假冒乙公司的名义签发一张转账支票交给收款人丙，丙将该支票背书转让给丁，丁又背书转让给戊。当戊主张票据权利时，根据票据法律制度的规定，下列表述中，正确的是(　　)。

A. 甲不承担票据责任　　B. 乙公司承担票据责任

C. 丙不承担票据责任　　D. 丁不承担票据责任

【答案】A

【解析】选项 A：由于伪造人甲在票据上根本没有以自己的名义签章，因此不承担票据责任；选项 B：持票人即使是善意取得，对被伪造人乙也不能行使票据权利；选项 CD：票据上有伪造签章的，不影响票据上其他真实签章的效力，丙和丁属于在票据上真正签章的当事人，仍应对被伪造的票据的债权人承担票据责任。

【例题·单选题】甲签发一张票面金额为 2 万元的转账支票给乙，乙将该支票背书转让给丙，丙将票面金额改为 5 万元后背书转让给丁，丁又背书转让给戊。根据票据法律制度的规定，下列关于票据责任承担的表述中，正确的是(　　)。

A. 甲、乙、丁对 2 万元负责，丙对 5 万元负责

B. 乙、丙、丁对 5 万元负责，甲对 2 万元负责

C. 甲、乙对 2 万元负责，丙、丁对 5 万元负责

D. 甲、乙对 5 万元负责，丙、丁对 2 万元负责

【答案】C

【解析】甲、乙的签章在变造之前，其应当按照原记载的内容(2万元)负责；丙、丁的签章在变造之后，其应当按照变造后的记载内容(5万元)负责。

【例题·单选题】一张汇票的出票人是甲，乙、丙、丁依次是背书人，戊是持票人。戊在行使票据权利时发现该汇票的金额被变造。经查，乙是在变造之前签章，丁是在变造之后签章，但不能确定丙是在变造之前还是变造之后签章。根据票据法律制度的规定，下列关于甲、乙、丙、丁对汇票金额承担责任的表述中，正确的是(　　)。

A. 甲、乙、丙、丁均只就变造前的汇票金额对戊负责

B. 甲、乙、丙、丁均需就变造后的汇票金额对戊负责

C. 甲、乙就变造前的汇票金额对戊负责，丙、丁就变造后的汇票金额对戊负责

D. 甲、乙、丙就变造前的汇票金额对戊负责，丁就变造后的汇票金额对戊负责

【答案】D

【解析】如果当事人（甲、乙）签章在变造之前，其应按原记载的内容负责；如果当事人（丁）签章在变造之后，则其应按变造后的记载内容负责；如果无法辨别当事人（丙）是在票据被变造之前还是变造之后签章，视同在变造之前签章。

考点三十：商业汇票票据权利的消灭时效（如图 4–22 所示）

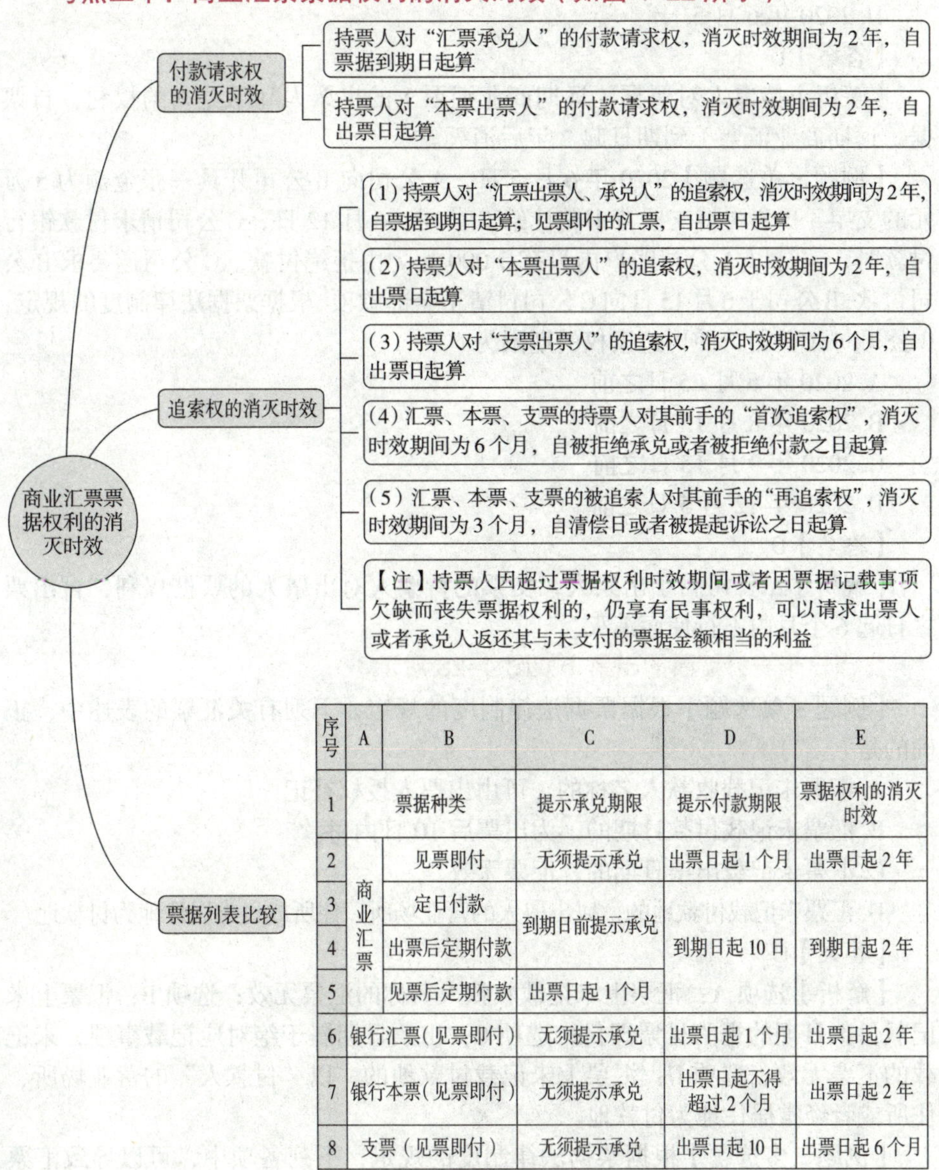

序号	A	B	C	D	E
1	票据种类		提示承兑期限	提示付款期限	票据权利的消灭时效
2	商业汇票	见票即付	无须提示承兑	出票日起1个月	出票日起2年
3		定日付款	到期日前提示承兑	到期日起10日	到期日起2年
4		出票后定期付款			
5		见票后定期付款	出票日起1个月		
6	银行汇票（见票即付）		无须提示承兑	出票日起1个月	出票日起2年
7	银行本票（见票即付）		无须提示承兑	出票日起不得超过2个月	出票日起2年
8	支票（见票即付）		无须提示承兑	出票日起10日	出票日起6个月

图 4–22　商业汇票票据权利的消灭时效

【例题·单选题】丙公司持有一张以甲公司为出票人、乙银行为承兑人、丙公司为收款人的汇票，汇票到期日为 2018 年 6 月 5 日，但是丙公司一直没有主张票据权利。根据票据法律制度的规定，丙公司对甲公司的票据权利的消灭时间是（　　）。

A. 2018 年 6 月 15 日

B. 2018 年 12 月 5 日

C. 2019 年 6 月 5 日

D. 2020 年 6 月 5 日

【答案】D

【解析】持票人对票据（远期商业汇票）的出票人和承兑人的权利，自票据（远期商业汇票）到期日起 2 年后消灭。

【例题·单选题】2020 年 6 月 5 日，A 公司向 B 公司开具一张金额为 5 万元的支票，B 公司将支票背书转让给 C 公司。6 月 12 日，C 公司请求付款银行付款时，银行以 A 公司账户内只有 5 000 元为由拒绝付款。C 公司遂要求 B 公司付款，B 公司于 6 月 15 日向 C 公司付清了全部款项。根据票据法律制度的规定，B 公司向 A 公司行使再追索权的期限为（　　）。

A. 2020 年 6 月 25 日之前

B. 2020 年 8 月 15 日之前

C. 2020 年 9 月 15 日之前

D. 2020 年 12 月 5 日之前

【答案】D

【解析】A 公司属于出票人，支票的持票人对出票人的票据权利，自出票之日起 6 个月内不行使而消灭。

考点三十一：汇票的出票（如图 4-23 所示）

【例题·单选题】根据票据法律制度的规定，下列有关汇票的表述中，正确的是（　　）。

A. 汇票未记载收款人名称的，可由出票人授权补记

B. 汇票未记载付款日期的，为出票后 10 日内付款

C. 汇票未记载出票日期的，汇票无效

D. 汇票未记载付款地的，以出票人的营业场所、住所或经常居住地为付款地

【答案】C

【解析】选项 A：汇票上未记载收款人名称的汇票无效；选项 B：汇票上未记载付款日期的视为见票即付；选项 C：出票日期属于绝对应记载事项，未记载的汇票无效；选项 D：汇票上未记载付款地的，以“付款人”的营业场所、住所或者经常居住地为付款地。

【例题·多选题】根据票据法律制度的规定，下列各项中，可以导致汇票无效的有（　　）。

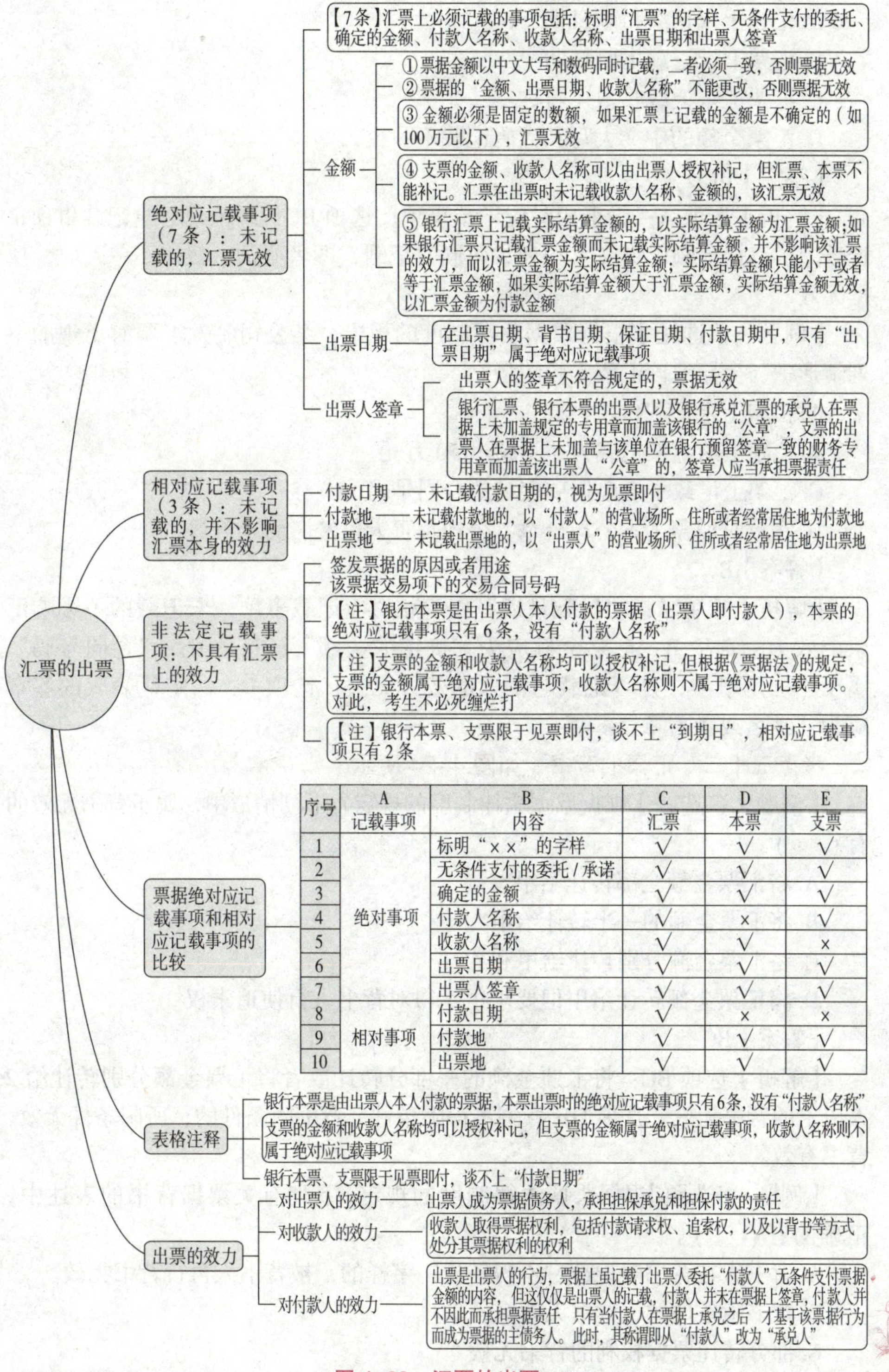

序号	A 记载事项	B 内容	C 汇票	D 本票	E 支票
1	绝对事项	标明“××”的字样	√	√	√
2		无条件支付的委托 / 承诺	√	√	√
3		确定的金额	√	√	√
4		付款人名称	√	×	√
5		收款人名称	√	√	×
6		出票日期	√	√	√
7		出票人签章	√	√	√
8	相对事项	付款日期	√	×	×
9		付款地	√	√	√
10		出票地	√	√	√

图 4-23　汇票的出票

A. 汇票上未记载付款日期

B. 汇票上未记载出票日期

C. 汇票上未记载收款人名称

D. 汇票金额的中文大写和数码记载不一致

【答案】BCD

【解析】选项 A：属于相对应记载事项；选项 BC：属于绝对应记载事项；选项 D：票据金额以中文大写和数码同时记载，两者必须一致，不一致时，票据无效。

【例题·单选题】根据票据法律制度的规定，某公司签发汇票时出现的下列情形中，会导致该汇票无效的是（　　）。

A. 汇票上未记载付款日期

B. 汇票上的金额记载为“不超过 50 万元”

C. 汇票上记载了该票据项交易的合同号码

D. 签章时加盖了本公司公章，公司负责人仅签名而未盖章

【答案】B

【解析】选项 A：“付款日期”属于相对应记载事项，未记载的不影响汇票的效力；选项 B：汇票金额应为“确定的金额”；选项 C：“合同号码”属于非法定事项，是否记载与汇票的效力无关；选项 D：法定代表人的签章应为“签名或者盖章”。

考点三十二：汇票的背书（如图 4-24 所示）

【例题·多选题】根据票据法律制度的规定，下列情形中，属于背书无效的有（　　）。

A. 将汇票金额全部转让给甲

B. 将汇票金额的一半转让给甲

C. 将汇票金额分别转让给甲和乙

D. 将汇票金额转让给甲但要求甲不得对背书人行使追索权

【答案】BC

【解析】选项 BC：将汇票金额的一部分转让或者将汇票金额分别转让给 2 人以上的背书无效；选项 D：背书不得附条件，背书附条件的，所附条件无效，背书有效。

【例题·多选题】根据票据法律制度的规定，下列有关票据背书的表述中，正确的有（　　）。

A. 背书人在背书时记载“不得转让”字样的，被背书人再行背书无效

B. 背书附条件的，背书无效

C. 部分转让票据权利的背书无效

D. 分别转让票据权利的背书无效

汇票的背书

- 背书的定义
  - 背书，是指持票人为将票据权利转让给他人或者将票据权利授予他人行使，在票据背面或者粘单上记载有关事项并签章，然后将票据交付给被背书人 的票据行为
  - 背书包括转让背书和非转让背书（委托收款背书和质押背书）
- 记载事项
  - 绝对应记载事项：背书人的签章
  - 相对应记载事项：背书日期（未记载的，视为到期日前背书）
  - 可以补记：被背书人名称
  - 【注】背书人未记载被背书人名称即将票据交付他人的，持票人在被背书人栏内记载自己的名称与背书人记载具有同等法律效力
  - 【注】背书人在票据上的签章不符合规定的，其签章无效，但不影响“其前手”符合规定签章的效力

汇票背书记载事项		
序号	A	B
1	出票日期	绝对事项
2	付款日期	相对事项（未记载的，视为见票即付）
3	背书日期	相对事项（未记载的，视为汇票到期日前背书）
4	保证日期	相对事项（未记载的，以出票日期为保证日期）

- 附条件的背书：条件无效，背书有效 —— 背书时附有条件的，所附条件不具有汇票上的效力，即不影响背书行为本身的效力，被背书人仍可依该背书取得票据权利
- 部分背书、多头背书：背书无效 —— 将汇票金额的一部分转让或者将汇票金额分别转让给 2 人以上的背书无效
- 背书连续
  - 已背书转让的汇票，背书应当连续。如果背书不连续，付款人可以拒绝向持票人付款，否则付款人自行承担责任
  - 【注】背书连续主要是指背书在“形式上”连续，如果背书在“实质上”不连续，如有伪造签章，付款人仍应对持票人付款。但是 如果付款人明知持票人不是真正的票据权利人，则不得向持票人付款，否则应自行承担责任
  - 对于非经背书转让，而以其他合法形式（如税收、继承、赠与）取得汇票的，不受背书连续的限制。只要取得汇票的人依法举证，表明其合法取得汇票的方式，证明其票据权利，就能享有票据权利
- 任意禁止背书
  - 出票人
    - 出票人在汇票上记载“不得转让”字样，其后手再转让的，该转让不发生票据法上的效力，出票人和承兑人对受让人不承担“票据责任”
    - 对于出票人记载“不得转让”字样的汇票，其后手以此票据进行贴现、质押，通过贴现、质押取得票据的持票人主张票据权利的，人民法院不予支持
  - 背书人 —— 背书人在汇票上记载“不得转让”字样，其后手再背书转让的，原背书人对其直接被背书人以后通过背书方式取得汇票的一切当事人，不负担保责任
- 法定禁止背书
  - 汇票已经被拒绝承兑
  - 汇票已经被拒绝付款
  - 超过付款提示期限，其票据权利中的付款请求权已经丧失
  - 【注】背书转让的，背书人应当承担票据责任
- 委托收款背书
  - 被背书人因委托收款背书而取得代理权后，可以代为行使付款请求权和追索权
  - 背书人仍是票据权利人，被背书人只是代理人，未取得票据权利，因此不能转让。如果转让，原背书人对后手的被背书人不承担票据责任，但不影响出票人、承兑人以及原背书人之前手的票据责任
- 质押背书
  - 质押背书确立的是一种担保关系，而不是票据权利的转让。因此，质权人并不享有票据权利，不得将其转让。如果转让，原背书人对其后手的被背书人不承担票据责任，但不影响出票人、承兑人以及原背书人之前手的票据责任
  - 以汇票设定质押时，出质人应当“在汇票上”记载“质押”字样并“签章”，才构成汇票质押。被背书人取得质权人地位后，在背书人不能履行其债务的情况下，质权人可以行使“票据权利”，并从票据金额中按照担保债权的数额优先得到补偿
  - 【注】以汇票设定质押时，出质人在汇票上只记载了“质押”字样而未在票据上签章的，或者出质人未在汇票上记载“质押”字样而另行签订质押合同、质押条款的，不构成汇票质押
  - 【注】
    - 如果构成汇票质押（出质人同时在汇票上“签章”并记载“质押”字样），在质押期间，被背书人（质权人）并不享有票据权利，但是当背书人（债务人）不能履行到期债务时，被背书人（质权人）就可以行使“票据权利”了
    - 如果债务人将汇票直接“交付”给质权人（出质人未同时在汇票上“签章”并记载“质押”字样），根据《物权法》的规定，质权依然自交付之日起设立；但是当债务人不能履行到期债务时，质权人不能直接行使“票据权利”（背书不连续）
- 背书效力

背书的效力		
序号	A	B
	具体形式	背书的效力
1	背书人未签章	背书无效
2	未记载背书日期	背书有效
3	背书人未记载被背书人名称即将票据交付他人的，持票人在被背书人栏内记载自己的名称	背书有效
4	附条件的背书	背书有效
5	部分背书、多头背书	背书无效
6	背书人在汇票上记载“不得转让”字样，其后手再背书转让的	背书有效

图 4-24　汇票的背书

【答案】CD

【解析】选项 A：对于背书人的“禁止背书”，其后手再背书转让的，原背书人对其直接被背书人以后通过背书方式取得汇票的一切当事人，不负担保责任，但不影响背书本身的效力；选项 B：背书不得附条件，否则所附条件无效，但背书有效；选项 CD：将汇票金额的一部分转让或者将汇票金额分别转让给 2 人以上的背书无效。

【例题 · 多选题】甲公司将一张银行承兑汇票转让给乙公司，乙公司以质押背书方式向 W 银行取得贷款。贷款到期，乙公司偿还贷款，收回汇票并转让给丙公司。票据到期后，丙公司作成委托收款背书，委托开户银行提示付款。根据票据法律制度的规定，下列背书中，属于非转让背书的有（　　）。

A. 甲公司背书给乙公司

B. 乙公司质押背书给 W 银行

C. 乙公司背书给丙公司

D. 丙公司进行委托收款背书

【答案】BD

【解析】非转让背书包括委托收款背书和质押背书。

【例题 · 单选题】甲将一汇票背书转让给乙，但该汇票上未记载乙的名称。其后，乙在该汇票被背书人栏内记载了自己的名称。根据票据法律制度的规定，下列有关该汇票背书与记载效力的表述中，正确的是（　　）。

A. 甲的背书无效，因为甲未记载被背书人乙的名称

B. 甲的背书无效，且将导致该票据无效

C. 乙的记载无效，应由背书人甲补记

D. 乙的记载有效，其记载与背书人甲记载具有同等法律效力

【答案】D

【解析】如果背书人未记载被背书人名称而将票据交付他人，持票人在票据被背书人栏内记载自己的名称与背书人记载具有同等法律效力。

【例题 · 单选题】根据票据法律制度的规定，如果持票人将出票人禁止背书的汇票转让，下列有关出票人票据责任的表述中，正确的是（　　）。

A. 出票人对受让人不负票据责任

B. 出票人仍须对善意受让人负偿还票款的责任

C. 出票人与背书人对善意受让人负偿还票款的连带责任

D. 出票人与背书人、持票人共同负责

【答案】A

【解析】出票人在汇票上记载“不得转让”字样，其后手再转让的，该转让不发生票据法上的效力，出票人对受让人不承担票据责任。

【例题·单选题】根据票据法律制度的规定，背书人在汇票上记载“不得转让”字样，其后手再背书转让的，将产生的法律后果是（　　）。

A. 该汇票无效

B. 该背书转让无效

C. 原背书人对后手的被背书人不承担保证责任

D. 原背书人对后手的被背书人承担保证责任

【答案】C

【解析】背书人在汇票上记载“不得转让”字样，其后手再背书转让的，原背书人对其直接被背书人以后通过背书方式取得汇票的一切当事人，不负保证责任。

【例题·单选题】汇票背书人在票据上记载“不得转让”字样，但其后手仍进行背书转让，下列关于票据责任承担的表述中，错误的是（　　）。

A. 不影响承兑人的票据责任

B. 不影响出票人的票据责任

C. 不影响原背书人之前手的票据责任

D. 不影响原背书人对后手的被背书人承担票据责任

【答案】D

【解析】背书人在汇票上记载“不得转让”字样，其后手再背书转让的，原背书人对其直接被背书人以后通过背书方式取得汇票的一切当事人，不负保证责任。

【例题·单选题】甲公司为购买货物而将所持有的汇票背书转让给乙公司，但因担心以此方式付款后对方不交货，因此在背书栏中记载了“乙公司必须按期保质交货，否则不付款”的字样。乙公司在收到票据后没有按期交货。根据票据法律制度的规定，下列表述中，正确的是（　　）。

A. 背书无效

B. 背书有效，乙的后手持票人应受上述记载的约束

C. 背书有效，但是上述记载没有汇票上的效力

D. 票据无效

【答案】C

【解析】背书时附有条件的，所附条件不具有汇票上的效力，即不影响背书行为本身的效力，被背书人仍可依该背书取得票据权利。

【例题·单选题】根据票据法律制度的规定，下列有关汇票背书的表述中，正确的是（　　）。

A. 背书日期为绝对必要记载事项

B. 背书不得附有条件，背书时附有条件的，背书无效

C. 出票人在汇票上记载“不得转让”字样的，汇票不得转让

D. 委托收款背书的被背书人可以再背书转让汇票权利

【答案】C

【解析】选项 A：背书日期属于相对应记载事项，未记载背书日期的，视为到期日前背书；选项 B：背书时附有条件的，所附条件不具有汇票上的效力，即不影响背书行为本身的效力，被背书人仍可依背书取得票据权利；选项 C：出票人在汇票上记载“不得转让”字样，其后手再背书转让的，该转让不发生票据法上的效力，出票人对受让人不承担票据责任；选项 D：委托收款背书的背书人仍是票据权利人，被背书人只是代理人，并未取得票据权利，不能再背书转让汇票权利。

【例题·单选题】根据票据法律制度的规定，下列选项中，不构成票据质押的是（　）。

A. 出质人在汇票上记载了“质押”字样而未在汇票上签章的

B. 出质人在汇票粘单上记载了“质押”字样并在汇票粘单上签章的

C. 出质人在汇票上记载了“质押”字样并在汇票上签章，但是未记载背书日期的

D. 出质人在汇票上记载了“质押”字样并在汇票上签章的

【答案】A

【解析】以汇票设定质押时，出质人在汇票上只记载了“质押”字样而未在票据上签章的，或者出质人未在汇票上记载“质押”字样而另行签订质押合同、质押条款的，不构成汇票质押。

【例题·单选题】甲公司对乙公司负有债务，为了担保其债务的履行，甲公司同意将一张以本公司为收款人的汇票质押给乙公司，为此双方订立了书面的质押合同，并交付了票据。甲公司未按时履行债务，乙公司遂于该票据到期时持票据向承兑人提示付款。根据票据法律制度的规定，下列表述中，正确的是（　）。

A. 承兑人应当向乙公司付款

B. 如果乙公司同时提供了书面质押合同证明自己的权利，承兑人应当付款

C. 如果甲公司书面证明票据质押的事实，承兑人应当付款

D. 承兑人可以拒绝付款

【答案】D

【解析】以汇票设定质押时，出质人未在汇票、粘单上记载“质押”字样而另行签订质押合同、质押条款的，不构成票据质押。在本题中，乙公司并不享有票据质权，因此甲公司未按时履行债务时，乙公司无权要求承兑人付款。

考点三十三：商业汇票的承兑（如图 4-25 所示）

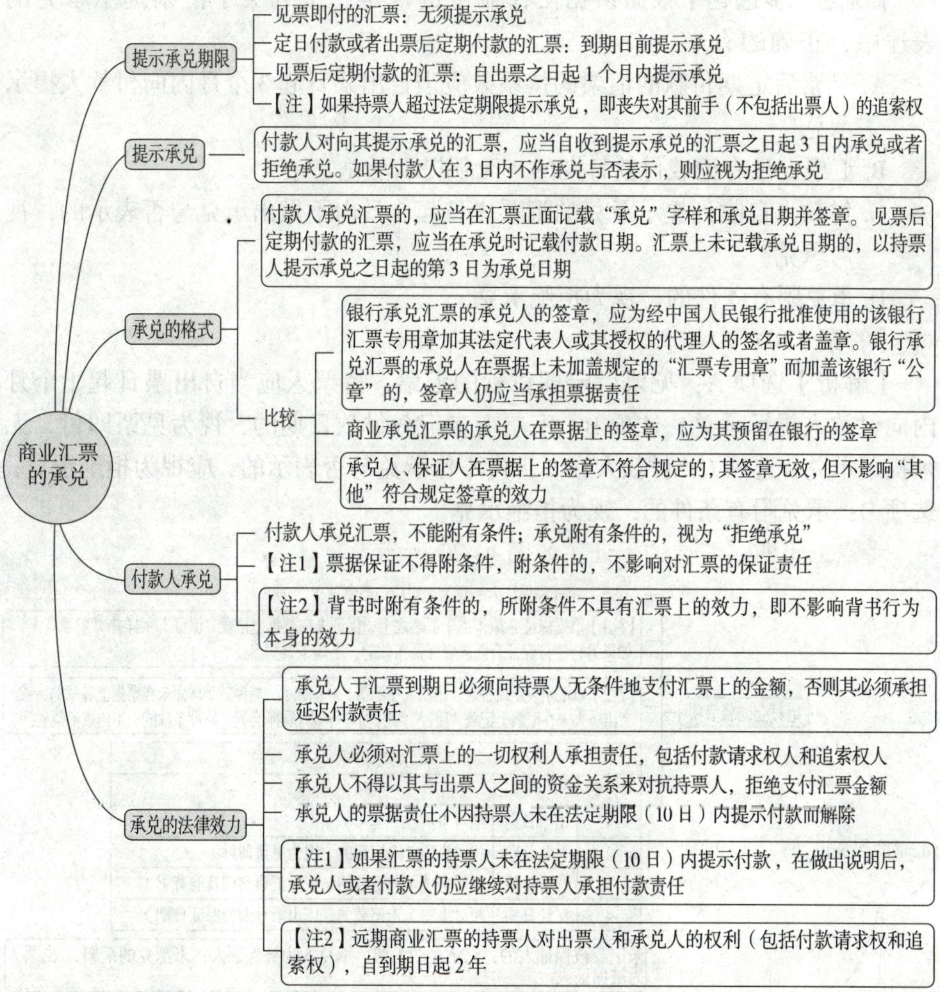

- 商业汇票的承兑
  - 提示承兑期限
    - 见票即付的汇票：无须提示承兑
    - 定日付款或者出票后定期付款的汇票：到期日前提示承兑
    - 见票后定期付款的汇票：自出票之日起 1 个月内提示承兑
    - 【注】如果持票人超过法定期限提示承兑，即丧失对其前手（不包括出票人）的追索权
  - 提示承兑
    - 付款人对向其提示承兑的汇票，应当自收到提示承兑的汇票之日起 3 日内承兑或者拒绝承兑。如果付款人在 3 日内不作承兑与否表示，则应视为拒绝承兑
  - 承兑的格式
    - 付款人承兑汇票的，应当在汇票正面记载“承兑”字样和承兑日期并签章。见票后定期付款的汇票，应当在承兑时记载付款日期。汇票上未记载承兑日期的，以持票人提示承兑之日起的第 3 日为承兑日期
    - 比较
      - 银行承兑汇票的承兑人的签章，应为经中国人民银行批准使用的该银行汇票专用章加其法定代表人或其授权的代理人的签名或者盖章。银行承兑汇票的承兑人在票据上未加盖规定的“汇票专用章”而加盖该银行“公章”的，签章人仍应当承担票据责任
      - 商业承兑汇票的承兑人在票据上的签章，应为其预留在银行的签章
      - 承兑人、保证人在票据上的签章不符合规定的，其签章无效，但不影响“其他”符合规定签章的效力
  - 付款人承兑
    - 付款人承兑汇票，不能附有条件；承兑附有条件的，视为“拒绝承兑”
    - 【注1】票据保证不得附条件，附条件的，不影响对汇票的保证责任
    - 【注2】背书时附有条件的，所附条件不具有汇票上的效力，即不影响背书行为本身的效力
  - 承兑的法律效力
    - 承兑人于汇票到期日必须向持票人无条件地支付汇票上的金额，否则其必须承担延迟付款责任
    - 承兑人必须对汇票上的一切权利人承担责任，包括付款请求权人和追索权人
    - 承兑人不得以其与出票人之间的资金关系来对抗持票人，拒绝支付汇票金额
    - 承兑人的票据责任不因持票人未在法定期限（10 日）内提示付款而解除
    - 【注1】如果汇票的持票人未在法定期限（10 日）内提示付款，在做出说明后，承兑人或者付款人仍应继续对持票人承担付款责任
    - 【注2】远期商业汇票的持票人对出票人和承兑人的权利（包括付款请求权和追索权），自到期日起 2 年

图 4-25　商业汇票的承兑

【例题·单选题】乙公司在与甲公司交易中获得 300 万元的汇票一张，付款人为丙公司。乙公司请求承兑时，丙公司在汇票上签注“承兑，甲公司款到后支付”。根据票据法律制度的规定，下列关于丙公司付款责任的表述中，正确的是（　　）。

A. 丙公司已经承兑，应承担付款责任

B. 应视为丙公司拒绝承兑，丙公司不承担付款责任

C. 甲公司给丙公司付款后，丙公司才承担付款责任

D. 按甲公司给丙公司付款的多少确定丙公司应承担的付款责任

【答案】B

【解析】承兑附有条件的，视为拒绝承兑。

【例题·多选题】根据票据法律制度的规定，下列关于汇票提示承兑的表述中，正确的有（　）。

A. 见票后定期付款的汇票的持票人应当自出票日起 3 个月内向付款人提示承兑

B. 汇票上没有记载付款日期的，无须提示承兑

C. 付款人自收到提示承兑的汇票之日起 3 日内不做出承兑与否表示的，视为承兑

D. 承兑附有条件的，视为拒绝承兑

【答案】BD

【解析】选项 A：见票后定期付款的汇票，持票人应当自出票日起 1 个月内向付款人提示承兑；选项 B：汇票上未记载付款日期的，视为见票即付，无须提示承兑；选项 C：付款人在 3 日内不作承兑与否表示的，应视为拒绝承兑；选项 D：承兑附有条件的，视为拒绝承兑。

考点三十四：汇票的保证（如图 4-26 所示）

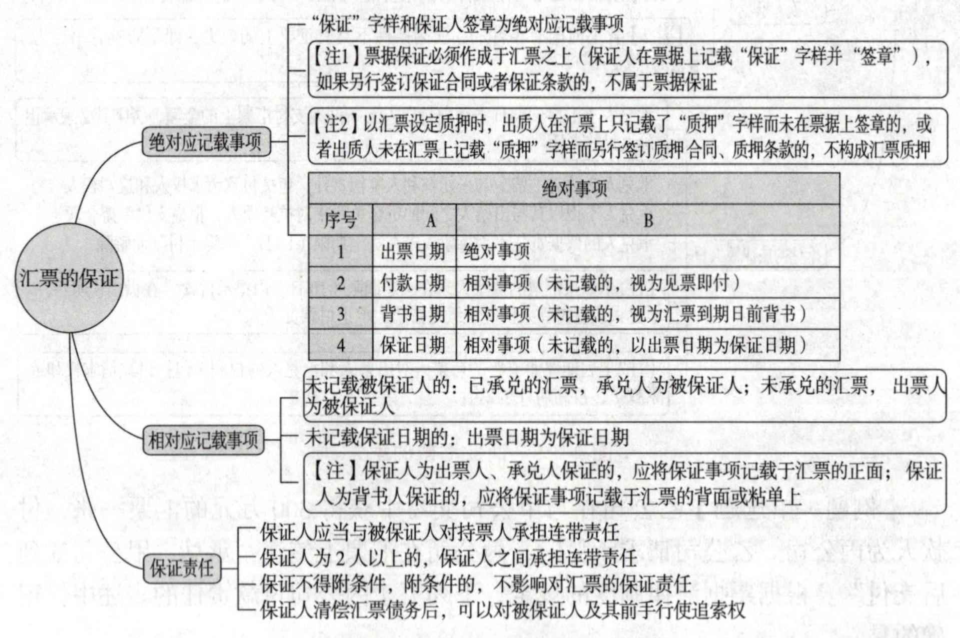

绝对事项		
序号	A	B
1	出票日期	绝对事项
2	付款日期	相对事项（未记载的，视为见票即付）
3	背书日期	相对事项（未记载的，视为汇票到期日前背书）
4	保证日期	相对事项（未记载的，以出票日期为保证日期）

图 4-26　汇票的保证

【例题·单选题】乙公司与丙公司交易时以汇票支付，丙公司见汇票出票人为甲公司，遂要求乙公司提供担保。乙公司请丁公司为该汇票作保证，丁公司在汇票背书栏签注明"若甲公司出票真实，本公司愿意保证"。后经了解，甲公司实际并不存在。根据票据法律制度的规定，下列表述中，正确的是（　）。

A. 丁公司应承担一定赔偿责任

B. 丁公司只承担一般保证责任，不承担票据保证责任

C. 丁公司应当承担票据保证责任

D. 丁公司不承担任何责任

【答案】C

【解析】保证不得附有条件；附有条件的，不影响对汇票的保证责任。

【例题·单选题】根据票据法律制度的规定，下列关于票据保证的表述中，不正确的是（　　）。

A. 票据上未记载保证日期的，被保证人的背书日期为保证日期

B. 保证人未在票据或粘单上记载被保证人名称的已承兑票据，承兑人为被保证人

C. 保证人为 2 人以上的，保证人之间承担连带责任

D. 保证人清偿票据债务后，可以对被保证人及其前手行使追索权

【答案】A

【解析】选项 A：票据上未记载保证日期的，以出票日期为保证日期；选项 B：未记载被保证人的，已承兑的汇票承兑人为被保证人，未承兑的汇票出票人为被保证人。

考点三十五：商业汇票追索权（如图 4-27 所示）

【例题·多选题】根据票据法律制度的规定，下列选项中，属于汇票持票人行使追索权时可以请求被追索人清偿的款项的有（　　）。

A. 汇票金额自到期日起至清偿日止，按照中国人民银行规定的相关利率计算的利息

B. 发出通知书的费用

C. 因汇票金额被拒绝支付而导致的利润损失

D. 因汇票金额被拒绝支付而导致追索人对他人违约而支付的违约金

【答案】AB

【解析】追索金额中不包括“间接损失”。

- 商业汇票追索权
  - 二次权利：票据权利包括付款请求权和追索权。一般情况下，持票人应首先行使付款请求权（第一次权利），得不到付款时，才可以行使追索权（第二次权利）。持票人不先行使付款请求权而先行使追索权遭到拒绝而起诉的，人民法院不予以受理
  - 行使追索权的条件
    - 实质条件
      - 到期追索权——汇票到期被拒绝付款
      - 前期追索权
        - 汇票在到期日前被拒绝承兑
        - 在汇票到期日前，承兑人或者付款人死亡、逃匿的
        - 在汇票到期日前，承兑人或者付款人被依法宣告破产或因违法被责令终止业务活动
      - 【注】如果“承兑人或者付款人”没问题，“出票人或者背书人”死亡、逃匿或者破产的，持票人不能行使前期追索权
    - 形式条件
      - 如果持票人不能出示相关证明（如退票理由书、人民法院的有关司法文件），将丧失对其前手的追索权，但承兑人或者付款人仍应对持票人承担责任

追索权的具体情形

序号	A	B
	具体情形	法律后果
1	未按照规定期限提示承兑	丧失对“出票人”以外的前手的追索权
2	未按照规定期限提示付款	丧失对“出票人、承兑人”以外的前手的追索权
3	未取得拒绝证明	丧失对“出票人、承兑人”以外的前手的追索权
4	未按照规定期限发出追索通知	仍可以行使追索权

  - 发出追索通知的时间：持票人未按照规定期限（3日）发出追索通知的，持票人仍可以行使追索权。因延期通知给其前手或者出票人造成损失的，由其承担该损失的赔偿责任，但所赔偿的金额以汇票金额为限
  - 追索权的行使期限
    - （1）持票人对前手（不包括出票人、承兑人）的首次追索权，自被拒绝承兑或者被拒绝付款之日起6个月
    - （2）持票人对前手（不包括出票人、承兑人）的再追索权，自清偿日或者被提起诉讼之日起3个月
    - （3）汇票的持票人对“出票人、承兑人”的追索权，消灭时效期间为2年，自票据到期日起算；见票即付的汇票，自出票日起算
  - 追索金额
    - 首次追索权的追索金额
      - 被拒绝付款的汇票金额
      - 汇票金额从到期日或者提示付款日起至清偿日止，按照中国人民银行规定的利率计算的利息
      - 取得有关拒绝证明和发出通知书的费用
      - 【注】追索金额包括汇票金额、利息和费用，但不包括持票人的“间接损失”
    - 再追索权的追索金额
      - 已经清偿的全部金额及其利息
      - 发出通知书的费用
  - 追索对象
    - 出票人、背书人、承兑人和保证人对持票人承担“连带责任”
    - 持票人可以不按照汇票债务人的先后顺序，对其中任何一人、数人或者全体人员行使追索权
    - 持票人对汇票债务人中的一人或者数人已经开始进行追索的，对其他汇票债务人仍然可以行使追索权
    - 【注1】承兑人既是付款义务人，也是被追索人。如果承兑人以其与出票人之间的资金关系来对抗持票人，拒绝支付汇票金额（这样做不对），持票人对承兑人仍可行使追索权
    - 【注2】
      - 持票人未在法定期限（10日）内提示付款的，则丧失对“出票人、承兑人”以外的前手（背书人及其保证人）的追索权
      - 持票人未在规定期限（3日）内发出追索通知的，仍可以行使追索权
    - 【注3】背书人在汇票上记载“不得转让”字样，其后手再背书转让的，如果汇票被拒绝承兑或者被拒绝付款，则持票人对该背书人无追索权
    - 【注4】持票人对伪造人、被伪造人均无追索权
    - 【注5】保证人清偿汇票债务后，可以对“被保证人及其前手”行使追索权

图 4-27　商业汇票追索权

考点三十六：银行本票（如图 4-28 所示）

【例题·单选题】根据票据法律制度的规定，下列关于本票的表述中，不正确的是（　　）。

A. 到期日是本票的绝对应记载事项

B. 本票的基本当事人只有出票人和收款人

C. 本票无须承兑

D. 本票是由出票人本人对持票人付款的票据

【答案】A

【解析】选项 A：本票限于见票即付，谈不上到期日。

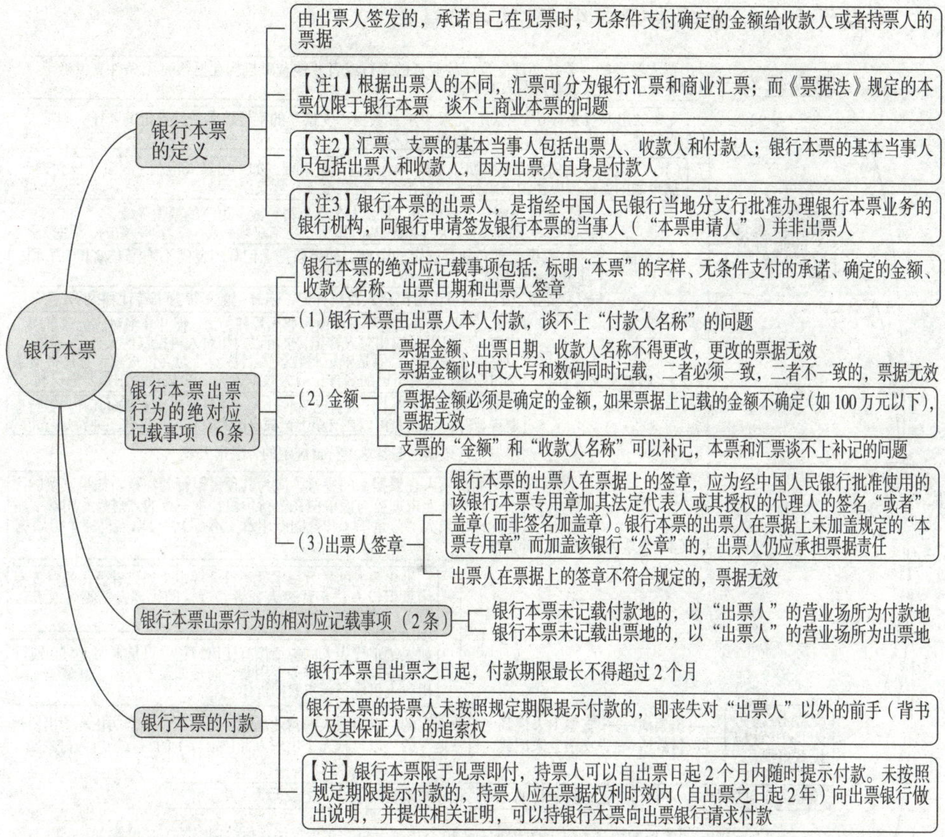

银行本票

- 银行本票的定义
  - 由出票人签发的，承诺自己在见票时，无条件支付确定的金额给收款人或者持票人的票据
  - 【注1】根据出票人的不同，汇票可分为银行汇票和商业汇票；而《票据法》规定的本票仅限于银行本票　谈不上商业本票的问题
  - 【注2】汇票、支票的基本当事人包括出票人、收款人和付款人；银行本票的基本当事人只包括出票人和收款人，因为出票人自身是付款人
  - 【注3】银行本票的出票人，是指经中国人民银行当地分支行批准办理银行本票业务的银行机构，向银行申请签发银行本票的当事人（“本票申请人”）并非出票人
- 银行本票出票行为的绝对应记载事项（6条）
  - 银行本票的绝对应记载事项包括：标明“本票”的字样、无条件支付的承诺、确定的金额、收款人名称、出票日期和出票人签章
  - （1）银行本票由出票人本人付款，谈不上“付款人名称”的问题
  - （2）金额
    - 票据金额、出票日期、收款人名称不得更改，更改的票据无效
    - 票据金额以中文大写和数码同时记载，二者必须一致，二者不一致的，票据无效
    - 票据金额必须是确定的金额，如果票据上记载的金额不确定（如 100 万元以下），票据无效
    - 支票的“金额”和“收款人名称”可以补记，本票和汇票谈不上补记的问题
  - （3）出票人签章
    - 银行本票的出票人在票据上的签章，应为经中国人民银行批准使用的该银行本票专用章加其法定代表人或其授权的代理人的签名“或者”盖章（而非签名加盖章）。银行本票的出票人在票据上未加盖规定的“本票专用章”而加盖该银行“公章”的，出票人仍应承担票据责任
    - 出票人在票据上的签章不符合规定的，票据无效
- 银行本票出票行为的相对应记载事项（2条）
  - 银行本票未记载付款地的，以“出票人”的营业场所为付款地
  - 银行本票未记载出票地的，以“出票人”的营业场所为出票地
- 银行本票的付款
  - 银行本票自出票之日起，付款期限最长不得超过 2 个月
  - 银行本票的持票人未按照规定期限提示付款的，即丧失对“出票人”以外的前手（背书人及其保证人）的追索权
  - 【注】银行本票限于见票即付，持票人可以自出票日起 2 个月内随时提示付款。未按照规定期限提示付款的，持票人应在票据权利时效内（自出票之日起 2 年）向出票银行做出说明，并提供相关证明，可以持银行本票向出票银行请求付款

图 4-28　银行本票

【例题·单选题】根据票据法律制度的规定，银行本票自出票之日起，付款期限最长为（　　）。

A. 1 个月　　　　B. 2 个月

C. 6 个月　　　　D. 9 个月

【答案】B

【解析】本票自出票之日起，付款期限最长不得超过 2 个月。

【例题·单选题】根据票据法律制度的规定，如果本票的持票人未在法定付款提示期限内提示见票，则丧失对特定票据债务人以外的其他债务人的追索权，该特定票据的债务人是（　　）。

A. 出票人　　　　　　　　　　B. 保证人

C. 背书人　　　　　　　　　　D. 被背书人

【答案】A

【解析】持票人未按照规定提示付款的，丧失对“出票人以外的”前手（背书人及其保证人）的追索权。

考点三十七：支票（如图 4-29 所示）

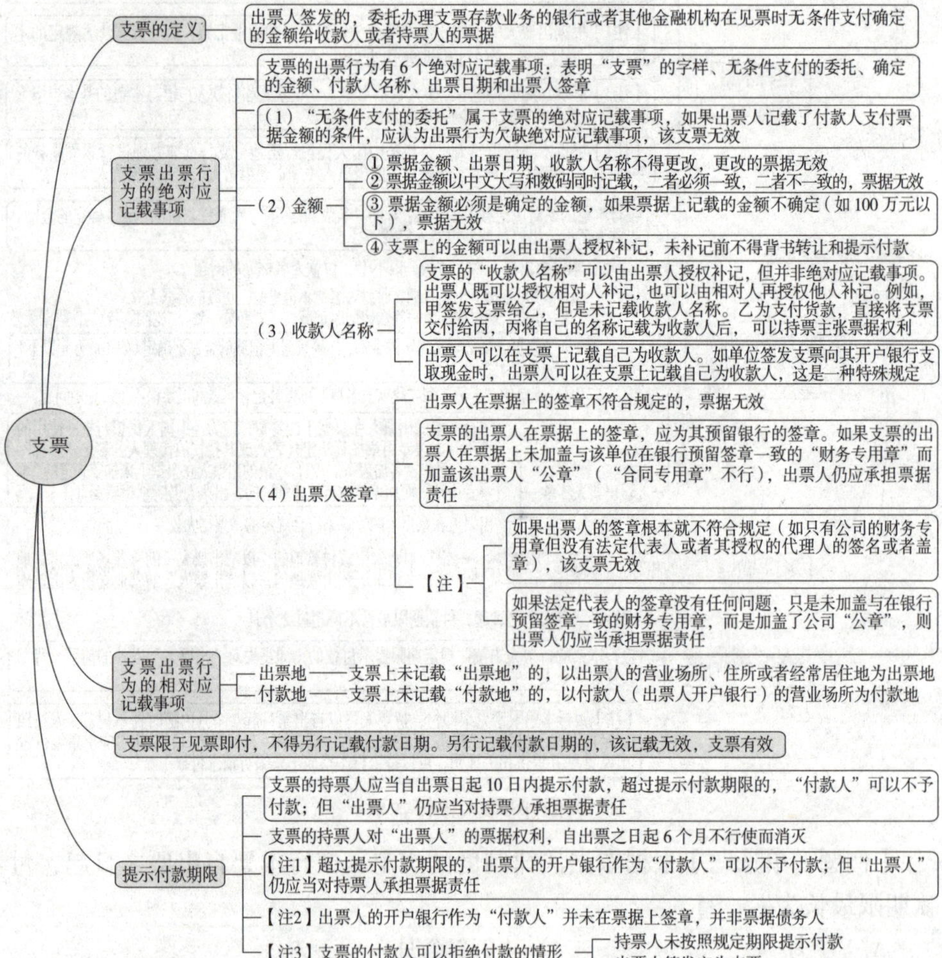

- 支票
  - 支票的定义
    - 出票人签发的，委托办理支票存款业务的银行或者其他金融机构在见票时无条件支付确定的金额给收款人或者持票人的票据
  - 支票出票行为的绝对应记载事项
    - 支票的出票行为有 6 个绝对应记载事项：表明“支票”的字样、无条件支付的委托、确定的金额、付款人名称、出票日期和出票人签章
    - （1）“无条件支付的委托”属于支票的绝对应记载事项，如果出票人记载了付款人支付票据金额的条件，应认为出票行为欠缺绝对应记载事项，该支票无效
    - （2）金额
      - ① 票据金额、出票日期、收款人名称不得更改，更改的票据无效
      - ② 票据金额以中文大写和数码同时记载，二者必须一致，二者不一致的，票据无效
      - ③ 票据金额必须是确定的金额，如果票据上记载的金额不确定（如 100 万元以下），票据无效
      - ④ 支票上的金额可以由出票人授权补记，未补记前不得背书转让和提示付款
    - （3）收款人名称
      - 支票的“收款人名称”可以由出票人授权补记，但并非绝对应记载事项。出票人既可以授权相对人补记，也可以由相对人再授权他人补记。例如，甲签发支票给乙，但是未记载收款人名称。乙为支付货款，直接将支票交付给丙，丙将自己的名称记载为收款人后，可以持票主张票据权利
      - 出票人可以在支票上记载自己为收款人。如单位签发支票向其开户银行支取现金时，出票人可以在支票上记载自己为收款人，这是一种特殊规定
    - （4）出票人签章
      - 出票人在票据上的签章不符合规定的，票据无效
      - 支票的出票人在票据上的签章，应为其预留银行的签章。如果支票的出票人在票据上未加盖与该单位在银行预留签章一致的“财务专用章”而加盖该出票人“公章”（“合同专用章”不行），出票人仍应承担票据责任
      - 【注】
        - 如果出票人的签章根本就不符合规定（如只有公司的财务专用章但没有法定代表人或者其授权的代理人的签名或者盖章），该支票无效
        - 如果法定代表人的签章没有任何问题，只是未加盖与在银行预留签章一致的财务专用章，而是加盖了公司“公章”，则出票人仍应当承担票据责任
  - 支票出票行为的相对应记载事项
    - 出票地——支票上未记载“出票地”的，以出票人的营业场所、住所或者经常居住地为出票地
    - 付款地——支票上未记载“付款地”的，以付款人（出票人开户银行）的营业场所为付款地
  - 支票限于见票即付，不得另行记载付款日期。另行记载付款日期的，该记载无效，支票有效
  - 提示付款期限
    - 支票的持票人应当自出票日起 10 日内提示付款，超过提示付款期限的，“付款人”可以不予付款；但“出票人”仍应当对持票人承担票据责任
    - 支票的持票人对“出票人”的票据权利，自出票之日起 6 个月不行使而消灭
    - 【注1】超过提示付款期限的，出票人的开户银行作为“付款人”可以不予付款；但“出票人”仍应当对持票人承担票据责任
    - 【注2】出票人的开户银行作为“付款人”并未在票据上签章，并非票据债务人
    - 【注3】支票的付款人可以拒绝付款的情形
      - 持票人未按照规定期限提示付款
      - 出票人签发空头支票

图 4-29　支票

【例题·单选题】根据票据法律制度的规定，下列关于支票的表述中，不正确的是（　　）。

A. 支票的基本当事人包括出票人、付款人、收款人

B. 支票的金额和收款人名称可以由出票人授权补记

C. 出票人不得在支票上记载自己为收款人

D. 支票的付款人是出票人的开户银行

【答案】C

【解析】支票的出票人可以在支票上记载自己为收款人。

【例题·多选题】根据票据法律制度的规定，下列有关汇票与支票区别的表述中，正确的有（　）。

A. 汇票可以背书转让，支票不可背书转让

B. 汇票有即期汇票与远期汇票之分，支票则均为见票即付

C. 汇票的票据权利时效为 2 年，支票的票据权利时效则为 6 个月

D. 汇票上的收款人可以由出票人授权补记，支票则不能授权补记

【答案】BC

【解析】选项 A：汇票、本票、非现金支票均可背书转让；选项 D：支票的金额、收款人名称可以由出票人授权补记，汇票和本票的金额、收款人名称不得由出票人授权补记。

3. 保险法

考点三十八：保险分类及保险法的基本原则（见表 4-27、表 4-28）

表 4-27　　保险分类

按保险人是否转移保险责任	原保险	指保险人对因事故所致损害直接由自己承担赔偿责任的保险
	再保险（分保）	指原保险人为减轻或避免所负风险把原保险责任的一部分或全部转移给其他保险人的保险 【提示】对一次保险事故可能造成的最大损失范围所承担的责任，不得超过实有资本金加公积金总和的 10%；超过的部分，应当办理再保险
按保险人的人数	单保险	与一个保险人订立
	复保险	与两个以上保险人订立

表 4-28　　保险法的基本原则

<table>
<tr><td rowspan="9">最大诚信</td><td>告知义务</td><td colspan="2">订立保险合同时，双方应履行告知义务
投保人就“重要事实”的履行告知义务：
（1）限于“保险人询问”的范围和内容
【提示 1】当事人对询问范围及内容有争议的，保险人负举证责任
（2）保险人不得以概括性条款的如实告知义务为由请求解除合同
【提示 2】该概括性条款有具体内容的除外</td></tr>
<tr><td rowspan="6">法律后果</td><td rowspan="2">投保人</td><td>“故意”不履行告知义务：保险人“不赔”“不退”</td></tr>
<tr><td>“重大过失”不履行告知义务“且”对保险事故的发生有“严重影响”：保险人“不赔”但“退还保费”</td></tr>
<tr><td rowspan="4">保险人不得解除</td><td>（1）在保险合同成立后“知道或者应当知道”投保人未履行如实告知义务，不得仍然收取保险费，又主张解除合同</td></tr>
<tr><td>（2）在合同订立时“已经知道”投保人未如实告知：“不得解除合同”“承担赔偿责任”</td></tr>
<tr><td>（3）“知道”解除事由之日起，“超过 30 日”不行使</td></tr>
<tr><td>（4）自合同成立之日起超过 2 年，保险人不得解除合同</td></tr>
<tr><td>保证</td><td colspan="2">投保人未履行“特定义务”的承诺，保险人可“解除合同”或“不负赔偿责任”（如不去战乱国家，不改变用途）</td></tr>
</table>

续表

保险利益	人身保险	人员	投保人对下列人员具有保险利益： ①本人 ②配偶、子女、父母 ③上述人员以外的与投保人有抚养、赡养或者扶养关系的家庭其他成员、近亲属 ④与投保人有劳动关系的劳动者 除上述规定外，被保险人同意投保人为其订立合同的，视为投保人对被保险人具有保险利益
		时间限制	在“签订保险合同时”，必须对保险标的具有保险利益，否则合同无效 【提示1】保险合同无效，投保人可以主张保险人退还扣减相应手续费后的保险费 【提示2】（人身）保险合同订立后，因投保人丧失对被保险人的保险利益的，当事人不得主张保险合同无效
	财产保险	人员	对财产享有法律上权利的人：所有权人、抵押权人、留置权人
			财产保管人
			合法占有财产的人：承租人、承包人
		时间	在“保险事故发生”时，被保险人对保险标的应当具有保险利益，否则不得对保险人行使请求赔偿或给付保险金的权利
	不具保险利益，合同无效，投保人可主张保险人退还扣减手续费后的保险费		
损失补偿	（1）被保险人只有遭受“约定”的保险危险所造成的“损失”，才能获得赔偿 （2）补偿的金额等于实际损失的金额：保险人的赔付以投保时约定的保险金额（保险人的最高赔偿限额）为限，而且保险金额不得超过保险标的的实际价值，超过保险金额的损失，保险人不予赔偿 【注意】保险金额“低于保险价值”的，按保险金额与保险价值的“比例”赔偿，止损费、查证费、诉讼费另算，由保险人承担		
近因	只对直接的、最接近的原因所引起的损失，承担保险责任		

【例题·判断题】人身保险的投保人在保险合同订立时，对被保险人应当具有保险利益，投保人对被保险人不具有保险利益的，保险合同无效。(　　)

【答案】√

【例题·判断题】财产保险的被保险人在保险合同订立时，对保险标的应当具有保险利益。(　　)

【答案】×

【解析】在财产保险合同中，并不强调被保险人在订立合同时对保险标的具有保险利益，只要求在“保险事故发生时”被保险人对保险标的具有保险利益。

【例题·单选题】根据保险法律制度的规定，下列各项中，人身保险的投保人对其具有保险利益的是(　　)。

A. 与投保人关系密切的邻居

B. 与投保人已经离婚但仍一起生活的前妻

C. 与投保人有劳动关系的劳动者

D. 与投保人合伙经营的合伙人

【答案】C

【解析】选项BC：在人身保险中，投保人对下列人员具有保险利益：①本人；②配偶、子女、父母；③上述人员以外的与投保人有抚养、赡养或者扶养关系的家庭其他成员、近亲属；④与投保人有劳动关系的劳动者。选项AD：只有投保人的邻居、合伙人“同意”投保人为其订立合同时，才视为投保人对被保险人具有保险利益。

【例题·多选题】根据保险法律制度的规定，下列对保险利益的表述中，正确的有（　　）。

A. 人身保险的投保人在保险合同订立时，对被保险人应当具有保险利益，投保人对被保险人不具有保险利益的，保险人有权解除保险合同

B. 人身保险的被保险人同意投保人为其订立合同的，视为投保人对被保险人具有保险利益

C. 财产保险的被保险人在保险事故发生时，对保险标的应当具有保险利益

D. 如果保险事故发生时，财产保险的被保险人对保险标的不具有保险利益，不得对保险人行使请求赔偿或者给付保险金的权利

【答案】BCD

【解析】选项 A：人身保险的投保人在保险合同订立时，对被保险人应当具有保险利益；投保人对被保险人不具有保险利益的，保险合同“无效”。

考点三十九：保险合同的当事人及关系人（见表 4-29）

表 4-29　　保险合同的当事人及关系人

<table>
<tr><td colspan="4">保险合同特点：双务有偿、射幸、诺成、格式或附和、最大诚信
【注意】适用《民法典》对格式合同的规定</td></tr>
<tr><td>当事人</td><td colspan="3">投保人、保险人</td></tr>
<tr><td>关系人</td><td colspan="3">被保险人、受益人</td></tr>
<tr><td>投保人</td><td colspan="3">负有支付保险费义务的自然人、法人
【注意】具有“相应的”民事权利能力和民事行为能力 + 具有保险利益</td></tr>
<tr><td>保险人</td><td colspan="3">保险公司</td></tr>
<tr><td rowspan="7">被保险人</td><td colspan="3">其财产或者人身受保险合同保障，享有保险金请求权的人</td></tr>
<tr><td rowspan="2">身份</td><td colspan="2">财产保险：自然人、法人</td></tr>
<tr><td colspan="2">人身保险：自然人</td></tr>
<tr><td>权利</td><td colspan="2">（1）请求给付保险金
（2）人身保险的受益人由“被保险人或投保人指定”，指定或变更受益人的，须经被保险人“同意”</td></tr>
<tr><td rowspan="3">死亡险</td><td>（1）“不得”为无民事行为能力人投保死亡保险
（2）未经被保险人“同意”并认可保险金额，保险合同无效</td><td>父母为未成年子女投保除外</td></tr>
<tr><td colspan="2">（3）保险单未经被保险人书面“同意”的，不得转让或质押</td></tr>
<tr><td colspan="2">【注意】“被保险人同意并认可”的，可采取书面、口头等形式；可在合同订立时做出，也可在合同订立后追认
【提示】应认定为被保险人同意投保人为其订立保险合同并认可保险金额的情形：
①被保险人明知他人代其签名而未表示异议的
②被保险人同意投保人指定的受益人的
③有证据足以认定被保险人同意投保人为其投保的其他情形</td></tr>
</table>

<table>
<tr><td rowspan="11">受益人</td><td colspan="3">“人身保险”合同中由被保险人或者投保人指定的享有保险金请求权的人</td></tr>
<tr><td>（1）投保人、被保险人可以为受益人</td><td colspan="2">受益人的资格一般没有限制，自然人、法人均可以为受益人
【提示】胎儿作为受益人应以活着出生为限，已经死亡的不得作为受益人
【解释】受益人不要求具有行为能力</td></tr>
<tr><td>（2）被保险人或者投保人可以指定“一人或数人”为受益人</td><td colspan="2">受益人为数人的，被保险人或者投保人“可以确定受益顺序和受益份额”；未确定受益份额的，受益人按照“相等份额”享有受益权
【提示】受益人故意造成被保险人死亡、伤残、疾病，或者故意杀害被保险人未遂的，“该受益人”丧失受益权</td></tr>
<tr><td rowspan="4">（3）争议</td><td colspan="2">投保人指定受益人“未经被保险人”同意的，人民法院应认定指定行为无效。当事人对保险合同约定的受益人存在争议时，另有约定的按约定，没约定的按照以下情形分别处理</td></tr>
<tr><td>①约定为“法定”或“法定继承人”的</td><td>以继承法规定的法定继承人为受益人</td></tr>
<tr><td>②受益人仅约定身份关系的</td><td>投保人与被保险人为同一主体的，根据保险事故发生时与被保险人的身份关系确定受益人
投保人与被保险人为不同主体的，根据保险合同成立时与被保险人的身份关系确定受益人</td></tr>
<tr><td>③受益人的约定包括姓名和身份关系</td><td>保险事故发生时身份关系发生变化的，认定为未指定受益人</td></tr>
<tr><td>（4）受益人的变更</td><td colspan="2">①投保人或者被保险人变更受益人的，当事人可以主张变更行为自变更意思表示发出时生效
②投保人或者被保险人变更受益人“未通知”保险人的，保险人可以主张变更对其不发生效力
③投保人变更受益人“未经被保险人同意”的，人民法院应认定变更无效
④投保人或者被保险人在保险事故发生“后”变更受益人的，变更后的受益人不得请求保险人给付保险</td></tr>
<tr><td>（5）被保险人死亡后保险金作为遗产继承的情形</td><td colspan="2">①没有指定受益人，或者受益人指定不明无法确定的
②受益人先于被保险人死亡，没有其他受益人的
③受益人依法丧失受益权或者放弃受益权，没有其他受益人的
【注意】受益人与被保险人在同一事件中死亡，且不能确定死亡先后顺序的，推定受益人死亡在先</td></tr>
</table>

【例题·判断题】受益人与被保险人在同一事件中死亡，且不能确定死亡先后顺序的，推定被保险人死亡在先。（　　）

【答案】×

【解析】受益人与被保险人在同一事件中死亡，且不能确定死亡先后顺序的，推定“受益人”死亡在先。

【例题·多选题】根据保险法律制度的规定，下列对被保险人和受益人的表述中，正确的有（　　）。

A. 投保人指定受益人时必须经被保险人同意，投保人变更受益人时也必须经被保险人同意

B. 以死亡为给付保险金条件的合同，未经被保险人同意并认可保险金额的，保险合同无效，父母为其未成年子女投保的人身保险不受此限

C. 投保人不得为无民事行为能力人投保以死亡为给付保险金条件的人身保险，父母为其未成年子女投保的人身保险不受此限

D. 投保人、被保险人不得作为受益人

【答案】ABC

【解析】选项D：投保人、被保险人可以为受益人。

【例题·多选题】甲为其妻乙投保意外伤害保险，指定其子丙为受益人。乙、丙均在同一次车祸中意外身亡。根据保险法律制度的规定，下列表述中，正确的有（　　）。

A. 甲指定受益人时必须经乙同意

B. 甲指定受益人时无须经乙同意

C. 如果丙先于乙死亡，则出现保险事故时保险金应作为乙的遗产

D. 如果丙先于乙死亡，则出现保险事故时保险金应作为丙的遗产

【答案】AC

【解析】选项AB：投保人指定受益人时必须经被保险人同意；选项CD：受益人先于被保险人死亡，没有其他受益人的，保险金应作为“被保险人”（而非受益人）的遗产。

【例题·单选题】根据保险法律制度的规定，投保人指定受益人时，必须经（　　）同意。

A. 保险人　　B. 被保险人

C. 保险经纪人　　D. 保险代理人

【答案】B

【解析】投保人指定受益人时，须经被保险人同意。

【例题·单选题】根据保险法律制度的规定，下列关于人身保险的受益人的表述中，错误的是（　　）。

A. 受益人可由被保险人指定

B. 投保人指定受益人时，须经被保险人同意

C. 受益人可以为一人或者数人

D. 受益人故意杀害被保险人未遂的，不丧失受益权

【答案】D

【解析】选项AC：人身保险的受益人由被保险人或者投保人指定，被保险人或者投保人可以指定一人或者数人为受益人；选项D：受益人故意造成被保险人死亡、伤残、疾病，或者故意杀害被保险人未遂的，该受益人丧失受益权。

【例题·单选题】甲向某保险公司投保人寿保险，甲为被保险人，甲指定其秘书乙为受益人。保险期间内，甲、乙因交通事故意外身亡，且不能确定死亡时间的先后，该起交通事故由丙承担全部责任。现甲的继承人和乙的继承人均要求保险公司支付保险金。根据保险法律制度的规定，下列表述中，正确的是（　　）。

A. 保险金应全部交给甲的继承人

B. 保险金应全部交给乙的继承人

C. 保险金应由甲和乙的继承人平均分配

D. 保险公司承担保险责任后有权向丙追偿

【答案】A

【解析】选项 ABC：受益人与被保险人在同一事件中死亡，且不能确定死亡先后顺序的，推定受益人死亡在先，受益人先于被保险人死亡，没有其他受益人的，保险金应作为“被保险人”（而非受益人）的遗产；选项 D：代位求偿制度仅限于财产保险，人身保险并不适用。

【例题·单选题】杜某与其妻陈某经人民法院判决于 2019 年离婚，其女随陈某生活。2020 年，杜某为其母购买了一份人寿保险，并经其母同意指定自己为受益人，杜某无其他亲属。一日，杜某与其母外出旅游遭遇车祸，其母当场死亡，杜某受重伤住院 7 天后亦死亡。根据保险法律制度的规定，下列对人寿保险金的表述中，正确的是（　）。

A. 因已无受益人，应归国家所有

B. 因已无受益人，应归保险公司所有

C. 应当支付给杜某的前妻陈某和女儿

D. 应当支付给杜某的女儿

【答案】D

【解析】受益人（杜某）后于被保险人死亡，保险人仍应向受益人支付保险金；但因受益人随后死亡，只能向受益人的继承人（杜某的女儿）支付保险金。

【例题·单选题】根据保险法律制度的规定，保险公司对每一危险单位，即对一次保险事故可能造成的最大损失范围所承担的责任，不得超过其实有资本金加公积金总和的（　），超过的部分应当办理再保险。

A. 5%　　B. 10%

C. 20%　　D. 25%

【答案】B

【解析】保险公司对每一危险单位，即对一次保险事故可能造成的最大损失范围所承担的责任，不得超过其实有资本金加公积金总和的 10%，超过的部分应当办理再保险。

考点四十：保险合同的订立（见表 4-30）

表 4-30　　保险合同的订立

<table>
<tr><td rowspan="2">订立</td><td>成立</td><td>投保人提出保险要求，经保险人同意承保
投保（要约）→承保（承诺）
投保人或者投保人的代理人订立保险合同时没有亲自签字或者盖章，而由保险人或者保险人的代理人代为签字或者盖章的，对投保人不生效
【提示】但投保人已经交纳保险费的，视为其对代签字或者盖章行为的追认</td></tr>
<tr><td>实际履行原则</td><td>保险人接受保单并收取保费，尚未承保→发生保险事故
（1）符合承保条件的，保险人应承担保险责任
（2）不符合承保条件的，保险人不承担保险责任，但应退还保费
【注】保险人主张不符合承保条件的，应承担举证责任</td></tr>
</table>

续表

免责条款	生效	订立时，保险人应以“书面或口头”形式向投保人做出说明，否则该条款不生效 【注】“法律、行政法规中的禁止性规定情形”系免责条款，保险人“做出提示”后生效
	履行说明义务	（1）以“足以引起投保人注意”的文字、字体、符号等做出提示 （2）以“书面或者口头”形式做出常人能够理解的解释说明 （3）以网页、音频、视频等形式予以提示和明确说明 （4）“投保人”对保险人履行了明确说明义务，通过签字、盖章等形式予以“确认” 【注】“保险人”对其履行的明确说明义务“负举证责任” 未作提示或者明确说明的，该条款不产生效力
		【司法解释四】保险人已向投保人履行了保险法规定的提示和明确说明义务，保险标的受让人以保险标的转让后保险人未向其提示或者明确说明为由，主张免除保险人责任的条款不生效的，人民法院不予支持
		保险人与投保人、被保险人或者受益人对合同条款有争议的，应予以解释 【提示】有两种以上解释的，法院或仲裁机构应当做出“有利于”被保险人和受益人的解释
形式	保险单（正式凭证）	保险合同的“正式”书面凭证，索赔的“主要”凭证 【注】某些情况下，保险单具有有价证券的效用
	保险凭证（简化版）	俗称“小保单”，是内容简化的保险单 内容简化的保险单，“不列明具体”条款，与保险单具有“同等法律效力” 【注】未列明的内容，以保险单记载为准
	暂保单（临时凭证）	保险单发出前的“临时”保险凭证 【注】保险人正式签发保险单“前”，与保险单具有“同等法律效力”
	投保单（不是合同）	保险人事先制定供投保人提出保险要约的格式文件 “不是保险合同”，但经投保人填具后，保险人完全接受并盖章，就成为保险合同的组成部分

考点四十一：保险合同中记载的内容不一致的认定

保险合同中记载的内容不一致的，按照下列规则认定（见表 4–31）：

表 4–31　　保险合同中记载的内容不一致的认定

投保单与保险单或其他保险凭证不一致的	以“投保单”为准
投保单与保险单或其他保险凭证不一致的情形经保险人说明并经投保人同意的	以投保人“签收的保险单或其他保险凭证载明的“内容”为准
非格式条款与格式条款不一致的	以“非格式条款”为准
保险凭证记载的时间不同的	以“形成时间在后”的为准
保险凭证存在手写和打印两种方式的	以“双方签字、盖章的手写部分的内容”为准

考点四十二：保险价值与保险金额（见表 4–32）

表 4–32　　保险价值与保险金额

按保险合同中的保险价值是否先予确定分类（只适用于财产保险）		定值保险	以约定的保险价值来赔偿
		不定值保险	以实际价值赔偿
按保险价值与保险金额的关系分类	（1）足额保险	保险金额＝保险价值	全部损失，按保险金额赔偿；部分损失，按实际损失赔偿
	（2）不足额保险	保险金额＜保险价值	按保险金额与保险价值的比例赔偿
	（3）超额保险	保险金额＞保险价值	保险金额不得超过保险价值，超过部分无效，保险人应当退还相应保险费

【例题·判断题】对保险合同格式条款有两种以上解释的，人民法院或者仲裁机构应当做出有利于被保险人和受益人的解释。(　　)

【答案】√

【例题·判断题】对于财产保险合同，保险金额不得超过保险价值；超过保险价值的，保险合同无效。(　　)

【答案】×

【解析】对于财产保险合同，保险金额不得超过保险价值；超过保险价值的，超过部分无效，保险人应当退还相应的保险费。

考点四十三：保险合同的履行

1）投保人的义务（见表 4–33）

表 4–33　　投保人的义务

投保人的义务	具体规定
支付保险费（最基本、最主要）	（1）被保险人、受益人或者他人代为支付保险费，视为投保人交费义务已经履行 （2）合同约定分期支付保险费的，投保人支付首期保险费后，除另有约定，投保人自保险人“催告之日起超过 30 日”未支付当期保险费，或超过“约定期限 60 日”未支付当期保险费，合同效力“中止”或“减少保险金额” 【注】因投保人未按规定支付保费而导致合同效力“中止”的，经保险人与投保人协商并达成协议，在投保人补交保险费后，合同效力恢复。但自合同效力中止之日起“满 2 年”未达成协议的，保险人有权解除合同
危险增加通知	保险标的的危险显著增加的，被保险人应当按照合同约定及时通知保险人，保险人可以按照合同约定“增加保险费或解除合同” 【注 1】保险人解除合同的，应当将已收取的保险费，按照合同约定“扣除”自保险责任开始日起至合同解除日止应收的部分后，“退还”投保人 【注 2】未通知，不赔付 【提示】认定保险标的是否构成“危险程度显著增加”时，应当综合考虑以下因素： （1）保险标的用途的改变 （2）保险标的使用范围的改变 （3）保险标的所处环境的变化 （4）保险标的因改装等原因引起的变化 （5）保险标的使用人或者管理人的改变 （6）危险程度增加持续的时间 （7）其他可能导致危险程度显著增加的因素
保险事故后通知	“故意或者因重大过失”未及时通知，致使保险事故的性质、原因、损失程度等难以确定的部分，“不承担赔偿责任”，但保险人通过其他途径已经及时知道或应当及时知道保险事故发生的除外
接受检查和维护标的安全	投保人、被保险人未按照约定履行其对保险标的的安全应尽责任的，保险人有权要求“增加保险费或者解除合同”
积极施救	保险事故发生时，被保险人应当尽力采取必要的措施，防止或者减少损失

2）保险人的义务（见表 4–34）

表 4–34　　保险人的义务

保险人的义务	具体内容	
给付保险赔偿金或保险金（最基本、最主要）	（1）及时核定，情形复杂的，应当在"30 日内"做出核定 （2）对属于保险责任的，与被保险人或者受益人达成赔偿或者给付保险金的协议后"10 日内"履行赔付义务 （3）不属于保险责任的，自做出核定之日起"3 日内"发出拒绝通知并说明理由 （4）"60 日内"对赔偿数额不能确定的，应当先予支付	
支付其他合理、必要费用	保险金额"低于保险价值"的，除合同另有规定外，保险人按照保险金额与保险价值的"比例"承担赔偿保险金的责任	
	止损费	为防止或者减少保险标的损失所支付的合理费用，如施救费用等 【注】费用在保险标的损失赔偿金额以外"另行计算"，最高"不超过"保险金额
	查证费	为查明和确定保险事故的性质、原因和标的损失程度所支付的合理费用，由"保险人"承担
	诉讼费	责任保险中被保险人被提起诉讼或仲裁而发生的费用及其他费用，除合同另有约定外，由"保险人"承担

【提示】保险事故发生后，被保险人依照保险法的规定，请求保险人承担为防止或者减少保险标的的损失所需支付的必要、合理的费用，保险人以被保险人采取的措施未产生实际效果为由抗辩的，人民法院不予支持。

3）保险索赔的诉讼时效（见表 4–35）

表 4–35　　保险索赔的诉讼时效

索赔	索赔权利人	诉讼时效
人身保险	被保险人或受益人	人寿保险：知道保险事故发生之日起 5 年
财产保险	被保险人	人寿保险以外的其他保险：知道保险事故发生之日起 2 年 【提示】按照《民法典》的规定，这里应当是"3 年"

【例题·判断题】人身意外伤害保险的被保险人或者受益人向保险人请求给付保险金的诉讼时效期间为 5 年，自其知道或者应当知道保险事故发生之日起计算。(　　)

【答案】×

【解析】人身保险包括人身意外伤害保险、健康保险和人寿保险等，适用 5 年诉讼时效期间的仅限于"人寿保险"。

【例题·判断题】因第三者对保险标的的损害而造成的保险事故发生后，保险人未赔偿保险金之前，被保险人放弃对第三者请求赔偿权利的，保险人不承担赔偿保险金的责任。(　　)

【答案】√

【例题·单选题】根据保险法律制度的规定，保险合同约定分期支付保险费，投保人支付首期保险费后，除合同另有约定外，投保人自保险人催告之日起超

过(　　)未支付当期保险费，或者超过约定的期限(　　)未支付当期保险费的，合同效力中止，或者由保险人按照合同约定的条件减少保险金额。

A. 15 日 /30 日　　　　B. 30 日 /45 日

C. 30 日 /60 日　　　　D. 30 日 /90 日

【答案】C

【解析】合同约定分期支付保险费，投保人支付首期保险费后，除合同另有约定外，投保人自保险人催告之日起超过 30 日未支付当期保险费，或者超过约定的期限 60 日未支付当期保险费的，合同效力中止，或者由保险人按照合同约定的条件减少保险金额。

【例题·单选题】根据保险法律制度的规定，人寿保险的被保险人或者受益人向保险人请求给付保险金的诉讼时效为(　　)，自其知道或者应当知道保险事故发生之日起计算。

A. 1 年　　　　B. 2 年

C. 4 年　　　　D. 5 年

【答案】D

【解析】人寿保险的被保险人或者受益人向保险人请求给付保险金的诉讼时效为 5 年，自其知道或者应当知道保险事故发生之日起计算；人寿保险以外的其他保险的被保险人或者受益人向保险人请求赔偿或者给付保险金的诉讼时效为 2 年，自其知道或者应当知道保险事故发生之日起计算。

【例题·单选题】张三向保险公司投保了汽车损失险。某日，张三的汽车被李四撞坏，花去修理费 5 000 元。张三向李四索赔，双方达成如下书面协议：张三免除李四修理费 1 000 元，李四将为张三提供 3 次免费咨询服务，剩余的 4 000 元由张三向保险公司索赔。后张三请求保险公司按保险合同支付保险金 5 000 元。根据保险法律制度的规定，下列表述中，正确的是(　　)。

A. 保险公司应当按保险合同全额支付保险金 5 000 元，且不得向李四求偿

B. 保险公司仅应承担 4 000 元保险金的赔付责任，且有权向李四求偿

C. 因张三免除了李四 1 000 元的债务，保险公司不再承担保险金给付责任

D. 保险公司应当全额支付 5 000 元保险金，再向李四求偿

【答案】B

【解析】保险事故发生后，保险公司未赔偿保险金之前，张三就单方面放弃了对李四 1 000 元修理费请求赔偿的权利，那么保险公司仅应承担剩余 4 000 元保险金的赔付责任，并且有权就这 4 000 元向李四求偿。

【例题·单选题】潘某向保险公司投保了3年期的家庭财产保险。保险期间内，潘某一家外出，嘱托其保姆看家。某日，保姆外出忘记锁门，窃贼乘虚而入，潘某家被盗财物价值近5 000元。根据保险法律制度的规定，下列表述中，正确的是（　　）。

A. 应由保险公司赔偿，保险公司赔偿后无权向保姆追偿

B. 损失系保姆过错所致，保险公司不承担赔偿责任

C. 潘某应当向保险公司索赔，不能要求保姆承担赔偿责任

D. 潘某只能要求保姆赔偿，不能向保险公司索赔

【答案】A

【解析】选项A：因第三者（窃贼，而非保姆）对保险标的的损害而造成保险事故的，保险人自向被保险人赔偿保险金之日起，在赔偿金额范围内代位行使被保险人对第三者（窃贼）请求赔偿的权利，除被保险人的家庭成员或者其组成人员（保姆）故意对保险标的损害而造成保险事故外，保险人不得对被保险人的家庭成员或者其组成人员（保姆）行使代位请求赔偿的权利；选项BD：保险公司的保险责任并不因保险标的的损害系他人造成而免责，保险公司应当承担赔偿责任；选项C：被保险人可以选择基于保险合同向保险公司索赔或者基于侵权行为向有过错的保姆行使赔偿请求权。

考点四十四：保险合同的变更（见表4-36）

表4-36　　保险合同的变更

投保人、被保险人变更	一般财产保险合同：通知保险人，无须经过其同意
	货物运输合同和其他另有约定的合同：无须通知 【注】货物运输合同允许保险单随货物所有权的转移而转移，只需投保方背书即可转让
	保险标的已交付受让人，但尚未依法办理所有权变更登记，承担保险标的毁损灭失风险的受让人主张行使被保险人权利的，人民法院应予支持 被保险人、受让人依法及时向保险人发出保险标的转让通知后，保险人做出答复前，发生保险事故，被保险人或者受让人主张保险人按照保险合同承担赔偿保险金的责任的，人民法院应予支持
内容变更	一般合同：取得“保险人的同意”
	“人身保险”合同：被保险人或者投保人可以变更受益人并“书面通知”保险人 【注】保险事故发生“后”投保人或者被保险人不得变更受益人

【例题·判断题】在人身保险合同中，被保险人或者投保人变更受益人应当经保险人书面同意。（　　）

【答案】×

【解析】在人身保险合同中，被保险人或者投保人可以变更受益人，且书面通知保险人即可。

考点四十五：人身保险合同的特殊条款（见表 4–37）

表 4–37　　　　人身保险合同的特殊条款

条款	情形	内容
1. 不丧失价值条款	退保	如果投保人不愿意继续投保而要求退保，保险金所具有的现金价值并不因此而丧失
	误告年龄	投保人申报的被保险人年龄不真实，并且其真实年龄不符合合同约定的年龄限制的，保险人可以解除合同，并按照合同的约定退还保险单的现金价值
	超 2 年	即使投保人故意造成被保险人死亡、伤残或者疾病，保险人虽不承担给付保险金的责任，但若投保人已交足 2 年以上保费，保险人应向其他权利人退还保险单的现金价值
		被保险人故意犯罪或者抗拒依法采取的刑事强制措施导致其伤残或者死亡的，保险人不承担给付保险金的责任。投保人已交足 2 年以上保险费的，保险人应退还保险单的现金价值
2. 误告年龄条款	超越年龄限制	投保人申报的被保险人年龄不真实，并且其真实年龄不符合合同约定的年龄限制的，保险人可以解除合同
	未超越年龄限制	投保人申报的被保险人的年龄不真实，致使投保人支付的保险费少于应付保险费的，保险人有权更正并要求投保人补交保险费，或在给付保险金时，按照实付保险费与应付保险费的比例支付 但若投保人为此支付的保险费多于应交的保险费，保险人应将多收的保险费退还投保人
3. 自杀条款	以被保险人死亡为给付保险金条件的合同，自合同成立或者合同效力恢复之日起 2 年内，被保险人自杀的，保险人不承担给付保险金的责任；但被保险人自杀时为无民事行为能力人的除外	

【例题·单选题】投保人申报的被保险人年龄不真实，并且其真实年龄不符合合同约定的年龄限制的，保险人可以（　　）。

A. 解除合同并退还保险费

B. 要求投保人补交保险费

C. 在给付保险金时按照实付保险费与应付保险费的比例支付

D. 解除合同，并按照合同约定退还保险单的现金价值

【答案】D

【解析】本题考核保险合同的解除。投保人申报的被保险人年龄不真实，并且其真实年龄不符合合同约定的年龄限制的，保险人可以解除合同，并按照合同约定退还保险单的现金价值。

【例题·单选题】2017 年 10 月，向某为自己 18 岁的儿子投保了一份以死亡为给付保险金条件的保险合同。2020 年，向某的儿子因抑郁症自杀身亡，向某要求保险公司给付保险金。下列关于保险公司承担责任的表述中，符合保险法律制度规定的是（　　）。

A. 保险公司不承担给付保险金的责任，也不退还保险费

B. 保险公司不承担给付保险金的责任，也不退还保险单的现金价值

C. 保险公司应承担给付保险金的责任

D. 保险公司不承担给付保险金的责任，但应退还保险单的现金价值

【答案】C

【解析】本题考核人身保险合同的特殊条款。以被保险人死亡为给付保险金条件的合同，自合同成立或者合同效力恢复之日起两年内，被保险人自杀的，保险人不承担给付保险金的责任，但被保险人自杀时为无民事行为能力人的除外。本题中 2020 年，向某的儿子自杀自合同成立已经超过两年，所以保险人应当承担给付保险金的责任。

考点四十六：保险合同的解除（如图 4–30 所示）

【例题 · 判断题】在财产保险合同中，保险责任开始前，投保人要求解除合同的，应当按照合同约定向保险人支付手续费，保险人应当退还保险费。(　　)

【答案】√

【例题 · 判断题】投保人故意不履行如实告知义务的，保险合同无效。(　　)

【答案】×

【解析】投保人故意或者因重大过失未履行如实告知义务，足以影响保险人决定是否同意承保或者提高保险费率的，保险人有权解除合同（并不导致保险合同的无效）。

【例题 · 判断题】投保人因重大过失未履行如实告知义务的，其对保险事故的发生有严重影响，保险人对于合同解除前发生的保险事故，不承担赔偿或给付保险金的责任，并不退还保险费。(　　)

【答案】×

【解析】故意不告知：不赔不退；重大过失：不赔但应当退还保险费。

小艾上班记8

保险合同的解除

解除合同——除法律另有规定，或者保险合同另有约定外，保险合同成立后，投保人可以解除合同，保险人不得解除合同

投保人单方面解除合同权

(1) 在人身保险合同中，投保人解除合同的，保险人应当自收到解除通知之日起30日内按照合同的约定退还保险单的现金价值

(2) 在财产保险合同中，保险责任开始前，投保人要求解除合同的，应当按照合同的约定向保险人支付“手续费”，保险人应当退还“保险费”。保险责任开始后，投保人要求解除合同的，保险人应当将已收取的保险费，按照合同约定扣除自保险责任开始之日起至合同解除之日止应收的部分后，退还投保人

【注】投保人要求解除合同时——保险责任开始前，退还“全部保险费”，但收取一定的“手续费”；保险责任开始后，退还“部分保险费”

保险人单方面解除合同权

(1) 投保人“故意或者因重大过失”未履行如实告知义务，足以影响保险人决定是否同意承保或者提高保险费率的，保险人有权解除合同

(2) “被保险人或者受益人”未发生保险事故，谎称发生了保险事故，向保险人提出赔偿或者给付保险金请求的，保险人有权解除合同，并不退还保险费。“投保人、被保险人”故意制造保险事故的，保险人有权解除合同，不承担赔偿或者给付保险金的责任

(3) 投保人、被保险人未按照合同约定履行其对保险标的的安全应尽责任的，保险人有权解除合同

(4) 在合同有效期内，保险标的的危险程度显著增加，被保险人未按合同约定及时通知保险人或者保险人要求增加保险费被拒绝的，保险人有权解除合同

(5) 投保人申报的被保险人年龄不真实，并且其真实年龄不符合合同约定的年龄限制的，保险人可以解除合同

(6) 人身保险合同效力中止后2年保险合同双方当事人未达成协议恢复合同效力的，保险人有权解除合同

【注】保险人的解除合同权，自保险人知道有解除事由之日起，超过30日内不行使而消灭；自合同成立之日起超过2年的，保险人不得解除合同

投保人、保险人均可解除合同的情形——保险标的发生“部分”损失的，自保险人赔偿之日起30日内，投保人可以解除合同；除合同另有约定外，保险人也可以解除合同，但应当提前15日通知投保人。合同解除的，保险人应当将保险标的的未受损部分的保险费，按照合同约定扣除保险责任开始之日起至合同解除之日止应收的部分后，退还投保人

当事人不得解除的保险合同——货物运输保险合同和运输工具航程保险合同，其保险责任开始后，合同当事人不得解除合同

图 4–30　保险合同的解除

【例题·单选题】50岁的徐某在为自己投保人身保险时，申报的年龄为40岁，而该类保险对被保险人的年龄限制为45岁以下。根据保险法律制度的规定，下列表述中，正确的是（　　）。

A. 该保险合同无效

B. 保险公司有权解除合同，无须退还保单的现金价值

C. 保险公司有权解除合同，并按照合同约定退还保单的现金价值

D. 保险公司无权解除合同

【答案】C

【解析】投保人申报的被保险人年龄不真实，并且其真实年龄不符合合同约定的年龄限制的，保险人可以解除合同，并按照合同的约定退还保单的现金价值。

考点四十七：保险公司（见表 4–38）

表 4–38　保险公司相关内容

设立	注册资本	最低限额为人民币“2 亿”元，且必须为“实缴货币资本”
	股东	主要股东净资产不低于人民币“2 亿”元 有持续盈利能力，信誉良好，最近 3 年内无重大违法记录
终止	批准	解散、被撤销和破产须由保监会批准
	人寿保险	（1）经营有“人寿保险业务”的保险公司，除因“合并、分立或者被依法撤销”外，不得解散 （2）解散时其持有的人寿保险合同及责任准备金，必须“转让给其他经营人寿保险业务的保险公司”，不能的，由保监会指定公司接受转让 （3）保险人不得兼营“人身保险业务”和“财产保险业务”。但是，经营财产保险业务的保险公司经批准，可以经营“短期健康保险”业务和“意外伤害保险”业务
再保险		（1）原保险人将其承担的保险业务，以分保形式部分转移给其他保险人的，为再保险
		（2）保险公司对每一危险单位即对一次保险事故可能造成的最大损失范围所承担的责任，不得超过其实有资本金加公积金总和的 10%，超过部分应当办理再保险
保险公司的资金运用限制		保险公司的资金运用限于下列形式： （1）银行存款 （2）买卖债券、股票和证券投资基金等有价证券 （3）投资不动产 （4）国务院规定的其他资金运用形式

考点四十八：保险代理人与保险经纪人（如图 4–31 所示）

保险代理人与保险经纪人

- 保险代理人：根据“保险人”的委托，向“保险人”收取佣金，并在保险人授权的范围内代为办理保险业务的“机构或者个人”
- 保险经纪人：
  - 基于“投保人”的利益，为投保人与保险人订立保险合同提供中介服务，并依法收取佣金的“机构”
  - 【注1】保险经纪人是为投保人、被保险人与保险人订立保险合同提供中介服务的机构，保险经纪人既不是保险合同的当事人，也不是任何一方的代理人
  - 【注2】与保险代理人不同的是，保险经纪人接受投保人的委托，代表的是投保人的利益。一般来讲，经纪合同的委托人应当向经纪人支付佣金作为报酬。但根据保险业的惯例，保险经纪人虽然接受投保人委托并代表投保人利益，为投保人与保险人签订保险合同提供中介服务，但其佣金一般由“保险人”支付
  - 【注3】与保险代理人不同的是，保险经纪人是专门从事保险经纪活动的单位，不能是个人

图 4–31　保险代理人与保险经纪人

考点四十九：财产保险合同中的重复保险分摊制度（见表 4-39）

表 4-39 财产保险合同中的重复保险分摊制度

1. 什么是重复保险	投保人对同一保险标的、同一保险利益、同一保险事故，分别与两个以上保险人订立保险合同，且保险金额总和超过保险价值的保险
	重复保险与共同保险的区别为：重复保险要求保险金额总和大于保险价值；如果一投保人对同一保险标的、同一保险利益、同一保险事故，分别与两个以上保险人订立保险合同，但各保险合同的保险金额总和并未超过保险标的的价值，则属于共同保险；在共同保险中各个保险合同的保险人只就其承保部分在保险事故发生时，按比例承担赔偿责任
2. 重复保险是否有效	在财产保险中，不同投保人就同一保险标的分别投保，保险事故发生后，被保险人在其保险利益范围内，依据保险合同主张保险赔偿的，人民法院应予支持
3. 投保人的通知义务	重复保险的投保人，应当将重复保险的有关情况通知各保险人
4. 如何赔偿	（1）重复保险的各保险人赔偿保险金的总和不得超过保险价值
	（2）除合同另有约定外（例如，约定先签单的，先独自履行赔偿义务，依序类推，直到赔足被保险人的损失为止），各保险人按其保险金额与保险金额总和的比例承担赔偿保险金的责任
	（3）重复保险的投保人可以就保险金额总和超过保险价值的部分，请求各保险人按比例返还保险费

【例题·案例】某公司为其价值 1 000 万元的别墅投保火灾险，现保险事故发生，房屋损失 800 万元，具体情况及定性见表 4-40：

表 4-40 某公司投保情况及定性

项目		重复保险		共同保险	
		A 保险公司	B 保险公司	A 保险公司	B 保险公司
保险金额		900 万元	600 万元	300 万元	100 万元
保险责任	约定由 A 公司赔偿，不足部分由 B 公司赔偿	800 万元	0	300 万元	800×40%-300=20（万元）
	无约定	800×9÷15=480（万元）	800×6÷15=320（万元）	800×40%×3÷4=240（万元）	800×40%×1÷4=80（万元）
保费返还（未约定责任承担顺序）		超过 500 万元的部分对应的保费乘以 9/15	超过 500 万元的部分对应的保费乘以6/15	无应退保费	无应退保费

考点五十：财产保险合同中的物上代位制度（见表 4-41）

表 4-41 财产保险合同中的物上代位制度

保险事故发生后，保险人已支付了全部保险金额	1. 保险金额等于保险价值的受损保险标的的全部权利归于保险人
	2. 保险金额低于保险价值的保险人，按照保险金额与保险价值的比例，取得受损保险标的的部分权利
	3【例】甲公司为其价值 1 000 万元的房屋，投保火灾险，现房屋发生保险事故被全部烧毁，但残存的“骨灰”还能卖 200 元，200 元归谁？这就是物上代位制度要解决的问题 （1）如果保险金额为 1 000 万元，保险公司已赔付 1 000 万元，“骨灰”归保险公司 （2）如果保险金额为 800 万元，保险公司已赔付 800 万元，则保险公司可获得 80% 的“骨灰”（保险金额为 800 万元除以保险价值 1 000 万元）

续表

保险事故发生后，保险人已支付了全部保险金额	4.【类比考点：代位求偿制度】 甲公司为价值 1 000 万元的房屋投保火灾险，保险金额为 1 000 万元，现因乙公司责任，房屋发生保险事故，被烧毁部分价值 600 万元 （1）保险公司赔偿 600 万元 （2）保险公司赔偿后，可以依法向乙公司代位求偿 600 万元
	5.【类比考点：保险合同的解除】 甲公司为其价值 1 000 万元的房屋投保火灾险，现房屋发生保险事故，被烧毁部分价值 600 万元，剩余价值 400 万元的厂房是否继续承保，是“解除权”要解决的问题

考点五十一：财产保险合同中的代位求偿制度（见表 4–42）

表 4–42　　财产保险合同中的代位求偿制度

代位求偿	因“第三者”对保险标的的损害而造成保险事故的，保险人自向被保险人赔偿保险金之日起，在“赔偿金额范围内”代位行使被保险人对第三者请求赔偿的权利
	【司法解释二】保险人代位求偿权的诉讼时效期间应自其“取得”代位求偿权之日起计算
	【司法解释四】投保人和被保险人为不同主体，因投保人对保险标的的损害而造成保险事故，保险人依法主张代位行使被保险人对投保人请求赔偿的权利的，人民法院应予支持，但法律另有规定或者保险合同另有约定的除外
代位求偿的成立要件	（1）因第三者对保险标的的损害而造成的保险事故发生后，保险人未赔偿保险金之前，被保险人放弃对第三者请求赔偿的权利的，保险人不承担赔偿保险金的责任
	【司法解释四】在保险人以第三者为被告提起的代位求偿权之诉中，第三者以被保险人在保险合同订立前已放弃对其请求赔偿的权利为由进行抗辩，人民法院认定上述放弃行为合法有效的，保险人不得就相应部分主张行使代位求偿权
	【司法解释四】保险合同订立时，保险人就是否存在上述放弃情形提出询问，投保人未如实告知，导致保险人不能代位行使请求赔偿的权利，保险人有权请求返还相应保险金，但保险人知道或者应当知道上述情形仍同意承保的除外
	（2）保险人向被保险人赔偿保险金后，被保险人未经保险人同意放弃对第三者请求赔偿权利的，该行为无效
	（3）如果因被保险人故意或重大过失致使保险人不能行使代位请求赔偿的权利，保险人可以扣减或者要求返还相应的保险金
	（4）只有当被保险人未从负有赔偿责任的第三者处获得赔偿或先向保险人索赔时，经保险人进行赔付后，才有赔偿请求权转让给保险人的必要，代位权才得以产生和适用
	【司法解释四】因第三者对保险标的的损害而造成保险事故，保险人获得代位请求赔偿权利的情况未通知第三者或者通知到达第三者前，第三者在被保险人已经从保险人处获赔的范围内又向被保险人做出赔偿的，保险人无权主张代位行使被保险人对第三者请求赔偿的权利
	【提示】保险人就相应保险金主张被保险人返还的，人民法院应予支持
	【司法解释四】保险人获得代位请求赔偿权利的情况已经通知到第三者，第三者又向被保险人做出赔偿，保险人主张代位行使请求赔偿的权利，第三者以其已经向被保险人赔偿为由抗辩的，人民法院不予支持
代位求偿权的行使	（1）保险人应以自己的名义行使保险代位求偿权
	（2）保险人不得对被保险人的家庭成员或者其组成人员行使代位请求赔偿的权利 【提示】被保险人的家庭成员或其组成人员故意对保险标的进行损害而造成保险事故的除外
	（3）保险人向第三者行使代位请求赔偿的权利时，被保险人应当向保险人提供必要的文件和所知道的有关情况
	【司法解释四】被保险人因故意或者重大过失未履行该义务，致使保险人未能行使或者未能全部行使代位请求赔偿的权利，保险人主张在其损失范围内扣减或者返还相应保险金的，人民法院应予支持

【例题·判断题】因第三者对保险标的损害而造成的保险事故发生后，保险人未赔偿保险金之前，即使被保险人放弃对第三者请求赔偿的权利，保险人仍应承担赔偿保险金的责任。（　　）

【答案】×

【解析】本题考核财产保险的代位求偿。保险事故发生后，保险人未赔偿保险金之前，被保险人放弃对第三者请求赔偿的权利的，保险人不承担赔偿保险金的责任。

【例题·多选题】下列关于保险代位求偿权的表述中，符合《保险法》规定的有（　　）。

A. 保险人未赔偿保险金之前，被保险人放弃对第三人请求赔偿的权利的，保险人不承担赔偿保险金的责任

B. 保险人向被保险人赔偿保险金后，被保险人未经保险人同意放弃对第三人请求赔偿的权利的，该放弃行为无效

C. 因被保险人故意致使保险人不能行使代位请求赔偿的权利的，保险人可以扣减或者要求返还相应的保险金

D. 即使被保险人的家庭成员故意损害保险标的而造成保险事故，保险人也不得对被保险人的家庭成员行使代位求偿权

【答案】ABC

【解析】本题考核财产保险中的代位求偿制度。除被保险人的家庭成员或其组成人员故意造成保险事故外，保险人不得对被保险人的家庭成员或者其组成人员行使代位请求赔偿的权利，因此选项D不符合规定。

【例题·多选题】下列关于保险代位求偿制度的表述中，符合保险法律制度规定的有（　　）。

A. 保险人向被保险人赔偿保险金后，被保险人未经保险人同意放弃对第三者请求赔偿权利的，该行为无效

B. 保险人应以被保险人的名义行使代位求偿权

C. 保险人可在赔偿金额范围内代位行使被保险人对第三者请求赔偿的权利

D. 被保险人因故意致使保险人不能行使代位请求赔偿权利的，保险人可以扣减或者要求返还相应的保险金

【答案】ACD

【解析】本题考核财产保险合同中的代位求偿制度。保险人应以自己的名义行使代位求偿权。

（四）从童话中醒来

楚帆打来电话，说晚上朋友聚会，问我去不去。我问什么聚会？他说，公司几个同事出来一起聚聚，吃个饭，聊个天，晚上还有KTV，你要不要过来一起？我一听，开始判断这个聚会对我是否重要，楚帆带我去参加聚会应该不是让我认识他的同事，进入他的社交圈，因为我们的关系早已确定，他的同事、朋友、

同学甚至亲人我都见过，他们也知道我的存在。所以，这应该就是一场他们同事之间工作之余联络感情以期后续更好合作的聚会，我去只不过是可以蹭饭。为了验证我的判断，我还是轻轻地问了一句：

“这个聚会重要吗？我一定要去吗？”

“他们说人多热闹些，你有时间就过来吧。”

那意思就是不重要，既然没什么重要的，我当然得果断地选择拒绝，因为我马上就要考试了。

婉晴在旁边，见我如此干脆利落地拒绝诱惑，对我翘起了大拇指。

我之所以能和婉晴志同道合，臭味相投，很多时候在于我们的价值观是一样的，比如我们都崇尚奋斗。我们都不会守株待兔地等待白马王子来拯救。

每次说起白马王子，我们就会想起小时候看的那个经典童话：

白雪公主就这样一直被安放在小山上。过了很久很久，她的样子看起来仍然像是在那儿安睡，皮肤仍然如雪一样的白嫩，脸色仍然透着血一般的红润，头发仍然如乌木一样又黑又亮。直到有一天，一个王子前来，拜访了七个小矮人。在小山上，他看到了白雪公主及棺材上的铭文，心里非常激动，一刻也不能平静。他对小矮人说要付给他们金钱，求他们让他把白雪公主和棺材带走。但小矮人说：“就是用世界上所有的金子来换，我们也不会同意让她离我们而去的。”王子不停地恳求，甚至哀求。看到他如此真心诚意，小矮人终于被他的虔诚所感动，同意让他把棺材带走。但就在他叫人把棺材抬起准备回家时，棺材被撞了一下，那块毒苹果突然从白雪公主的嘴里吐了出来，她马上醒了。她茫然问道：“我这是在哪儿呀？”王子回答说：“你好端端地与我在一块儿。”接着，把发生的一切都告诉了她，最后说道：“我爱你胜过爱世界上的一切，跟我走吧，与我一起到我父亲的王宫去，我将娶你做我的妻子。”白雪公主同意了，并与王子一同回了家。在将一切准备好后，他们举行了婚礼，他们邀请了许多客人来参加……

然后，我们就会哈哈大笑，相互揶揄，去，半死不活地躺在山上，看有没有王子来拯救你。

白雪公主之所以有白马王子来拯救，那是因为她有着跟王子一样高贵的出身和非凡的美貌，她就是白富美，而王子就是高富帅。白富美自然配高富帅，这样资产负债表两边才会相等，报表才会平衡。有人会说，也有很多夫妻感觉并不相配啊，那他们的报表会平衡吗？答案是“会”，因为有一方会拼命地对另一方好，在合并会计报表上这叫商誉（商誉是企业整体价值的组成部分。在企业合并时，它是购买企业的投资成本超过被合并企业净资产公允价值的差额），在谈恋爱时则被称作爱情。

就像很多女人找男朋友时，经常会说“他虽然没钱、没文凭、没外貌

balabala，但是他真心爱我、对我好啊”。可试问一个没钱、没文凭、没外貌，要什么没什么的男人，不对你好、不宠着你、不让着你，他有戏吗？！就像一家公司账面上什么资产都没有，如果连商誉都没有的话，你会去并购吗？婚后，他高跷胜利的二郎腿玩大变脸，不对你好了，你的人生报表不就失衡了？公司的商誉由市场决定，不是某个人可以左右的，各个因素会相互制衡，而你的爱情，很大程度上由他一个人把控，风险得有多高。

20岁出头的我们，无疑是最美好、最美丽的年华。但这时候的我们如果对自己的人生毫无方向，不知道自己要的是什么，追求的是什么，怎样才能得到幸福呢？最美丽的时候几乎全部在恋爱中度过，或许会有一段美好的回忆，可是美好之后呢？

如果在你身边那个20多岁一无所有、稚气未脱的男生选择了奋斗，那么假以时日，你们的眼界层次慢慢就拉开了。当爱情的炙热褪去，你们之间的话题会越来越少，差距也会越来越大，这个时候你再生气着急，有用吗？

如果他选择了和你一起玩乐，那人到中年，当你回首人生，与周围不同层次的人作比较时，你是该后悔自己拖累了爱人，还是在听到莎士比亚的那句“真正的爱情使人向上”时怀疑你们之间的感情？然后在日后柴米油盐、经济拮据的时候，暗自神伤？你不觉得这样的现状也有自己的“功劳”吗？

也许你会说，女人应该示弱，太过强势，男生会敬而远之。然而，示弱的前提是你本来强大，而不是在恋爱的温水中煮青蛙，最后变得越来越依赖。

要知道落后就会被动，被动就会“挨打”，一个在男生背后亦步亦趋的女人，三句话不离她男朋友，未来就是典型的三围女人（围着老公、围着孩子、围着灶台）。直到有一天老公厌她，孩子烦她，自己只能坐在灶台旁抹泪，感叹命运的不公。

更惨的是，年轻的时候众星捧月，最后却没能嫁一个好丈夫。青春转眼逝去，自己在最黄金的时候没有努力奋斗，接下来的人生之路会越发难走。婉晴有一个远房表姨，就是这样。据说她年轻的时候特别漂亮，追她的人很多，然而，却在最该结婚的时候没有结婚，最该奋斗的时候没有奋斗，最该做选择的时候不做选择，现在40多岁了，只能在菜市场卖菜。今非昔比，情何以堪！

婉晴妈每次唠叨就拿这个远房表姨说事，说她太傻，不知道自己该找一个什么样的人，也不知道自己想过一种什么样的生活，不努力，不奋斗，没有计划，没有目标，脚踏西瓜皮，滑到哪里算哪里。

所以女人，不论什么时候，都要有自己的目标，都要努力。女人最幸福的一生是人生层次不断提高的一生。不管自己现在处于什么境地，只要每天都在努力，都在前进，就是幸福的。

由此，童话故事应该被这样改写：

很久以前，有一个公主（女孩），在路上碰上了一个王子（男孩），王子问她是否愿意坐他的白马（宝马）。她说道："我想坐你的马（宝马），但不是现在，因为我忙着得到一匹自己的马（宝马）。在太阳落山之前你自己骑吧，我晚些时候会追上你。"王子目瞪口呆，他从来没有听人对他说过这样的话。他的内心受到了强烈的刺激，因为她竟然不需要他。这时他开口说："我的余生一定要和你在一起。"

然后，他们纵马奔向落日余晖，热恋，结婚，而且她开始"折磨"他……

但两人终生相爱。

第五章

合同法律制度

（一）潜意识下操作的能力

一开始总结提炼书上的考点时，总是感觉不顺手，画图也画得很慢，现在感觉越来越熟悉了，也越来越习惯了。再过一段时间，或许我也能像杜老师那样信手拈来。

杜老师说，每个人从头学习一项新的技能时，都必须经历四个阶段：

不知己不能；

知己不能之；

知己已能之；

不知己能之。

就像学开车，对于刚出生的婴儿来说，他压根就不会去想自己会不会开车，不会开车既不会给他们的生活造成不便，也不会产生任何心理上的不安。这就是“不知己不能”，虽无能力，却也尚未萌生出明确的意识。

随着年龄的增长，突然有一天，他们会发现：为什么别人都会开车，而我却不会呢？一旦提出这个问题，就进入了第二个阶段——“知己不能之”，意识到自己缺乏某种能力。

由于意识到了不会开车的种种不便，而且内心感到不安，自然就会主动采取措施，改变现状。高中刚毕业的小女孩或许会缠着爸爸带自己去空旷的地方练车，爸爸或许会给她报名去驾校学习。不管通过哪种途径，重点是她已经迈出了第一步，找到机会开始学习这种新的技能了。这就是第三个阶段——“知己已能之”，在这个阶段明明学会了所有的操作技能，背熟了所有的交通法规，可是每次把手放到方向盘上的时候，心里还是难免会有点紧张。必须时刻留心手部动作和脚下换挡的配合，遇到比较复杂的路况也会略微有点犯怵。总而言之，必须把自己的精力全部用在开车上面，根本顾不上别的事情。

直到有一天，突然发现自己再也不用盯着倒车镜了，拐弯并线时也不会老急着打转向灯了，离合换挡、停车起步也已经习惯成自然。大脑终于有了空间，可以放松下来，一边开车一边听听音乐。这就说明已经到达最后一个阶段——“不知已能之”，即潜意识有能力。

学习也是一种技能，自然也不例外。刚开始的时候，大家都没想过要去总结，拿着书就看，直到自己越看越头痛，才会想到自己的学习方法是不是有问题，应该进行总结后才能记得住。接着开始学习如何总结，但是总是觉得自己总结得不够好。经过训练后，慢慢地变得差强人意了。那什么时候才能信手拈来呢？

从某种意义上说，我们的终极目标就是要让自己在尽可能多的领域达到上述潜意识下的熟练操作状态。人之所以有这种想法，想要自己做得更好，一方面是出于某些现实的原因，但更重要的是，我们只有在潜意识的状态中才能全身心放松，尽情享受整个过程，并找到乐趣。

继续努力，继续学习，也许等我考过中级会计职称考试，我收获的不仅仅是一张证书，我还学会了如何学习。

（二）本章通关地图（见图 5-1）

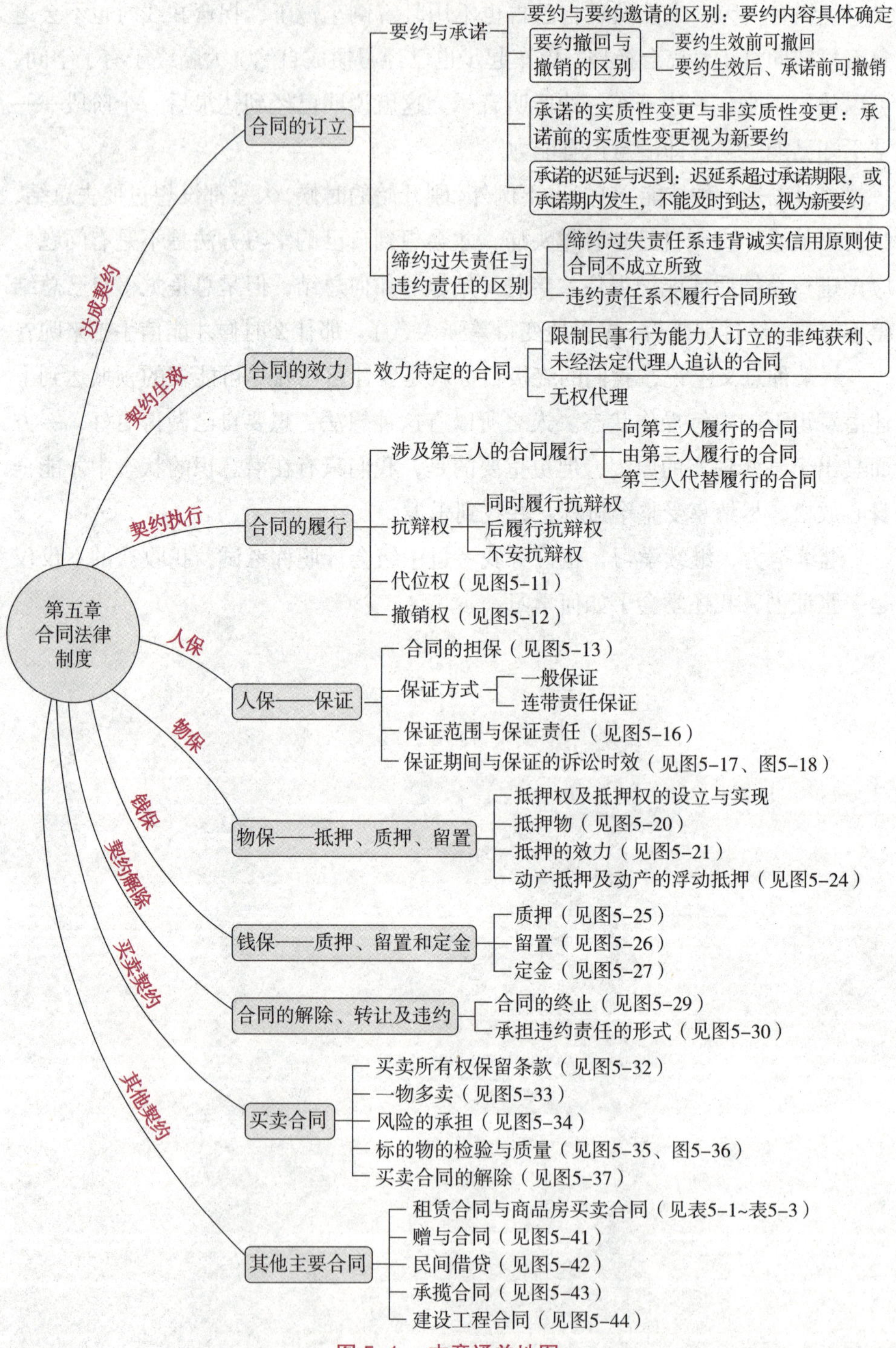

- 第五章 合同法律制度
  - 达成契约 → 合同的订立
    - 要约与承诺
      - 要约与要约邀请的区别：要约内容具体确定
      - 要约撤回与撤销的区别
        - 要约生效前可撤回
        - 要约生效后、承诺前可撤销
      - 承诺的实质性变更与非实质性变更：承诺前的实质性变更视为新要约
      - 承诺的迟延与迟到：迟延系超过承诺期限，或承诺期内发生，不能及时到达，视为新要约
    - 缔约过失责任与违约责任的区别
      - 缔约过失责任系违背诚实信用原则使合同不成立所致
      - 违约责任系不履行合同所致
  - 契约生效 → 合同的效力
    - 效力待定的合同
      - 限制民事行为能力人订立的非纯获利、未经法定代理人追认的合同
      - 无权代理
  - 契约执行 → 合同的履行
    - 涉及第三人的合同履行
      - 向第三人履行的合同
      - 由第三人履行的合同
      - 第三人代替履行的合同
    - 抗辩权
      - 同时履行抗辩权
      - 后履行抗辩权
      - 不安抗辩权
    - 代位权（见图5-11）
    - 撤销权（见图5-12）
  - 人保 → 人保——保证
    - 合同的担保（见图5-13）
    - 保证方式
      - 一般保证
      - 连带责任保证
    - 保证范围与保证责任（见图5-16）
    - 保证期间与保证的诉讼时效（见图5-17、图5-18）
  - 物保 → 物保——抵押、质押、留置
    - 抵押权及抵押权的设立与实现
    - 抵押物（见图5-20）
    - 抵押的效力（见图5-21）
    - 动产抵押及动产的浮动抵押（见图5-24）
  - 钱保 → 钱保——质押、留置和定金
    - 质押（见图5-25）
    - 留置（见图5-26）
    - 定金（见图5-27）
  - 契约解除 → 合同的解除、转让及违约
    - 合同的终止（见图5-29）
    - 承担违约责任的形式（见图5-30）
  - 买卖契约 → 买卖合同
    - 买卖所有权保留条款（见图5-32）
    - 一物多卖（见图5-33）
    - 风险的承担（见图5-34）
    - 标的物的检验与质量（见图5-35、图5-36）
    - 买卖合同的解除（见图5-37）
  - 其他契约 → 其他主要合同
    - 租赁合同与商品房买卖合同（见表5-1~表5-3）
    - 赠与合同（见图5-41）
    - 民间借贷（见图5-42）
    - 承揽合同（见图5-43）
    - 建设工程合同（见图5-44）

图 5-1　本章通关地图

（三）高频考点提炼

1. 合同的订立

合同法通则框架如图 5–2 所示。

违约责任
订立
效力
履行
变更、转让
终止
·要约
·承诺
·成立时间
·成立地点
·格式条款
·缔约过失责任
·履行规则
·抗辩权
·合同保全
合同担保★
·合同解除
·抵销
·提存
人保——保证
一般保证
连带责任保证
共同担保
物保
抵押
质押
留置
金钱担保——定金

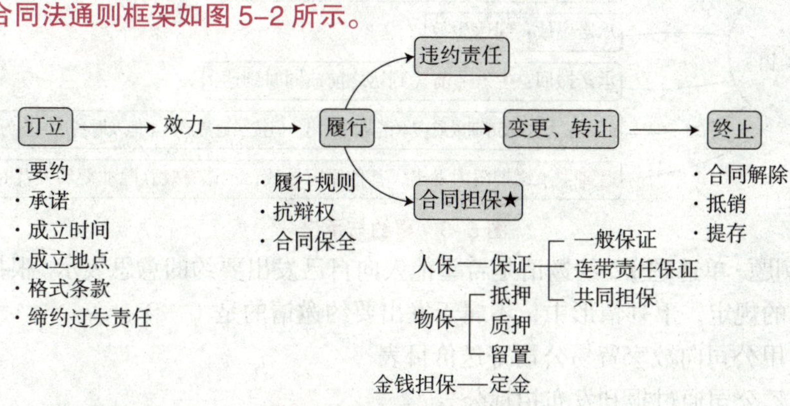

图 5–2　合同法通则框架

考点一：要约与承诺（如图 5–3 所示）

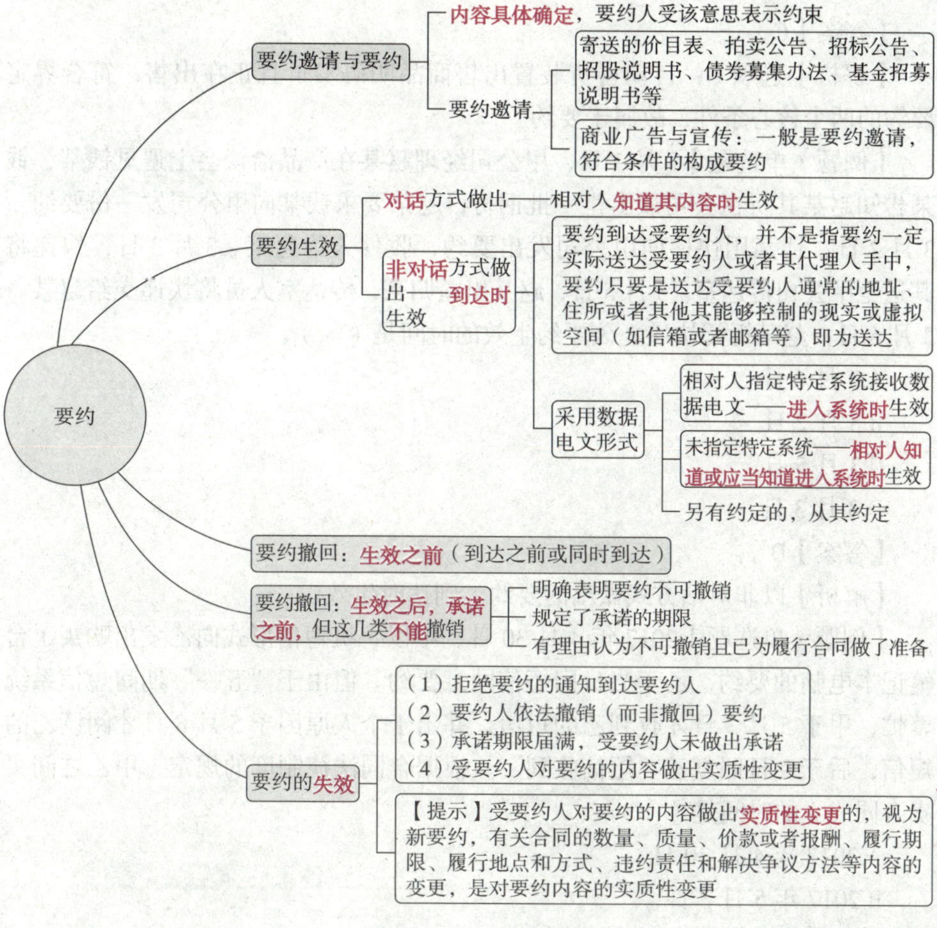

要约
要约邀请与要约
内容具体确定，要约人受该意思表示约束
要约邀请
寄送的价目表、拍卖公告、招标公告、招股说明书、债券募集办法、基金招募说明书等
商业广告与宣传：一般是要约邀请，符合条件的构成要约
要约生效
对话方式做出——相对人知道其内容时生效
非对话方式做出——到达时生效
要约到达受要约人，并不是指要约一定实际送达受要约人或者其代理人手中，要约只要是送达受要约人通常的地址、住所或者其他其能够控制的现实或虚拟空间（如信箱或者邮箱等）即为送达
采用数据电文形式
相对人指定特定系统接收数据电文——进入系统时生效
未指定特定系统——相对人知道或应当知道进入系统时生效
另有约定的，从其约定
要约撤回：生效之前（到达之前或同时到达）
要约撤回：生效之后，承诺之前，但这几类不能撤销
明确表明要约不可撤销
规定了承诺的期限
有理由认为不可撤销且已为履行合同做了准备
要约的失效
（1）拒绝要约的通知到达要约人
（2）要约人依法撤销（而非撤回）要约
（3）承诺期限届满，受要约人未做出承诺
（4）受要约人对要约的内容做出实质性变更
【提示】受要约人对要约的内容做出实质性变更的，视为新要约，有关合同的数量、质量、价款或者报酬、履行期限、履行地点和方式、违约责任和解决争议方法等内容的变更，是对要约内容的实质性变更

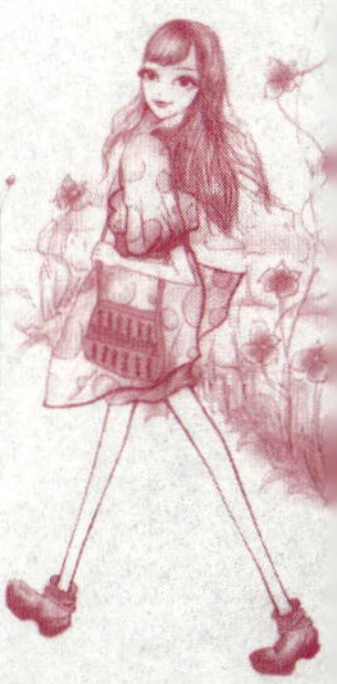

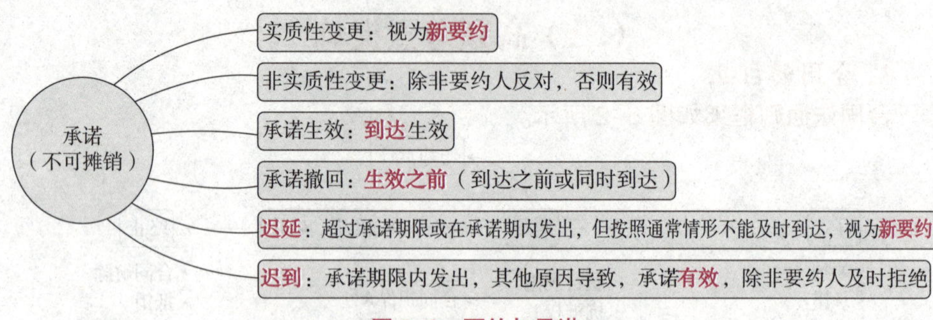

图 5–3 要约与承诺

【例题·单选题】要约邀请是希望他人向自己发出要约的意思表示。根据《民法典》的规定，下列情形中，不属于发出要约邀请的是（ ）。

A. 甲公司向数家贸易公司寄送价目表

B. 乙公司通过报刊发布招标公告

C. 丙公司在其运营的咖啡自动售货机上载明“每杯 1 元”

D. 丁公司向社会公众发布招股说明书

【答案】C

【解析】选项 C：自动售货装置出售商品明码实价且正在出售，符合界定要约的两个核心条件，故属于要约。

【例题·单选题】3 月 1 日，甲公司经理赵某在产品洽谈会上遇见钱某，钱某告知赵某其所在公司欲出售一批钢材，赵某要求钱某向甲公司发一份要约。3 月 2 日，钱某用快递向甲公司发出要约，收件人为赵某。3 月 3 日，快递将其送至甲公司传达室。3 月 5 日，赵某出差归来，传达室人员将快递交给赵某。3 月 6 日，赵某拆阅快递。该要约生效的时间是（ ）。

A.3 月 6 日

B.3 月 2 日

C.3 月 5 日

D.3 月 3 日

【答案】D

【解析】以非对话方式做出的要约，到达时生效。

【例题·单选题】2017 年 4 月 30 日，甲以手机短信形式向乙发出购买 1 台笔记本电脑的要约，乙于当日回短信同意要约。但由于“五一”期间短信系统繁忙，甲于 5 月 3 日才收到乙的短信，并出于个人原因于 5 月 8 日才阅读乙的短信，后于 9 日回复乙“短信收到”。根据合同法律制度的规定，甲乙之间买卖合同成立的时间是（ ）。

A.2017 年 4 月 30 日

B.2017 年 5 月 3 日

C.2017 年 5 月 8 日

D.2017 年 5 月 9 日

【答案】B

【解析】同意要约（承诺）的短信于 5 月 3 日到达甲处，此时承诺生效，对诺成合同而言，承诺生效则合同成立。

【例题·单选题】甲公司因生产需要，准备购入一套大型生产设备。4 月 1 日，甲公司向乙设备厂发出了一份详细的书面要约，并在要约中注明：请贵公司于 4 月 20 日前答复，否则该要约失效。该要约到达乙设备厂后，甲公司拟撤销该要约。根据合同法律制度的规定，下列关于该要约能否撤销的表述中，正确的是（　）。

A. 该要约可以撤销，只要乙设备厂尚未发出承诺

B. 该要约可以撤销，只要乙设备厂的承诺尚未到达甲公司

C. 该要约可以撤销，只要乙设备厂尚未为履行合同做准备工作

D. 该要约不得撤销，因为要约人在要约中确定了承诺期限

【答案】D

【解析】“请贵公司于 4 月 20 日前答复”——4 月 20 日前即为承诺期限。要约中有承诺期限的，该要约不得撤销。

【例题·单选题】甲公司于 4 月 1 日向乙公司发出订购一批实木沙发的要约，要求乙公司于 4 月 8 日前答复。4 月 2 日，乙公司收到该要约。4 月 3 日，甲公司欲改向丙公司订购实木沙发，遂向乙公司发出撤销要约的信件，该信件于 4 月 4 日到达乙公司。4 月 5 日，甲公司收到乙公司的回复，乙公司表示暂无实木沙发，问甲公司是否愿意选购布艺沙发。根据《民法典》的规定，甲公司要约失效的时间是（　）。

A.4 月 3 日

B.4 月 4 日

C.4 月 5 日

D.4 月 8 日

【答案】C

【解析】甲公司在要约中要求乙公司于 4 月 8 日前答复，其属于不可撤销的要约，因此 4 月 4 日撤销要约的通知到达时，不产生撤销要约的效力，直到 4 月 5 日乙公司对要约的内容做出实质性变更时，原要约才失去效力。

【例题·单选题】陈某在 8 月 1 日向李某发出一份传真，拟出售房屋一套，面积 90 平方米，价款 260 万元，合同订立 7 日内一次性付款，如欲购买请在 3 日内回复。李某当日传真回复，表示同意购买，但要求分期付款，陈某未回复。

8月3日，李某再次给陈某发传真，表示同意按照陈某传真的条件购买，陈某仍未回复。下列关于陈某、李某之间合同成立与否的表述中，符合合同法律制度的规定的是（　）。

A. 李某的第二次传真回复为新要约，陈某未表示反对，合同成立

B. 李某的两次传真回复，均为新要约，合同不成立

C. 李某的第二次传真回复为承诺，合同成立

D. 李某的第一次传真回复为承诺，合同成立

【答案】B

【解析】（1）李某8月1日的回复将付款方式修改为"分期付款"，属于对要约做了实质性变更，应视为新要约，同时，陈某原要约失效；（2）李某8月3日的传真中将其8月1日的"新要约"进一步修改为"一次性付款"，产生了新要约，但由于陈某对李某8月3日的新要约并未答复同意，合同尚未成立。

【例题·单选题】2012年10月8日，甲厂向乙厂发函称其可提供X型号的设备，请乙厂报价。10月10日，乙厂复函表示愿以5万元购买1台设备，甲厂10月12日复函称每台设备的价格为6万元，10月30日前回复有效。乙厂于10月19日复函称愿以5.5万元购买1台设备，甲厂收到后未作回复。后乙厂反悔，于10月26日发函称同意甲厂当初6万元的报价。下列关于双方往来函件法律性质的表述中，不符合合同法律制度规定的是（　）。

A. 甲厂10月8日的发函为要约邀请

B. 乙厂10月10日的复函为要约

C. 甲厂10月12日的复函为新要约

D. 乙厂10月26日的发函为承诺

【答案】D

【解析】（1）甲厂10月8日的发函中无价格，内容不具体、不确定，属于要约邀请；（2）乙厂10月10日的复函明确了价格，使得内容具体、确定，并且表达只要甲厂同意5万元/台的价格，合同即告成立的意思表示，属于要约；（3）甲厂10月12日的复函对乙厂10月10日的要约价格进行修改，属于对要约进行了实质性变更，构成新要约；（4）乙厂10月19日的复函，亦是对甲厂10月12日的要约价格进行修改，构成新要约，同时也使得甲厂10月12日的要约失效；（5）由于甲厂10月12日的要约已经失效，乙厂10月26日的发函也就不能构成承诺，而应视为新要约。

【例题·单选题】甲公司以招标方式采购一套设备，向包括乙公司在内的十余家厂商发出招标书，招标书中包含设备性能、规格、品质、交货日期等内容。

乙公司向甲公司发出了投标书。甲公司在接到乙公司及其他公司的投标书后，通过决标，最后决定乙公司中标，并向乙公司发出了中标通知书。根据合同法律制度的规定，下列各项中，属于发出要约行为的是（　）。

A. 甲公司发出招标书

B. 乙公司向甲公司发出投标书

C. 甲公司对所有标书进行决标

D. 甲公司向乙公司发出中标通知书

【答案】B

【解析】（1）招标公告属于要约邀请；（2）投标人投标属于要约；（3）招标人定标属于承诺；（4）中标人在接到中标通知后，在指定的期间、地点与招标人签订书面合同的，买卖合同正式成立。

【例题·单选题】甲公司于7月1日向乙公司发出要约，出售一批原材料，要求乙公司在1个月内做出答复，该要约于7月2日到达乙公司。当月，因市场行情发生变化，该种原材料市场价格大幅上升，甲公司拟撤销该要约。根据《民法典》的规定，下列关于甲公司能否撤销要约的表述中，正确的是（　）。

A. 不可以撤销该要约，因该要约确定了承诺期限

B. 可以撤销该要约，撤销通知在乙公司发出承诺通知之前到达乙公司即可

C. 可以撤销该要约，撤销通知在承诺期限届满前到达乙公司即可

D. 可以撤销该要约，撤销通知在乙公司发出承诺通知之前发出即可

【答案】A

【解析】"要求乙公司在1个月内做出答复"——"1个月内"即为承诺期限，该要约不得撤销。

【例题·单选题】2020年4月24日，甲向乙发出函件称："本人欲以每吨5 000元的价格出售螺纹钢100吨。如欲购买，请于5月10日前让本人知悉。"乙于4月27日收到甲的函件，并于次日回函表示愿意购买。但由于投递错误，乙的回函于5月11日才到达甲处。因已超过5月10日的最后期限，甲未再理会乙，而将钢材另售他人。乙要求甲履行钢材买卖合同。根据合同法律制度的规定，下列表述中，正确的是（　）。

A. 甲、乙之间的合同未成立，甲对乙不承担任何责任

B. 甲、乙之间的合同未成立，但乙有权要求甲赔偿信赖利益损失

C. 甲、乙之间的合同成立但未生效，甲有权以承诺迟到为由撤销要约

D. 甲、乙之间的合同成立且已生效，乙有权要求甲履行合同

【答案】D

【解析】甲应当及时通知乙承诺已经迟到且不接受，否则，甲、乙之间的合同成立且生效，乙有权要求甲依约履行。

考点二：合同成立的时间和地点（如图 5–4 所示）

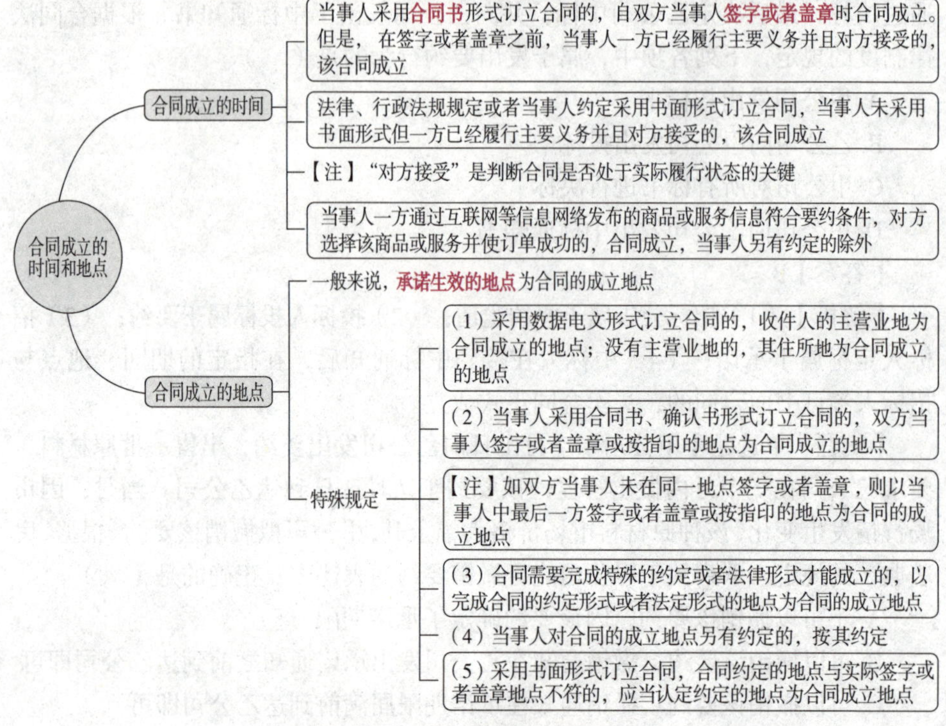

图 5–4　合同成立的时间和地点

【例题·单选题】广州的甲公司与深圳的乙公司在北京协商订立一份书面合同，双方约定合同成立地点在上海，但实际情况是，甲公司在广州签字盖章后，将合同邮寄到深圳给乙公司签字盖章。根据合同法律制度的规定，该合同的成立地点是（　　）。

A. 北京

B. 广州

C. 深圳

D. 上海

【答案】D

【例题·单选题】郑某和张某拟定一份书面合同。双方在甲地谈妥合同的主要条款，郑某于乙地在合同上签字，其后，张某于丙地在合同上盖章，合同的履行地为丁地。根据《民法典》的规定，该合同成立的地点是（　　）。

A. 甲地

B. 乙地

C. 丙地

D. 丁地

【答案】C

【解析】张某于丙地在合同上盖章时，合同达到了“双方当事人签字、盖章”的状态，合同相应成立。

【例题·单选题】甲、乙两公司拟签订一份书面买卖合同，甲公司签字盖章后尚未将书面合同邮寄给乙公司时，即接到乙公司按照合同约定发来的货物，甲公司经清点后将该批货物入库。次日，将签字盖章的书面合同发给乙公司。乙公司收到后，即在合同上签字盖章。根据合同法律制度的规定，该买卖合同成立的时间是（　　）。

A. 甲公司签字盖章时

B. 乙公司签字盖章时

C. 甲公司接受乙公司发来的货物时

D. 甲公司将签字盖章后的合同发给乙公司时

【答案】C

【解析】虽然甲、乙公司约定采用合同书形式订立合同，但是乙公司在合同上签字盖章前，已经履行了主要义务（发货），且甲公司接受（清点入库），此时该合同成立。

【例题·判断题】王某与吴某通过电子邮件签订的化妆品买卖合同属于书面形式的合同。（　　）

【答案】√

考点三：格式条款（如图 5-5 所示）

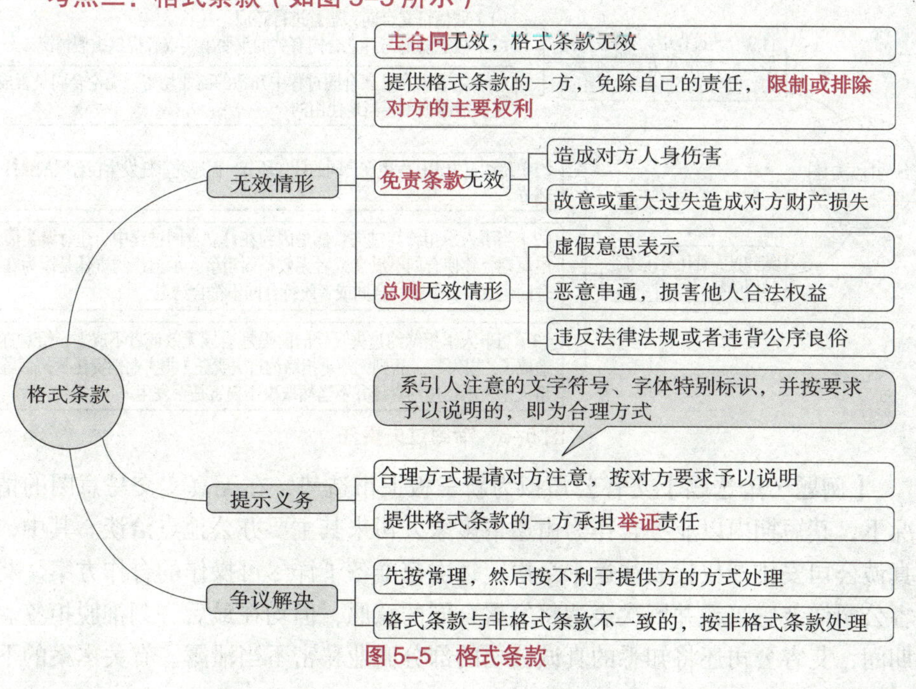

图 5-5　格式条款

【例题·判断题】在一份保险合同履行的过程中，当事人对合同所规定的“意外伤害”条款的含义产生了不同理解，投保人认为其所受伤害属于赔付范围，保险公司则认为不属于赔付范围，双方争执不下，诉至法院。法院认为当事人的观点都有合理性，但还是采用了对投保人有利的解释。法院的做法是正确的。（ ）

【答案】√

【例题·多选题】根据《民典法》的规定，下列属于合同中无效格式条款的有（ ）。

A. 有两种以上解释的格式条款

B. 对因重大过失造成对方财产损失免责的格式条款

C. 就内容理解存在争议的格式条款

D. 对造成对方人身伤害免责的格式条款

【答案】BD

【解析】选项 AC：对格式条款的理解发生争议的，应当按照通常理解予以解释；对格式条款有 2 种以上解释的，应当做出不利于提供格式条款一方的解释（条款是有效的）。

【例题·判断题】对格式条款有两种以上解释的，应当做出有利于提供格式条款一方的解释。（ ）

【答案】×

考点四：缔约过失责任（如图 5–6 所示）

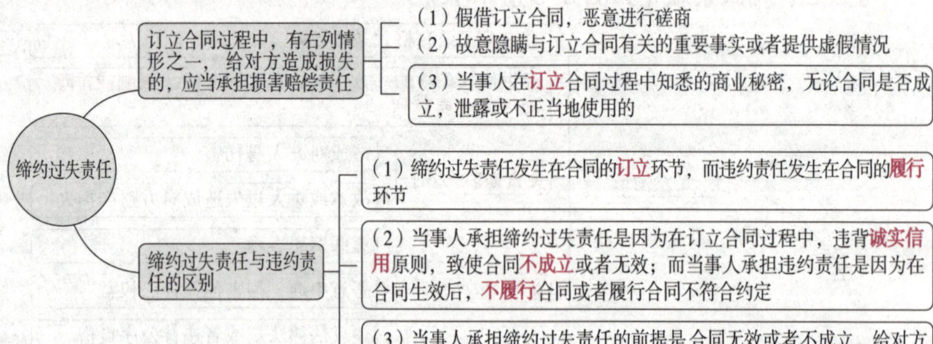

图 5–6 缔约过失责任

【例题·单选题】艾睿公司拟为新三板上市造势，在无真实交易意图的情况下，其短期内以业务合作为由邀请多家公司来其主要办公地点洽谈。其中，真诚公司安排授权代表往返十余次，每次都准备了详尽可操作的合作方案，艾睿公司佯装感兴趣并屡次表达将签署合同的意愿，但均在最后一刻推脱拒签。期间，艾睿公司还将知悉的真诚公司的部分商业秘密不当泄露。有关本案的下列说法中，正确的是（　　）。

A. 未缔结合同，则艾睿公司就磋商事宜无须承担责任

B. 虽未缔结合同，但艾睿公司构成恶意磋商，应赔偿损失

C. 未缔结合同，则商业秘密属于真诚公司自愿披露，不应禁止外泄

D. 艾睿公司也付出了大量的工作成本，如被对方主张赔偿，则据此可主张抵销

【答案】B

【解析】艾睿公司的行为属于“假借订立合同，恶意进行磋商”“泄露或者不正当地使用在订立合同中知悉的商业秘密”。

2. 合同的效力

考点五：合同的效力（如图5-7、图5-8所示）

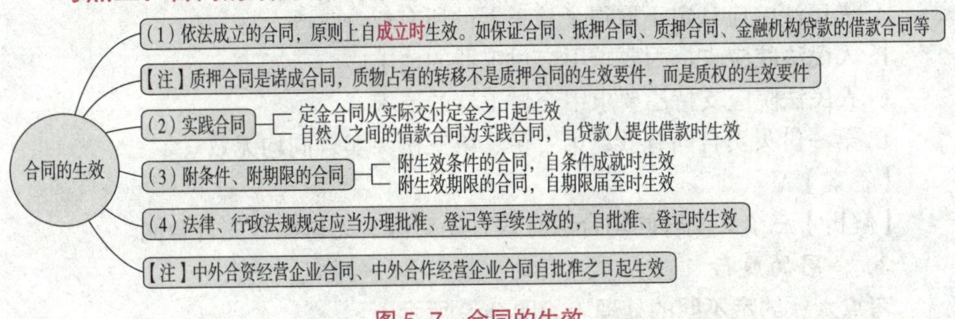

图5-7　合同的生效

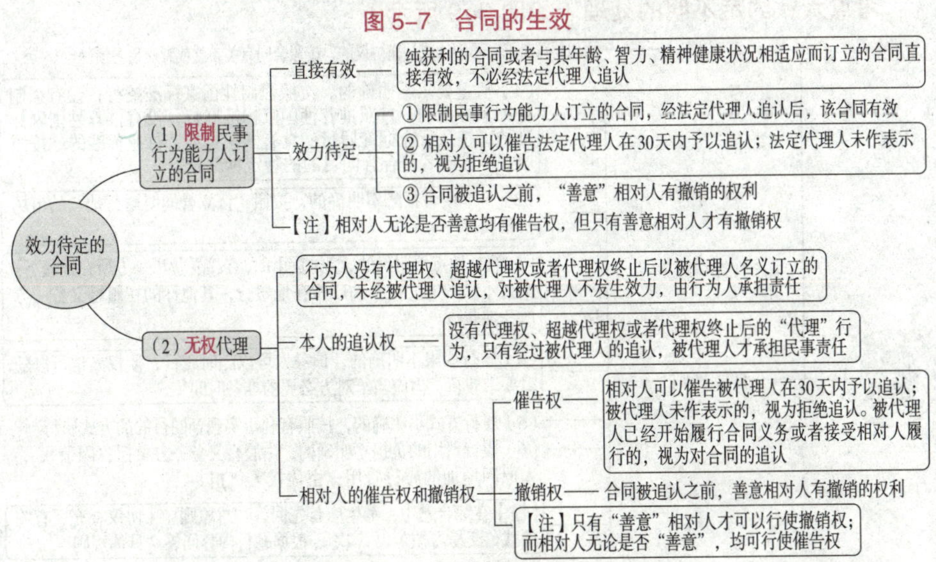

图5-8　效力待定的合同

【例题·多选题】甲委托乙前往丙厂采购男装，乙对丙生产的女装更为看好，便自作主张以甲的名义向丙订购。丙未问乙的代理权限，便与之订立了买卖合同。根据合同法律制度的规定，下列选项中，正确的有（　　）。

A. 该买卖合同无效　　　　　　　　B. 甲有追认权

C. 丙有催告权　　　　　　　　　　D. 乙有撤销权

【答案】BC

【解析】选项 A：该买卖合同属于效力待定合同（而非无效合同）；选项 B：被代理人（甲）有追认权；选项 C：相对人（丙）有催告权；选项 D：在被代理人追认之前，只有善意相对人才享有撤销权，乙作为代理人不享有撤销权。

【例题·单选题】甲有件玉器，欲转让，与乙签订合同，约好 10 日后交货付款。第二天，丙看见该玉器，愿以更高的价格购买，甲遂与丙签订合同，丙当即支付了 80% 的价款，约好 3 天后交货。第三天，甲又与丁订立合同，将该玉器卖给丁，并当场交付，但丁仅支付了 30% 的价款。后乙、丙均要求甲履行合同，诉讼至人民法院。根据合同法律制度的规定，下列表述中，正确的是（　）。

A. 人民法院应认定丁取得了该玉器的所有权

B. 人民法院应支持丙要求甲交付玉器的请求

C. 人民法院应支持乙要求甲交付玉器的请求

D. 第一份买卖合同有效，第二份、第三份买卖合同均无效

【答案】A

【解析】三个买卖合同均合法有效；先交付 > 先付款 > 先订合同。

3. 合同的履行

考点六：约定不明的处理（如图 5-9 所示）

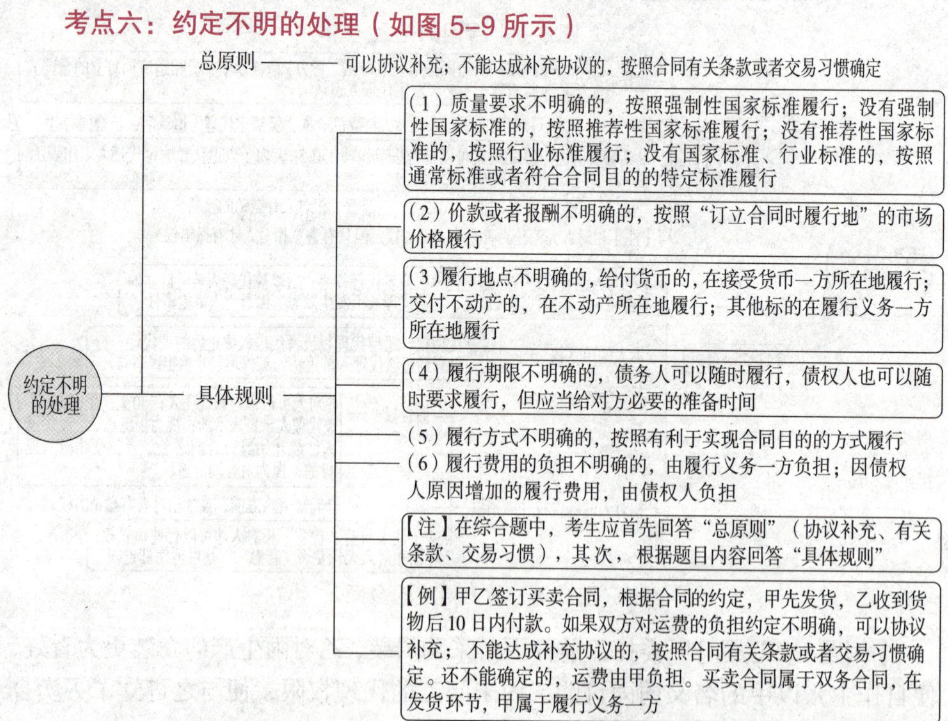

图 5-9　约定不明的处理

【例题·多选题】根据合同法律制度的规定，下列情形中，买受人应当承担标的物灭失风险的有（ ）。

A. 买卖双方未约定交付地点，出卖人将标的物交由承运人运输，货物在运输途中意外灭失

B. 约定在出卖人营业地交货，买受人未按约定时间前往提货，之后货物在地震中灭失

C. 出卖人依约为买受人代办托运，货交第一承运人后意外灭失

D. 买受人下落不明，出卖人将标的物提存后意外灭失

【答案】ABCD

【解析】选项 A：当事人没有约定交付地点，标的物需要运输的，出卖人将标的物交付给第一承运人后，标的物毁损、灭失的风险由“买受人”承担；选项 B：出卖人按照约定将标的物置于交付地点，买受人违反约定没有收取的，标的物毁损、灭失的风险自违反约定之日起由“买受人”承担；选项 C：出卖人根据合同约定将标的物运送至买受人指定地点并交付给承运人后（出卖人依约代办托运），标的物毁损、灭失的风险由“买受人”负担，但当事人另有约定的除外；选项 D：出卖人将标的物依法提存后，毁损、灭失的风险由“买受人”承担。

考点七：涉及第三人的合同（如图 5–10 所示）

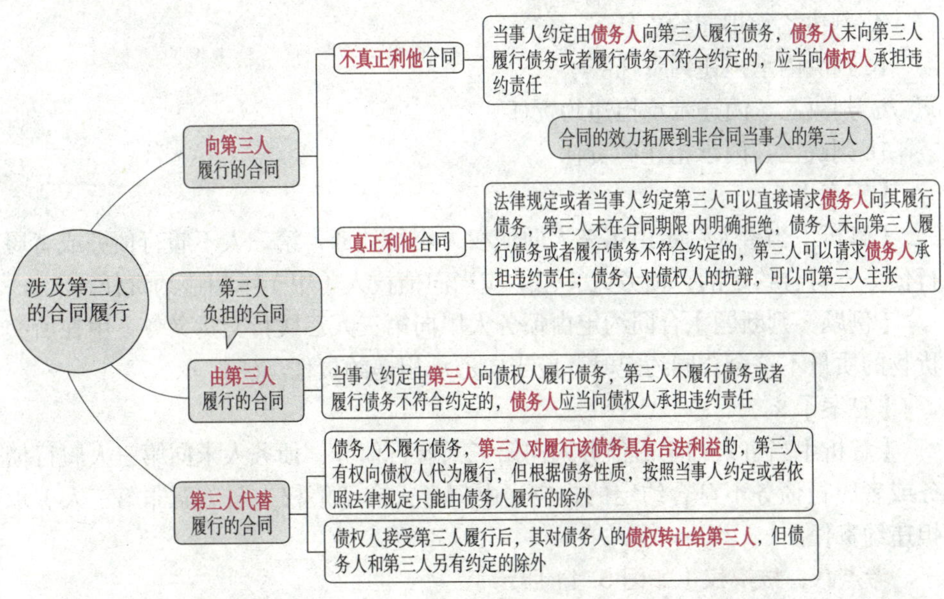

图 5–10 涉及第三人的合同

【例题·判断题】甲公司与乙公司签订买卖合同时，经丙公司同意，约定由丙公司向买受人甲公司交付货物，后丙公司交付的货物质量不符合约定，甲

公司可以请求丙公司承担违约责任。(　　)

【答案】×

【解析】当事人约定由第三人向债权人履行债务，第三人不履行债务或者履行债务不符合约定的，债务人应当向债权人承担违约责任。

【例题·单选题】王某向张某购买一台电脑，与张某约定一个月后由李某支付电脑价款。一个月后，李某未支付电脑价款。下列关于张某请求承担违约责任的表述中，正确的是(　　)。

A. 请求王某或李某承担

B. 请求李某承担

C. 请求王某承担

D. 请求王某和李某共同承担

【答案】C

【解析】当事人约定由第三人向债权人履行债务，第三人不履行债务或者履行债务不符合约定的，债务人应当向债权人承担违约责任。

【例题·单选题】甲、乙双方约定，由丙每月代乙向甲偿还债务 500 元，期限 2 年。丙履行 5 个月后，以自己并不对甲负有债务为由拒绝继续履行。甲遂向法院起诉，要求乙、丙承担违约责任。根据合同法律制度的规定，人民法院的下列判决中，符合规定的是(　　)。

A. 判决乙承担违约责任

B. 判决丙承担违约责任

C. 判决乙、丙连带承担违约责任

D. 判决乙、丙承担违约责任

【答案】A

【解析】当事人约定由第三人向债权人履行债务，第三人不履行债务或者履行债务不符合约定的，债务人(乙)应当向债权人(甲)承担违约责任。

【例题·判断题】合同约定由债务人甲向第三人乙履行交货义务，甲在所交货物的质量不符合合同约定时，应当向乙承担违约责任。(　　)

【答案】×

【解析】当事人约定由债务人向第三人履行债务，债务人未向第三人履行债务或者履行债务不符合约定的，应当由债务人向“债权人”(而非第三人)承担违约责任。

考点八：抗辩权(如图 5-11 所示)

【例题·单选题】甲公司与乙公司订立的买卖合同约定：甲公司向乙公司购买西服总价款为 9 万元，甲公司于 2020 年 8 月 1 日前向乙公司预先支付货款 6 万元，余款于 2020 年 10 月 15 日在乙公司交付西服后 2 日内一次性付清。甲公司以资金周转困难为由未按合同约定预先支付货款 6 万元。2020 年 10 月 15 日，甲公司要求乙公司交付西服。根据合同法律制度的规定，乙公司可以行使的权利是（　　）。

A. 同时履行抗辩权　　B. 后履行抗辩权

C. 不安抗辩权　　D. 撤销权

【答案】B

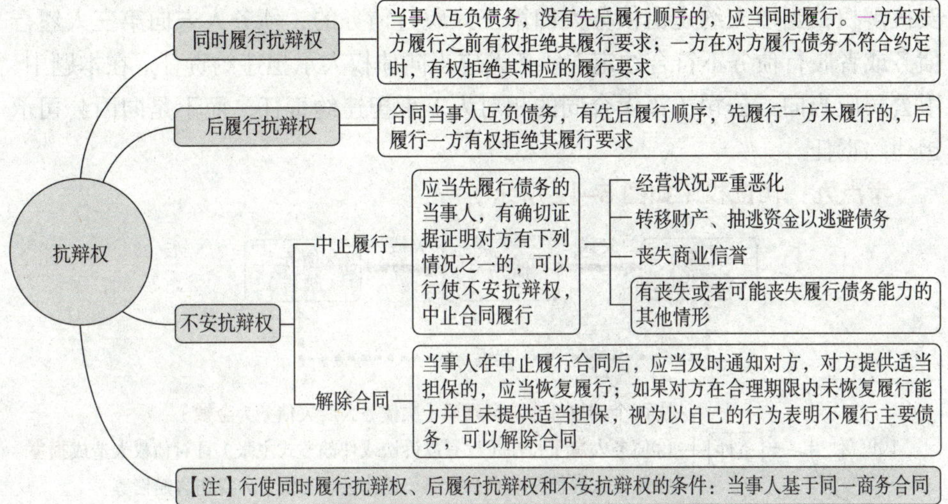

图 5–11　抗辩权

【例题·单选题】甲、乙订立一份价款为 10 万元的图书买卖合同，约定甲先支付书款，乙 2 个月后交付图书。甲由于资金周转困难只交付 5 万元，答应余款尽快支付，但乙不同意。2 个月后，甲要求乙交付图书，遭乙拒绝。根据合同法律制度的规定，下列各项中，正确的是（　　）。

A. 乙对甲享有同时履行抗辩权

B. 乙对甲享有不安抗辩权

C. 乙有权拒绝交付全部图书

D. 乙有权拒绝交付与 5 万元书款价值相当的部分图书

【答案】D

【解析】先履行的一方当事人部分履行的，后履行的当事人有权不履行相应的合同义务。

【例题·单选题】甲公司与乙公司订立货物买卖合同，约定出卖人甲公司将货物送至丙公司，经丙公司验收合格后，乙公司应付清货款。甲公司在送货前发现丙公司已濒于破产，遂未按时送货。根据合同法律制度的规定，下列各项中，正确的是（　　）。

A. 甲公司应向乙公司承担违约责任

B. 甲公司应向丙公司承担违约责任

C. 甲公司应向乙公司、丙公司分别承担违约责任

D. 甲公司不承担违约责任

【答案】A

【解析】濒于破产的是丙公司，而不是付款人乙公司，甲公司不能行使不安抗辩权；当事人约定由债务人向第三人履行债务的，债务人未向第三人履行债务或者履行债务不符合约定，债务人应当向债权人承担违约责任。在本题中，甲公司应当向乙公司（买卖合同的相对人）承担违约责任，而不是向丙公司承担违约责任。

考点九：代位权（如图 5–12 所示）

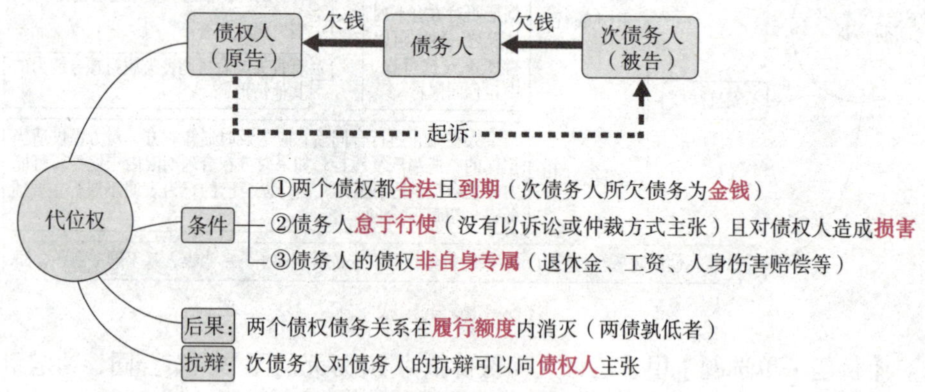

图 5–12　代位权

债务人对相对人的债权或者与该债权有关的从权利被采取保全、执行措施，或者债务人破产的，依照相关法律的规定处理。

代位保存权：债权人的债权**到期前**，债务人的债权或者与该债权有关的从权利存在诉讼时效期间**即将届满**或者未及时申报破产债权等情形，影响债权人的债权实现的，债权人可以代位向债务人的相对人**请求其向债务人履行**、向破产管理人申报或者做出其他必要的行为。

【例题·单选题】2019 年，甲公司向乙银行借款 20 万元，借款期限为 2 年。借款期满后，甲公司无力偿还借款本息，此时甲公司对丙公司享有到期债权 10 万元，却不积极主张，乙银行拟行使代位权。下列关于乙银行行使代位权的表述中，符合合同法律制度规定的是（　　）。

A. 乙银行可以直接以甲公司的名义行使对丙公司的债权

B. 乙银行行使代位权应取得甲公司的同意

C. 乙银行应自行承担行使代位权所支出的必要费用

D. 乙银行必须通过诉讼方式行使代位权

【答案】D

【解析】（1）选项 A：债权人应当以自己的名义行使代位权；（2）选项 B：代位权的行使不需要债务人同意；（3）选项 C：债权人行使代位权的必要费用，由债务人负担。

【例题·单选题】根据合同法律制度的规定，债务人享有的下列权利中，可以被代位行使的是（　　）。

A. 劳动报酬请求权

B. 养老金请求权

C. 房屋租金请求权

D. 抚恤金请求权

【答案】C

【解析】专属于债务人自身的权利，包括基于扶养关系、抚养关系、赡养关系、继承关系产生的给付请求权和劳动报酬（选项 A）、退休金、养老金（选项 B）、抚恤金（选项 D）、安置费、人寿保险、人身伤害赔偿请求权等权利，债权人不得行使代位权。因此，本题 选项 C 正确。

【例题·多选题】甲对乙享有 50 000 元债权，已到清偿期限，但乙一直宣称无能力清偿欠款。甲调查发现，乙对丁享有 3 个月后到期的 7 000 元债权，戊因赌博欠乙 8 000 元；另外，乙在半年前发生交通事故，因事故中的人身伤害对丙享有 10 000 元债权，因事故中的财产损失对丙享有 5 000 元债权。乙无其他可供执行的财产，乙对其享有的债权都怠于行使。根据《民法典》的规定，下列各项中，甲不可以代位行使的债权有（　　）。

A. 乙对丁的 7 000 元债权

B. 乙对戊的 8 000 元债权

C. 乙对丙的 10 000 元债权

D. 乙对丙的 5 000 元债权

【答案】ABC

【解析】（1）代位权行使要求债务人的债权已到期，故对丁的债权无法行使代位权，选项 A 符合题意。（2）债权人对债务人的债权合法，戊的债权为赌博形成，选项 B 符合题意。（3）人身伤害赔偿请求权为专属于债务人自身的债权，排除适用代位权，故选项 C 符合题意。（4）选项 D 可以行使代位权，不符合题意要求。

考点十：撤销权（如图 5-13 所示）

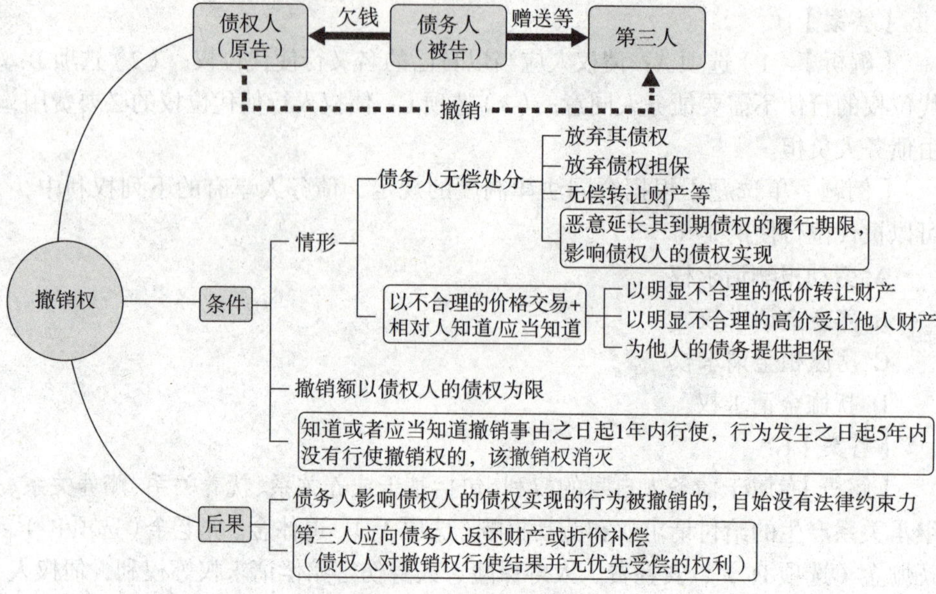

图 5-13　撤销权

【例题·单选题】下列关于债权人撤销权行使的表述中，符合《民法典》规定的是（　）。

A. 撤销权自债权人知道或者应当知道撤销事由之日起 2 年内行使

B. 债权人行使撤销权须以债务人的名义向人民法院提起诉讼

C. 债权人行使撤销权只需通知第三人即可

D. 撤销权的行使范围以债权人的债权为限

【答案】D

【解析】（1）选项 A：撤销权自债权人知道或者应当知道撤销事由之日起 1 年内行使；自债务人的行为发生之日起 5 年内没有行使撤销权的，该撤销权消灭。（2）选项 BC：债务人以放弃其债权、放弃债权担保、无偿转让财产等方式无偿处分财产权益，或者恶意延长其到期债权的履行期限，影响债权人的债权实现的，债权人（而非以债务人名义）可以请求人民法院撤销债务人的行为。（3）选项 D：撤销权的行使范围以债权人的债权为限。

【例题·单选题】甲公司欠乙公司 30 万元货款，一直无力偿付。现与甲公司有关联关系的丙公司欠甲公司 20 万元且已到期，但甲公司明示放弃对丙公司的债权。对于甲公司放弃债权的行为，乙公司拟行使撤销权的下列表述中，正确的是（　）。

A. 乙公司可以请求人民法院判令丙公司偿还乙公司 20 万元

B. 乙公司可以请求人民法院撤销甲公司放弃债权的行为

C. 乙公司行使撤销权的必要费用应由丙公司承担

D. 乙公司应在知道或应当知道甲公司放弃债权的 2 年内行使撤销权

【答案】B

【解析】（1）选项 AB：债务人以放弃其债权、放弃债权担保、无偿转让财产等方式无偿处分财产权益，或者恶意延长其到期债权的履行期限，影响债权人的债权实现的，债权人可以请求人民法院撤销债务人的行为。（2）选项 C：债权人行使撤销权的必要费用，由债务人承担。（3）选项 D：撤销权自债权人知道或者应当知道撤销事由之日起 1 年内行使，自债务人的行为发生之日起 5 年内没有行使撤销权的，该撤销权消灭。

4. 人保——保证

考点十一：合同的担保（如图 5-14 所示）

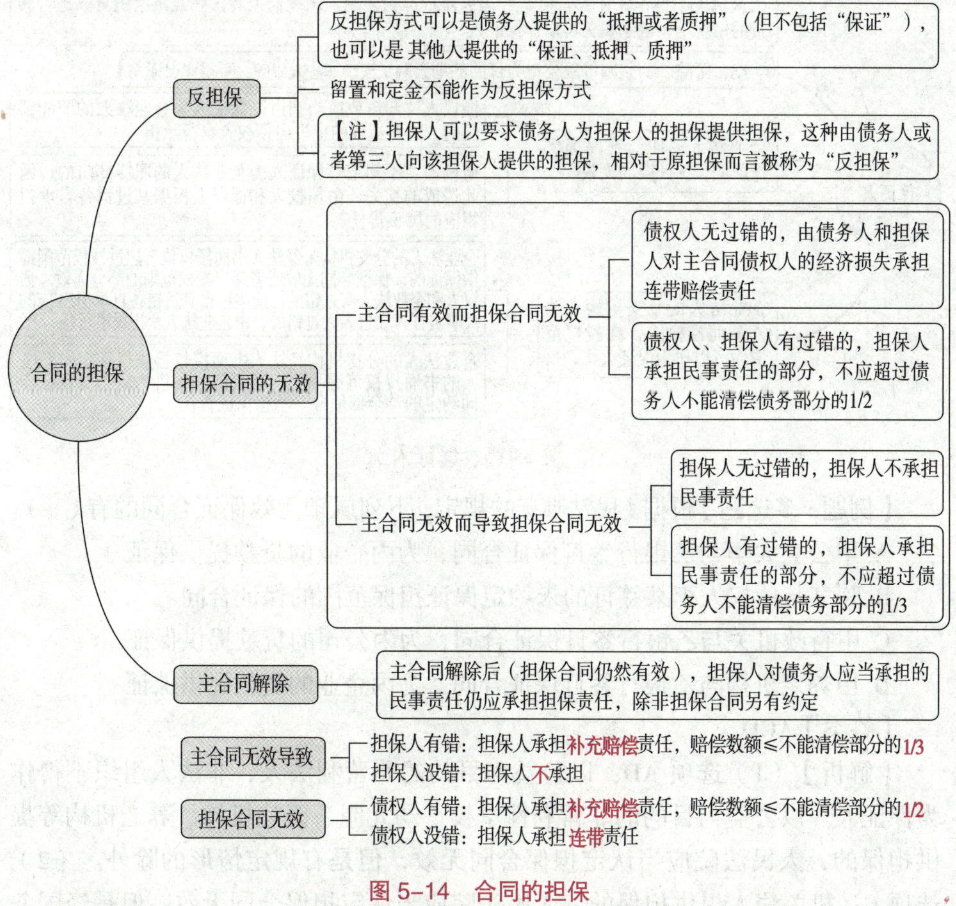

图 5-14　合同的担保

【例题·单选题】根据合同法律制度的规定，担保合同被确认无效时，债务人、担保人、债权人有过错的，应当根据其过错各自承担相应的民事责任。

下列有关承担民事责任的表述中，正确的是（ ）。

A. 主合同有效而担保合同无效，债权人无过错的，债务人对主合同债权人的经济损失承担赔偿责任，担保人则不承担赔偿责任

B. 主合同有效而担保合同无效，债权人、担保人有过错的，担保人承担民事责任的部分，不应超过债务人不能清偿部分的1/3

C. 主合同无效而导致担保合同无效，担保人无过错则不承担民事责任

D. 主合同无效而导致担保合同无效，担保人有过错的，应承担的民事责任不超过债务人不能清偿部分的1/2

【答案】C

考点十二：保证人（如图5-15所示）

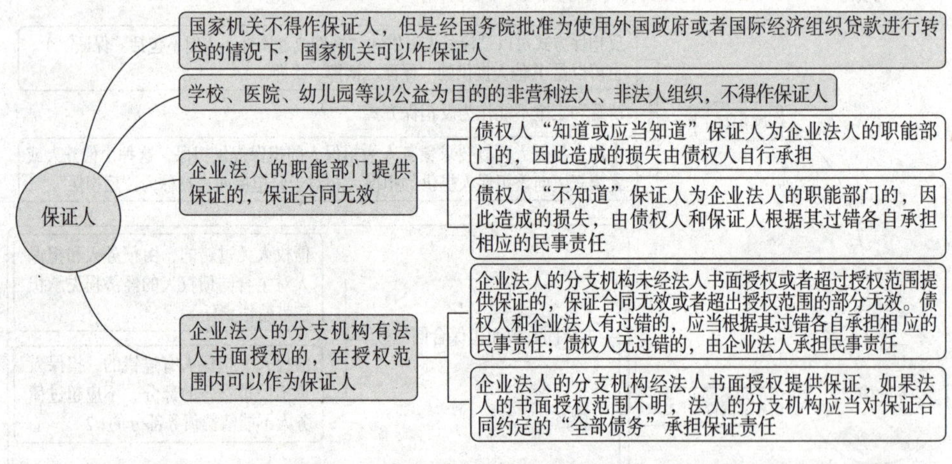

图5-15 保证人

【例题·多选题】根据《民法典》的规定，下列属于无效保证合同的有（ ）。

A. 甲公立大学与乙银行签订保证合同，为丙企业的贷款提供保证

B. 陈某与债权人李某签订的未约定保证担保范围的保证合同

C. 甲行政机关与乙银行签订保证合同，为丙公司的贷款提供保证

D. 甲养老机构与乙银行签订保证合同，为丙企业的贷款提供保证

【答案】ACD

【解析】（1）选项AD：以公益为目的的非营利法人、非法人组织不得作为保证人。以公益为目的的非营利性学校、幼儿园、医疗机构、养老机构等提供担保的，人民法院应当认定担保合同无效，但是有规定情形的除外。（2）选项C：机关法人提供担保的，人民法院应当认定担保合同无效，但是经国务院批准为使用外国政府或者国际经济组织贷款进行转贷的除外。

【例题·多选题】根据《民法典》的规定，下列主体中，不得作为保证人

的有（　　）。

A. 公立幼儿园

B. 无民事行为能力人

C. 公立医院

D. 公立大学

【答案】ABCD

【解析】（1）选项 ACD：以公益为目的的非营利法人、非法人组织不得为保证人；（2）选项 B：无民事行为能力人实施的民事法律行为无效。

考点十三：保证合同

1. 保证合同可以是单独订立的书面合同，也可以是主债权债务合同中的保证条款。

2. 第三人单方以书面形式向债权人作出保证，债权人接受且未提出异议的，保证合同成立。

考点十四：保证方式（如图 5-16 所示）

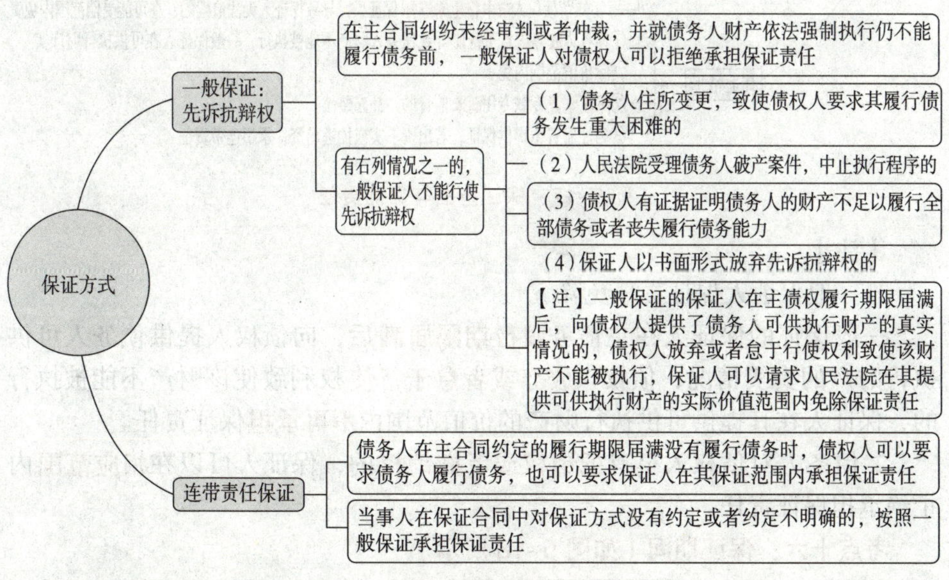

图 5-16　保证方式

【例题·判断题】在保证合同中，当事人对保证方式没有约定或者约定不明确的，按照连带责任保证承担保证责任。（　　）

【答案】×

考点十五：保证范围与保证责任（如图 5-17 所示）

保证范围：有约定看约定，没约定为全部债务（主债权及利息、违约金、损害赔偿金和实现债权的费用）。

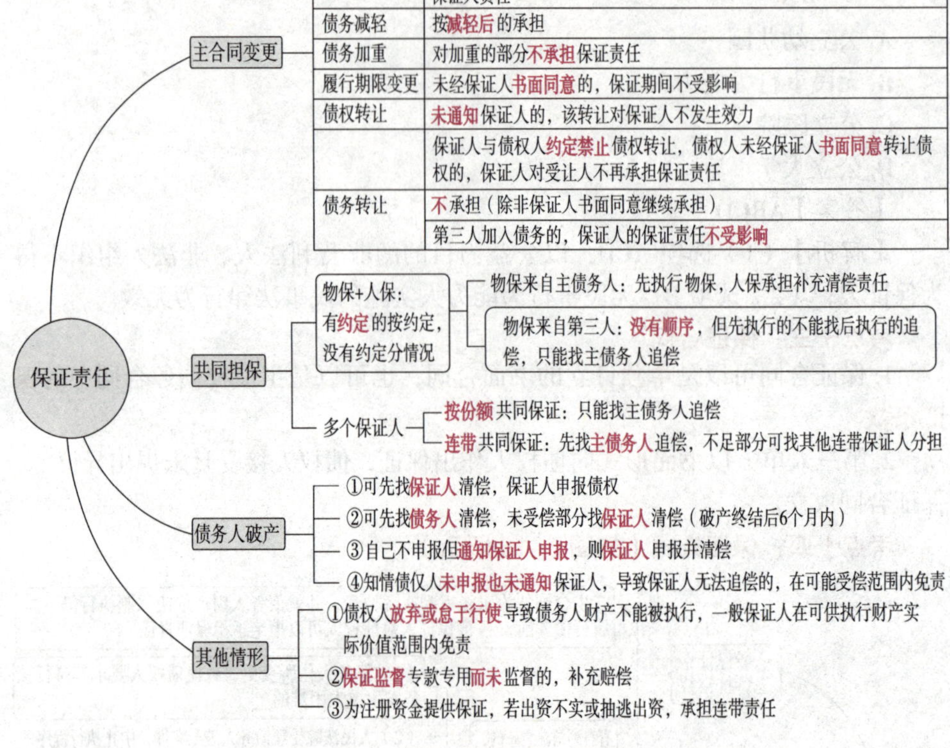

图 5-17　保证范围与保证责任

【注】

1. 一般保证人保证责任免除

一般保证的保证人在主债务履行期限届满后，向债权人提供债务人可供执行财产的真实情况，债权人放弃或者怠于行使权利致使该财产不能被执行的，保证人在其提供可供执行财产的价值范围内不再承担保证责任。

2. 债务人对债权人享有抵销权或者撤销权的，保证人可以在相应范围内拒绝承担保证责任。

考点十六：保证期间（如图 5-18 所示）

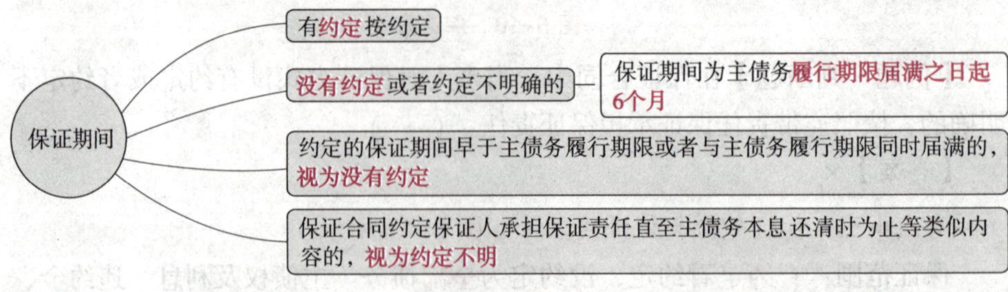

图 5-18　保证期间

考点十七：保证债务的诉讼时效（如图 5–19 所示）

一般保证的债权人在保证期间**届满前**对债务人提起诉讼或者申请仲裁的，应从保证人**拒绝承担保证责任的权利消灭之日**起，开始计算保证债务的诉讼时效。

连带责任保证的债权人在保证期间**届满前**请求保证人承担保证责任的，应从债权人**要求保证人承担保证责任之日**起，开始计算保证债务的诉讼时效。

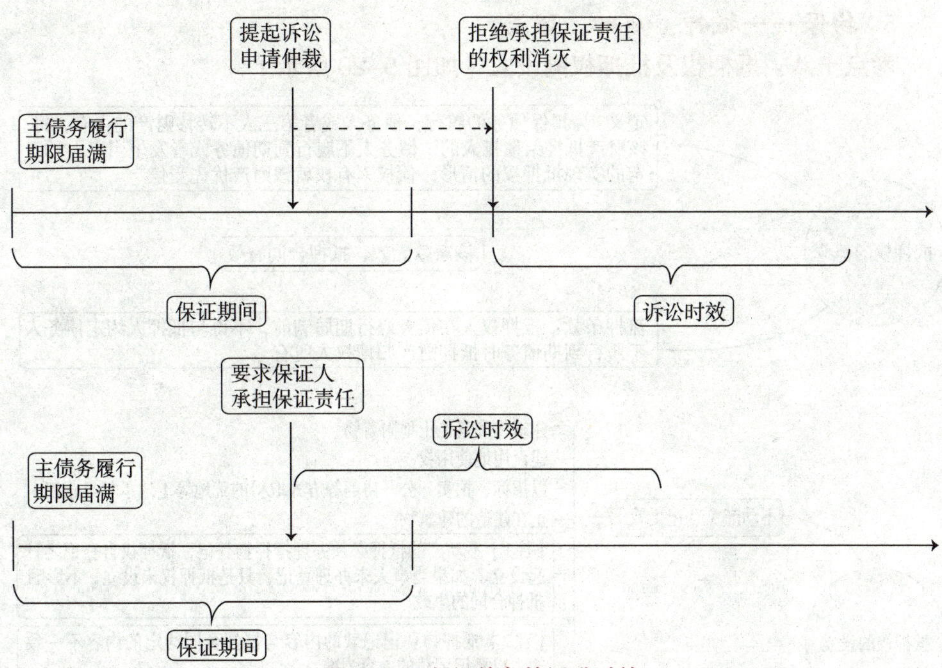

图 5–19　保证债务的诉讼时效

【例题·单选题】甲企业向乙银行申请贷款，还款日期为 2019 年 12 月 30 日。丙企业为该债务提供保证担保，但未约定保证方式和保证期间。后甲企业申请展期，与乙银行就还款期限做了变更，还款期限延至 2020 年 12 月 30 日，但未征得丙企业的书面同意。展期到期，甲企业无力还款，乙银行遂要求丙企业承担保证责任。根据担保法律制度的规定，下列关于丙企业是否承担保证责任的表述中，正确的是（　　）。

A. 不承担，因为保证期间已过

B. 应承担，因为保证合同有效

C. 应承担，因为丙企业为连带责任保证人

D. 不承担，因为丙企业的保证责任因还款期限的变更而消灭

【答案】A

【解析】债权人与债务人对主合同履行期限做了变动，未经保证人书面同意的，保证期间为原合同约定的或者法律规定的期间。保证人与债权人约定保证期间的，按照约定执行；未约定保证期间的，保证期间为主债务履行期届满之日起 6 个月。故丙企业保证期间为自 2019 年 12 月 30 日起 6 个月，到 2020 年 12 月 30 日时，保证期间已过。保证期间内，债权人未对债务人提起诉讼或者申请仲裁的，保证人免除保证责任。

5. 物保——抵押、质押、留置

考点十八：抵押权及抵押权的设立（如图 5–20 所示）

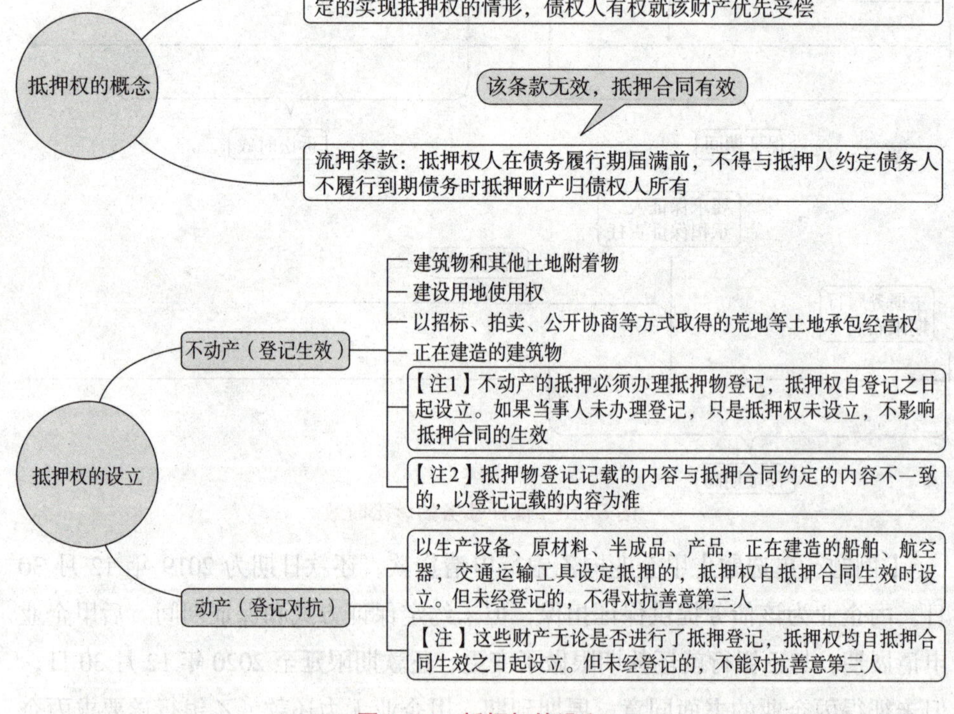

图 5–20 抵押权的设立

【例题·多选题】甲以自有的一批布匹作抵押向乙借款，甲、乙签订了抵押合同，但未办理抵押登记。在抵押期间，甲擅自将该批布匹卖给了善意第三人丙，并已交货付款。根据物权法律制度的规定，下列表述中，正确的有（　　）。

A. 甲与乙之间的抵押合同有效

B. 丙无权取得对该批布匹的所有权

C. 乙的抵押权可以对抗受让人丙的所有权

D. 乙的抵押权不得对抗受让人丙的所有权

【答案】AD

【解析】选项 A：抵押合同自签订之日起生效；选项 B：丙基于善意取得该货物的所有权；选项 CD：当事人以动产设定抵押的，抵押权自抵押合同生效之日起设立，未登记的，不能对抗善意第三人。

【例题·单选题】甲公司向乙银行借款 500 万元，拟以其闲置的一处办公用房作担保。乙银行正好缺乏办公场所，于是与甲公司商定，由甲公司以此办公用房为乙银行设立担保物权。随后，甲公司向乙银行交付了办公用房，但未办理登记手续。借款到期后，甲公司未能偿还借款，乙银行主张对办公用房行使优先受偿的权利。根据物权法律制度的规定，下列各项中，正确的是（　　）。

A. 乙银行有权这样做，因其对标的物享有抵押权

B. 乙银行有权这样做，因其对标的物享有质权

C. 乙银行有权这样做，因其对标的物享有同时履行抗辩权

D. 乙银行无权这样做，因其对标的物不享有抵押权

【答案】D

【解析】办公用房（不动产）的抵押必须办理抵押物登记，抵押权自登记之日起设立。

考点十九：抵押物（如图 5-21 所示）

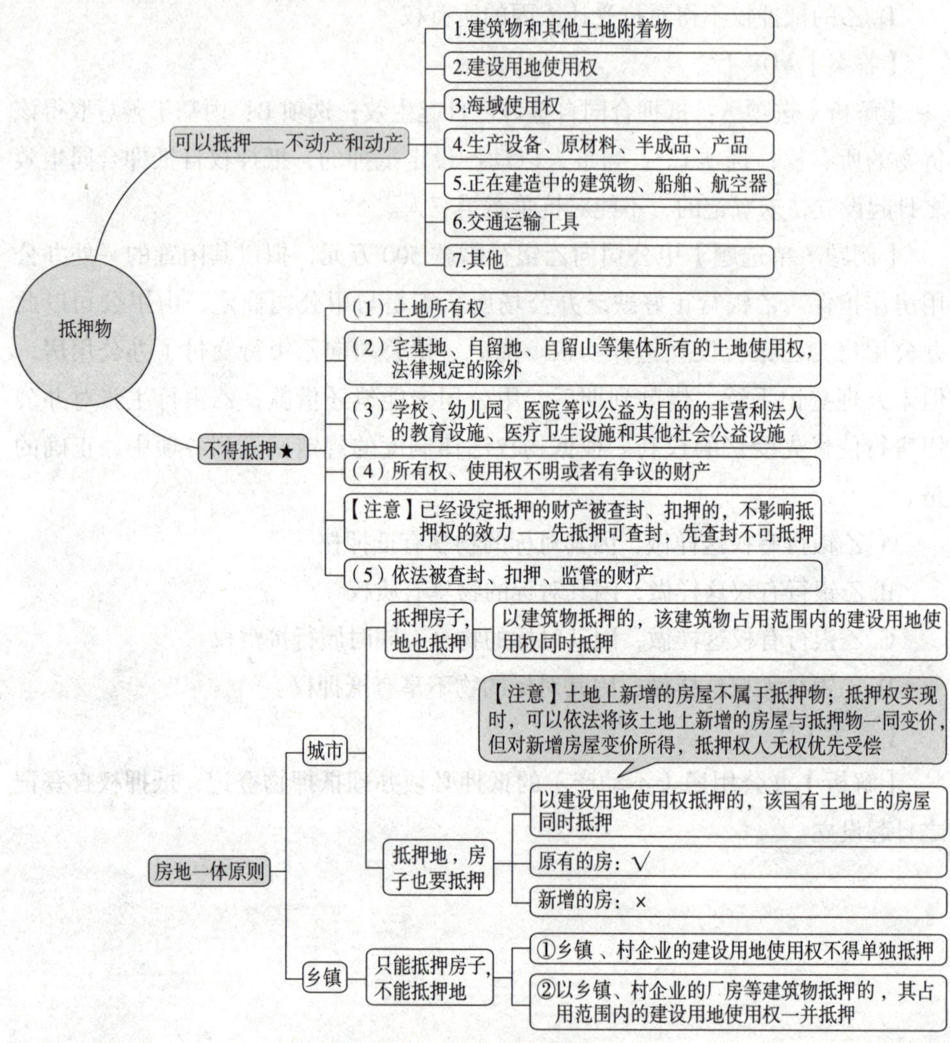

图 5-21　抵押物

【例题·多选题】根据物权法律制度的规定，下列财产中，可以作为抵押物的有（　　）。

A. 机动车　　B. 建筑物

C. 正在制造的生产设备　　D. 通过招标方式取得的荒地的土地承包经营权

【答案】ABCD

【例题·单选题】根据物权法律制度的规定，下列财产中，不可以作为抵押权客体的是（　　）。

A. 工厂的半成品

B. 正在建造的船舶

C. 以招标方式取得的荒地的土地承包经营权

D. 土地所有权

【答案】D

【例题·单选题】北京市甲公司与乙银行签订借款合同，约定甲公司以其所有的 A 大厦及其建设用地使用权为抵押物，贷款 5 000 万元。双方办理抵押登记手续后，乙银行发放了贷款。甲公司后又在 A 大厦项目所在地块上增建了一幢商务配楼，尚未竣工。甲公司因另案被法院判决支付巨额债务，无法偿还乙银行的贷款。根据物权法律制度的规定，下列各项中，正确的是（　　）。

A. 商务配楼使用了乙银行拥有抵押权的土地，当然成为抵押物的一部分

B. 商务配楼是在建工程，不得抵押、拍卖、转让

C. 乙银行请求法院拍卖抵押物时，只能请求法院拍卖 A 大厦和整个项目地块的建设用地使用权，而不拍卖商务配楼的房屋所有权

D. 乙银行可以请求法院将 A 大厦和商务配楼以及整个项目地块的建设用地使用权一同拍卖，但无权就商务配楼拍卖所得价款优先受偿

【答案】D

【解析】以城市房地产设定抵押的，土地上新增的房屋不属于抵押物；抵押权实现时，可以依法将该土地上新增的房屋与抵押物一同变价，但对新增房屋的变价所得，抵押权人无权优先受偿。

考点二十：抵押的效力（如图 5-22 所示）

【例题·判断题】抵押权设立后抵押财产出租的，该租赁关系不得对抗已登记的抵押权。（　　）

【答案】√

【例题·多选题】陈某用自己的轿车作抵押向银行借款 40 万元，并办理了抵押登记手续。陈某驾驶该车出行时，不慎发生交通事故。经鉴定，该车的价值损失了 30%，保险公司赔偿了该损失，根据合同法律制度的规定，下列关于该抵押担保的表述中，正确的有（　　）。

A. 该轿车不再担保银行债权

B. 该轿车应担保银行债权

C. 保险赔偿不应担保银行债权

D. 保险赔款应担保银行债权

【答案】BD

小艾上班记8

1.所担保债权的范围

包括主债权及其利息、违约金、损害赔偿金和实现抵押权的费用。当事人另有约定的，按照约定

2.孳息收取权

（1）一般情况下，抵押权的效力不及于抵押物的孳息

【示例】甲将房子抵押给乙取得贷款，甲又将房子出租给丙。正常情况下，租金（孳息）交给甲；但如果甲无法偿还借款，房子被扣押了，从扣押日起，乙有权收取租金。但是必须是在通知丙的情况下，换句话说，如果未通知丙，丙向甲给付租金也是可以的

（2）债务人不履行到期债务致使抵押财产被人民法院依法扣押的，自扣押之日起抵押权人有权收取该抵押财产的天然孳息或者法定孳息。但抵押权人未通知应当清偿法定孳息的义务人的除外

（3）孳息的清偿顺序：收取孳息的费用→主债权的利息→主债权

3.抵押与租赁

- 抵押不破租赁★
  - 订立抵押合同前，抵押财产已出租的，原租赁关系不受该抵押权的影响★
  - （1）如果抵押人未书面告知承租人该财产已抵押，抵押人应对出租抵押物给承租人造成的损失承担赔偿责任
  - （2）如果抵押人已书面告知承租人该财产已抵押，损失由承租人自己承担
- 抵押在先，抵押权优先
  - 不动产——租赁关系不得对抗已登记的抵押权
  - 动产
    - 已经登记——租赁关系不得对抗
    - 未登记
      - 承租人善意——租赁关系不受影响
      - 承租人非善意——租赁关系不得对抗

【注意】抵押物依法被继承或者赠与的，抵押权不受影响

4.抵押期间抵押物的转让

- 抵押期间，抵押人可以转让抵押财产。当事人另有约定的，按照其约定。抵押财产转让的，抵押权不受影响
- 抵押人转让抵押财产的，应当及时通知抵押权人。抵押权人能够证明抵押财产转让可能损害抵押权的，可以请求抵押人将转让所得的价款向抵押权人提前清偿债务或者提存。转让的价款超过债权数额的部分归抵押人所有，不足部分由债务人清偿

【总结】债权转，抵押转。各个人，按份额

5.抵押权的从属性

- （1）主债权未全部清偿，抵押权人可以就抵押物的"全部"行使其抵押权
- （2）抵押物被分割或部分转让的，各债权人可以分割或转让后的抵押物行使抵押权
- （3）债权转让的，担保该债权的抵押权一并转让，但法律另有规定或者当事人另有约定的除外
- （4）主债权被分割或部分转让的，各债权人可以就其享有的债权份额行使抵押权
- （5）主债务被分割或部分转让的，抵押人仍可以其抵押物担保数个债务人履行债务。但是，第三人提供抵押时，债权人许可债务人转让债务未经抵押人书面同意的，抵押人对未经其同意转让的债务，不再承担担保责任

【总结】债务转，看谁抵；自己抵，担责任；第三人，看同意

6. 抵押权人的权利	
	保全请求权：抵押人行为导致抵押财产价值减少的，可要求恢复价值或提供相应价值的担保
	物上代位权：抵押期间，抵押物灭失、毁损的，抵押权人可就该抵押物的赔偿金等优先受偿
	孳息收取权：自扣押之日起有权收取，法定孳息需通知义务人

图 5-22　抵押的效力

【解析】本题考核抵押担保。根据规定，在所担保的债权未全部清偿前，担保权人可就担保物的全部行使权利，担保物部分灭失，残存部分仍担保债权全部，因此选项 B 正确、选项 A 错误；在抵押物灭失、毁损或者被征用的情况下，抵押权人可以就该抵押物的保险金、赔偿金或者补偿金优先受偿，因此选项 C 错误、选项 D 正确。

【例题·单选题】甲向乙借款并将自己的房子抵押给乙，且办理了抵押登记。抵押后，甲又将该房屋出租给丙，后因甲无力还款，乙欲行使抵押权。下列表述中，正确的是（　　）。

A. 甲与丙之间的租赁合同不具有效力，因为该房已抵押给乙

B. 甲与丙之间的租赁合同具有效力，抵押权行使后租赁合同对新的受让人具有效力

C. 甲与丙之间的租赁合同具有效力，但抵押权行使后租赁合同对新的受让人不具有效力

D. 甲与丙之间的租赁合同效力待定

【答案】C

【解析】本题考核抵押权的效力。抵押权设立后抵押财产出租的，该租赁关系不得对抗已登记的抵押权。

考点二十一：抵押权的实现（如图 5-23 所示）

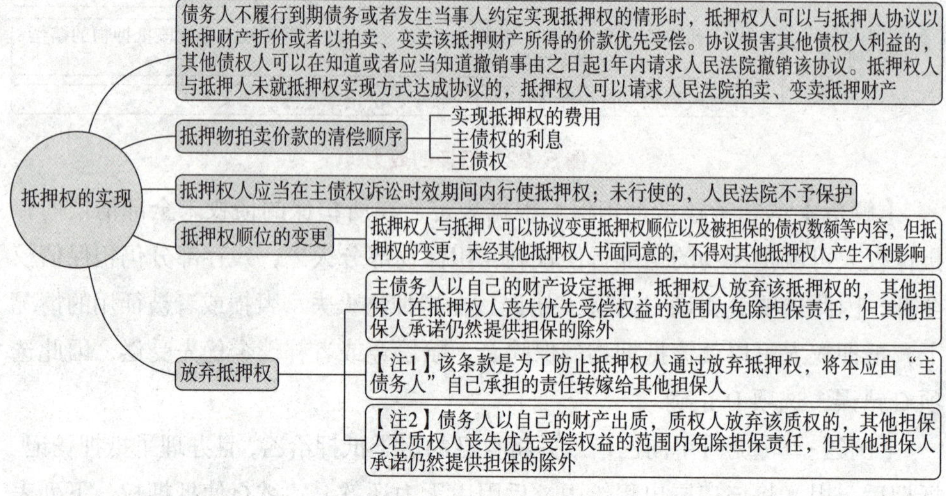

图 5-23　抵押权的实现

同一财产向两个以上债权人抵押的，拍卖、变卖抵押财产所得的价款依照下列规定清偿：

（1）抵押权已经登记的，按照登记的时间先后确定清偿顺序；

（2）抵押权已经登记的，先于未登记的受偿；

（3）抵押权未登记的，按照债权比例清偿。

【例题·单选题】陈某向贺某借款 20 万元，借款期限为 2 年。张某为该借款合同提供保证担保。担保条款约定，张某在陈某不能履行债务时承担保证责任，但未约定保证期间。陈某同时以自己的房屋提供抵押担保并办理了登记。贺某打算放弃对陈某的抵押权，并将这一情况通知了张某，但张某表示反对。根据物权法律制度的规定，下列表述中，正确的是（　　）。

A. 贺某不得放弃抵押权，因为张某不同意

B. 若贺某放弃抵押权，张某仍应对全部债务承担保证责任

C. 若贺某放弃抵押权，则张某对全部债务免除保证责任

D. 若贺某放弃抵押权，则张某在贺某放弃权利的范围内免除保证责任

【答案】D

【解析】主债务人以自己的财产设定抵押，抵押权人放弃该抵押权的，其他担保人在抵押权人丧失优先受偿权益的范围内免除担保责任，但其他担保人承诺仍然提供担保的除外。

考点二十二：最高抵押权（如图 5-24 所示）

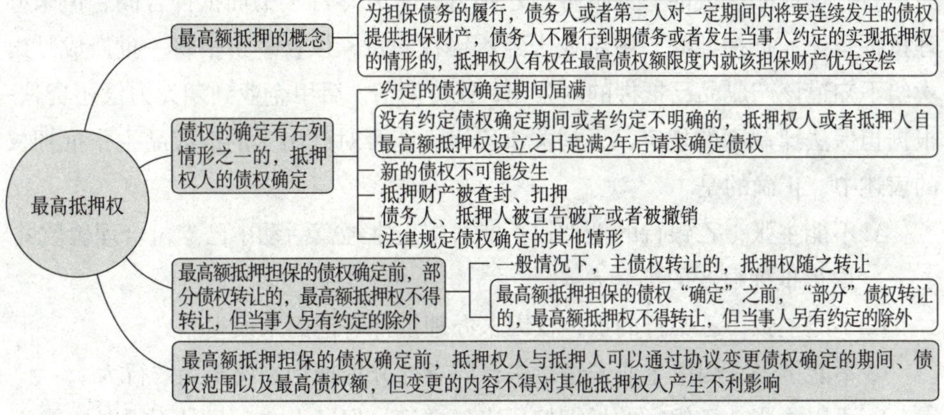

图 5-24　最高抵押权

考点二十三：动产抵押及动产的浮动抵押（如图 5-25 所示）

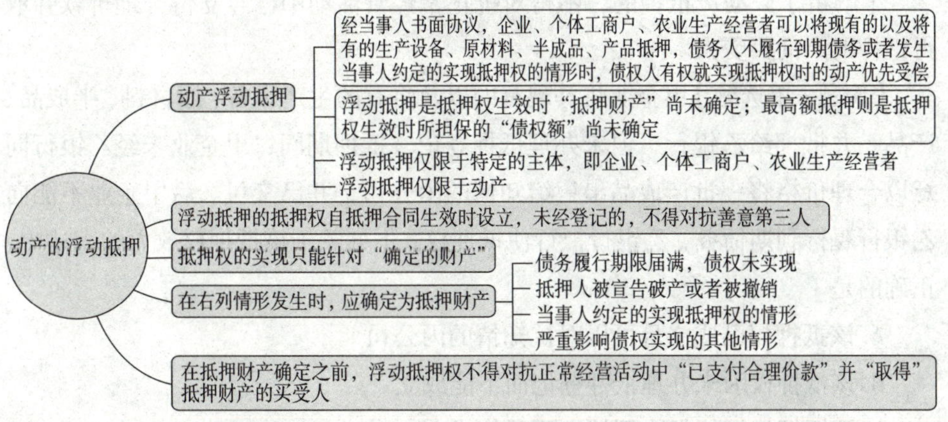

图 5-25　动产的浮动抵押

1. 以动产抵押的，不得对抗正常经营活动中已经支付合理价款并取得抵押财产的买受人。（包括动产浮动抵押）

2. 价款债权抵押权优先

动产抵押担保的主债权是抵押物的价款，标的物交付后 10 日内办理抵押登记的，该抵押权人优先于抵押物买受人的其他担保物权人受偿，但是留置权人除外。

【提示】价款债权主要是指：①融资机构提供贷款专用于购置标的物形成的债权；②出卖人允许买受人赊购标的物形成的债权。

【例题·单选题】甲企业向乙银行贷款时，将其现有的以及将有的生产设备、原材料、半成品、成品一并抵押给乙银行，双方签订了书面抵押合同，但未办理抵押登记。抵押期间，甲企业未经乙银行同意，以合理价格将一批产成品出卖给不知道该产成品已抵押的丙公司，钱货两清。后甲企业到期无力偿还贷款。根据担保法律制度的规定，下列关于乙银行能否对已出卖的产成品主张抵押权的表述中，正确的是（　　）。

A. 不能主张，乙银行的抵押权不能对抗正常经营活动中已支付合理价款并取得抵押财产的买受人

B. 不能主张，乙银行的抵押权因未办理抵押登记而未设立

C. 不能主张，因甲企业未经乙银行同意处分抵押物，属于无效行为

D. 可以主张，乙银行的抵押权虽未经登记，但已设立，只是不得对抗善意第三人

【答案】A

【解析】以动产抵押的，不得对抗正常经营活动中已经支付合理价款并取得抵押财产的买受人。

【例题·单选题】甲企业将其现有的以及将有的生产设备、原材料、半成品、产品一并抵押给乙银行，但未办理抵押登记。抵押期间，甲企业未经乙银行同意以合理价格将一批产成品出售给知情的丙公司，并已交付。后甲企业不能向乙银行履行到期债务，乙银行拟行使抵押权。下列关于该抵押权效力的表述中，正确的是（　　）

A. 该抵押权已成立且可以对抗知情的丙公司

B. 该抵押权因未办理抵押登记而不能成立

C. 该抵押权因抵押物不特定而不能成立

D. 该抵押权已成立但不得对抗丙公司

【答案】D

【解析】以动产抵押的，不得对抗正常经营活动中已经支付合理价款并取得抵押财产的买受人。

6. 钱保——质押、留置和定金

考点二十四：质押（如图 5-26 所示）

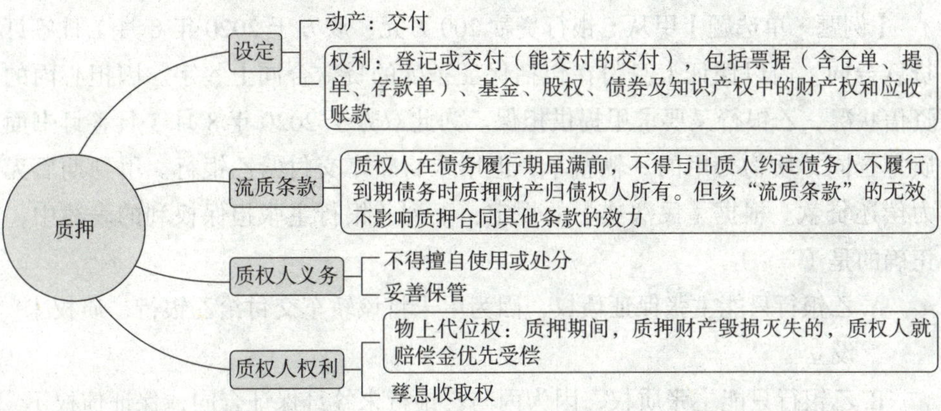

权利		质权设立
汇票、本票、支票、债券、存款单、仓单、提单	有权利凭证	质权自权利凭证交付质权人时设立，法律另有规定的除外
	无权利凭证	质权自办理出质登记时设立，法律另有规定的除外
可以转让的基金份额、股权		质权自办理出质登记时设立
可以转让的注册商标专用权、专利权、著作权等知识产权中的财产权		
现有的以及将有的应收账款		

图 5-26　质押

【例题 · 单选题】根据物权法律制度的规定，下列权利中，不能设定权利质权的是（　　）。

A. 专利权　　B. 应收账款债权

C. 可以转让的股权　　D. 房屋所有权

【答案】D

【例题 · 单选题】甲向乙借款，并以本人所有的一件古董花瓶设定质押担保，甲为此就该花瓶购买了一份财产意外损失险。在乙保管花瓶期间，花瓶毁于泥石流。如果甲没有按时还款，根据物权法律制度的规定，下列表述中，正确的是（　　）。

A. 乙可以就保险金优先受偿

B. 乙可以要求以保险金受偿，但是并不优先于甲的其他债权人

C. 泥石流属于不可抗力事件，甲可以不偿还乙的借款

D. 乙应当赔偿甲花瓶灭失给甲带来的损失

【答案】A

【解析】在担保期间，如果担保财产毁损、灭失或者被征收，担保物权人可以就获得的保险金、赔偿金或者补偿金优先受偿。

【例题·单选题】甲从乙银行贷款 200 万元，双方于 2020 年 8 月 1 日签订贷款合同，丙以保证人身份在包括保证条款的贷款合同上签字。因担心丙的资信状况，乙银行又要求甲提供担保。为此双方于 2020 年 8 月 3 日签订书面质押合同，质物为甲的一辆轿车，但甲未将轿车交付给乙银行。甲到期后无力偿还贷款。根据《民法典》的规定，下列乙银行主张担保权利的表述中，正确的是（　　）。

A. 乙银行只能主张保证债权，因为甲未将该轿车交付给乙银行，质权未设立

B. 乙银行只能主张质权，因为丙与乙银行未签订保证合同，保证债权不成立

C. 乙银行应先主张保证债权，因为保证债权先于质权成立

D. 乙银行应先主张质权，因为质权担保是债务人甲自己提供的

【答案】A

【解析】质权自出质人交付质押财产时设立。

【例题·多选题】根据《民法典》的规定，债务人或第三人有权处分的下列权利中，可以出质的有（　　）。

A. 支票

B. 土地承包经营权

C. 可以转让的基金份额

D. 现有的应收账款

【答案】ACD

【解析】债务人或者第三人有权处分的下列权利可以出质：（1）汇票、本票、支票；（2）债券、存款单；（3）仓单、提单；（4）可以转让的基金份额、股权；（5）可以转让的注册商标专用权、专利权、著作权等知识产权中的财产权；（6）现有的以及将有的应收账款；（7）法律、行政法规规定可以出质的其他财产权利。

【例题·多选题】根据《民法典》的规定，债务人有权处分的下列权利中，可用于设立权利质押的有（　　）。

A. 仓单

B. 应收账款

C. 交通运输工具

D. 建设用地使用权

【答案】AB

【解析】（1）选项 C：质押分为动产质押和权利质押，动产所有权设立的是动产质押，不是权利质押。（2）选项 D：建设用地使用权可以设定抵押，但不能设定质押。

【例题·判断题】以应收账款出质的，质权自办理出质登记时设立。（　）

【答案】√

【例题·单选题】根据《民法典》的规定，以专利权设定质押时，该质权设立的时间是（　）。

A. 质押合同签订之日

B. 交付专利权权属证明之日

C. 质押公告之日

D. 办理出质登记时

【答案】D

【解析】以注册商标专用权、专利权、著作权等知识产权中的财产权出质的，质权自办理出质登记时设立。

【例题·多选题】根据《民法典》的规定，以下列权利出质的，质权自交付权利凭证时设立的有（　）。

A. 可以转让的基金份额

B. 可以转让的注册商标专用权中的财产权

C. 仓单

D. 存款单

【答案】CD

【解析】（1）选项 A：以基金份额、股权出质的，质权自办理出质登记时设立。（2）选项 B：以注册商标专用权、专利权、著作权等知识产权中的财产权出质的，质权自办理出质登记时设立。（3）选项 CD：以汇票、本票、支票、债券、存款单、仓单、提单出质的，质权自权利凭证交付质权人时设立；没有权利凭证的，质权自办理出质登记时设立。法律另有规定的，依照其规定。

考点二十五：留置（如图 5-27 所示）

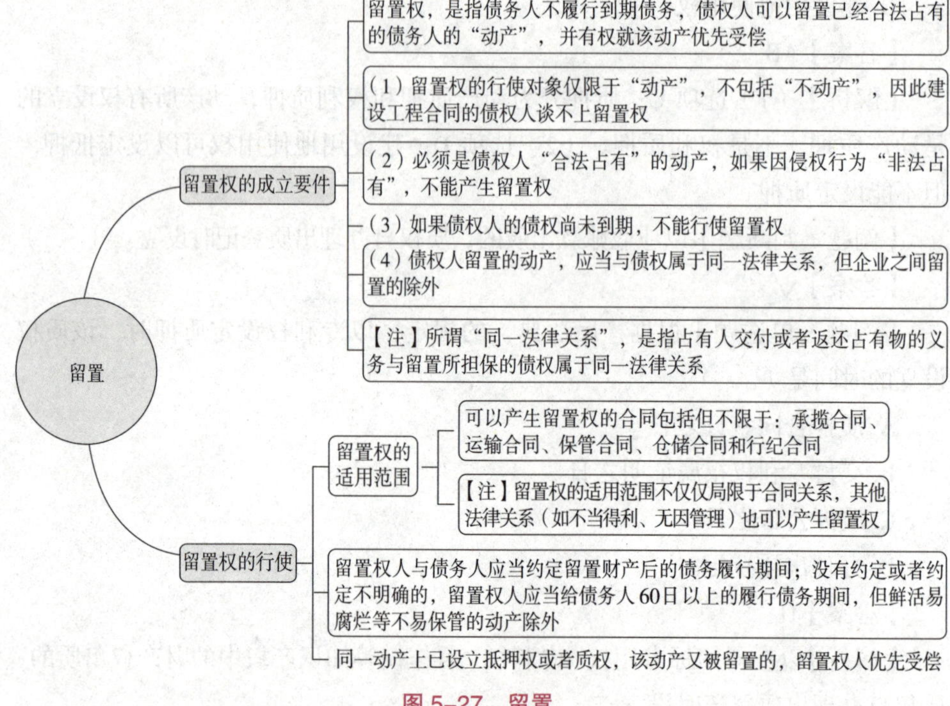

图 5-27　留置

【例题·判断题】已经设立抵押权的动产又被留置的，抵押权人优先受偿。（　　）

【答案】×

【解析】同一动产上已经设立抵押权或者质权，该动产又被留置的，留置权人优先受偿。

【例题·单选题】李某向陈某借款 10 万元，将一辆卡车抵押给陈某。抵押期间，卡车因车祸严重受损，李某将卡车送到某修理厂大修。后李某无力支付 2 万元修理费，修理厂遂将卡车留置。经催告，李某在约定的债务履行期间内仍未支付修理费。此时，李某亦无法偿还欠陈某的到期借款，陈某要求修理厂将卡车交给自己依法进行拍卖，修理厂拒绝。下列关于该争议如何处理的表述中，符合《民法典》规定的是（　　）。

A. 修理厂应将卡车交给陈某依法拍卖，修理费只能向李某主张

B. 陈某应当向修理厂支付修理费，其后修理厂应向陈某交付卡车

C. 修理厂应将卡车交给陈某依法拍卖，拍卖所得资金优先偿付借款，剩余部分修理厂有优先受偿权

D. 修理厂可将卡车依法拍卖，所得资金优先偿付修理费，剩余部分陈某有优先受偿权

【答案】D

【解析】同一动产上已经设立抵押权或者质权，该动产又被留置的，留置权人优先受偿。

考点二十六：定金（如图 5–28 所示）

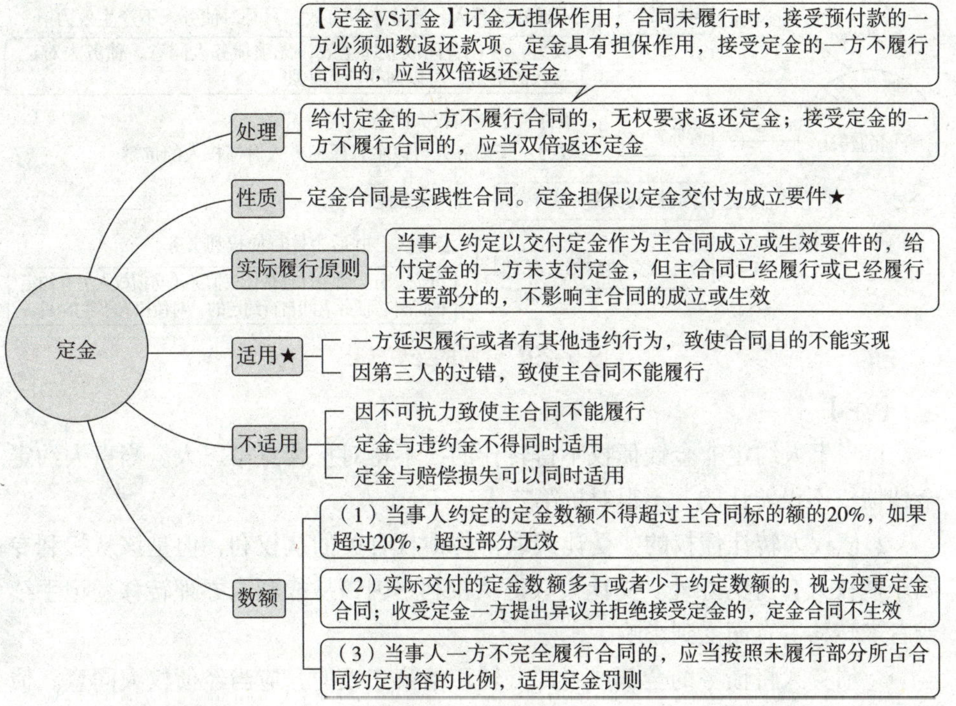

图 5–28　定金

【例题·多选题】根据《民法典》的规定，下列关于定金罚则的表述中，正确的有（　　）。

A. 因不可抗力致使主合同不能履行的，不适用定金罚则

B. 因意外事件致使主合同不能履行的，不适用定金罚则

C. 因合同关系以外的第三人的过错，致使主合同不能履行的，不适用定金罚则

D. 收受定金的一方不履行债务或者履行债务不符合约定，致使不能实现合同目的的，应当双倍返还定金

【答案】ABD

【解析】（1）选项 AB：因不可抗力、意外事件致使主合同不能履行的，不适用定金罚则。（2）选项 C：因合同关系以外第三人的过错，致使主合同不能履行的，适用定金罚则。受定金处罚的一方当事人，可以依法向第三人追偿。（3）选项 D：收受定金的一方不履行债务或者履行债务不符合约定，致使不能实现合同目的的，应当双倍返还定金。

7. 合同解除、转让及违约

考点二十七：合同的变更转让（如图 5-29 所示）

- 合同的变更——对内容的变更，约定不明视为未变更，仅对未履行的部分有效
- 合同的转让
  - 债权转让
    - 通知债务人：对债务人生效
    - 不通知债务人：转让本身有效，只是对债务人不产生效力
    - 效力：转让合同成立即生效，无须债务人同意，债务人对让与人的抗辩，可以向受让人主张
  - 债务转让
    - 条件：必须债权人同意，否则无效
    - 效力：新债务人可以主张原债务人对债权人的抗辩
  - 合同权利义务一并转让——需对方同意
  - 合并分立债权债务处理
    - 合并：合并后主体行使权利义务
    - 分立：分立后主体连带债权债务（与债权人另有约定的除外，债务人间自行约定的，对债权人不生效）

图 5-29　合同的变更转让

【注】

1. 当事人约定非金钱债权不得转让的，不得对抗善意第三人。当事人约定金钱债权不得转让的，不得对抗第三人。

2. 债权人转让债权的，受让人取得与债权有关的从权利，但是该从权利专属于债权人自身的除外。受让人取得从权利不因该从权利未办理转移登记手续或者未转移占有而受到影响。

3. 债务人将债务的全部或者部分转移给第三人的，应当经债权人同意。债务人或者第三人可以催告债权人在合理期限内予以同意，债权人未作表示的，视为不同意。

4. 并存的债务承担

第三人与债务人约定加入债务并通知债权人，或者第三人向债权人表示愿意加入债务，债权人未在合理期限内明确拒绝的，债权人可以请求第三人在其愿意承担的债务范围内和债务人承担连带债务。

5. 债务人转移债务的，新债务人可以主张原债务人对债权人的抗辩；原债务人对债权人享有债权的，新债务人不得向债权人主张抵销。

【例题·单选题】陈某向李某购买一批水泥，价款为 10 万元。合同履行前，李某未经陈某的同意，将价款债权转让给王某，并通知陈某直接向王某付款。陈某与李某未约定合同权利不得转让，下列关于李某的转让行为效力的表述中，符合《民法典》规定的是（　　）。

A. 李某的转让行为无效，陈某仍应向李某付款

B. 李某的转让行为有效，如陈某仍向李某付款，可发生清偿效力

C. 李某的转让行为有效，陈某应向王某付款

D. 李某的转让行为效力待定，取决于陈某是否同意

【答案】C

【解析】债权人转让债权，未通知债务人的，该转让对债务人不发生效力。

【例题·单选题】甲公司向乙公司购买 1 台车床，价款 为 50 万元。甲公司与丙公司约定，由丙公司承担甲公司对乙公司的 50 万元债务，乙公司表示同意，后丙公司始终未清偿 50 万元债务。根据《民法典》的规定，下列关于乙公司主张债权的表述中，正确的是（　　）。

A. 乙公司可以要求甲公司和丙公司共同偿还 50 万元债务

B. 乙公司可以选择向甲公司或者丙公司主张清偿 50 万元债务

C. 乙公司应当向丙公司主张清偿 50 万元债务

D. 乙公司应当向甲公司主张清偿 50 万元债务

【答案】C

【解析】乙公司（债权人）对由丙公司承担甲公司对其的 50 万元债务表示同意，因此乙公司仅能向丙公司主张权利。

考点二十八：合同的终止（如图 5–30 所示）

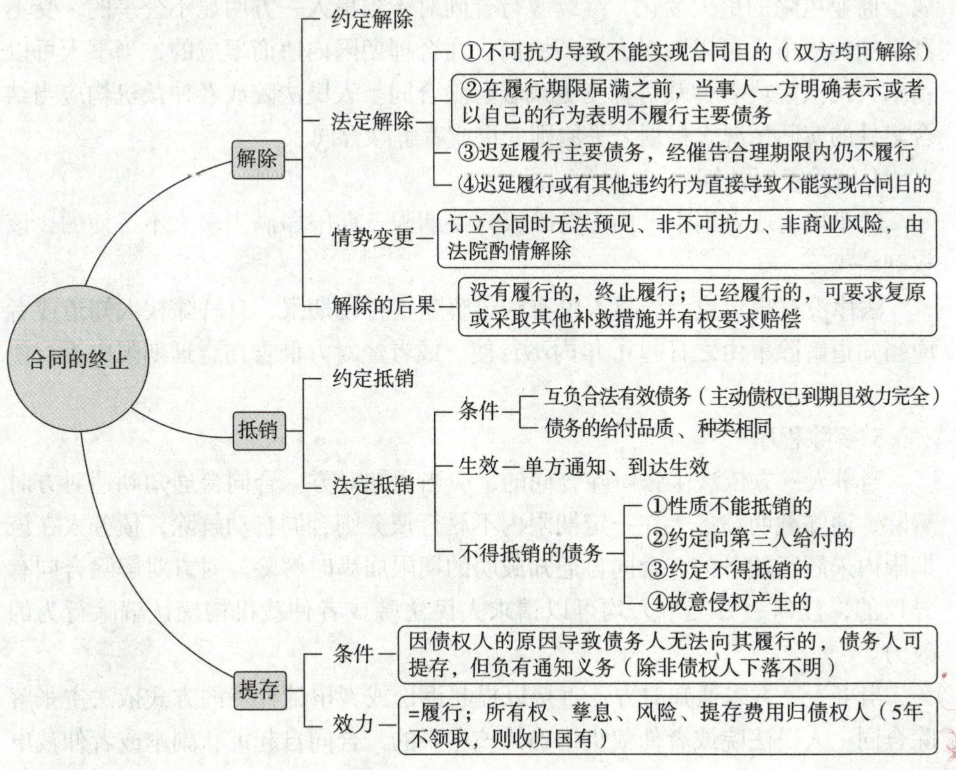

图 5–30　合同的终止

【注】

1. 债务的清偿抵充顺序

债务人对同一债权人负担的数项债务种类相同，债务人的给付不足以清偿全部债务的，除当事人另有约定外，由债务人在清偿时指定其履行的债务。

债务人未作指定的，应当优先履行已经到期的债务；数项债务均到期的，优先履行对债权人缺乏担保或者担保最少的债务；均无担保或者担保金额相等的，优先履行债务人负担较重的债务；负担相同的，按照债务到期的先后顺序履行；到期时间相同的，按照债务比例履行。

债务人在履行主债务外还应当支付利息和实现债权的有关费用，其给付不足以清偿全部债务的，除当事人另有约定外，应当按照下列顺序履行：（1）实现债权的有关费用；（2）利息；（3）主债务。

2. 不定期合同

以持续履行的债务为内容的不定期合同，当事人可以随时解除，但是应当在合理期限之前通知对方。

3. 情势变更

合同成立后，合同的基础条件发生了当事人在订立合同时无法预见的、不属于商业风险的重大变化，继续履行合同对于当事人一方明显不公平的，受不利影响的当事人可以与对方重新协商；在合理期限内协商不成的，当事人可以请求人民法院或者仲裁机构变更或者解除合同。人民法院或者仲裁机构应当结合案件的实际情况，根据公平原则变更或者解除合同。

4. 解除权行使期限

法律规定或者当事人约定解除权行使期限，期限届满当事人不行使的，该权利消灭。

法律没有规定或者当事人没有约定解除权行使期限，自解除权人知道或者应当知道解除事由之日起 1 年内不行使，或者经对方催告在合理期限内不行使的，该权利消灭。

5. 解除程序

当事人一方依法主张解除合同的，应当通知对方。合同自通知到达对方时解除；通知载明债务人在一定期限内不履行债务则合同自动解除，债务人在该期限内未履行债务的，合同自通知载明的期限届满时解除。对方对解除合同有异议的，任何一方当事人均可以请求人民法院或者仲裁机构确认解除行为的效力。

当事人一方未通知对方，直接以提起诉讼或者申请仲裁的方式依法主张解除合同，人民法院或者仲裁机构确认该主张的，合同自起诉状副本或者仲裁申请书副本送达对方时解除。

6. 解除效力

（1）合同因违约解除的，解除权人可以请求违约方承担违约责任，但是当事人另有约定的除外。

（2）主合同解除后，担保人对债务人应当承担的民事责任仍应当承担担保责任，但是担保合同另有约定的除外。

7. 免除

债权人免除债务人部分或者全部债务的，债权债务部分或者全部终止，但是债务人在合理期限内拒绝的除外。

8. 混同

债权和债务同归于一人的，债权债务终止，但是损害第三人利益的除外。

【例题·多选题】根据《民法典》的规定，下列情形中，属于合同解除法定事由的有（　）。

A. 合同当事人一方的法定代表人变更

B. 作为合同当事人一方的法人分立

C. 由于不可抗力致使合同目的不能实现

D. 合同当事人一方迟延履行债务致使合同目的不能实现

【答案】CD

【解析】有下列情形之一的，当事人可以解除合同：（1）因不可抗力致使不能实现合同目的；（2）在履行期限届满前，当事人一方明确表示或者以自己的行为表明不履行主要债务；（3）当事人一方迟延履行主要债务，经催告在合理期限内仍未履行；（4）当事人一方迟延履行债务或者有其他违约行为致使不能实现合同目的；（5）法律规定的其他情形。

【例题·单选题】甲小学出于 2020 年“六一”儿童节学生表演节目的需要，向乙服装厂订购了 100 套童装，约定在“六一”儿童节前一周交付。2020 年 5 月 28 日，甲小学向乙服装厂催要童装，却被告知因布匹供应问题，2020 年 6 月 3 日才能交付童装，甲小学因此欲解除合同。根据《民法典》的规定，下列关于该合同解除的表述中，正确的是（　　）。

A. 甲小学应先催告乙服装厂履行，乙服装厂在合理期限内未履行的，甲小学才可以解除合同

B. 甲小学可以解除合同，无须催告

C. 甲小学无权解除合同，只能要求乙服装厂承担违约责任

D. 甲小学无权自行解除合同，但可以请求法院解除合同

【答案】B

【解析】当事人一方迟延履行债务或者有其他违约行为致使不能实现合同目的的，当事人可以解除合同。

【例题·单选题】2020 年 3 月，甲科研所与乙企业签订一份设备改造的技术服务合同，约定自 2020 年 7 月 1 日至 12 月 1 日，甲科研所负责对乙企业的自动生产线进行技术改造。合同签订后，乙企业为履行合同做了相关准备工作。5 月，甲科研所通知乙企业，因负责该项目的技术人员辞职，不能履行合同，根据《民法典》的规定，下列关于乙企业权利的表述中，正确的是（　　）。

A. 乙企业有权解除合同，并要求甲科研所赔偿损失

B. 乙企业有权主张合同无效，并要求甲科研所承担缔约过失责任

C. 乙企业有权撤销合同，并要求甲科研所承担缔约过失责任

D. 乙企业至 7 月 1 日方有权要求甲科研所承担违约责任

【答案】A

【解析】在履行期限届满前，当事人一方明确表示或者以自己的行为表明不履行主要债务的，另一方有权解除合同并请求赔偿损失。在本题中，甲科研所与乙企业的技术服务合同，在 2020 年 3 月签订时生效，甲科研所在 5 月明确表示不能履行合同，乙企业有权解除合同并要求甲科研所赔偿损失。

【例题·判断题】张某向杨某借款 3 万元到期未还，双方因债务清偿问题发生纠纷，张某被杨某打伤。住院治疗共支出医疗费 4.5 万元，杨某有权主张在 3 万元内抵销，只向张某支付 1.5 万元医疗费。（　　）

【答案】×

【解析】因故意实施侵权行为产生的债务，不得抵销。

【例题·单选题】债权人甲下落不明，致使债务人乙难以履行债务的，乙依法将标的物提存。提存期间，该标的物发生意外毁损。根据《民法典》的规定，下列关于对该标的物损失承担的表述中，正确的是（　　）。

A. 应由甲承担

B. 应由乙承担

C. 应由甲、乙共同承担

D. 应由提存机关承担

【答案】A

【解析】标的物提存后，毁损、灭失的风险由债权人承担。

【例题·单选题】因债权人胡某下落不明，债务人陈某难以履行债务，遂依法将标的物提存。后该标的物意外灭失。该标的物意外灭失风险的承担人是(　　)。

A. 胡某

B. 胡某与陈某

C. 陈某

D. 提存机关

【答案】A

【解析】标的物提存后，毁损、灭失的风险由债权人承担。

考点二十九：承担违约责任的形式（如图 5-31 所示）

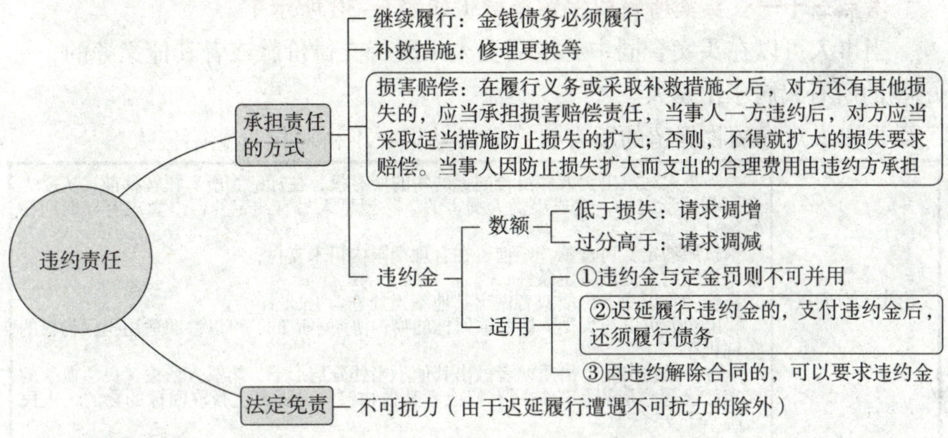

图 5-31　承担违约责任的形式

【例题·多选题】根据《民法典》的规定，下列关于不同种类违约责任相互关系的表述中，正确的有（　　）。

A. 当事人就迟延履行约定违约金的，违约方支付违约金后，还应当履行债务

B. 当事人依法请求人民法院增加违约金后，又请求对方赔偿损失的，人民法院不予支持

C. 当事人既约定违约金，又约定定金的，一方违约时，对方可以同时适用违约金和定金条款

D. 当事人执行定金条款后不足以弥补所受损害的，仍可以请求赔偿损失

【答案】ABD

【解析】选项 C：当事人既约定违约金，又约定定金的，一方违约时，对方可以选择适用违约金或者定金条款。

8. 买卖合同

考点三十：买卖合同所有权（如图 5-32 所示）

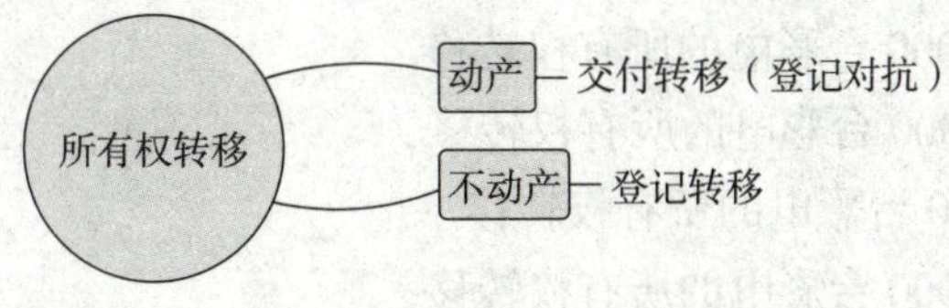

图 5-32　买卖合同所有权

【注】无权处分不影响买卖合同效力。

因出卖人未取得处分权致使标的物所有权不能转移的，买卖合同买受人可以解除合同并请求出卖人承担违约责任。

考点三十一：买卖所有权保留条款（如图 5-33 所示）

当事人可以在买卖合同中约定买受人未履行支付价款或者其他义务的，标的物的所有权属于出卖人。

出卖人对标的物保留的所有权，未经登记，不得对抗善意第三人。

出卖人取回权	当事人约定出卖人保留合同标的物的所有权，在标的物所有权转移前，买受人有下列情形之一，造成出卖人损害的，除当事人另有约定外，出卖人有权取回标的物： ①未按照约定支付价款，经催告在合理期限内仍未支付； ②未按照约定完成特定条件； ③将标的物出卖、出质或者做出其他不当处分。 出卖人可以与买受人协商取回标的物；协商不成的，可以参照适用担保物权的实现程序。 将标的物出卖、出质或者做出其他不当处分情形下，第三人依据《民法典》的规定已经善意取得标的物所有权或者其他物权，出卖人主张取回标的物的，人民法院不予支持
买受人回赎权	出卖人依据规定取回标的物后，买受人在双方约定或者出卖人指定的合理回赎期限内，消除出卖人取回标的物的事由的，可以请求回赎标的物。 买受人在回赎期限内没有回赎标的物，出卖人可以合理价格将标的物出卖给第三人，出卖所得价款扣除买受人未支付的价款以及必要费用后仍有剩余的，应当返还买受人；不足部分，由买受人清偿

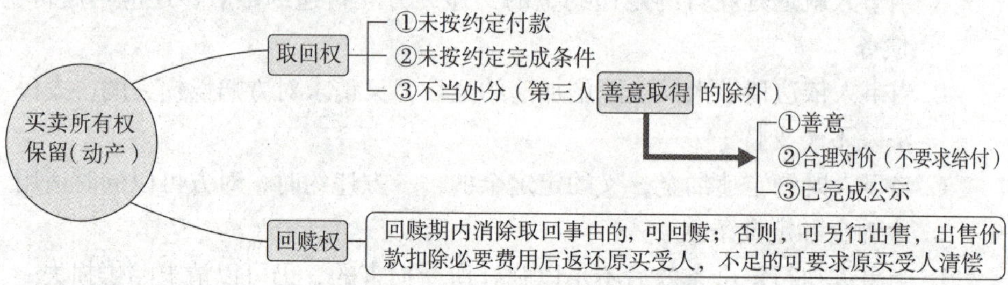

图 5-33　买卖所有权保留条款

【例题·单选题】甲、乙双方于 2020 年 1 月 7 日订立买卖 1 000 台彩电的合同，价款为 200 万元，双方约定：甲支付全部价款后，彩电的所有权才转移给甲。乙于 2 月 4 日交付了 1 000 台彩电，甲于 3 月 5 日支付了 100 万元，5 月 6 日支付了剩余的 100 万元。下列关于彩电所有权转移的表述中，符合《民法典》规定的是（　　）。

A.2 月 4 日 1 000 台彩电的所有权转移

B.3 月 5 日 1 000 台彩电的所有权转移

C.3 月 5 日 500 台彩电的所有权转移

D.5 月 6 日 1 000 台彩电的所有权转移

【答案】D

【解析】对于动产，当事人可以在买卖合同中约定买受人未履行支付价款或者其他义务的，标的物的所有权属于出卖人。本题中甲乙双方约定，甲支付全部价款后，彩电的所有权才转移给甲；故在甲 5 月 6 日支付了剩余的 100 万元后，方取得 1 000 台彩电的所有权，因此选项 D 正确。

考点三十二：一物多卖（如图 5–34 所示）

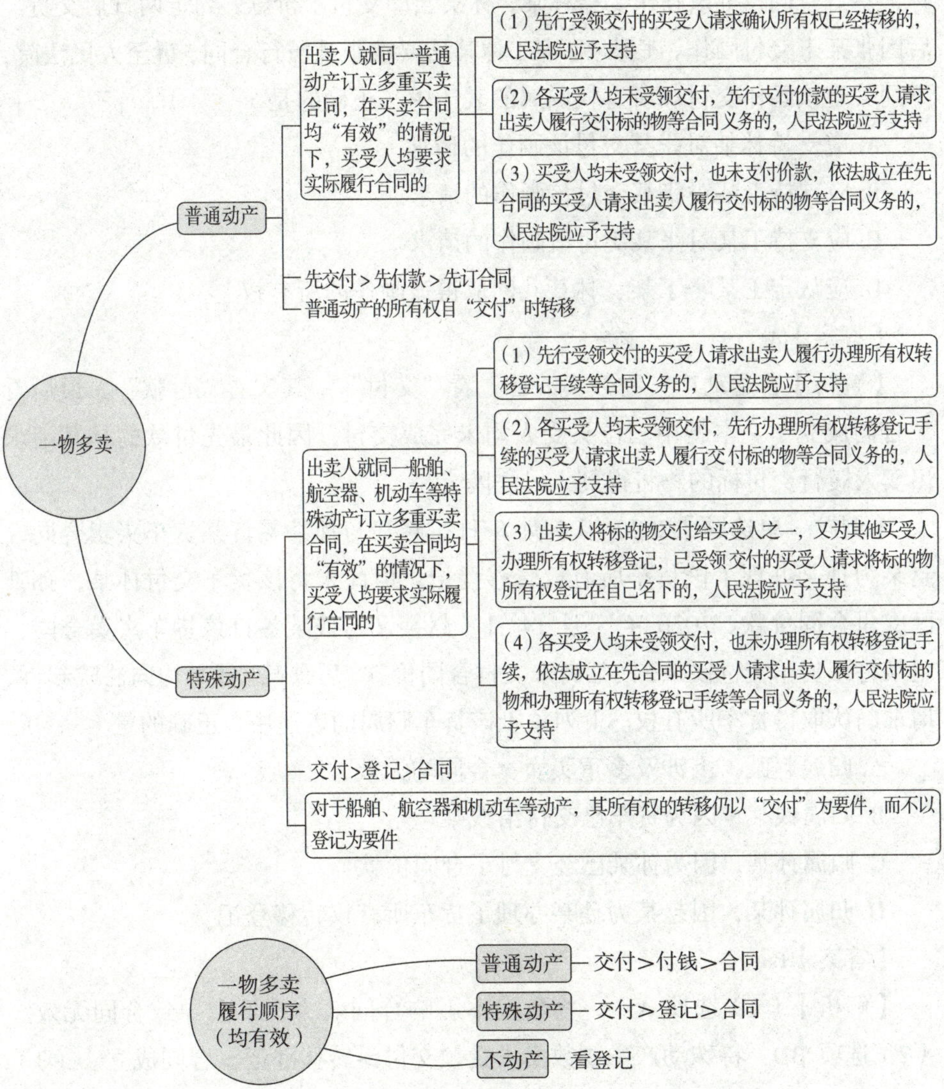

一物多卖
普通动产
出卖人就同一普通动产订立多重买卖合同，在买卖合同均“有效”的情况下，买受人均要求实际履行合同的
（1）先行受领交付的买受人请求确认所有权已经转移的，人民法院应予支持
（2）各买受人均未受领交付，先行支付价款的买受人请求出卖人履行交付标的物等合同义务的，人民法院应予支持
（3）买受人均未受领交付，也未支付价款，依法成立在先合同的买受人请求出卖人履行交付标的物等合同义务的，人民法院应予支持
先交付＞先付款＞先订合同
普通动产的所有权自“交付”时转移
特殊动产
出卖人就同一船舶、航空器、机动车等特殊动产订立多重买卖合同，在买卖合同均“有效”的情况下，买受人均要求实际履行合同的
（1）先行受领交付的买受人请求出卖人履行办理所有权转移登记手续等合同义务的，人民法院应予支持
（2）各买受人均未受领交付，先行办理所有权转移登记手续的买受人请求出卖人履行交付标的物等合同义务的，人民法院应予支持
（3）出卖人将标的物交付给买受人之一，又为其他买受人办理所有权转移登记，已受领交付的买受人请求将标的物所有权登记在自己名下的，人民法院应予支持
（4）各买受人均未受领交付，也未办理所有权转移登记手续，依法成立在先合同的买受人请求出卖人履行交付标的物和办理所有权转移登记手续等合同义务的，人民法院应予支持
交付>登记>合同
对于船舶、航空器和机动车等动产，其所有权的转移仍以“交付”为要件，而不以登记为要件
一物多卖履行顺序（均有效）
普通动产—交付＞付钱＞合同
特殊动产—交付＞登记＞合同
不动产—看登记

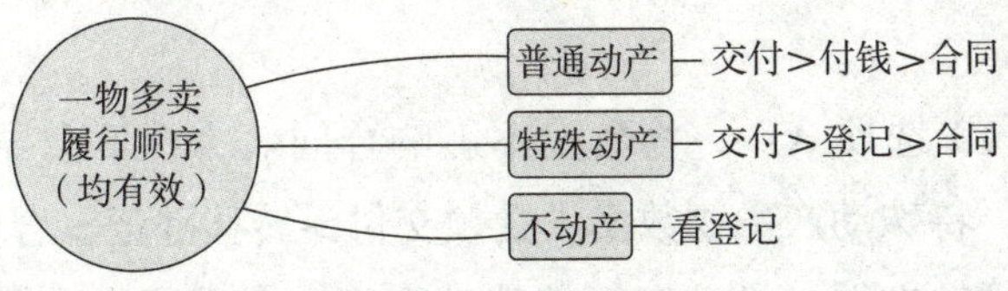

图 5–34　一物多卖

【注】标的物为无须以有形载体交付的电子信息产品，当事人对交付方式

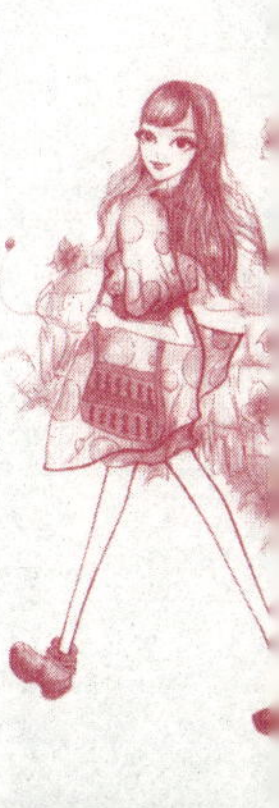

约定不明确，且依照《民法典》的规定仍不能确定的，买受人收到约定的电子信息产品或者权利凭证即为交付。

【例题·单选题】张某有一件画作拟出售，于 2020 年 5 月 10 日与王某签订买卖合同，约定 4 日后交货付款；5 月 11 日，丁某愿以更高的价格购买该画作，张某遂与丁某签订合同，约定 3 日后交货付款；5 月 12 日，张某又与林某签订合同，将该画作卖给林某，林某当即支付了价款，约定两日后交货。后因张某未交付画作，王某、丁某、林某均要求张某履行合同，诉至人民法院，下列关于该画作交付和所有权归属的表述中，正确的是（　　）。

A. 应支持林某对张某交付该画作的请求

B. 应支持王某对张某交付该画作的请求

C. 应支持丁某对张某交付该画作的请求

D. 应认定王某、丁某、林某共同取得该画作的所有权

【答案】A

【解析】普通动产一物数卖，首先看“交付”，其次看“付款”，最后看“合同成立”。本题中三位买受人均未完成交付，因此最先付款的林某请求出卖人履行交付标的物将得到人民法院支持。

【例题·单选题】2020 年 9 月 8 日，赵某与孙某签订某货车买卖合同，赵某为孙某办理了该货车所有权转移登记，但尚未将该货车交付孙某，孙某已支付合同价款。2020 年 9 月 14 日，赵某又与钱某签订该货车买卖合同，赵某将该货车交付钱某，钱某尚未支付合同价款。后孙某、钱某均向法院起诉，请求确认取得货车所有权。下列关于该货车归属的表述中，正确的是（　　）。

A. 归属赵某，因涉及多重买卖，合同均无效

B. 归属钱某，因为货车已交付给钱某

C. 归属孙某，因为孙某已经支付了合同价款

D. 归属孙某，因赵某为孙某办理了货车所有权转移登记

【答案】B

【解析】（1）选项 A：一物数卖不影响合同效力，不会导致合同无效。（2）选项 BD：特殊动产一物数卖，受领交付＞转移登记＞合同成立。（3）选项 C：船舶、航空器、机动车等特殊动产订立多重买卖合同确定所有权归属时，是否先行支付价款不是考虑因素。

考点三十三：风险的承担（如图 5-35 所示）

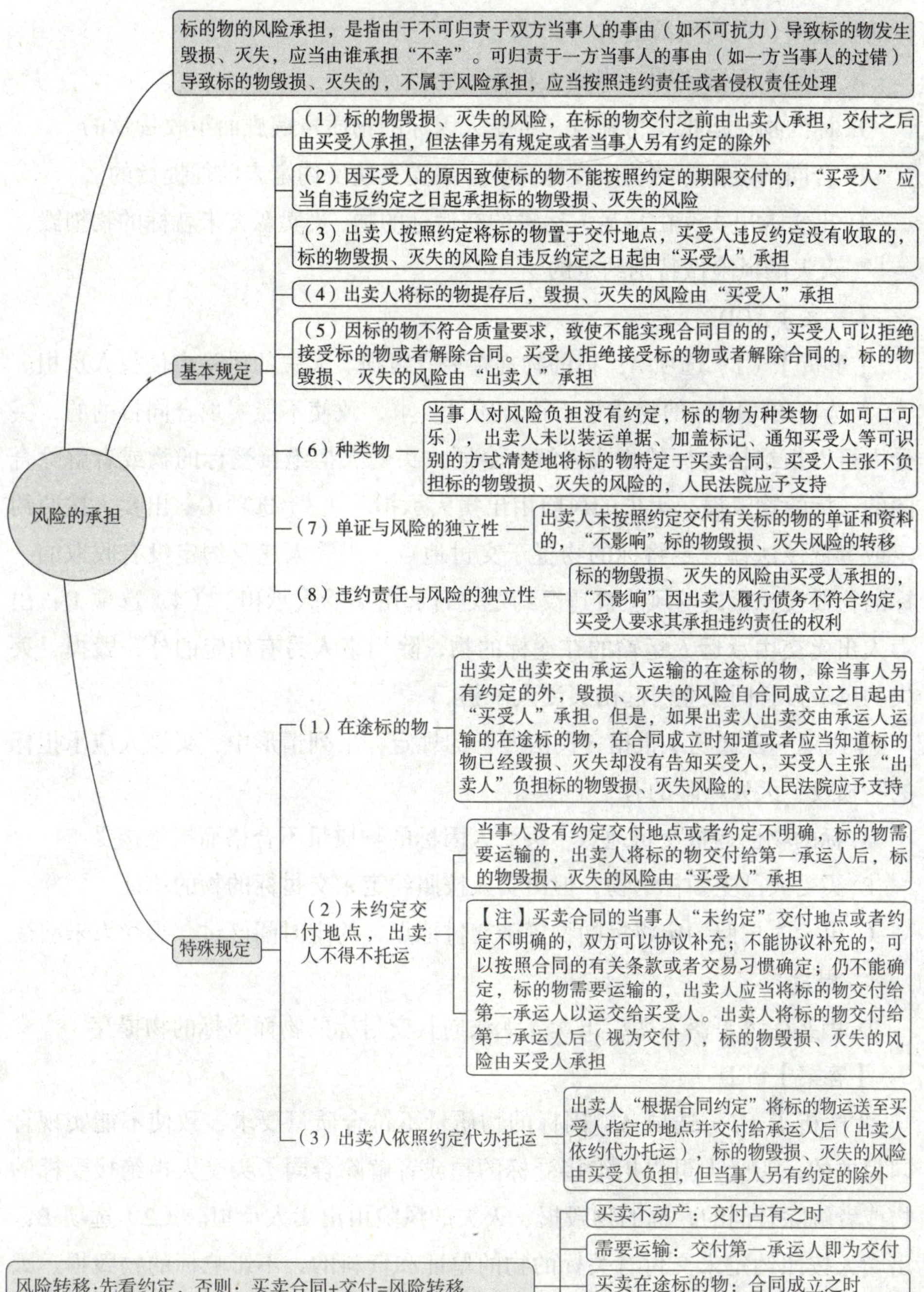

图 5-35　风险的承担

【例题·多选题】根据《民法典》的规定，下列情形中，应由买受人承担标的物毁损、灭失风险的有（　）。

A. 买受人下落不明，出卖人将标的物提存的

B. 标的物已运抵交付地点，买受人因标的物质量瑕疵而拒收货物的

C. 合同约定在标的物所在地交货，买受人违反约定未前往提货的

D. 出卖人出卖交由承运人运输的在途标的物，买卖双方未就标的物损毁、灭失的风险做特别约定的

【答案】ACD

【解析】（1）选项 A：标的物提存后，毁损、灭失的风险由债权人承担。（2）选项 B：因标的物质量不符合质量要求，致使不能实现合同目的的，买受人可以拒绝接受标的物或者解除合同。买受人拒绝接受标的物或者解除合同的，标的物毁损、灭失的风险由出卖人承担。（3）选项 C：出卖人按照约定或者依照法律规定将标的物置于交付地点，买受人违反约定没有收取的，标的物毁损、灭失的风险自违反约定之日起由买受人承担。（4）选项 D：出卖人出卖交由承运人运输的在途标的物，除当事人另有约定的外，毁损、灭失的风险自合同成立时起由买受人承担。

【例题·多选题】根据《民法典》的规定，下列情形中，买受人应承担标的物损毁、灭失风险的有（　）。

A. 标的物已运抵交付地点，买受人因标的物质量不合格而拒绝接受

B. 买受人已受领标的物，但出卖人按照约定未交付标的物的单证

C. 出卖人按照约定将标的物置于交付地点，约定时间已过，买受人未前往提货

D. 因买受人下落不明，出卖人无法向其交付标的物而将标的物提存

【答案】BCD

【解析】（1）选项 A：因标的物质量不符合质量要求，致使不能实现合同目的的，买受人可以拒绝接受标的物或者解除合同。买受人拒绝接受标的物或者解除合同的，标的物毁损、灭失的风险由出卖人承担。（2）选项 B：出卖人按照约定未交付有关标的物的单证和资料的，不影响标的物毁损、灭失风险的转移；选项 B 中买受人已经受领标的物，故买受人应承担标的物损毁、灭失的风险。（3）选项 C：出卖人按照约定或者依照法律规定将标的物置于交付地点，买受人违反约定没有收取的，标的物毁损、灭失的风险自违反约

定之日起由买受人承担。（4）选项 D：标的物提存后，毁损、灭失的风险由债权人承担。

【例题·单选题】甲公司购买乙公司一批货物，约定甲公司于 5 月 6 日到乙公司仓库提货，由于甲公司的疏忽，其当日未安排车辆提货，次日凌晨乙公司仓库遭雷击起火，该批货物全部被烧毁，下列关于该批货物损失承担的表述中，符合《民法典》的规定的是（　　）。

A. 甲公司和乙公司分担货物损失，因为双方都没有过错

B. 甲公司承担货物损失，因其未按约定时间提货

C. 乙公司承担货物损失，因为货物所有权没有转移

D. 乙公司承担货物损失，因为货物仍在其控制之下

【答案】B

【解析】因买受人的原因致使标的物不能按照约定的期限交付的（买受方违约），买受人应当自违反约定之日起承担标的物毁损、灭失的风险。本题中，由于甲公司的疏忽，其未按约定时间提货，导致货物没有按期交付，甲公司自 5 月 6 日起承担标的物毁损、灭失的风险。次日凌晨，乙公司仓库遭雷击起火，该批货物全部被烧毁，甲公司应承担货物损失。

【例题·多选题】根据合同法律制度的规定，当事人未作特别约定的情况下，下列关于买卖合同标的物损毁、灭失风险承担的表述中，正确的有（　　）。

A. 出卖人按照约定将标的物置于交付地点，买受人违反约定没有收取的，标的物毁损、灭失的风险自违反约定之日起由买受人承担

B. 因买受人原因致使标的物不能按照约定的期限交付的，买受人应当自违反约定之日起承担标的物损毁、灭失的风险

C. 出卖人按照约定未交付有关标的物的单证和资料的，不影响标的物损毁、灭失风险的转移

D. 出卖人根据合同约定将标的物运送至买受人指定地点并交付给承运人后，标的物损毁、灭失的风险由买受人承担

【答案】ABCD

【解析】（1）选项 AC：出卖人按照约定或者依照法律规定将标的物置于交付地点，买受人违反约定没有收取的，标的物毁损、灭失的风险自违反约定之日起由买受人承担。出卖人按照约定未交付有关标的物的单证和资料的，不影响标的物毁损、灭失风险的转移。（2）选项 BD：因买受人的原因致使

标的物不能按照约定的期限交付的，买受人应当自违反约定之日起承担标的物毁损、灭失的风险。出卖人根据合同约定将标的物运送至买受人指定地点并交付给承运人后，标的物毁损、灭失的风险由买受人承担。当事人另有约定的除外。

考点三十四：标的物的检验（如图 5–36 所示）

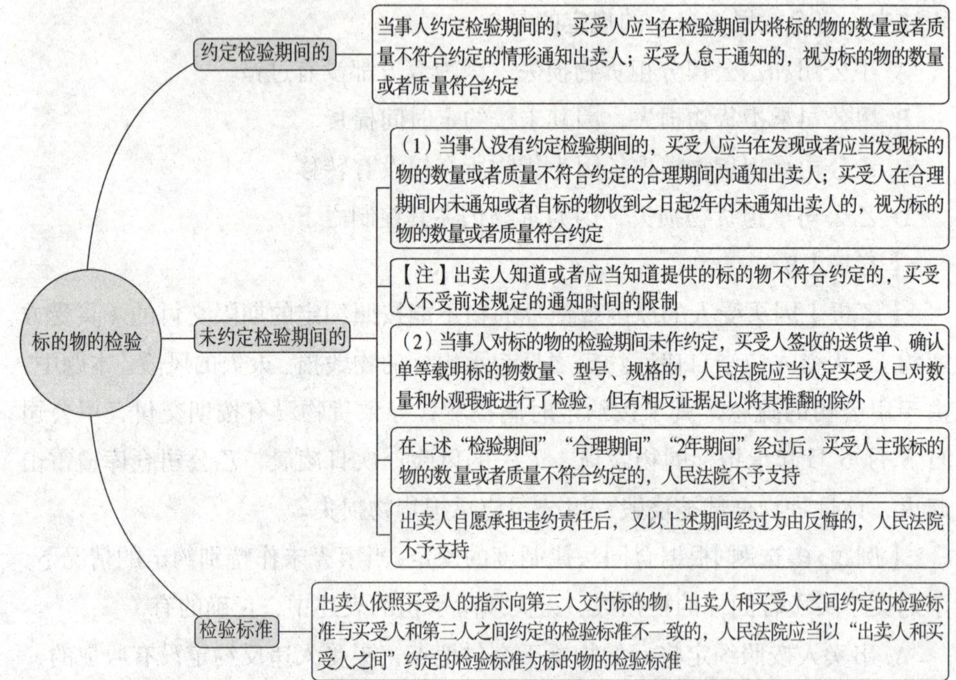

图 5–36　标的物的检验

【做题关键点】

检验期间：有约定的，看约定；没约定的，看合理期间，合理期间≤ 2 年。

【例题·多选题】甲公司向乙公司订购了一套生产设备，双方签订的买卖合同中对设备的型号、规格、质量等做了明确约定，但未约定质量检验期间。甲公司收到设备后，因故一直未使用，亦未支付剩余货款。收到货物 2 年后，甲公司才开始使用该设备，却发现该设备的质量与合同约定不符。当乙公司要求甲公司支付剩余货款时，甲公司以设备质量不合格为由拒绝，并要求乙公司承担违约责任。下列关于甲公司权利义务的表述中，符合合同法律制度的规定的有（　　）。

A. 因未在法定期间内提出质量异议，甲公司应当向乙公司支付剩余货款

B. 虽未在法定期间提出质量异议，但因设备存在质量问题，甲公司有权

拒付剩余货款

C. 因设备质量不合格，甲公司有权要求乙公司承担违约责任

D. 因未在法定期间内提出质量异议，甲公司无权要求乙公司承担违约责任

【答案】AD

【解析】买受人收到标的物时应当在约定的检验期间内检验。没有约定检验期间的，应当及时检验。当事人没有约定检验期间的，买受人应当在发现或者应当发现标的物的数量或者质量不符合约定的合理期间内通知出卖人。买受人在合理期间内未通知或者自标的物收到之日起2年内未通知出卖人的，视为标的物的数量或者质量符合约定，但对标的物有质量保证期的，适用质量保证期，不适用上述2年的规定。本题中甲公司于收货2年后方提出质量异议，视为标的物的数量或者质量符合约定，故选项AD正确。

考点三十五：标的物的质量（如图5-37所示）

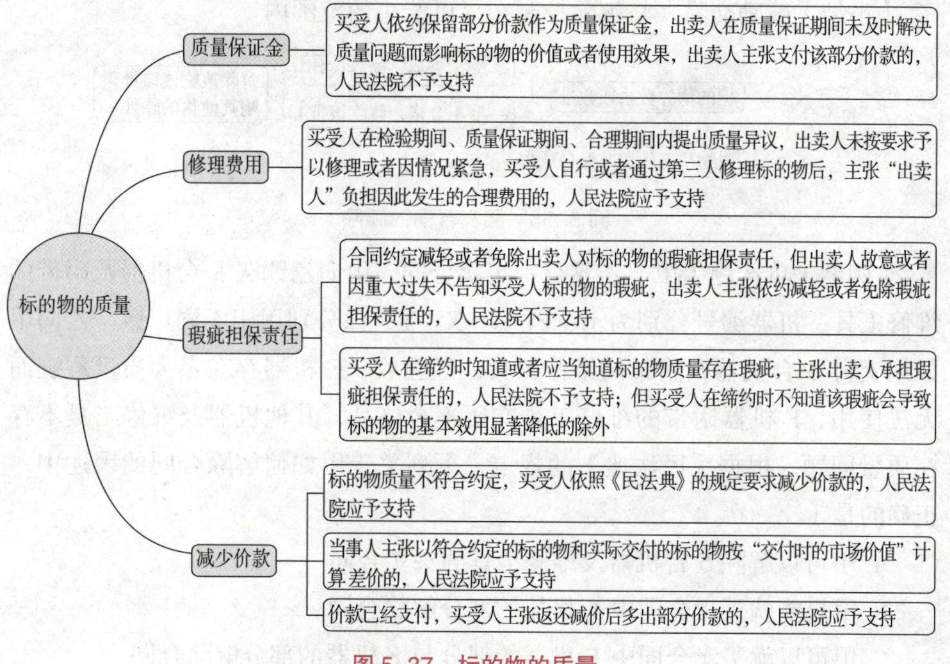

图5-37 标的物的质量

考点三十六：买卖合同的解除（如图 5-38 所示）

买卖合同的解除

- 因标的物的主物不符合约定而解除合同的，解除合同的效力及于从物；因标的物的从物不符合约定被解除的，解除的效力不及于主物
- 标的物为数物，其中一物不符合约定的，买受人可以就该物解除合同，但该物与他物分离使标的合同物的价值明显受损的，当事人可以就数物解除合同
- 分期付款的买受人未支付到期价款的金额达到全部价款的20%的，出卖人可以要求买受人支付全部价款或者解除合同。出卖人解除合同的，可以向买受人要求支付该标的物的使用费
- 【注】分期付款买卖合同，是指买受人将应付的总价款在一定期间内“至少分3次”向出卖人支付的买卖合同
- 出卖人没有履行或者不当履行“从给付义务”，致使买受人“不能实现合同目的”，买受人主张解除合同的，人民法院应予支持
- 【注】当事人一方延迟履行（主）债务或者有其他违约行为，致使“不能实现合同目的”的，对方当事人可以主张解除合同
- 【注】所谓“从给付义务”，是指“主给付义务”之外债权人可以独立诉请履行，以完全满足给付上的利益的义务，如动产买卖中交付发票、保修卡等相关证明文件的义务

【小结】鼓励交易，将解除控制在尽可能小的范围内。

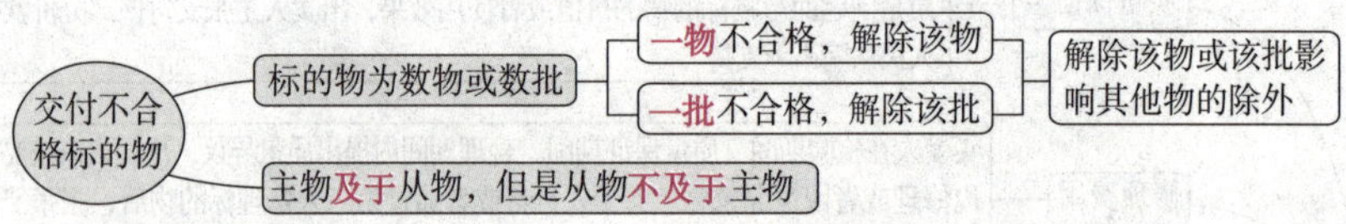

图 5-38　买卖合同的解除

【例题·单选题】甲、乙签订一买卖合同，甲向乙购买 5 台机器及附带的维修工具，机器编号分别为 E、F、G、X、Y，拟分别用于不同厂区。乙向甲如期交付 5 台机器及附带的维修工具；经验收，E 机器存在重大质量瑕疵而无法使用，F 机器附带的维修工具亦属不合格品，其他机器及维修工具不存在质量问题。根据《民法典》的规定，下列关于甲如何解除合同的表述中，正确的是（　　）。

A. 甲可以解除 5 台机器及维修工具的买卖合同

B. 甲只能就买卖合同中 E 机器的部分解除合同

C. 甲可以就买卖合同中 E 机器的部分与 F 机器的部分解除合同

D. 甲可以就买卖合同中 F 机器的维修工具的部分与 E 机器的部分解除合同

【答案】D

【解析】标的物为数物，其中一物不符合约定的，买受人可以就该物解除合同，但该物与他物分离使标的物的价值显受损害的，当事人可以就数物解除合同，故可就 E 机器的部分解除合同；因标的物的主物不符合约定而解除合同的，解除合同的效力及于从物。因标的物的从物不符合约定被解除的，解除的效力不及于主物，故仅就 F 机器的维修工具的部分解除合同，解除效力不及于主物 F 机器，故选项 D 正确。

考点三十七：试用买卖（如图 5–39 所示）

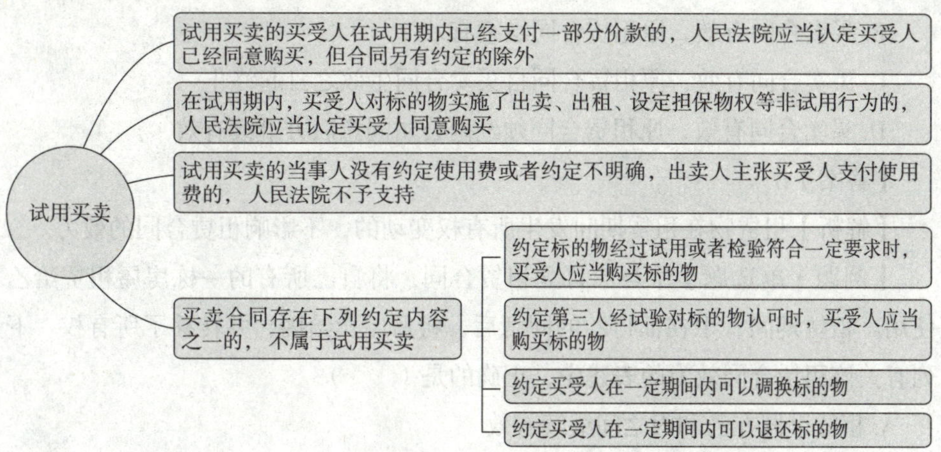

图 5–39　试用买卖

【例题·单选题】某商场为促销健身器材，贴出告示，跑步机试用 1 个月，满意再付款，王某遂选定一款跑步机试用，试用期满退回时，该商场要求王某支付使用费 200 元。下列关于王某应否支付使用费的表述中，符合合同法律制度规定的是（　）。

A. 王某应当支付部分使用费，因为跑步机的磨损应当由王某和商场共同承担

B. 王某不应当支付使用费，因为双方对此未作约定

C. 王某应当支付使用费，因其使用跑步机造成磨损

D. 王某应当支付使用费，因其行为构成不当得利

【答案】B

【解析】试用买卖的当事人对标的物使用费没有约定或者约定不明确的，出卖人无权请求买受人支付。

考点三十八：多交付的标的物（如图 5–40 所示）

多交付的标的物

- 出卖人多交付标的物的，买受人可以接收或者拒绝接收多交的部分
- 买受人接收多交部分的，应当按照合同的价格支付价款
- 买受人拒绝接收多交部分标的物的，应当及时通知出卖人。买受人可以代为保管多交部分标的物。买受人主张出卖人承担代为保管期间的合理费用的，人民法院应予支持。买受人主张出卖人承担代为保管期间“非因买受人故意或重大过失”造成的损失的，人民法院应予支持

图 5–40　多交付的标的物

【例题·单选题】甲公司将所属设备租赁给乙公司使用。租赁期间，甲公司将用于出租的设备卖给丙公司。根据合同法律制度的规定，下列表述中，正确的是（　　）。

A. 甲公司在租赁期间不能出卖出租设备

B. 买卖合同有效，原租赁合同继续有效

C. 买卖合同有效，原租赁合同自买卖合同生效之日起终止

D. 买卖合同有效，原租赁合同须经丙公司同意后方继续有效

【答案】B

【解析】租赁物在租赁期间发生所有权变动的，不影响租赁合同的效力。

【例题·单选题】甲与乙订立租赁合同，将自己所有的一栋房屋租赁给乙使用。租赁期间，甲在征得乙的同意后，将房屋卖给丙，并转移了所有权。下列有关该租赁合同效力的表述中，正确的是（　　）

A. 租赁合同在乙和丙之间继续有效

B. 租赁合同自动解除

C. 租赁合同自动解除，但是甲应当对乙承担违约责任

D. 租赁合同自动解除，但是丙应当另行与乙订立租赁合同

【答案】A

【解析】租赁物在租赁期间发生所有权变动的，不影响租赁合同的效力

9. 其他主要合同

考点三十九：租赁合同与商品房买卖合同（见表 5-1 至表 5-3，如图 5-41、图 5-42 所示）

表 5-1　　租赁合同内容

租赁期限	≤ 20 年，超过部分无效
租金支付期限	租金的支付期限未确定的，当事人可以协议补充；不能达成补充协议的，可以根据合同的有关条款或者交易习惯确定；仍不能确定的，租赁期限 1 年以上的，应当在每届满 1 年时支付，剩余期间不满 1 年的，应当在租赁期限届满时支付
不定期租赁	(1) 6 个月以上合同未采用书面形式 (2)无法确定租赁期 (3)未续租但实际履行
维修义务	由出租人承担 【注意】出租人未履行，承租人可以自行维修，费用由出租人承担；因维修影响承租人使用的，应当相应“减少租金或者延长租期”。因承租人的过错致使租赁物需要维修的，出租人不承担上述规定的维修义务
改善或增设	承租人未经出租人同意，对租赁物进行改善或者增设他物的，出租人可以要求承租人恢复原状或者赔偿损失

续表

<table>
<tr><td>承租人单方解除</td><td colspan="2">租赁物危及承租人安全健康，即使承租人“订立合同时明知”该租赁物质量不合格，仍可“随时解除”合同</td></tr>
<tr><td rowspan="3">转租</td><td>出租人同意</td><td>可以转租→合同有效→第三人造成损失，“承租人”赔偿</td></tr>
<tr><td>未经出租人同意</td><td>可以解除合同</td></tr>
<tr><td colspan="2">出租人知道或者应当知道承租人转租，但是在 6 个月内未提出异议的，视为出租人同意转租</td></tr>
<tr><td rowspan="2">买卖不破租赁★</td><td colspan="2">“租赁物”在租赁期间发生所有权变动的，不影响租赁合同的效力</td></tr>
<tr><td>不动产租赁</td><td>出租人应在出卖前的合理期限内“通知”承租人，承租人享有“同等条件下”的优先购买权</td></tr>
<tr><td rowspan="2">期满</td><td colspan="2">租赁期限届满，承租人继续使用租赁物，出租人没有提出异议的，原租赁合同继续有效，但租赁期限为不定期</td></tr>
<tr><td colspan="2">租赁期限届满，房屋承租人享有以同等条件优先承租的权利</td></tr>
</table>

【例题·判断题】租赁合同的期限不得超过 20 年，超过 20 年的，租赁合同无效。（　　）

【答案】×

【解析】租赁合同的期限超过 20 年的，超过部分无效。

【例题·判断题】租赁物危及承租人的安全或者健康的，即使承租人订立合同时明知该租赁物质量不合格，承租人仍然可以随时解除合同。（　　）

【答案】√

表 5-2　　租赁合同中的解除权

解除权人	情形
出租人	承租人未经出租人同意转租的，出租人可以解除合同
	承租人无正当理由未支付或者迟延支付租金的，出租人可以请求承租人在合理期限内支付；承租人逾期不支付的，出租人可以解除合同
承租人	租赁物被司法机关或者行政机关依法查封、扣押租赁物权属有争议 租赁物具有违反法律、行政法规关于使用条件的强制性规定情形
	因租赁物部分或者全部毁损、灭失，致使不能实现合同目的的，承租人可以解除合同
	租赁物危及承租人的安全或者健康的，即使承租人订立合同时明知该租赁物质量不合格，承租人仍然可以随时解除合同
双方	不定期租赁：当事人可以随时解除合同，但是应当在合理期限之前通知对方

【例题·单选题】甲公司将一套设备租赁给乙公司使用，租赁期间，经询问确认乙公司无购买意向后，甲公司将该设备卖给丙公司。根据合同法律制度的规定，下列关于买卖合同与租赁合同效力的表述中，正确的是（　　）。

A. 买卖合同无效，租赁合同继续有效

B. 买卖合同有效，租赁合同继续有效

C. 买卖合同有效，租赁合同自买卖合同生效之日起终止

D. 买卖合同有效，租赁合同须经丙公司同意后才继续有效

【答案】B

【解析】租赁物在租赁期间发生所有权变动的，不影响租赁合同的效力，故选项 B 正确。

【例题·多选题】根据《民法典》的规定，下列关于租赁合同解除的表述中，正确的有（　）。

A. 租赁物在租赁期间发生所有权变动，买受人不愿继续出租的，可以解除租赁合同

B. 承租人无正当理由未支付租金，经催告在合理期间内仍不支付的，出租人可以解除合同

C. 租赁物危及承租人的安全或健康的，承租人可以随时解除合同

D. 承租人未经出租人同意转租的，出租人可以解除合同

【答案】BCD

【解析】选项 A：租赁物在租赁期间发生所有权变动的，不影响租赁合同的效力，租赁合同继续有效，买受人无权解除租赁合同（“买卖不破租赁”）。

表 5-3　　商品房买卖合同内容

<table>
<tr><td rowspan="3">广告性质</td><td colspan="5">要约邀请：一般情况</td></tr>
<tr><td colspan="5">要约：出卖人就商品房开发规划范围内的房屋及相关设施所做的说明和许诺“具体确定”，并对商品房买卖合同的订立以及房屋价格的确定有“重大影响”</td></tr>
<tr><td colspan="5">【注意】符合条件的说明和许诺即使未载入合同也视为合同内容，当事人违反的应当承担违约责任</td></tr>
<tr><td rowspan="4">预售许可、登记备案对房屋买卖合同效力的影响</td><td rowspan="2">预售许可</td><td colspan="2">“未取得”预售许可证明</td><td colspan="2">预售合同无效</td></tr>
<tr><td colspan="2">起诉“前”取得证明</td><td colspan="2">预售合同有效</td></tr>
<tr><td rowspan="2">登记备案</td><td rowspan="2">房屋预售合同“未办理”登记备案手续</td><td colspan="2">一般情况</td><td>预售合同有效</td></tr>
<tr><td colspan="2">约定以登记备案为合同生效条件</td><td>预售合同未生效</td></tr>
<tr><td>被拆迁人的优先权</td><td colspan="5">拆迁人将补偿安置房屋另行出卖给第三人，被拆迁人有权“优先取得”补偿安置房屋</td></tr>
<tr><td rowspan="3">解除权的行使</td><td colspan="2" rowspan="2">未能订立贷款合同→购房合同无法履行</td><td>一方原因</td><td colspan="2">解除合同，赔偿损失</td></tr>
<tr><td>双方均无过错</td><td colspan="2">解除合同，返还购房款本金及利息或定金</td></tr>
<tr><td colspan="2">购房合同被确认无效、被撤销、解除→贷款合同目的无法实现</td><td colspan="3">解除贷款合同，购房贷款和购房款的本金及利息返还担保权人和买受人</td></tr>
</table>

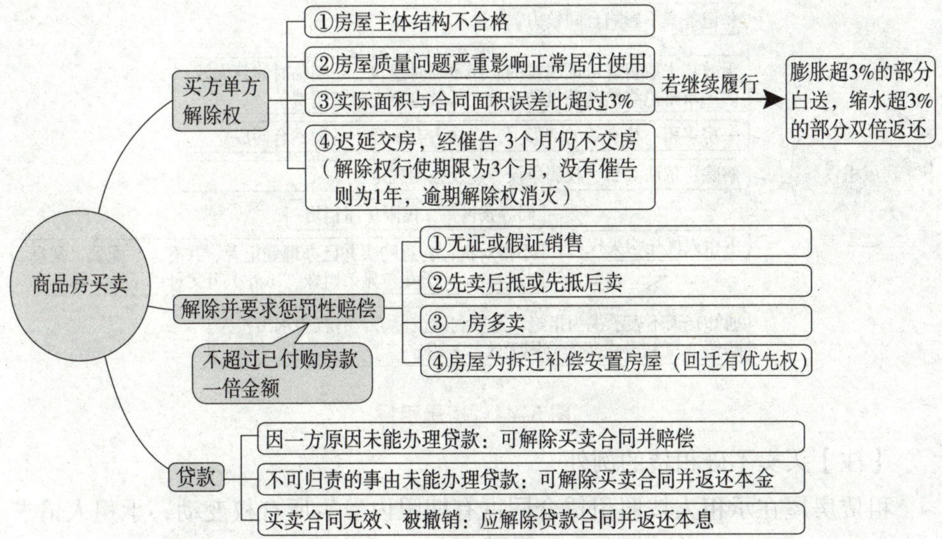

【例题·多选题】下列有关商品房买卖合同的说法中，符合法律规定的是(　　)。

A. 商品房的销售广告和宣传资料为要约邀请，但是出卖人就商品房开发规划范围内的房屋及相关设施所做的说明和允诺具体确定，并对商品房买卖合同的订立以及房屋价格的确定有重大影响的，应当视为要约

B. 出卖人未取得预售许可的，可以与买受人先订立预售合同

C. 出卖人交付使用的房屋套内建筑面积或者建筑面积与商品房买卖合同约定面积不符的，买受人可以解除合同

D. 出卖人迟延交付房屋，经催告在 3 个月的合理期限内仍未履行，买受人一方请求解除合同的，法院应予支持

【答案】AD

【解析】商品房的销售广告和宣传资料为要约邀请，但是出卖人就商品房开发规划范围内的房屋及相关设施所做的说明和允诺具体确定，并对商品房买卖合同的订立以及房屋价格的确定有重大影响的，应当视为要约。这是商品房销售广告的性质。所以，选项 A 正确。出卖人预售商品房，必须申领商品房预售许可证明。因此，选项 B 不正确。出卖人交付使用的房屋套内建筑面积或者建筑面积与商品房买卖合同约定面积不符，合同有约定的，按照约定处理。所以，选项 C 不正确。出卖人迟延交付房屋或者买受人迟延支付购房款，经催告在 3 个月的合理期限内仍未履行，当事人一方请求解除合同的，法院应予支持。所以，选项 D 正确。

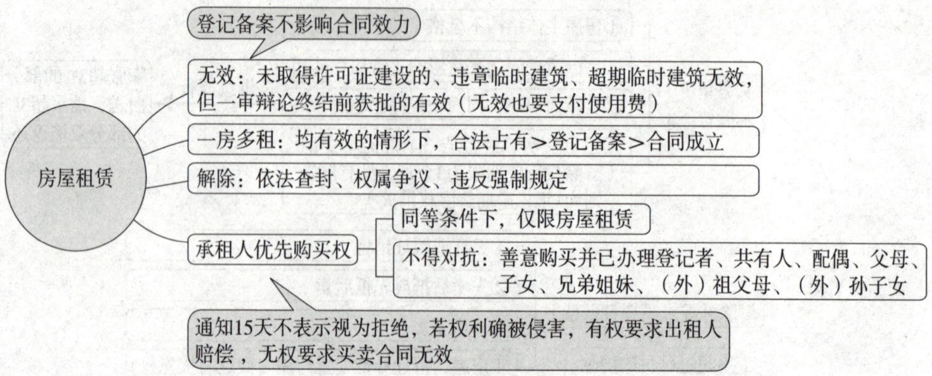

图 5-41 房屋租赁

【注】买卖不破租赁的例外

租赁房屋在承租人按照租赁合同占有期限内发生所有权变动，承租人请求房屋受让人继续履行原租赁合同的，人民法院应予支持。但租赁房屋具有下列情形或者当事人另有约定的除外：

（1）房屋在出租前已设立抵押权，因抵押权人实现抵押权发生所有权变动的；

（2）房屋在出租前已被人民法院依法查封的。

【例题·多选题】根据合同法律制度的规定，下列关于房屋租赁合同解除的表述中，正确的有（　　）。

A. 承租人未经出租人同意转租房屋的，出租人可以解除合同

B. 房屋租赁合同未办理登记备案手续的，承租人或出租人可以解除合同

C. 租赁房屋因被司法机关查封无法使用的，承租人可以解除合同

D. 租赁房屋危及承租人健康的，承租人可以随时解除合同

【答案】ACD

【解析】(1)选项 A：承租人未经出租人同意转租的，出租人可以解除合同。（2）选项 B：当事人未依照法律、行政法规的规定办理租赁合同登记备案手续的，不影响合同的效力。（3）选项 C：租赁物被司法机关或者行政机关依法查封、扣押致使租赁物无法使用的，承租人可以解除合同。（4）选项 D：租赁物危及承租人的安全或者健康的，即使承租人订立合同时明知该租赁物质量不合格，承租人仍然可以随时解除合同。

【例题·单选题】孙某与李某签订房屋租赁合同，李某承租后与陈某签订了转租合同，孙某表示同意。但是，孙某在与李某签订租赁合同之前，已经

把该房屋租给了王某并已交付。李某、陈某、王某均要求继续租赁该房屋。下列表述中，正确的是（ ）。

A. 李某有权要求王某搬离房屋

B. 陈某有权要求王某搬离房屋

C. 李某有权解除合同，要求孙某承担赔偿责任

D. 陈某有权解除合同，要求孙某承担赔偿责任

【答案】C

【解析】出租人就同一房屋订立数份租赁合同，在合同均有效的情况下，承租人均主张履行合同的，人民法院按照下列顺序确定履行合同的承租人：（1）已经合法占有租赁房屋的；（2）已经办理登记备案手续的；（3）合同成立在先的。

不能取得租赁房屋的承租人请求解除合同、赔偿损失的，依照《民法典》的有关规定处理。王某作为按优先顺序履行合同的承租人，李某、陈某无权要求王某搬离上述房屋。本题中，因孙某违约导致李某的租房合同无法实现合同目的的，李某有权解除合同，并要求孙某承担赔偿责任。

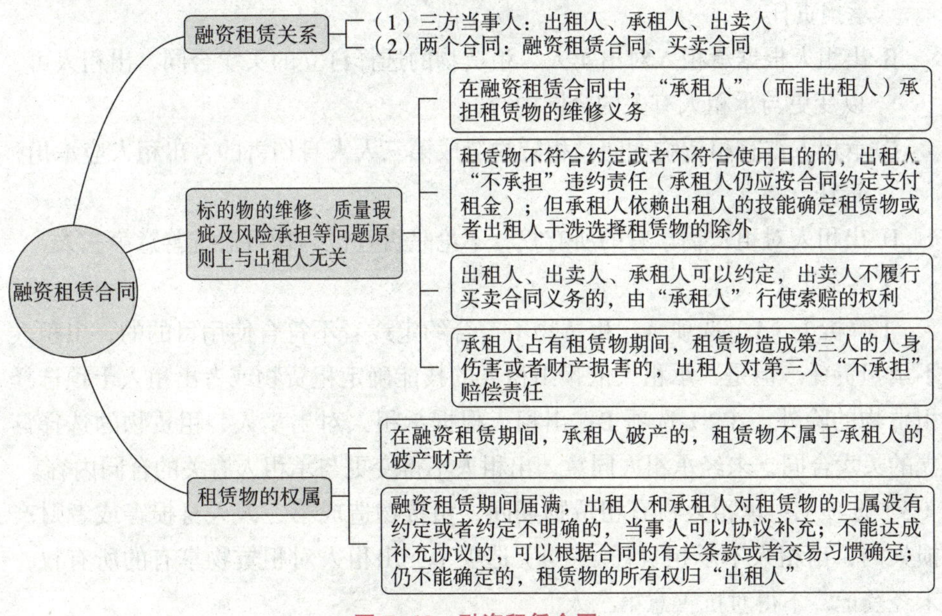

图 5-42 融资租赁合同

【注】当事人约定租赁期限届满，承租人仅需向出租人支付象征性价款的，视为约定的租金义务履行完毕后租赁物的所有权归承租人。

【例题·判断题】甲公司根据乙公司的选择，向丙公司购买了 1 台大型设备，

出租给乙公司使用，甲、乙公司为此签订了融资租赁合同，合同未就设备的维修事项作特别约定，该设备在使用过程中发生部件磨损，需维修。甲公司应承担维修义务。（ ）

【答案】×

【解析】承租人应当妥善保管、使用租赁物。承租人应当履行占有租赁物期间的维修义务。

【例题·判断题】融资租赁期间，承租人享有租赁物的所有权。（ ）

【答案】×

【解析】出租人对租赁物享有的所有权，未经登记，不得对抗善意第三人。

【例题·判断题】承租人占有融资租赁物期间，租赁物造成第三人的人身伤害或者财产损失的，出租人不承担责任。（ ）

【答案】√

【例题·单选题】根据《民法典》的规定，下列关于融资租赁合同的表述中，正确的是（ ）。

A. 承租人依赖出租人的技能确定租赁物，租赁物不符合约定的，出租人应承担责任

B. 出租人根据承租人对出卖人、租赁物的选择订立的买卖合同，出租人可以变更与承租人有关的合同内容

C. 承租人占有租赁物期间，租赁物造成第三人人身伤害的，出租人应承担责任

D. 出租人对租赁物享有的所有权，不论是否登记，均可对抗善意第三人

【答案】A

【解析】（1）选项 A：租赁物不符合约定或者不符合使用目的的，出租人不承担责任。但是，承租人依赖出租人的技能确定租赁物或者出租人干预选择租赁物的除外。（2）选项 B：出租人根据承租人对出卖人、租赁物的选择订立的买卖合同，未经承租人同意，出租人不得变更与承租人有关的合同内容。（3）选项 C：承租人占有租赁物期间，租赁物造成第三人人身损害或者财产损失的，出租人不承担责任。（4）选项 D：出租人对租赁物享有的所有权，未经登记，不得对抗善意第三人。

考点四十：赠与合同（如图 5-43 所示）

- 赠与合同
  - 赠与合同是一种单务、无偿合同
    - 【注】在附义务的赠与中，受赠人所负担的义务并非赠与人所负义务的对价，因此，赠与人不能以受赠人不履行义务为由进行抗辩。同时履行抗辩权、后履行抗辩权和不安抗辩权的行使仅限于双务合同
  - 赠与人的义务
    - 因赠与人故意或者重大过失，致使赠与的财产毁损、灭失的，赠与人应承担损害赔偿责任
    - 赠与的财产有瑕疵的，赠与人不承担责任；附义务的赠与，赠与的财产有瑕疵的，赠与人在附义务的限度内承担与出卖人相同的责任
    - 赠与人故意不告知赠与的财产有瑕疵或者保证赠与的财产无瑕疵，造成受赠人损失的，赠与人应承担损害赔偿责任
  - 赠与合同的任意撤销
    - 赠与人在赠与财产的权利转移之前可以撤销赠与，但具有救灾、扶贫等社会公益、道德义务性质的赠与合同或者经过公证的赠与合同，不得撤销
  - 赠与合同的法定撤销
    - 赠与人的撤销权
      - 受赠人有右列情形之一的，赠与人可以行使撤销权
        - （1）严重侵害赠与人或其近亲属的合法权益
        - （2）对赠与人有扶养义务而不履行
        - （3）不履行赠与合同约定的义务
      - 【注】扶养义务主要是指平辈之间的相互扶养，如夫妻之间、兄弟姐妹之间
    - 赠与人的继承人、法定代理人的撤销权
      - 因受赠人的违法行为致使赠与人死亡或者丧失民事行为能力的，赠与人的继承人或者法定代理人可以撤销赠与
      - 如果发生上述法定情形，无论赠与财产的权利是否转移，赠与是否具有救灾、扶贫等社会公益、道德义务性质，是否经过公证，赠与人或者赠与人的继承人、法定代理人均可以撤销该赠与
      - 【注】
        - 赠与人的撤销权，自知道或者应当知道撤销原因之日起1年内行使
        - 赠与人的继承人或者法定代理人的撤销权，应当自知道或者应当知道撤销原因之日起6个月内行使

- 赠与合同
  - 性质：诺成、单务、无偿
  - 瑕疵责任：一般不承担责任，但故意不告知或保证无瑕疵的，造成的损害需要赔偿
  - 撤销

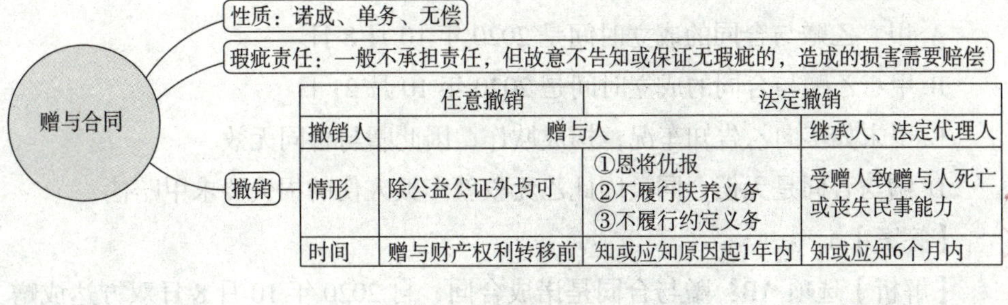

	任意撤销	法定撤销	
撤销人	赠与人		继承人、法定代理人
情形	除公益公证外均可	①恩将仇报 ②不履行扶养义务 ③不履行约定义务	受赠人致赠与人死亡或丧失民事能力
时间	赠与财产权利转移前	知或应知原因起1年内	知或应知6个月内

图 5-43　赠与合同

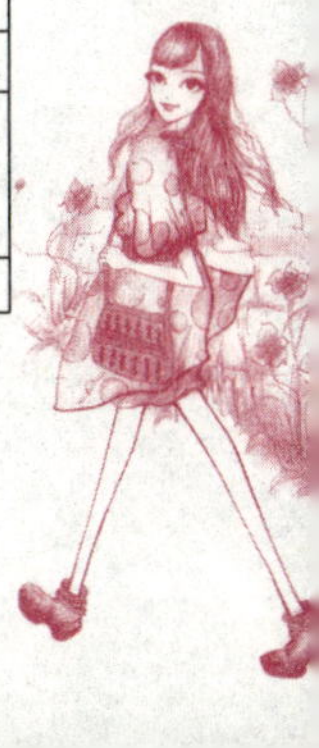

【例题·判断题】赠与人故意不告知赠与财产存在瑕疵，造成受赠人损失的，应当承担损害赔偿责任。（　）

【答案】√

【例题·多选题】根据《民法典》的规定，下列情形中，赠与人不得主张撤销赠与的有（　）。

A. 张某将1辆小轿车赠与李某，且已交付

B. 甲公司与某地震灾区小学签订赠与合同，将赠与50万元用于修复教学楼

C. 乙公司表示将赠与某大学3辆校车，双方签订了赠与合同，且对该赠与合同进行了公证

D. 陈某将1块钟表赠与王某，且已交付，但王某不履行赠与合同约定的义务

【答案】ABC

【解析】（1）选项A：赠与人在赠与财产的权利转移之前可以撤销赠与，因张某已将赠与的小轿车交付给李某，故不得主张撤销。（2）选项BC：经过公证的赠与合同（选项C）或者依法不得撤销的具有救灾、扶贫、助残等公益、道德义务性质的赠与合同（选项B），不得撤销。（3）选项D：受赠人有下列情形之一的，赠与人可以撤销赠与：①严重侵害赠与人或者赠与人近亲属的合法权益；②对赠与人有扶养义务而不履行；③不履行赠与合同约定的义务（选项D）。

【例题·单选题】2020年10月8日，甲提出将其正在使用的轿车赠送给乙，乙欣然接受。10月21日，甲将车交付给乙，但未办理过户登记。交车时，乙向甲询问车况，甲称“一切正常，放心使用”。事实上，该车5天前曾出现刹车失灵，故障原因尚未查明。乙驾车回家途中，刹车再度失灵，车毁人伤。根据合同法律制度的规定，下列表述中，正确的是（　）。

A. 甲、乙赠与合同的成立时间是2020年10月8日

B. 甲、乙赠与合同的成立时间是2020年10月21日

C. 甲未如实向乙告知车况，构成欺诈，因此赠与合同无效

D. 赠与合同是无偿合同，因此乙无权就车毁人伤的损失要求甲赔偿

【答案】A

【解析】选项AB：赠与合同是诺成合同，自2020年10月8日双方达成赠

与合意时，合同即成立；选项 C：因欺诈成立的合同，不损害国家利益的，为可撤销合同，而非无效合同；选项 D：赠与人故意不告知赠与财产有瑕疵或者保证无瑕疵，造成受赠人损失的，应当承担损害赔偿责任。

考点四十一：民间借贷（如图 5-44 所示）

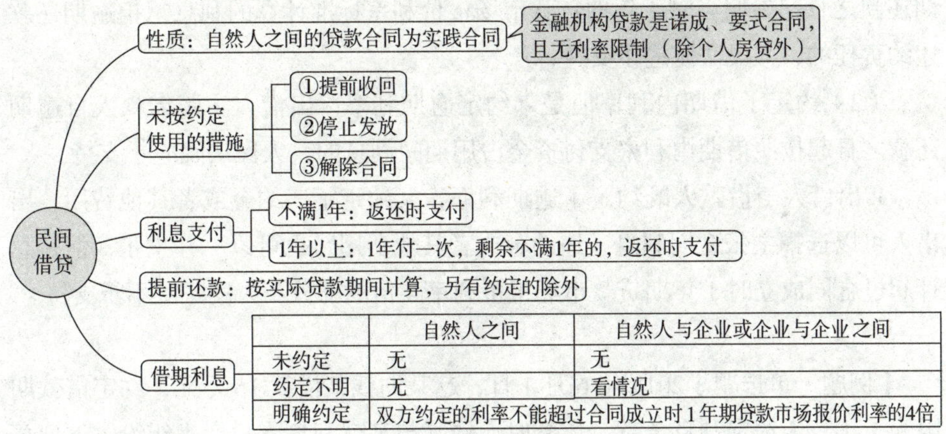

	自然人之间	自然人与企业或企业与企业之间
未约定	无	无
约定不明	无	看情况
明确约定	双方约定的利率不能超过合同成立时1年期贷款市场报价利率的4倍	

图 5-44　民间借贷

【注】

1. 出借人请求借款人按照合同约定利率支付利息的，人民法院应予支持，但是双方约定的利率超过合同成立时 1 年期贷款市场报价利率 4 倍的除外。

【解释】“1 年期贷款市场报价利率”，是指中国人民银行授权全国银行间同业拆借中心自 2019 年 8 月 20 日起每月发布的 1 年期贷款市场报价利率。

2. 借贷双方对前期借款本息结算后将利息计入后期借款本金并重新出具债权凭证，如果前期利率没有超过合同成立时 1 年期贷款市场报价利率的 4 倍，重新出具的债权凭证载明的金额可认定为后期借款本金。超过部分的利息，不应认定为后期借款本金。

3. 借款人在借款期间届满后应当支付的本息之和，超过以最初借款本金与以最初借款本金为基数、以合同成立时 1 年期贷款市场报价利率的 4 倍计算的整个借款期间的利息之和的，人民法院不予支持。

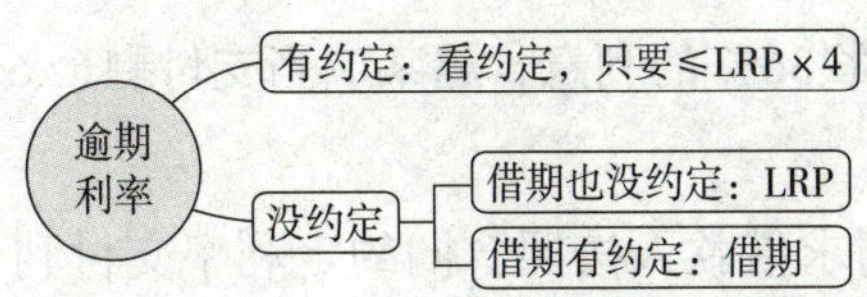

【注】1. 借贷双方对逾期利率有约定的，从其约定，但是以不超过合同成立时 1 年期贷款市场报价利率的 4 倍为限。

2. 未约定逾期利率或者约定不明的，人民法院可以区分不同情况处理：

（1）既未约定借期内利率，也未约定逾期利率，出借人主张借款人自逾期还款之日起参照当时 1 年期贷款市场报价利率标准计算的利息承担逾期还款违约责任的，人民法院应予支持；

（2）约定了借期内利率但是未约定逾期利率，出借人主张借款人自逾期还款之日起按照借期内利率支付资金占用期间利息的，人民法院应予支持。

3. 出借人与借款人既约定了逾期利率，又约定了违约金或者其他费用，出借人可以选择主张逾期利息、违约金或者其他费用，也可以一并主张，但是总计超过合同成立时 1 年期贷款市场报价利率 4 倍的部分，人民法院不予支持。

【例题·单选题】2018 年 6 月 1 日，赵某向钱某借款 15 万元，约定借款期限为 1 年，未约定利息条款。还款时，钱某与某就利息支付产生纠纷，下列关于借款利息支付的表述中，正确的是（　　）。

A. 赵某可以不支付借款利息

B. 赵某应当按照当地民间借贷交易习惯支付借款利息

C. 赵某应当按照同期贷款市场报价利率支付借款利息

D. 赵某应当按照当地市场利率支付借款利息

【答案】A

【解析】借款合同对支付利息没有约定的，视为没有利息。

【例题·单选题】2020 年 9 月，赵某向钱某借款，约定借款期限为 1 年，年利率为 4%。借款到期后，赵某按年利率 3% 支付了利息，后钱某向赵某主张剩余 1% 的利息。已知借款合同成立时一年期贷款市场报价利率为 3.85%，下列关于该借款利息支付的表述中，正确的是（　　）。

A. 赵某无须再支付剩余约定利息，也不得要求返还已支付利息

B. 赵某应按照约定支付剩余 1% 的利息

C. 钱某只能保留最高 15.4% 的利息，多支付部分应当返还赵某

D. 钱某最多可主张 36% 的利息，赵某应当支付剩余 6% 的利息

【答案】C

【解析】出借人请求借款人按照合同约定利率支付利息的，人民法院应予支持，但是双方约定的利率超过合同成立时一年期贷款市场报价利率 4 倍的除

外。本题中对于出借人钱某，予以保护的是利率为 15.4%（3.85%×4）以内的部分，因此，钱某只能保留最高 15.4% 的利息，赵某多支付部分应当返还，选项 C 正确。

考点四十二：承揽合同（如图 5-45 所示）

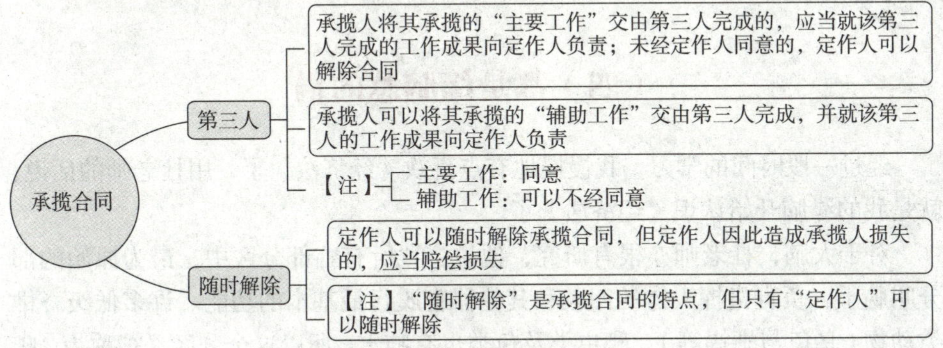

图 5-45　承揽合同

考点四十三：建设工程合同（如图 5-46 所示）

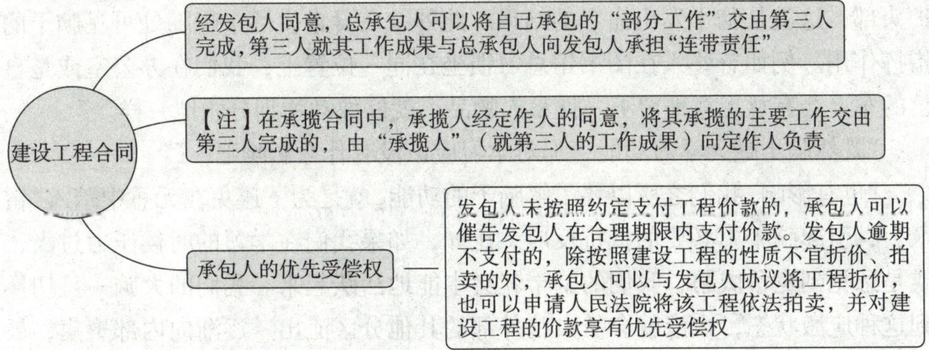

图 5-46　建设工程合同

【注】

（1）承包人将建设工程转包、违法分包的，发包人可以解除合同。

（2）发包人提供的主要建筑材料、建筑构配件和设备不符合强制性标准或者不履行协助义务，致使承包人无法施工，经催告在合理期限内仍未履行相应义务的，承包人可以解除合同。

【例题·单选题】总承包人乙公司经发包人甲公司同意，将自己承包的部分建设工程分包给丙公司。丙公司完成的工程质量出现问题，给甲公司造成 200 万元的经济损失。根据合同法律制度的规定，下列选项中，正确的是（　）。

A. 由丙公司承担赔偿责任

B. 由乙公司承担赔偿责任

C. 首先由丙公司承担赔偿责任，不足部分由乙公司承担

D. 由乙公司和丙公司承担连带赔偿责任

【答案】D

（四）都是缘脑惹的祸

经过一段时间的学习，我慢慢地有点喜欢《经济法》了，用杜老师的话说，就是我的缘脑开始认识《经济法》了。

对于大脑，杜老师亦很有研究，他说："所有脑部分区中，最为原始的部分叫脑干，负责指挥人体的四肢和其他器官履行最基本的功能。许多低级脊椎类动物（乌龟与蜥蜴等）、爬虫类及鱼类也有脑干，所以这个分区又被称为'爬虫类脑'。脑干这个原始的脑部分区是完全没有学习功能的，它主要辅助人类的本能做出反应。我们一旦察觉到有异物向自己飞来，就会本能地抬起双手保护头部，这就是脑干发出命令的结果。此外，在日常生活中也随处可见脑干的指挥作用。例如有些人在图书馆总习惯坐在同一位置上，我们在办公室或是自己的车上会有意无意地留下一件私人物品，就好像动物划分领地一样。"

"既然脑干毫无学习功能，那对学习应该没有什么影响吧？"

"也有影响，我们之所以要了解脑干的功能，就是为了避免在无意中踏入'雷区'，引起脑干不必要的抵抗反应。比如，如果我们在学习的时候压力过大，或是感觉到竞争威胁，我们的脑干就会本能地活跃起来。我们的大脑一旦切换到这种应激状态，血液就会从大脑外部的其他分区流出，逐渐向内部聚集，最终集中于脑干部分。这时，这个毫无学习功能的脑部分区就会成为主导，我们会感到自己无法思考，也学不进新的东西，轻则学习效率下降，重则根本无法进入工作或学习状态。对于现代人来说，这种情况大多出现在考试前或工作上遇到挑战时。我们的配偶或是上司有时也会成为我们压力的来源。"

"接下来就是缘脑，从进化的角度来看，比脑干稍先进一些的脑部分区就是缘脑。猴子、奶牛及海豚等哺乳类动物也有缘脑。这一脑部分区主要支配人的感觉和情绪，负责保持人体内环境的动态平衡。说得通俗易懂一些，就是让我们始终处于身心健康的状态。而且，缘脑也与长期记忆息息相关。

在人脑的各个分区中，最晚进化形成的是大脑皮层，也就是我们平时所说的大脑，它是人类特有的脑部分区。这个区域的功能十分强大，其中最重要的功能包括语言、逻辑分析、分类整合、推理辩论、创新发明、执行策略与决策等。

有了这一系列的能力，人类才能拥有自己的思想，而不只是一味地服从或执行命令。”

“那学习，主要还是跟大脑有关，因为大脑负责学习思考，对吗？”

“是的，但是缘脑也很重要。每当人脑接收到一条新信息时，缘脑就会率先被激活，因为它主要负责人体的生理及心理平衡，而人脑所有分区从本质上来说只有一个功能，那就是确保生命安全。因此，缘脑必须充当信息过滤器，将新的信息与既有经验进行分析比较。如果得出的结论是正面的，也就是说同类的信息曾经给我们带来积极的影响，那么缘脑就会开绿灯，允许这条信息传递到大脑皮层，等待进一步深度处理，我们也会从主观上感到愉悦，产生处理这条信息的动力。比如，你曾经成功地完成过产品展示，那你在今后的工作中自然会乐于接受此类任务。但如果你曾经有过一次失败的经历，那么缘脑在下次接收到同类信息时，或许就会亮起红灯，试图拦截这一信息，从而保护心理不再受到同样的负面影响。毕竟，心理上的稳定对于生存的意义也是不可小觑的。最后一种情况是，如果人脑接收到的信息没有太大的倾向性，既不是特别积极，亦非完全消极，那么它能够通过缘脑的过滤与监控，顺利进入大脑皮层，但在这种情况下，大脑皮层无法得到强烈的刺激。这就意味着，这条信息不会给我们留下很深的印象，自然也无法进入长期记忆区域。”

“那你的意思是，要想在学习中感受到乐趣，首先得让我们的缘脑开绿灯，是吗？”

“那是肯定的，缘脑是严格依照既定的模式来完成工作的。只要成功过一次，就相当于获得了长期的通行证，因为心理上的积极反应对人类生存来说无疑是不可或缺的。但从另一个角度来说，如果我们一直墨守成规，始终遵循既定的工作与学习模式，那么我们就永远学不到新知识，无法取得进步。我相信，每个人都曾经体验过改变有多么困难。因此，每个人其实都在时刻与自己的习惯作斗争，试图挣脱惯性的束缚。回到学习的话题上来，缘脑的这种工作原理会使得我们越来越抗拒学习。小时候在学校里的某些不愉快经历会让有些人在潜意识中把学习和消极情绪联系在一起，这会使得我们的缘脑在接收到新信息时，自动屏蔽了许多内容，从而加大了我们工作与学习的难度。”

“那我们应该多让自己体验学习的乐趣，让学习与自己的积极情绪建立联系，是吗？”

“是的。另外，每一种学习技巧从本质上来说都是一种新的行为模式，因此这些技巧对于缘脑来说无一例外都是挑战。不管我们至今惯用的学习方法多么低效，缘脑都会固执地认为：反正我一直都用这种方式学习和思考，而且我至今也没出什么大错，自然没有多大必要冒险去做出改变。这个逻辑听上去或许有点滑稽，但却十分直观地体现了缘脑的工作模式，它并不懂得我们要尝试学习的新方法是百益而无一害的。”

“缘脑真是个固执的家伙。”

“嗯。但是，缘脑固执也有它固执的道理。在面临生命危险的时候，比如遇到老虎，这种过滤机制确实是非常有益的。它能够让我们停止无谓的思考，直接做出本能的反应，要不就冲上去制伏眼前这只老虎，要不就撒腿逃跑。如果没有这种过滤机制，我们的大脑就会不由自主地胡思乱想：我是跑呢，还是不跑呢？我应该往哪个方向跑呢？有没有可能跟老虎谈谈，让它不吃我，或者我把篮子里刚刚采的果子给它吃，告诉它以后不要吃荤了，改吃素吧……”

“哈哈，这样想下去，死定了。那怎样让缘脑给学习开绿灯呢？”

“那就需要多学习，调整好心态，多重复，让缘脑熟悉这些内容，慢慢地就好了，这也叫习惯成自然。”

“确实，第一次看《经济法》的时候，头都大了。”

“所以，你要多复习几遍，复习《经济法》（其他科目也一样）就像让你在丛林中清出一条小路来一样，第一次得费一点儿劲，因为你必须清除掉一路的杂草缠藤（相当于复习中的精华提炼）；第二次就容易多了，因为第一次走过这里时，已经做了很多清障工作。你从这里经过的次数越多，存在的阻力就越小，多重复几次，这条小路就会变得又宽又平，基本上没有或者只有很少的东西要清除了，最终你就可以迈大步前进了（一天复习一遍也是有可能的）。”

学习，学习，多学习，从此以后，缘脑点亮绿灯，一路通畅。

第六章

增值税法律制度

（一）围绕某个主题学习

本章主要内容是增值税的计算，增值税的计算对于已经有一定会计实践经验的人来说，还是比较容易的。增值税的计算分为增值税一般纳税人的税额计算和小规模纳税人的税额计算。增值税一般纳税人应纳税额的计算公式是：当期销项税额 - 当期可以抵扣的进项税额；小规模纳税人应纳税额一般采取简易征收的办法，直接用：不含税销售额 × 对应的征收率计算得出。这是我们做过会计或学过会计的人都应掌握的基本常识。

于是，基于这个常识开始拓展，有哪些规定或因素会影响这两个基本公式的计算呢？如销售额该如何界定？进项税额哪些能够抵扣，哪些不能抵扣？也就是说，所有的规定基本上都是围绕这个公式来的。想明白了，我看书的时候就有了目标，我知道应该提取哪些重点，这就是主题学习，围绕这个主题，把教材上的相关内容全部串联起来。

有位教育专家做过这样一个实验：他给A、B两个小组分配相同的学习材料、学习时间。这两个小组人员的年龄、教育程度、能力基本相当。

A组被告知，他们将被测试材料中所有的内容，请他们有针对性地进行学习。

B组被告知，他们只被测试贯穿整个材料的两三个主题，也请他们有针对性地进行学习。

事实上，两组都要就学习材料的全部内容进行全面测试。我们都会觉得，这样做对B组学员太不公平了，因为他们只被告知就贯穿整个材料的两三个主题进行测试。

我们也可能认为，在这种情况下，B组在有关主题的测试上表现要强些，而A组则会在其他内容的测试上表现强些，最后两组的得分可能是相同的。

但最后的结果令人很惊讶，B组不仅在有关主题的问题上得分高，而且在其他内容的测试上得分也高，总分比 A 组高出许多。

为什么会这样呢?

这是因为这些主题就像个巨大的钩子，将所有的信息拉拢在一起。换句话说，这些重要问题与目标起着联络中心的作用，使得联系其他信息变得容易了。

而 A 组被指示去获取全部内容，反而没有明确的中心来连接信息，导致在整个学习的过程中只能漫无目标地摸索。这种情况，就像一个人有太多的选择，反倒让他没了主意。这正是想抓住一切，反而一无所获的悖论。

所以在复习本章之前，我先把本章的钩子确定，然后再把相关的信息串联起来。

（二）本章通关地图（见图 6-1）

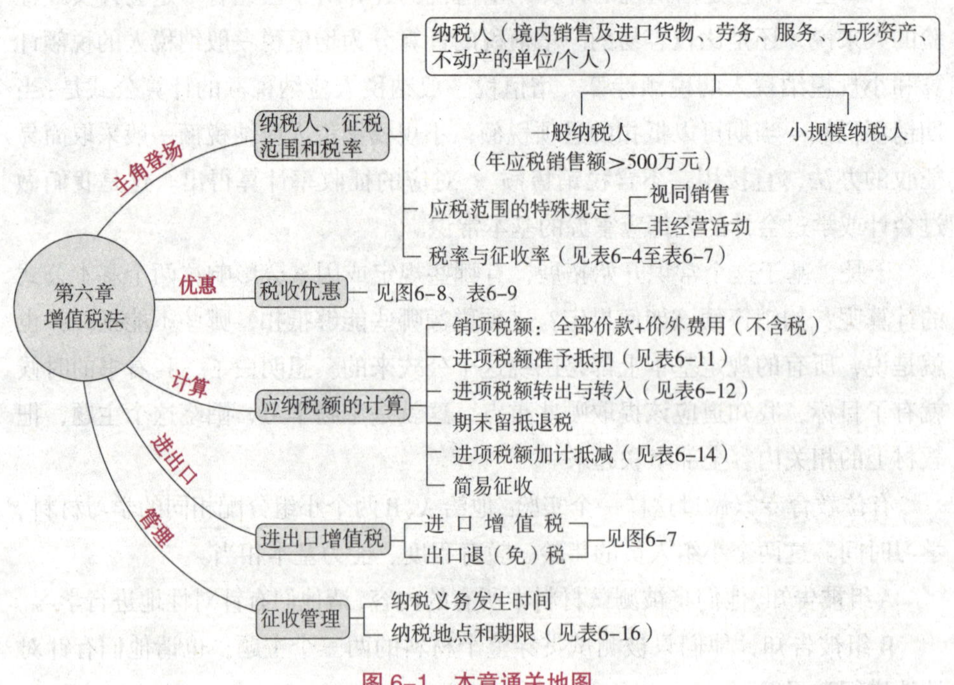

图 6-1　本章通关地图

（三）高频考点提炼

考点一：增值税纳税人（见表 6–1）

表 6–1　　增值税纳税人

<table>
<tr><td>纳税义务人</td><td colspan="4">在境内销售货物、劳务、服务、无形资产、不动产的单位和个人，为增值税纳税人</td></tr>
<tr><td rowspan="9">一般纳税人、小规模纳税人的资格登记及管理</td><td rowspan="5">资格</td><td rowspan="5">年应税销售额＞500万元的为一般纳税人，未超过但会计核算健全的可选择成为一般纳税人，其他个人只能成为小规模纳税人</td><td rowspan="3">●连续不超过 12 个月或 4 个季度的累计应征增值税销售额</td><td>①纳税申报销售额</td></tr>
<tr><td>②稽查查补销售额</td></tr>
<tr><td>③纳税评估调整销售额</td></tr>
<tr><td colspan="2">●销售服务、无形资产、不动产有扣除项目的纳税人，按未扣除之前的销售额计算</td></tr>
<tr><td colspan="2">●偶然发生的销售无形资产、转让不动产的销售额，不计入应税行为年应税销售额</td></tr>
<tr><td>程序</td><td colspan="3">向其机构所在地主管税务机关填报登记表，信息一致的，当场登记</td></tr>
<tr><td rowspan="3">时间</td><td colspan="3">正常：申报期结束后 15 日内办理</td></tr>
<tr><td colspan="3">未按规定时限办理：规定时限结束后 5 日内告知其应在 5 日内办理</td></tr>
<tr><td colspan="3">逾期仍不办理：次月起计征销项但不准抵扣进项，直至办理为止（一旦成为一般纳税人不可转为小规模纳税人，转登记除外）</td></tr>
<tr><td colspan="5">【注 1】除总局另有规定外，纳税人一经登记为一般纳税人后，不得转为小规模纳税人
【注 2】小规模纳税人发生增值税应税行为，需要开具增值税专用发票的，可以到税务机关代开增值税专用发票，也可以自愿使用增值税发票管理系统自行开具（其他个人除外），选择自行开具增值税专用发票的小规模纳税人，税务机关不再为其代开增值税专用发票</td></tr>
</table>

考点二：增值税征税范围及应税范围的特殊规定

增值税征税范围见表 6–2。

表 6–2　　增值税征税范围

<table>
<tr><td>要点</td><td colspan="4">内容</td></tr>
<tr><td rowspan="11">一般范围</td><td>销售及进口货物</td><td colspan="3">货物是指“有形动产”，包括电力、热力、气体</td></tr>
<tr><td>提供应税劳务</td><td colspan="3">包括“加工、修理修配劳务”</td></tr>
<tr><td rowspan="9">销售服务、无形资产或者不动产</td><td>运输</td><td colspan="2">【考点 1】出租车公司向使用本公司自有出租车的司机收取的管理费，属“陆路运输服务”
【考点 2】“无运输工具承运”属“交通运输服务”；“货物运输代理”属于“现代服务——商务辅助服务（经纪代理服务）”
【考点 3】“程租”“期租”“湿租”属“交通运输服务”；“光租”“干租”属“现代服务——租赁服务”
【考点 4】“航天运输”属于“航空运输服务”，但适用“零税率”</td></tr>
<tr><td rowspan="4">邮政</td><td>邮政服务</td><td>业务活动</td></tr>
<tr><td>邮政普遍服务</td><td>函件、包裹等邮件寄递，以及邮票发行、报刊发行和邮政汇兑等</td></tr>
<tr><td>邮政特殊服务</td><td>义务兵平常信函、机要通信、盲人读物和革命烈士遗物的寄递等</td></tr>
<tr><td>其他邮政服务</td><td>邮册等邮品销售、邮政代理等</td></tr>
<tr><td colspan="3">【注】“邮政储蓄业务”属于金融服务</td></tr>
<tr><td rowspan="2">电信</td><td>基础电信服务</td><td>通话；出租带宽</td></tr>
<tr><td>增值电信服务</td><td>短信；互联网接入；卫星电视信号落地转接</td></tr>
<tr><td>建筑</td><td colspan="2">【考点 1】“固定电话、有线电视、宽带、水、电、燃气、暖气”等经营者向用户收取的“安装费、初装费、开户费、扩容费”以及类似收费，属“建筑服务——安装服务”
【考点 2】“疏浚”属于“建筑服务——其他建筑服务”，但“航道疏浚”属于“现代服务——物流辅助服务”</td></tr>
</table>

续表

要点	内容		
一般范围	销售服务、无形资产或者不动产	金融	【考点1】区别“贷款服务”与其他金融服务，贷款服务的收入为各种占用、拆借资金而取得的“利息” 【考点2】以“货币投资”收取“固定利润或保底利润”属“金融服务——贷款服务” 【考点3】“融资性售后回租”属“金融服务——贷款服务”；“融资租赁”属“现代服务——租赁服务” 【考点4】**融资性售后回租、押汇、罚息、票据贴现、转贷**等业务取得的利息及利息性质的收入，按照贷款服务缴纳增值税
		现代服务	研发和技术、信息技术、文化创意、物流辅助、租赁、鉴证咨询、广播影视、商务辅助、其他 【考点1】“租赁服务”分为“动产租赁”和“不动产租赁”，分别适用不同税率 【考点2】租赁服务包括融资租赁服务和经营租赁服务，但不包括融资性售后回租，融资性售后回租属于“金融服务——贷款服务” 【考点3】“车辆停放服务”“道路通行服务（过路、过桥、过闸费）”属于“不动产经营租赁服务” 【考点4】将动产、不动产上的广告位出租，属于“经营租赁服务” 【考点5】物业管理属于“商务辅助服务” 【考点6】商务辅助服务包括企业管理服务、经纪代理服务、人力资源服务、安全保护服务 ①企业管理服务，是指提供总部管理、投资与资产管理、市场管理、物业管理、日常综合管理等服务的业务活动 ②经纪代理服务，是指各类**经纪、中介、代理**服务，包括金融代理、知识产权代理、货物运输代理、代理报关、法律代理、房地产中介、职业中介、婚姻中介、代理记账、拍卖等 ③人力资源服务，是指提供公共就业、劳务派遣、人才委托招聘、劳动力外包等服务的业务活动 ④安全保护服务，是指提供保护人身安全和财产安全，维护社会治安等服务的业务活动，包括场所住宅保安、特种保安、安全系统监控以及其他安保服务
		生活服务	文化体育、教育医疗、旅游娱乐、餐饮住宿、居民日常、其他 【考点】“市容市政管理”属于“居民日常服务”
		无形资产	技术、商标、著作权、商誉、自然资源使用权（如土地使用权）和其他权益性无形资产
		不动产	【注】转让不动产时一并转让其所占土地的使用权的，属“销售不动产”

【例题·单选题】根据增值税法律制度的规定，纳税人提供的下列服务中，属于“邮政服务——邮政普遍服务”的是（　）。

A. 邮票发行

B. 盲人读物寄递

C. 邮册销售

D. 邮政代理

【答案】A

【解析】（1）选项B：属于邮政特殊服务；（2）选项CD：属于其他邮政服务。

【例题·单选题】根据增值税法律制度的规定，融资性售后回租适用的税目是（　）。

A. 销售无形资产

B. 金融服务——贷款服务

C. 现代服务——租赁服务

D. 金融服务——保险服务

【答案】B

【解析】融资性售后回租按照“金融服务——贷款服务”缴纳增值税。

【例题·单选题】根据增值税法律制度的规定，下列业务中，属于“金融服务——贷款服务”的是（ ）。

A. 财务担保

B. 账户管理

C. 基金管理

D. 票据贴现

【答案】D

【解析】（1）选项 ABC：属于直接收费金融服务；（2）选项 D：属于贷款服务。

【例题·多选题】根据增值税法律制度的规定，下列服务中，应按照“现代服务——租赁服务”税目缴纳增值税的有（ ）。

A. 有形动产融资租赁服务

B. 不动产融资租赁服务

C. 有形动产经营租赁服务

D. 有形动产融资性售后回租服务

【答案】ABC

【解析】租赁服务，包括不动产、动产融资租赁服务和不动产、动产经营租赁服务；融资性售后回租按照“现代服务——金融服务——贷款服务”征收增值税。

【例题·多选题】根据增值税法律制度的规定，下列关于纳税人销售服务缴纳增值税的表述中，正确的有（ ）。

A. 提供融资性售后回租业务按照“租赁服务——融资租赁服务”缴纳

B. 提供房地产中介服务按照“现代服务——商务辅助服务（经纪代理服务）”缴纳

C. 提供有线电视安装服务按照“建筑服务——安装服务”缴纳

D. 提供语音通话服务按照“电信服务——增值电信服务”缴纳

【答案】BC

【解析】

（1）选项 A：提供融资性售后回租业务按照“现代服务——金融服务（贷款服务）”缴纳增值税，选项 A 错误；（2）选项 B：提供房地产中介服务按照“现代服务——商务辅助服务（经纪代理服务）”缴纳增值税，选项 B 正确；

（3）选项C：提供有线电视安装服务按照“建筑服务——安装服务”缴纳增值税，选项C正确；（4）选项D：提供语音通话服务按照“电信服务——基础电信服务”缴纳增值税，选项D错误。

境内判断标准见表6–3。

表6–3　境内判断标准

销售行为		“中国境内”判断标准
销售货物		销售货物的起运地或者所在地在境内
销售劳务		销售劳务的应税劳务发生地在境内
销售服务	租赁不动产	所租赁的不动产在境内
	其他服务	服务的销售方或者购买方在境内
销售无形资产	自然资源使用权	所销售自然资源使用权的自然资源在境内
	其他无形资产	无形资产的销售方或者购买方在境内
销售不动产		所销售的不动产在境内

【例题·单选题】根据增值税法律制度的规定，下列情形中，不属于我国增值税征税范围的是（　　）。

A. 德国某公司转让专利权供我国某公司在北京使用

B. 法国某酒店为我国科研团队提供在巴黎的住宿服务

C. 美国某公司为我国某公司在上海的楼宇提供装饰服务

D. 日本某公司出租设备供我国某公司在广州使用

【答案】B

【解析】境外单位或者个人向境内单位或者个人销售完全在境外发生的服务，不属于在境内销售服务，不属于我国增值税的征税范围。

【例题·多选题】根据增值税法律制度的规定，下列情形中，不属于在中国境内销售服务的有（　　）。

A. 日本乙公司为在该国留学的中国学生朱某提供住宿服务

B. 中国境内甲会计师事务所为境内乙公司在境外上市提供审计服务

C. 美国戊公司将小汽车出租给在该国自驾旅游的中国居民马某

D. 法国丙公司将其拥有的位于中国境内的不动产出租给韩国丁公司

【答案】AC

【解析】（1）选项A：境外单位或者个人向境内单位或者个人销售完全在境外发生的服务，不属于在境内销售服务；（2）选项B：服务（租赁不动产除外）的销售方或者购买方在境内的，属于在境内销售服务；（3）选项C：境外单位或者个人向境内单位或者个人出租完全在境外使用的有形动产，不属于在境内销售服务；（4）选项D：所租赁的不动产在境内的，属于在境内销售服务。

应税范围的特殊规定如图 6-2 所示。

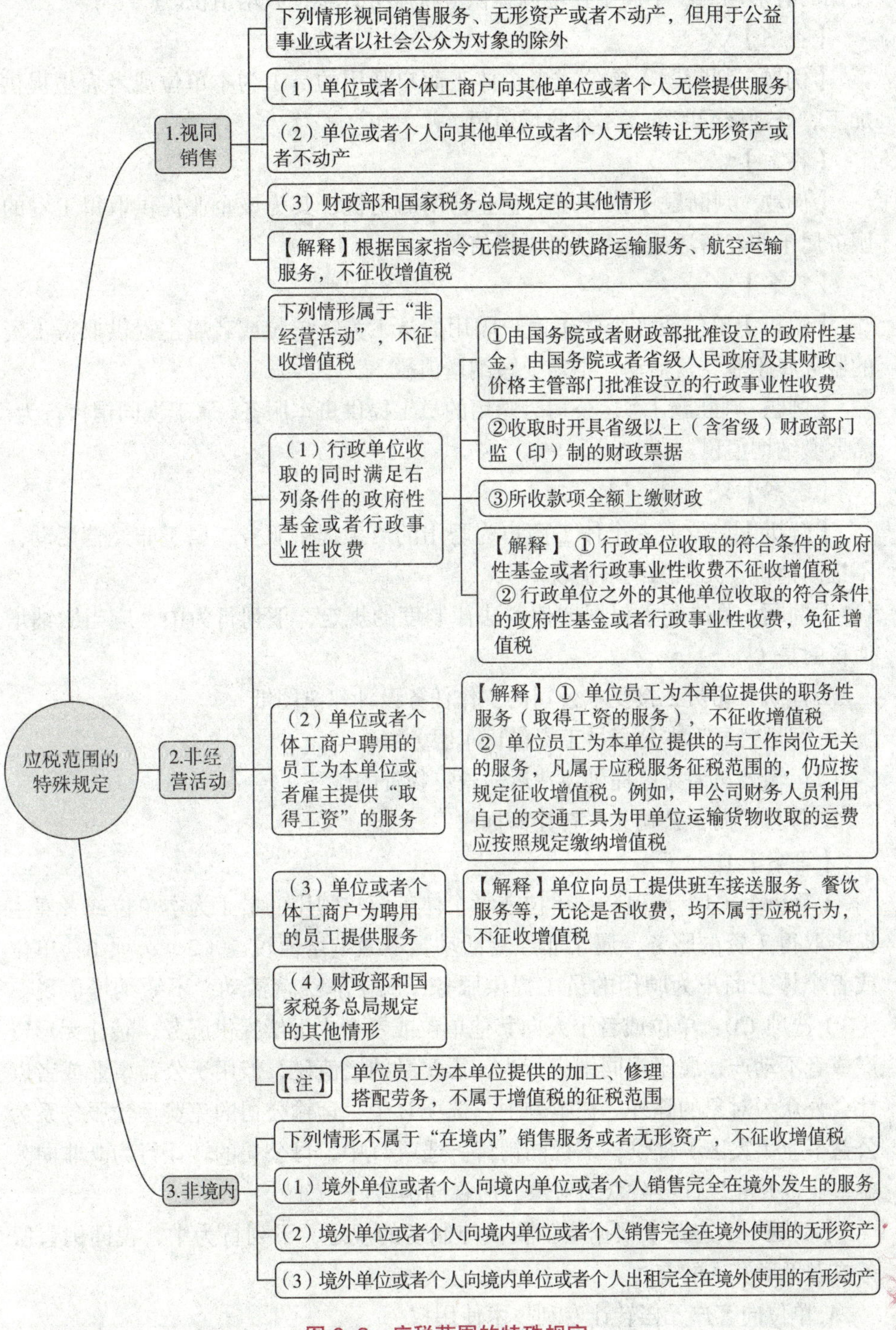

图 6-2　应税范围的特殊规定

【例题·判断题】境外单位或者个人向境内单位或者个人出租完全在境外使用的有形动产，不属于在境内提供应税服务，不征收增值税。(　　)

【答案】√

【例题·判断题】单位或者个体工商户聘用的员工为本单位或者雇主提供加工、修理修配劳务，不征收增值税。(　　)

【答案】√

【例题·判断题】张某是甲企业聘用的司机，其为该企业提供取得工资的服务属于非经营活动，无须缴纳增值税。（　　）

【答案】√

【解析】单位或者个体工商户聘用的员工为本单位或者雇主提供取得工资的服务属于非经营活动，不需要缴纳增值税。

【例题·判断题】客运公司为聘用的员工提供班车服务，属于视同销售行为，需要缴纳增值税。（　　）

【答案】×

【解析】单位或者个体工商户为聘用的员工提供服务，属于非经营活动，不视同销售，无须缴纳增值税。

【例题·单选题】根据增值税法律制度的规定，下列行为中，应当缴纳增值税的是（　　）。

A. 建筑公司员工接受本公司的工作任务设计建筑图纸

B. 客运公司为本公司员工提供班车服务

C. 运输公司为灾区提供免费运输救灾物资的服务

D. 母公司向子公司无偿转让商标权

【答案】D

【解析】（1）选项 A：单位或者个体工商户聘用的员工为本单位或者雇主提供取得工资的服务，属于非经营活动，不缴纳增值税。（2）选项 B：单位或者个体工商户为聘用的员工提供服务，属于非经营活动，不缴纳增值税。（3）选项 CD：单位或者个人向其他单位或者个人无偿提供服务、转让无形资产或者不动产，属于视同销售行为，需要缴纳增值税，但用于公益事业或者以社会公众为对象的除外。在本题中，选项 C 中，运输公司的免费运输服务系为公益事业（灾区）提供，不视同销售。选项 D 中，母公司的转让行为既非向公益事业也并非以社会公众为对象，应视同销售。

【例题·多选题】根据增值税法律制度的规定，下列行为中，视同销售服务或者无形资产的有（　　）。

A. 单位向客户无偿转让专利技术使用权

B. 单位向客户无偿提供运输服务

C. 单位向本单位员工无偿提供搬家服务

D. 单位向本单位员工无偿提供房屋装饰服务

【答案】AB

【解析】选项 CD：单位或者个体工商户为聘用的员工提供服务，属于“非经营活动”而非视同销售服务。

【例题·多选题】根据增值税法律制度的规定，甲公司的下列业务中，属于视同销售服务、无形资产或不动产的有（　）。

A. 向子公司无偿转让土地使用权

B. 向地震灾区无偿提供运输服务

C. 向孤儿院无偿捐赠房屋

D. 向客户乙公司无偿提供设计服务

【答案】AD

【解析】选项 BC：单位向其他单位或者个人无偿提供服务、转让不动产，用于公益事业不属于视同销售的情形。

考点三：税率与征收率

1. 税率与低税率（见表 6–4）

表 6–4　税率与低税率

<table>
<tr><td>13%</td><td colspan="2">（1）销售和进口除执行 9% 低税率的货物以外的货物
（2）全部的加工、修理修配劳务
（3）有形动产租赁服务</td></tr>
<tr><td>9%</td><td colspan="2">交通运输、邮政、基础电信、建筑、不动产租赁服务、销售不动产、转让土地使用权</td></tr>
<tr><td>6%</td><td colspan="2">增值电信、金融、现代服务（租赁除外）、生活服务、销售无形资产（转让土地使用权除外）</td></tr>
<tr><td rowspan="3">9%</td><td colspan="2">设置低税率的根本目的是鼓励消费，或者保证消费者对基本生活必需品的消费</td></tr>
<tr><td colspan="2">（1）粮食、食用植物油、食用盐、农产品
（2）自来水、暖气、冷气、热水、煤气、石油液化气、天然气、沼气、居民用煤炭制品
（3）图书、报纸、杂志、音像制品、电子出版物
（4）饲料、化肥、农药、农机、农膜、二甲醚
【总结】低税率四大类：基本温饱、生活用能源、精神文明、农业生产</td></tr>
<tr><td colspan="2">【注 1】执行低税率的农产品是指“一般纳税人”销售或进口的农产品
【注 2】执行低税率的粮食及农产品为“初级农产品”（包括面粉），不包括再加工的产品，如淀粉、方便面、速冻水饺
【注 3】“农产品、食用盐、居民用煤炭制品、农机”易成为命题点</td></tr>
<tr><td rowspan="2">0</td><td>出口货物</td><td>纳税人“出口”货物，税率为零，但国务院另有规定的除外</td></tr>
<tr><td>国际运输服务</td><td>（1）在境内载运旅客或者货物出境
（2）在境外载运旅客或者货物入境
（3）在境外载运旅客或者货物</td></tr>
</table>

续表

0	向境外单位提供的完全在境外消费的部分服务	（1）研发服务 （2）合同能源管理服务 （3）设计服务 （4）广播影视节目（作品）的制作和发行服务 （5）软件服务 （6）电路设计及测试服务 （7）信息系统服务 （8）业务流程管理服务 （9）离岸服务外包业务 （10）转让技术 【记忆提示】现代服务中“技术含量较高”的部分服务
	航天运输服务	

2. 征收率 3%（见表 6–5）

表 6–5　征收率 3%

（1）小规模纳税人	除销售“旧货”“自己使用过的固定资产”和“进口货物”外的应税行为 【理解】旧货，是指进入二次流通的具有部分使用价值的货物，但不包括自己使用过的物品 【注意】小规模纳税人“销售旧货和自己使用过的固定资产”减按 2% 征收；进口货物不区分纳税人，一律按适用税率计算纳税
（2）一般纳税人	下列销售行为，暂按 3% 的征收率纳税： ①寄售商店代销寄售物品（寄售代销） ②典当业销售死当物品（死当销售）
	一般纳税人销售下列自产货物，“可选择”按照 3% 的征收率纳税： ①县级及以下小型水力发电单位生产的电力 ②建筑用和生产建筑材料所用的砂、土、石料 ③以自己采掘的砂、土、石料或其他矿物连续生产的砖、瓦、石灰 ④用微生物、人或动物的血液或组织等制成的生物制品 ⑤自来水 ⑥商品混凝土 【简化记忆】水、电、生物制品、建材 【注意】上述 6 项内容是否执行 3% 的征收率由纳税人选择，如：自来水可以选择执行 9% 的税率，也可以选择执行 3% 的征收率，执行 9% 的税率可以抵扣进项税额，执行 3% 的征收率按简易办法征税 【注 2】选择简易办法后，“36 个月”内不得变更
	“营改增”行业一般纳税人“可以选择”适用简易计税方法的应税行为： ①公共交通运输服务 ②动漫产品的设计、制作服务，以及在境内转让动漫版权 ③电影放映服务、仓储服务、装卸搬运服务、收派服务 ④文化体育服务 ⑤以“营改增”试点前取得的有形动产，提供的“有形动产经营租赁服务” ⑥“营改增”试点前签订的，尚未执行完毕的“有形动产租赁”合同 【记忆口诀】一个快递员快乐的一天： 上班：从“仓库”中“搬”出快件，开着“租来的电动车”，去“派件” 下班：坐“公交车”去“体育馆”看《熊出没》大“电影”

3. 3% 的征收率减按 2% 征收（见表 6–6）

表 6–6　　3% 的征收率减按 2% 征收

纳税人身份	征税项目	计算方法
一般纳税人	自己使用过的“**购入时未抵扣过进项税额**”的固定资产	含税售价 ÷（1 + 3%）×**2%**
	销售旧货	
	销售自己使用过的其他物品	含税售价 ÷（1 + 13%）×**13%**
小规模纳税人	自己使用过的固定资产	含税售价 ÷（1 + 3%）×**2%**
	销售旧货	
	销售自己使用过的其他物品	含税售价 ÷（1 + 3%）×**3%**
旧货专卖店	含税售价 ÷（1 + 3%）×**2%**	
个人	免税	

自 2020 年 5 月 1 日至 2023 年 12 月 31 日，从事二手车经销的纳税人销售其收购的二手车，由原按照简易办法依 3% 的征收率减按 2% 征收增值税，改为减按 0.5% 征收增值税。

4. 征收率 5%（见表 6–7）

表 6–7　　征收率 5%

	一般纳税人	小规模纳税人
转让其取得的不动产	2016 年 4 月 30 日以前取得，可选 5%	5%
出租不动产	2016 年 4 月 30 日以前取得，可选 5%	5%[1]
房开企业销售自行开发的房地产老项目[2]	可选 5%	5%
房开企业中的一般纳税人购入未完工的房地产老项目继续开发后，以自己名义立项销售的不动产	属于房地产老项目的可选 5%	—
劳务派遣服务，选择差额纳税	5%	

[1] 不含个人出租住房　例外：个人出租住房计税租金 ÷（1+5%）×1.5%

[2] 房地产老项目，是指《建筑工程施工许可证》注明的合同开工日期在 2016 年 4 月 30 日前的房地产项目

【注意】纳税人提供“劳务派遣服务”，选择差额纳税的，按照 5% 的征收率征收增值税。

考点四：视同销售货物（如图 6-3 所示）

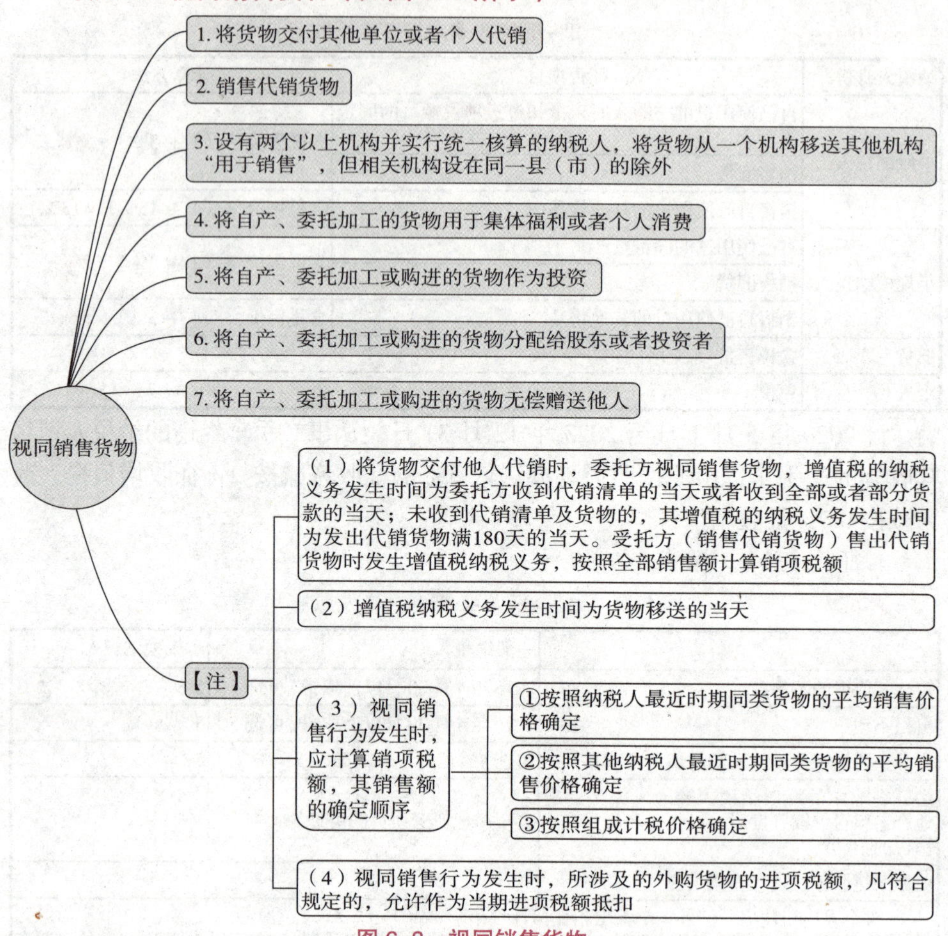

图 6-3　视同销售货物

视同销售货物的比较见表 6-8。

表 6-8　视同销售货物的比较

用途	自产、委托加工的货物	外购的货物
集体福利或者个人消费	√	×
投资	√	√
分配	√	√
无偿赠送	√	√

【例题 · 单选题】甲市的 A、B 两店为实行统一核算的连锁店。根据增值税法律制度的规定，A 店的下列经营活动中，不属于视同销售货物行为的是（　　）。

A. 将货物交付给位于乙市的某商场代销

B. 销售丙市某商场委托代销的货物

C. 将货物移送到 B 店用于销售

D. 为促销将本店货物无偿赠送给消费者

【答案】C

【解析】A 店将货物移送到“本市”的 B 店用于销售，不属于视同销售行为。

【例题 · 单选题】根据增值税法律制度的规定，下列各项中，不视同销售货物缴纳增值税的是（　　）。

A. 将自产货物分配给股东

B. 将外购货物用于集体福利

C. 将自产货物无偿赠送给其他单位

D. 将自产货物投资于其他单位

【答案】B

【例题 · 单选题】根据增值税法律制度的规定，下列各项中，不属于视同销售货物行为的是（　　）。

A. 将外购的货物分配给股东

B. 将外购的货物用于投资

C. 将外购的货物用于集体福利

D. 将外购的货物无偿赠送他人

【答案】C

【解析】选项 ABD：将外购的货物用于投资、分配、赠送，视同销售；选项 C：将外购的货物用于非增值税应税项目和集体福利、个人消费，不视同销售。

【例题 · 多选题】根据增值税法律制度的规定，下列各项中，应当征收增值税的有（　　）。

A. 将自产的货物用于投资

B. 将自产的货物分配给股东

C. 将自产的货物用于集体福利

D. 将外购的货物用于集体福利

【答案】ABC

【解析】选项 D：将外购的货物用于集体福利、个人消费的，不视同销售，不征收增值税。

【例题 · 多选题】根据增值税法律制度的规定，下列各项中，属于视同销售货物行为，应计算缴纳增值税的有（　　）。

A. 某商店将外购水泥捐赠给灾区用于救灾

B. 某工厂将委托加工收回的服装用于集体福利

C. 某企业将自产的钢材用于对外投资

D. 某企业将购进的一批饮料用于职工食堂

【答案】BC

【解析】选项 BC：视同销售货物，应计算缴纳增值税；选项 D：将外购的货物用于集体福利，不视同销售货物，同时也不得抵扣进项税额。

【例题 · 判断题】纳税人将自产、委托加工或者外购的货物用于集体福利或个人消费的，均视同销售，征收增值税。(　　)

【答案】×

【解析】纳税人将外购的货物用于集体福利或个人消费的，不视同销售。

考点五：增值税特殊项目规定（如图 6–4 所示）

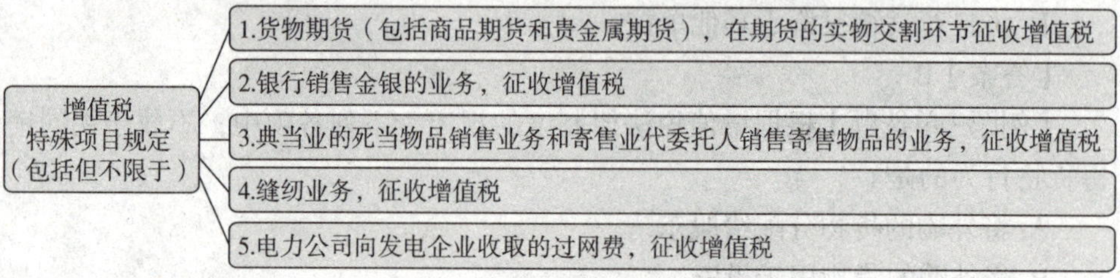

增值税特殊项目规定（包括但不限于）

1. 货物期货（包括商品期货和贵金属期货），在期货的实物交割环节征收增值税
2. 银行销售金银的业务，征收增值税
3. 典当业的死当物品销售业务和寄售业代委托人销售寄售物品的业务，征收增值税
4. 缝纫业务，征收增值税
5. 电力公司向发电企业收取的过网费，征收增值税

图 6–4　增值税特殊项目规定

【例题 · 单选题】根据增值税法律制度的规定，下列各项中，不缴纳增值税的是(　　)。

A. 电力公司销售电力　　B. 银行销售金银

C. 体育彩票的发行收入　　D. 典当行销售死当物品

【答案】C

【解析】体育彩票的发行收入，不征收增值税。

【例题 · 判断题】电力公司向发电企业收取的过网费，征收增值税。(　　)

【答案】√

考点六：增值税税收优惠及免税项目

增值税的免税项目如图 6–5 所示。

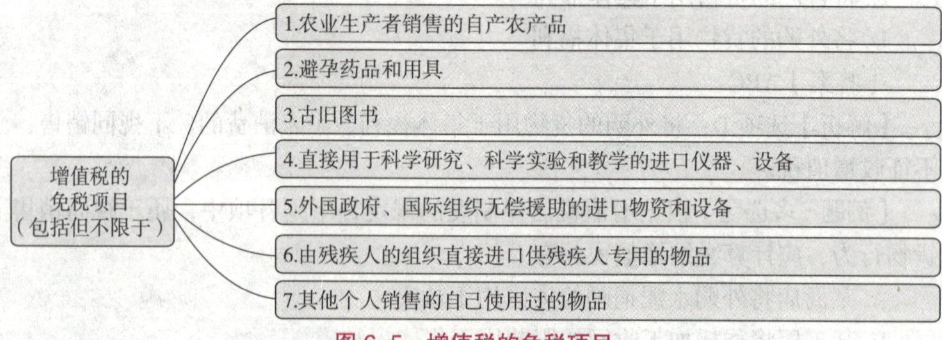

图 6–5　增值税的免税项目

营改增“境内”服务免税项目见表 6–9。

表 6-9　　　　营改增“境内”服务免税项目

<table>
<tr><td>【注】增值税减免税项目营改增之后过于复杂，试卷中最多考核 2 分，请以一颗平常心来对待，同时亦可战略放弃
【记忆口诀】“生老病死”皆福利，“婚介家政”真给力；“科教文卫”要支持，“研发创作”要鼓励；“非经营”的不征税，“残疾农业”要安慰；“自然资源不动产”“金融保险”有机会；“军队节能多储备”，记忆口诀真给力</td></tr>
<tr><td>1. 托儿所、幼儿园提供的保育和教育服务
2. 养老机构提供的养老服务
3. 殡葬服务
4. 婚姻介绍服务
5. 家政服务企业由员工制家政服务员提供家政服务取得的收入
6.2017 年 12 月 31 日前，科普单位的门票收入，以及县级及以上党政部门和科协开展科普活动的门票收入
7. 从事学历教育的学校提供的教育服务
8. 政府举办的从事学历教育的高等、中等和初等学校（不含下属单位），举办进修班、培训班取得的全部归该学校所有的收入
9. 政府举办的职业学校设立的主要为在校学生提供实习场所，并由学校出资自办、由学校负责经营管理、经营收入归学校所有的企业，从事 “现代服务”“生活服务”业务活动取得的收入
10. 学生勤工俭学提供的服务
11. 纪念馆、博物馆、文化馆、文物保护单位管理机构、美术馆、展览馆、书画院、图书馆在自己的场所提供文化体育服务取得的第一道门票收入
12. 寺院、宫观、清真寺和教堂举办文化、宗教活动的门票收入
13. 医疗机构提供的医疗服务
14. “四技”合同（技术转让、技术开发、技术咨询、技术服务）
15. “个人”转让著作权
16. 行政单位之外的其他单位收取的符合《试点实施办法》第十条规定条件的政府性基金和行政事业性收费
17. 福利彩票、体育彩票的发行收入
18.2020 年 12 月 31 日前，公共租赁住房经营管理单位出租公共租赁住房
19. 为了配合国家住房制度改革，企业、行政事业单位按房改成本价、标准价出售住房取得的收入
20. 残疾人员本人为社会提供的服务
21. 残疾人福利机构提供的育养服务
22. 农业机耕、排灌、病虫害防治、植物保护、农牧保险以及相关技术培训业务，家禽、牲畜、水生动物的配种和疾病防治
23. 将土地使用权转让给农业生产者用于农业生产
24. 销售不动产及转让自然资源使用权免税规定
（1）个人销售“自建自用”住房
（2）涉及家庭财产分割的个人无偿转让不动产、土地使用权
（3）土地所有者出让土地使用权和土地使用者将土地使用权归还给土地所有者
（4）县级以上地方人民政府或自然资源行政主管部门出让、转让或收回自然资源使用权（不含土地使用权）
25. 金融、保险服务免税规定：符合条件的贷款、债券利息；金融同业往来利息
26. 军队空余房产租赁收入
27. 随军家属就业
28. 军队转业干部就业
29. 符合条件的合同能源管理服务
30. 国家商品储备管理单位及其直属企业，承担商品储备任务，从中央或地方财政取得的利息补贴收入和价差补贴收入</td></tr>
</table>

续表

31. 以下利息收入： （1）金融机构农户小额贷款、金融机构小微企业及个体工商户小额贷款、小额贷款公司农户小额贷款 （2）国债、地方政府债 （3）境外机构投资境内债券市场取得的债券利息 32. 将承包地流转给农业生产者用于农业生产 33. 农村电网维护费 34. 农村饮水安全工程 35. 生产销售有机肥、农膜 36. 批发零售种子、种苗、农药和农机 37. 2020 年 12 月 31 日前，企业集团内单位（含企业集团）之间的资金无偿借贷行为 38. 对赞助企业及参与赞助的下属机构，根据赞助协议及补充赞助协议向北京冬奥组委免费提供的，与北京 2020 年冬奥会、冬残奥会、测试赛有关的服务，免征增值税

【例题·多选题】根据增值税法律制度的规定，下列各项中，免征增值税的有（　　）。

A. 用于对其他企业投资的自产工业产品

B. 用于单位集体福利的自产副食品

C. 农业生产者销售的自产农业产品

D. 直接用于教学的进口仪器

【答案】CD

【解析】选项 AB：属于视同销售行为，应当征收增值税。

【例题·判断题】残疾人个人提供的加工、修理修配劳务，免征增值税。（　　）

【答案】√

考点七：增值税的纳税义务发生时间（如图 6-6 所示）

- 增值税的纳税义务发生时间
  - 销售货物或者提供应税劳务的，其纳税义务发生时间为收讫销售款或者取得索取销售款凭据的当天；先开具发票的，为开具发票的当天
    - （1）采取直接收款方式销售货物，不论货物是否发出，均为收到销售款或者取得索取销售款凭据的当天
    - （2）采取托收承付和委托银行收款方式销售货物，为发出货物并办妥托收手续的当天
    - （3）采取赊销和分期收款方式销售货物，为书面合同约定的收款日期的当天；无书面合同或者书面合同没有约定收款日期的，为货物发出的当天
    - （4）采取预收货款方式销售货物，为货物发出的当天；但生产销售生产工期超过 12 个月的大型机械设备、船舶、飞机等货物，为收到预收款或者书面合同约定的收款日期的当天
    - （5）委托其他纳税人代销货物，为收到代销单位的代销清单或者收到全部或者部分货款的当天；未收到代销清单及货款的，为发出代销货物满 180 天的当天
    - （6）销售应税劳务，为提供劳务同时收讫销售款或者取得索取销售款凭据的当天
    - （7）纳税人发生视同销售货物行为（委托他人代销、销售代销货物除外），为货物移送的当天
  - 进口货物的，其纳税义务发生时间为报关进口的当天 —— 【注】某项收入是否计入“当期”的销售额，取决于增值税的纳税义务发生时间

图 6-6　增值税的纳税义务发生时间

【例题·单选题】根据增值税法律制度的规定，纳税人采取分期收款方式销售货物，书面合同没有约定收款日期的，增值税的纳税义务发生时间为（　　）。

A. 货物发出的当天

B. 收到全部货款的当天

C. 收到第一期货款的当天

D. 取得索取销售款凭据的当天

【答案】A

【例题·多选题】根据增值税法律制度的规定，下列有关增值税纳税义务发生时间的表述中，符合规定的有（　　）。

A. 采取直接收款方式销售货物的，不论货物是否发出，均为收到销售款或者取得索取销售款凭据的当天

B. 销售应税劳务，为提供劳务同时收讫销售款或者取得索取销售款凭据的当天

C. 采取托收承付和委托银行收款方式销售货物，为发出货物并办妥托收手续的当天

D. 委托其他纳税人代销货物，为收到代销单位的代销清单或者收到全部或者部分货款的当天；未收到代销清单及货款的，为发出代销货物满 90 天的当天

【答案】ABC

【解析】选项 D：委托其他纳税人代销货物，为收到代销单位的代销清单或者收到全部或者部分货款的当天；未收到代销清单及货款的，为发出代销货物满 180 天的当天。

【例题·判断题】采取委托银行收款方式销售货物的，增值税纳税义务发生时间是银行收到货款的当天。（　　）

【答案】×

【解析】采取委托银行收款方式销售货物，其增值税纳税义务发生时间为发出货物并办妥托收手续的当天。

考点八：销项税额（见表 6-10）

表 6-10　　销项税额相关内容

一般纳税人应纳税额计算	
内容	
销售额	包括向购买方收取的全部价款和价外费用
非价外费用	价外费用，包括价外向购买方收取的手续费、补贴、基金、集资费、返还利润、奖励费、违约金、滞纳金、延期付款利息、赔偿金、代收款项、代垫款项、包装费、包装物租金、储备费、优质费、运输装卸费以及其他各种性质的价外收费 【记忆提示】增值税+合理的代收款，确非企业收入，不作为价外费用 【注意】价外费用为含增值税的销售额
价税分离	不含税销售额 = 含税销售额 ÷（1+ 适用税率） 【注意】题目出现以下说法，则给出的金额为含税销售额：①含税销售额；②零售；③价外费用；④普通发票

续表

<table>
<tr><td rowspan="2">组成计税价格</td><td>视同销售</td><td colspan="2">纳税人销售价格明显“偏低”且无正当理由或者“偏高”且不具有合理商业目的的，或“视同销售”货物而无销售额的
（1）组成计税价格＝成本 ×（1+ 成本利润率）
（2）组成计税价格＝成本 ×（1+ 成本利润率）÷（1- 消费税税率）
按下列“顺序”确定销售额：
①按纳税人最近时期同类货物的平均销售价格确定
②按其他纳税人最近时期同类货物的平均销售价格确定
③按组成计税价格确定</td></tr>
<tr><td>进口</td><td colspan="2">不区分一般纳税人和小规模纳税人，一律使用适用税率
（1）组成计税价格＝关税完税价格＋关税
（2）组成计税价格＝（关税完税价格＋关税）÷（1- 消费税税率）</td></tr>
<tr><td rowspan="7">特殊业务</td><td>包装物押金</td><td colspan="2"><table><tr><td>包装物押金</td><td colspan="2">是否产生增值税</td></tr><tr><td>商品</td><td>取得时</td><td>逾期时</td></tr><tr><td>一般货物</td><td>×</td><td>√</td></tr><tr><td>白酒、其他酒</td><td>√</td><td>×</td></tr><tr><td>啤酒、黄酒</td><td>×</td><td>√</td></tr></table>【注意 1】逾期时是指按照合同约定逾期或者 1 年以上
【注意 2】与包装物租金进行区分，租金属于价外费用，押金不一定属于价外费用</td></tr>
<tr><td>折扣销售</td><td colspan="2">纳税人采取折扣方式销售货物，如果销售额和折扣额在“同一张发票”上分别注明，可以按折扣后的销售额征收增值税；如果将折扣额另开发票，那么不论其在财务上如何处理，均不得从销售额中减除折扣额
【注意】在“备注栏”注明，不算同一张发票上分别注明</td></tr>
<tr><td>销售退回或折让</td><td colspan="2">一般纳税人因销售货物退回或者折让而退还给购买方的增值税税额，应从发生销售货物退回或者折让“当期”的销项税额中扣减
【注意】未按规定开具红字增值税专用发票的，增值税额不得从销项税额中扣减</td></tr>
<tr><td>以旧换新</td><td colspan="2">采取以旧换新方式销售货物的，应按新货物的同期销售价格确定销售额，不得扣减旧货物的收购价格（金银首饰例外）</td></tr>
<tr><td>以物易物</td><td colspan="2">双方都作购销处理，以各自发出的货物核算销售额并计算销项税额，以各自收到的货物按规定核算购货额并计算进项税额</td></tr>
<tr><td>还本销售</td><td colspan="2">销售额＝货物销售价格（不得在销售额中减除还本支出）</td></tr>
<tr><td>余额计税</td><td>金融商品转让</td><td>销售额＝卖出价－买入价</td></tr>
</table>

考点九：进项税额准予抵扣（见表 6-11）

表 6-11　　进项税额准予抵扣的相关内容

<table>
<tr><td rowspan="8">准予抵扣</td><td>凭票抵扣</td><td colspan="2">（1）增值税“专用”发票
（2）进口增值税“专用”缴款书
（3）机动车销售统一发票
（4）扣缴义务人取得的税收缴款凭证</td></tr>
<tr><td rowspan="7">农产品计算抵扣</td><td colspan="2">购进免税农产品，凭“农产品收购发票”或“农产品销售发票”</td></tr>
<tr><td colspan="2">准予抵扣的进项税额</td></tr>
<tr><td rowspan="3">非深加工抵扣 9%</td><td>取得一般纳税人开具的增值税专用发票或海关进口增值税专用缴款书（农产品税率为 9%）
可以抵扣的进项税额＝增值税专用发票上的增值税税额</td></tr>
<tr><td>小规模纳税人开具的增值税专用发票（税率 3%）
可以抵扣的进项税额＝专用发票注明的金额 ×9%</td></tr>
<tr><td>农产品销售发票或收购发票（只有买价没有税额）
可以抵扣的进项税额＝发票注明的买价 ×9%</td></tr>
<tr><td>深加工抵扣 10%</td><td>用于生产或者委托加工 13% 税率的货物
按 10% 扣除，相当于在非深加工的基础上增加了 1%</td></tr>
</table>

续表

<table>
<tr><td rowspan="7">准予抵扣</td><td rowspan="7">新购进旅客运输服务计算抵扣</td><td>专用发票</td><td>按专用发票上的税额抵扣</td></tr>
<tr><td rowspan="6">纳税人未取得增值税专用发票的，暂按照右侧规定确定进项税额</td><td>取得增值税电子普通发票的，抵扣额为发票上注明的税额</td></tr>
<tr><td>取得注明旅客身份信息的航空运输电子客票行程单的，按照下列公式计算进项税额：
航空旅客运输进项税额 =（票价 + 燃油附加费）÷（1+9%）×9%
举例：会计收到专设销售机构员工王玲出差机票，票价和燃油附加费共 1 090 元
进项税额抵扣：1 090÷（1+9%）×9%=90（元）
借：销售费用　1 000
　　应交税费——应交增值税（进项税额）90
　贷：银行存款　1 090</td></tr>
<tr><td>取得注明旅客身份信息的铁路车票的，按照下列公式计算进项税额：
铁路旅客运输进项税额 = 票面金额 ÷（1+9%）×9%</td></tr>
<tr><td>取得注明旅客身份信息的公路、水路等其他客票的，按照下列公式计算进项税额：
公路、水路等其他旅客运输进项税额 = 票面金额 ÷（1+3%）×3%</td></tr>
<tr><td>如果取得未注明旅客身份信息的出租票、公交车票，则不得计算抵扣</td></tr>
</table>

考点十：进项税额转出（不得抵扣）与转入（见表 6–12）

表 6–12　　进项税额转出（不得抵扣）与转入相关内容

<table>
<tr><td rowspan="8">不得抵扣</td><td rowspan="2">（1）用于简易计税方法计税项目、免征增值税项目、集体福利或者个人消费的“购进”货物、劳务、服务、无形资产和不动产</td><td>固定资产、无形资产、不动产：必须“专用”于左侧项目
【举例】某企业购入一栋楼房，既用于生产经营，又用于职工宿舍，进项税额准予抵扣；某企业购入一栋楼房，专门用于职工宿舍，进项税额不得抵扣</td></tr>
<tr><td>货物：一般纳税人“兼营”简易计税方法计税项目、免税项目而无法划分的，按“免税项目销售额占总销售额的比重”计算不得抵扣的进项税额</td></tr>
<tr><td colspan="2">（2）管理不善＋被执法部门依法没收、销毁、拆除，造成的“非正常损失”不能抵扣
【注意】因地震等“自然灾害”造成的非正常损失，进项税额准予抵扣；生产经营过程中的“合理损耗”，进项税额准予抵扣</td></tr>
<tr><td colspan="2">（3）购进的“贷款服务、餐饮服务、居民日常服务和娱乐服务”</td></tr>
<tr><td colspan="2">（4）接受贷款服务向贷款方支付的顾问费、手续费、咨询费等</td></tr>
<tr><td colspan="2">（5）按简易办法征收，进项税额不能抵扣</td></tr>
<tr><td colspan="2">（6）一般纳税人会计核算不健全，或销售额超过小规模标准未办理一般纳税人认定手续，进项税额不能抵扣
【注意】（1）（2）（3）为考核重点</td></tr>
<tr><td>进项税额转出</td><td>（1）知道税额，直接转出：进项税额转出 = 已抵扣税款 × 转出比例
（2）不知道税额，先计算出税额还原成“（1）”
存货：进项税额转出 = 不含税价款 × 税率 × 转出比例
服务（运费为例）：进项税额转出 = 运费 ×9%× 转出比例
农产品：进项税额转出 = 成本 ÷（1–9%）×9%× 转出比例
固定资产（无形资产、不动产）：进项税额转出 = 固定资产净值 × 适用税率
【注意】固定资产净值是指纳税人根据财务会计制度计提折旧或摊销后的余额</td></tr>
<tr><td>进项税额转入</td><td colspan="2">适用：不得抵扣且未抵扣进项税额的固定资产、无形资产、不动产，发生用途改变，用于允许抵扣进项税额
公式：可抵扣的进项税额 = 固定资产、无形资产、不动产净值 ÷（1+ 适用税率）× 适用税率</td></tr>
</table>

考点十一：期末留抵退税（见表 6–13）

表 6–13　**期末留抵退税相关内容**

一般留抵规定		除另有规定外，当期销项税额小于当期进项税额不足抵扣时，其不足部分可以结转下期继续抵扣
一般企业	试行增值税期末留抵税额退税制度	（一）自 2019 年 4 月 1 日起，试行增值税期末留抵税额退税制度 同时符合以下条件的纳税人，可以向主管税务机关申请退还增量留抵税额： 1. 自 2019 年 4 月税款所属期起，连续 6 个月（按季纳税的，连续两个季度）增量留抵税额均大于零，且第 6 个月增量留抵税额不低于 50 万元 2. 纳税信用等级为 A 级或者 B 级 3. 申请退税前 36 个月未发生骗取留抵退税、出口退税或虚开增值税专用发票情形的 4. 申请退税前 36 个月未因偷税被税务机关处罚两次及以上的 5. 自 2019 年 4 月 1 日起未享受即征即退、先征后返（退）政策的
	注释	①这里所称增量留抵税额，是指与 2019 年 3 月底相比新增加的期末留抵税额 ②纳税人当期允许退还的增量留抵税额，按照以下公式计算： 允许退还的增量留抵税额 = 增量留抵税额 × 进项构成比例 ×60% 进项构成比例，为 2019 年 4 月至申请退税前一税款所属期内已抵扣的增值税专用发票（含税控机动车销售统一发票）、海关进口增值税专用缴款书、解缴税款完税凭证注明的增值税税额占同期全部已抵扣进项税额的比重 ③纳税人应在增值税纳税申报期内，向主管税务机关申请退还留抵税额 ④纳税人出口货物劳务，发生跨境应税的行为，适用免抵退税办法的，办理免抵退税后，仍符合公告规定条件的，可以申请退还留抵税额；适用免退税办法的，相关进项税额不得用于退还留抵税额 ⑤纳税人取得退还的留抵税额后，应相应调减当期留抵税额 ⑥以虚增进项、虚假申报或其他欺骗手段，骗取留抵退税款的，由税务机关追缴其骗取的退税款，并按照《中华人民共和国税收征收管理法》等有关规定处理
部分先进制造业	增值税期末留抵税额退税规定	（二）自 2019 年 6 月 1 日起，同时符合以下条件的部分先进制造业纳税人，可以自 2019 年 7 月及以后纳税申报期向主管税务机关申请退还增量留抵税额： 1. 增量留抵税额大于零 2. 纳税信用等级为 A 级或者 B 级 3. 申请退税前 36 个月未发生骗取留抵退税、出口退税或虚开增值税专用发票情形 4. 申请退税前 36 个月未因偷税被税务机关处罚两次及以上 5. 自 2019 年 4 月 1 日起未享受即征即退、先征后返（退）政策
	注释	①所称部分先进制造业纳税人，是指按照《国民经济行业分类》，生产并销售非金属矿物制品、通用设备、专用设备及计算机、通信和其他电子设备销售额占全部销售额的比重超过 50% 的纳税人 ②上述销售额比重根据纳税人申请退税前连续 12 个月的销售额计算确定；申请退税前经营期不满 12 个月但满 3 个月的，按照实际经营期的销售额计算确定 ③所称增量留抵税额，是指与 2019 年 3 月 31 日相比新增加的期末留抵税额 ④部分先进制造业纳税人当期允许退还的增量留抵税额，按照以下公式计算： 允许退还的增量留抵税额 = 增量留抵税额 × 进项构成比例

考点十二：进项税额加计抵减（见表 6–14）

表 6–14　**进项税额加计抵减相关内容**

基本规定	1. 2019 年 4 月 1 日，至 2021 年 12 月 31 日，允许生产、生活性服务业纳税人按照当期可抵扣进项税额加计 10%，抵减应纳税额
	2. 2019 年 10 月 1 日至 2021 年 12 月 31 日，允许生活性服务业纳税人按照当期可抵扣进项税额加计 15%，抵减应纳税额

续表

注释	1. 生产、生活性服务纳税人，是指提供邮政服务、电信服务、现代服务和生活服务，取得的销售额占全部销售额比重超过 50% 的纳税人
	2. 生活性服务业纳税人： （1）自 2019 年 4 月 1 日至 2019 年 9 月 30 日，按当期可抵扣进项税额加计抵减 10% （2）自 2019 年 10 月 1 日至 2021 年 12 月 31 日，加计抵减 15%
	3. 纳税人出口货物劳务、发生跨境应税行为不适用加计抵减政策，其对应的进项税额不得计提加计抵减额
计算公式	当期计提加计抵减额 = 当期可抵扣进项税额 ×10% 或者 15% 当期可抵减加计抵减额 = 上期末加计抵减额余额 + 当期计提加计抵减额－当期调减加计抵减额 【注】已计提加计抵减额的进项税额，按规定作进项税额转出的，应在进项税额转出当期，相应调减加计抵减额
加计抵减的具体方法	（1）抵减前的应纳税额等于零的，当期可抵减加计抵减额全部结转下期抵减 （2）抵减前的应纳税额大于零，且大于当期可抵减加计抵减额的，当期可抵减加计抵减额全额从抵减前的应纳税额中抵减 （3）抵减前的应纳税额大于零，且小于或等于当期可抵减加计抵减额的，以当期可抵减加计抵减额抵减应纳税额至零，未抵减完的当期可抵减加计抵减额，结转下期继续抵减
结合会计分录理解	一般纳税人咨询公司符合增值税的加计抵减政策，2019 年 4 月份销项税额 31 万元，进项税额 10 万元，全部属于允许抵扣的进项税额 分录： 4 月份增值税的加计抵减额 =10 万元 ×10%=1（万元） 应纳增值税 =31–10=21（万元） 实际缴纳增值税 =21–1=20（万元） 1. 计提增值税的账务处理（分录单位为万元）： 借：应交税费——应交增值税（转出未交增值税）21 贷：应交税费——未交增值税 21 2. 计提增值税的账务处理： 缴纳增值税的分录： 借：应交税费——未交增值税 21 贷：银行存款 20 其他收益 1
计算步骤分析	仓储公司成立于 2016 年年初，为一般纳税人，销售仓储服务适用一般计税方法，2019 年 10 月，甲公司取得不含税仓储服务收入 500 万元，提供仓储服务支付电费取得增值税专用发票，注明税额为 2 万元，租用仓库取得增值税专用发票，注明税额为 9 万元，已知增值税专用发票均在本月申报抵扣，上期末无加计抵减额余额，仓储服务适用增值税税率为 6%
计算步骤分析	第一步：计算销项税额 500×6%=30（万元） 第二步：计算进项税额 2＋9=11（万元） 第三步：计算抵减前应纳税额 30–11=19（万元） 第四步：计提本期加计抵减额 11×10%=1.1（万元） 第五步：抵减 抵减后的应纳税额 =19–1.1=17.9（万元）

【例题 · 单选题】某广告公司为增值税一般纳税人，2019 年 10 月取得广告设计不含税价款 530 万元，奖励费收入 5.3 万元，支付设备租赁费，取得的增值税专用发票注明税额 13 万元，已知广告设计服务适用的增值税税率为 6%，该广告公司符合加计抵减进项税额的条件，根据增值税法律制度的规定，该广告公司当月应缴纳增值税（　）万元。

A. 16　　B.17.8　　C.17.3　　D.9.1

计算步骤： 第一步：计算销项税额 530×6%+5.3÷(1+6%)×6%=32.1（万元） 第二步：计算进项税额 13万元 第三步：计算抵减前应纳税额 32.1−13=19.1（万元） 第四步：计提本期加计抵减额 13×10%=1.3（万元） 第五步：抵减1.3万元 抵减后的应纳税额 =19.1−1.3=17.8（万元）

【答案】B

【例题·单选题】甲广告公司为增值税一般纳税人，2019年8月，甲公司取得含税广告制作费收入400万元，支付给媒体的含税广告发布费100万元，并取得增值税专用发票，此外当期甲公司其他可抵扣的进项税额为6万元，已知广告服务适用的增值税税率为6%，甲公司符合加计抵减进项税额的条件，根据增值税法律制度的规定，甲公司当月应缴纳的增值税税额为（　　）万元。

A.12　　B.10.98　　C.10.8　　D.9.82

第一步：计算销项税额 400÷(1+6%)×6%=22.64（万元） 第二步：计算进项税额 100÷(1+6%)×6%+6=11.66（万元） 第三步：计算抵减前应纳税额 22.64−11.66=10.98（万元） 第四步：计提本期加计抵减额 11.66×10%=1.16（万元） 第五步：抵减1.16万元 抵减后的应纳税额 =10.98−1.16=9.82（万元） 【注】选择题计算如出现小数点尾差，请选最接近答案的数据

【答案】D

考点十三：简易征收（见表6-15）

表6-15　简易征收相关内容

简易征收计算内容	
小规模纳税人执行简易征收办法，征收率为3%	应纳税额 = 销售额 × 征收率 不含税销售额 = 含税销售额 ÷（1+ 征收率） 【举例】某食品加工企业为小规模纳税人，适用增值税征收率为3%。2月份取得销售收入16 960元；直接从农户购入农产品价值6 400元，支付运输费600元，当月支付人员工资3 460元，该企业当月应缴纳的增值税税额为(　　)元。 【解析】题中的销售收入是含税的，所以增值税税额＝16 960÷（1＋3%）×3%＝494（元）

考点十四：进出口增值税（如图 6–7 图示）

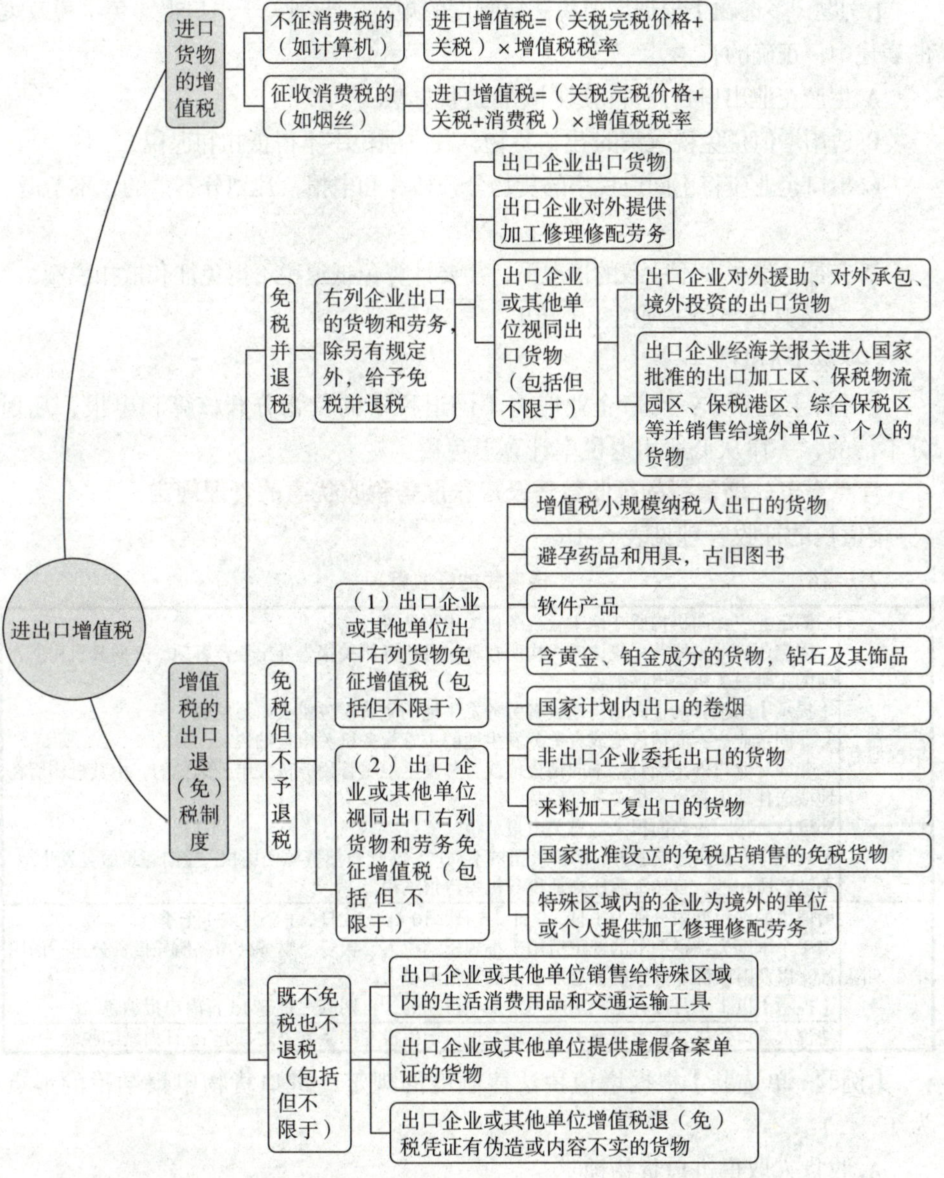

图 6–7 进出口增值税

【例题 · 多选题】根据增值税法律制度的规定，下列出口货物中，免税但不退税的有（　　）。

A. 国家计划内出口的石油　　B. 避孕药品

C. 来料加工复出口的货物　　D. 古旧图书

【答案】BCD

【解析】选项 A：出口免税并退税；选项 BCD：出口免税但不退税。

【例题 · 多选题】根据增值税法律制度的规定，下列关于出口退（免）税政策的表述中，正确的有（　　）。

A. 生产企业出口自产货物适用免抵退税办法

B. 适用增值税免税政策的出口货物，其进项税率不得抵扣和退税

C. 出口企业应将不同退税率的货物分开核算和申报，凡划分不清的，不予退免税

D. 在征、退税率不一致的情况下，需要计算免抵退税不得免征和抵扣税额，并将其从当期进项税额中转出

【答案】ABD

【解析】选项 C：出口企业应将不同退税率的货物分开核算和申报，凡划分不清的，一律从低适用退税率计算退免税。

考点十五：增值税的征收管理及应税服务税收优惠的管理规定

增值税的征收管理见表 6–16。

表 6–16　　增值税的征收管理

纳税地点	1. 固定业户：向机构所在地主管税务机关申报纳税 2. 固定业户外出经营：应该向机构所在地主管税务机关报告外出经营事项，并向其机构所在地的主管税务机关申报纳税 【提示】未报告的，向销售地或者劳务发生地的主管税务机关申报纳税 3. 非固定业户：向销售地或者劳务发生地的主管税务机关申报纳税 4. 非固定业户外出经营，未向销售地或劳务发生地主管税务机关申报纳税的，由其机构所在地或居住地主管税务机关补征税款 5. 进口货物：应当向报关地海关申报纳税 6. 其他个人提供建筑服务，销售或租赁不动产，转让自然资源使用权：应向建筑服务发生地、不动产所在地、自然资源所在地税务机关申报纳税
纳税期限	增值税的纳税期限分别为 1 日、3 日、5 日、10 日、15 日、1 个月或 1 个季度 以 1 个季度为纳税期限的规定适用于小规模纳税人、银行、财务公司、信托投资公司、信用社，以及财政部和国家税务总局规定的其他纳税人 【提示】以 1 个月或者 1 个季度为 1 个纳税期的，自期满之日起 15 日内申报纳税
	纳税人进口货物，应当自海关填发海关进口增值税专用缴款书之日起 15 日内缴纳税款

【例题 · 单选题】根据增值税法律制度的规定，进口货物申报纳税的地点为（　　）。

A. 收货人取得进口货物地

B. 收货人机构所在地

C. 进口货物销售地

D. 进口货物报关地

【答案】D

【解析】本题考核增值税的纳税地点。进口货物应纳的增值税，应当向报关地海关申报纳税。

增值税应税服务税收优惠的管理规定如图 6–8 所示。

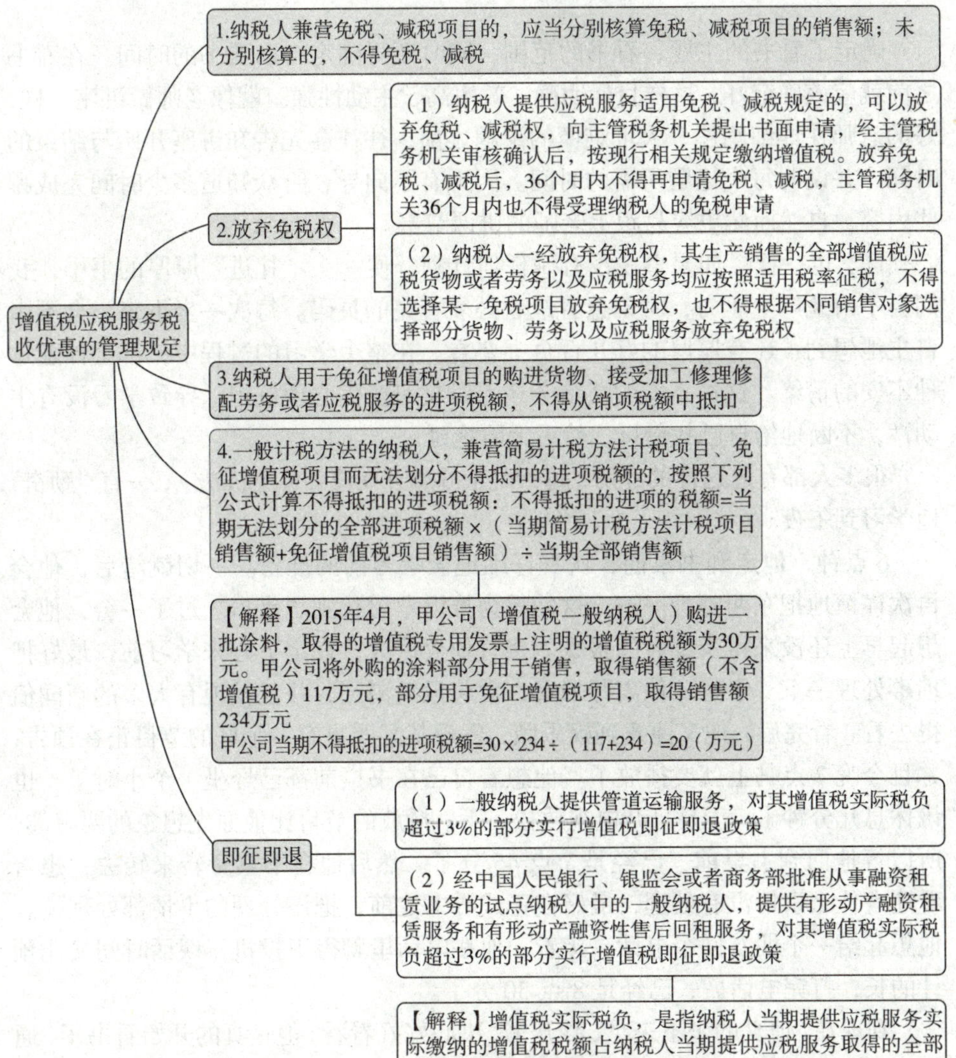

图 6–8　增值税应税服务税收优惠的管理规定

【例题·判断题】纳税人一经放弃免税权，其生产销售的全部增值税应税货物或者劳务均应按照适用税率征税，不得选择某一免税项目放弃免税权，也不得根据不同的销售对象选择部分货物或者劳务放弃免税权。（　　）

【答案】√

（四）不做勉强学习者

确定了看书的主题、看书的范围，同时还得确定自己看书的时间。在看书之前就应该确定好，这样目标明确，效率高，主动性强。就像老师做讲座一样，好的老师在详细阐述一大堆难懂的论题之前，往往会先告知讲座开始与结束的时间，并说明每个论题所需的时间。因为有了向导，听众知道多少时间完成哪些内容，自然而然更容易跟上老师的讲课节奏。

自学也一样，如果事先没有做任何计划，便一头“扎进”厚厚的书中，我们会不由地产生压力，时刻想着最后必须看完的页码。每次一坐下来，会不由自主地想到：还有厚厚的好几百页书要看。在整个学习的过程中，都会伴随这种不安的情绪。这种不安的情绪会让人对复习产生心理抗拒，导致学习没有主动性，不断地给自己找借口，然后无限拖延。

很多人都有过这样的经历，每天晚上6点开始复习《经济法》，一直“勤奋”地学习到午夜。

6点钟，他走到书桌前，认真仔细地做学习前的准备。一切就绪后，他会再次谨慎地把东西整理一遍，这使得为推迟学习找到了借口。过了一会，他会想起早上还没来得及细看的报纸。接着他会认为，在定下心来学习前，最好把琐事处理一下。于是，他离开书桌，拿起报纸浏览，并且发现有太多的新闻值得去看。看完后，他又注意到娱乐版，发现某某明星有一个好的节目正在预告，并且今晚7点马上就要播放了。他想着自己在书桌前都已经坐1个小时了，也该休息几分钟了，于是打开电视放松一下。播放的节目比他原先想象的要有趣，所以等他回到书桌前，已经是7点45分了。然后他在书桌旁转来转去，想着看还有什么事情没有处理，最好在正式看书之前，把该处理的事情都处理掉。他想起给一个朋友回个电话。接着，他在电话里聊得很投机，谈话时间又比预计的长，打完电话后，已经是8点30分了。

到现在，他真的坐下来了，翻开书，决心好好看看。他是真的开始看书了（通常是第1页）。可没一会儿，他突然感到又饿又渴。这真糟糕，如果花太长时间去弄吃的、喝的，就没有办法集中精力看书，太影响学习了。还是吃点儿快餐吧。于是他打开手机，开始网上订餐，搜索浏览，看评论。最后，快餐终于送来了。快餐送来后，感觉这家餐馆不错，很丰盛，于是拍了几张照片，在朋友圈一发，朋友们纷纷来点赞，有的会评论一下，“日子过得不错啊，还吃宵夜”。于是他又回复了一下。

吃完饭并且互动完毕后，他又回到书桌旁，想着再没什么会干扰自己学习了，于是盯着第1页书的前2行。此时胃沉甸甸的，感觉昏昏欲睡，一看时间，都11点多了，该睡觉了。不行，得再坚持一会儿。于是又盯着第1页书的前2

行开始看，可是眼皮打架打得实在厉害。不行了，坚持不下去了，得睡觉了，明天再看吧。

临睡前，不忘拍个照，发一条朋友圈，标题为“明日再战”。朋友圈里又是一片混乱，大家纷纷点赞，“太有上进心了，加油，今年肯定能过，这么努力都考不过，有天理吗……”

这就是一个典型的勉强学习者，我们曾经多多少少也像他一样，勉强自己学习，对学习本身没有主动性和积极性。

这个世界上，不管做什么都需要发挥自己的主观能动性，就像有一句话说的，“你永远没法叫醒一个装睡的人”。

第七章

企业所得税法律制度

（一）会开迷箱机关的小猫

一个著名的教育学家曾做过一个有趣的实验，将一只饿猫关入笼中，笼外放一条鱼，饿猫急于冲出笼门去吃笼外的鱼。但是要想打开笼门，饿猫必须一口气完成三个动作。首先，它要提起两个门闩，然后按压一块带有铰链的台板，最后把横在门口的板条拨至垂直的位置。经观察，猫第一次被放入迷箱时，拼命挣扎，或咬或抓，试图逃出迷箱。在这些努力和尝试中，它可能无意间抓到门闩或踩到台板或触及横条，使门打开，逃出箱外，吃到食物。实验人员记下猫逃出迷箱所需的时间后，再把猫放回迷箱内，进行下一轮实验。猫仍然会乱抓乱咬，不过持续的时间可能会短一些。经过多次连续的实验后，猫逃出迷箱所需的时间越来越短，无效动作逐渐被排除。到了最后，猫一进迷箱内，就会做出按动台板等一系列动作，并跑出迷箱，获得食物。根据实验，可以画出猫的学习曲线。

教育学家把猫在迷笼中不断地尝试、不断地排除错误，最终学会开门出来取食的过程称为尝试错误学习，并提出了学习的“尝试－错误”理论。

他们认为，动物在每次尝试的过程中，都会建立起一种刺激－反应型联系，那些能够导致成功的反应被保留，而那些无效的反应则会逐渐被排除，所以，动物学习就是从各种刺激－反应中挑选那些能够导致成功的刺激反应型。教育学家又把这种刺激－反应型称作“联结”，认为学习的实质就在于形成刺激－反应联结。

所以，学习的过程很多时候就是一个重复的过程，在这个过程中，有成功，有失败，成功的经验就会自动保留，失败的经验，最后也会逐渐被排除。因此你学习得越多，保留的积极效应也就越多；你考试的成功次数越多，你的成功经验就越多。我身边有的会计，见到考试就想去考一下，甚至有段时间不去考试，就不习惯了。

企业所得税法这一章也采用主题学习法，首先我们要了解会计上缴纳企业所得税的大致计算流程：其一般是先计算出会计利润，然后根据税法进行相关的纳税调整，最后再乘以相关的税率。

那我们的重心就是整理出哪些地方涉及调整，这些地方在税法上有哪些规定，并带着这些问题看书，把书上相关的考点整理出来。

（二）本章通关地图（见图 7–1）

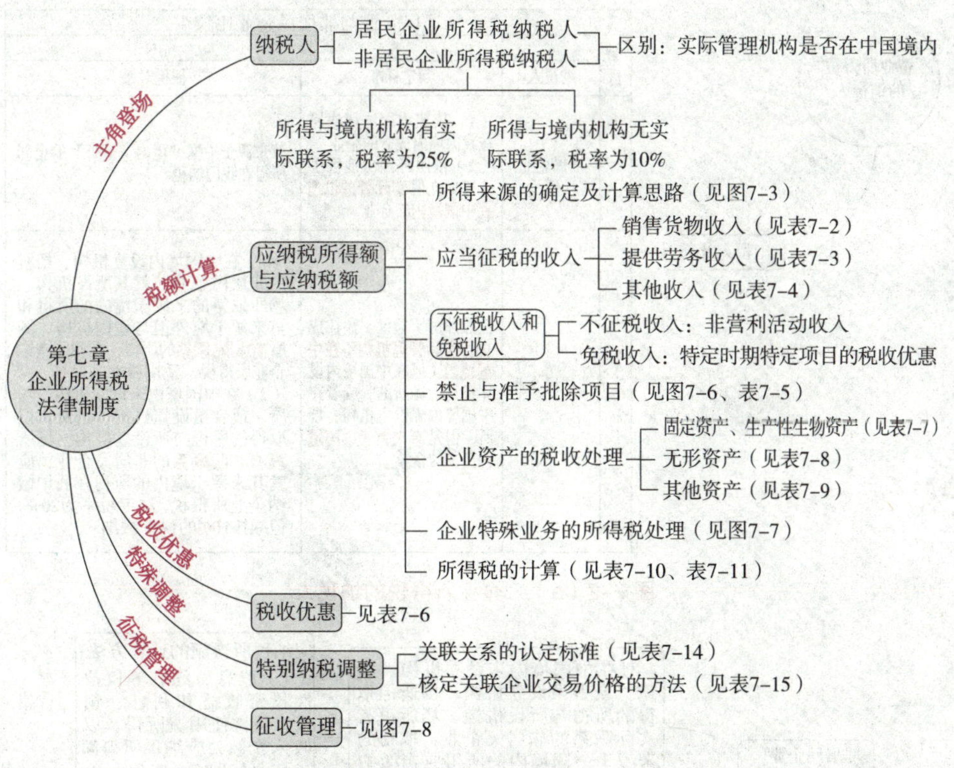

图 7–1　本章通关地图

（三）高频考点提炼

考点一：企业所得税纳税人与非居民企业所得税纳税人（如图 7-2（a）和图 7-2（b）所示）

企业所得税的纳税人

- 企业所得税的纳税人包括各类企业、事业单位、社会团体、民办非企业单位和从事经营活动的其他组织，但不包括个人独资企业和合伙企业
- 【注】个人独资企业和合伙企业不具有法人资格，不缴纳企业所得税，由其自然人投资者缴纳个人所得税
- 我国企业所得税采取收入来源地管辖权和居民管辖权相结合的双重管辖权标准，把企业分为居民企业和非居民企业，分别确定其不同的纳税义务
- 纳税人比较

居民企业与非居民企业比较

项目	A 纳税人	B 判定标准	C 征税对象
1	居民企业	（1）依照中国法律法规在我国境内成立的企业 （2）依照外国（地区）法律成立但**实际管理机构在中国境内**的企业	就来源于中国“境内、境外”的全部所得在我国纳税
2	非居民企业	按照外国（地区）法律成立且**实际管理机构不在中国境内**，但在中国境内设立机构、场所的，或者在中国境内未设立机构、场所，但是**有来源于中国境内所得**的企业	（1）在中国境内设立机构、场所的非居民企业，就其所设机构、场所取得的来源于境内的所得和虽来源于境外但与境内机构、场所**有实际联系**的所得，在我国缴纳企业所得税，适用税率为**25%** （2）在中国境内未设立机构、场所，或者虽设立机构、场所，但取得的所得与所设立机构，场所**没有实际联系**的非居民企业，应就其来源于境内的所得在我国缴纳企业所得税，法定税率为20%，但减按**10%**的税率缴纳

图 7-2（a） 企业所得税的纳税人

非居民企业所得税纳税人

- 1.对在中国境内未设立机构、场所，或者虽设立机构、场所但取得的所得与所设机构、场所没有实际联系的非居民企业，取得的来源于中国境内的所得应当缴纳企业所得税，实行源泉扣缴，以支付人为扣缴义务人
  - 应纳税所得额的计算方法：
  - （1）股息、红利等权益性投资收益和利息、租金、特许使用费所得，以收入全额为应纳税所得额
  - （2）转让财产所得，以收入全额减除财产净值后的余额为应纳税所得额
- 2.非居民企业通过实施不具有合理商业目的的安排，间接转让中国居民企业股权等财产，规避企业所得税纳税义务的，应按照《中华人民共和国企业所得税法》第四十七条的规定，重新定性该间接转让交易，确认为直接转让中国居民企业股权等财产，并依法纳税

图 7-2（b） 非居民企业所得税纳税人

企业所得税判断条件及结果见表 7–1。

表 7–1　　企业所得税判断条件及结果对照表

判断条件			判断结果	
中国境内设立	实际管理机构在中国	在中国设立机构、场所	境内所得	境外所得
√			√	√
×	√		√	√
×	×	√	√	与该机构、场所有实际联系的境外所得
×	×	×	√（法定税率为 20%，但减按 10% 的税率）	×

【例题】在美国设立的甲公司，实际管理机构设在美国，且未在中国境内设立机构、场所，甲公司没有来源于中国境内的所得，甲公司不属于我国企业所得税的纳税义务人。

【解析】这属于第四种情况，境内所得才纳税，但是甲公司没有境内所得。

【例题】在美国设立的乙公司，实际管理机构设在北京，乙公司属于我国的居民企业，应就来源于“境内、境外”的全部所得在我国纳税。

【解析】一看到实际管理机构在北京，就知道其属于第二种情况。

【例题】在美国设立的丙公司，实际管理机构设在美国，在我国境内未设立机构、场所，但有一笔来源于中国境内的所得（如丙公司将位于境内的不动产转让给了境内的 A 公司），丙公司属于我国的非居民企业，应就来源于境内的所得，在我国纳税（境内 A 公司作为支付人为企业所得税的扣缴义务人，适用税率为 10%）。

【解析】这属于第四种情况，境内所得纳税，适用税率为 10%。

【例题】在美国设立的丁公司，实际管理机构设在美国，在北京设立了机构、场所从事生产经营活动，丁公司属于我国的非居民企业：

① 在北京设立的机构、场所来源于中国境内的所得，应当在我国纳税。

② 在北京设立的机构、场所来源于境外但与该机构、场所有实际联系的所得，应当在我国纳税。

【解析】这属于第三种情况，境内所得纳税，境外所得与该机构、场所有实际联系的也纳税。

③ 如果美国的丁公司直接将位于境内的不动产转让给上海的 B 公司（该所得与在北京设立的机构、场所没有实际联系），丁公司的该项所得仍应在我国纳税（境内 B 公司作为支付人为企业所得税的扣缴义务人，适用税率为 10%）。

【解析】这属于第四种情况，境内所得纳税，适用税率为 10%。

【例题 · 单选题】根据企业所得税法律制度的规定，下列各项中，不属于

企业所得税纳税人的是（　　）。

A. 事业单位　　　　　　　　　　B. 合伙企业

C. 社会团体　　　　　　　　　　D. 民办非企业单位

【答案】B

【例题·单选题】根据企业所得税法律制度的规定，下列企业中，适用25% 的企业所得税税率的是（　　）。

A. 符合条件的小型微利企业

B. 在中国境内设立机构、场所，且所得与其所设的机构、场所有联系的非居民企业

C. 在中国境内设立机构、场所，但所得与其所设的机构、场所没有实际联系的非居民企业

D. 在中国境内未设立机构、场所的非居民企业

【答案】B

【解析】选项 A：符合条件的小型微利企业适用 20% 的优惠税率；选项 B：居民企业和在中国境内设有机构、场所，且所得与其所设机构、场所有关联的非居民企业适用 25% 的所得税税率；选项 CD：在中国境内未设立机构、场所，或者虽设立机构、场所，但所得与其所设机构、场所没有实际联系的非居民企业，减按 10% 的税率征收企业所得税。

【例题·多选题】根据企业所得税法律制度的规定，判定居民企业与非居民企业的标准有（　　）。

A. 登记注册地标准

B. 所得来源地标准

C. 经营行为实际发生地标准

D. 实际管理机构所在地标准

【答案】AD

【例题·多选题】根据企业所得税法律制度的规定，下列各项中，不属于企业所得税纳税人的有（　　）。

A. 有限责任公司　　　　　　　　B. 股份有限公司

C. 个人独资企业　　　　　　　　D. 合伙企业

【答案】CD

【例题·判断题】企业所得税的征税对象包括居民企业来源于境内和境外的各项所得，以及非居民企业来源于境外的各项所得。（　　）

【答案】×

【解析】非居民企业应就来源于“境内”的所得和虽来源于“境外”但与境内所设立的机构、场所有实际联系的所得，在我国纳税。

【例题·判断题】合伙企业的合伙人是法人和其他组织的，合伙人在计算缴纳企业所得税时，不得用合伙企业的亏损抵减其盈利。（ ）

【答案】√

【例题·判断题】居民企业来源于境外的应税所得，已在境外缴纳的所得税税额，可以在抵免限额范围内从当期应纳税额中抵免，超过抵免限额的部分，可以在以后5个年度内，用每年度抵免限额抵免当年应抵税额之后的余额进行抵补。（ ）

【答案】√

考点二：所得来源的确定及计算思路（如图7–3（a）和图7–3（b）所示）

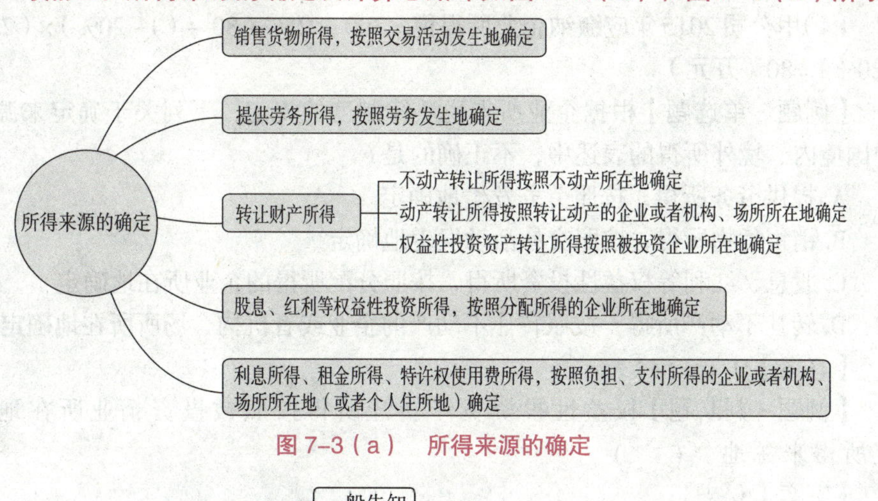

图7–3（a） 所得来源的确定

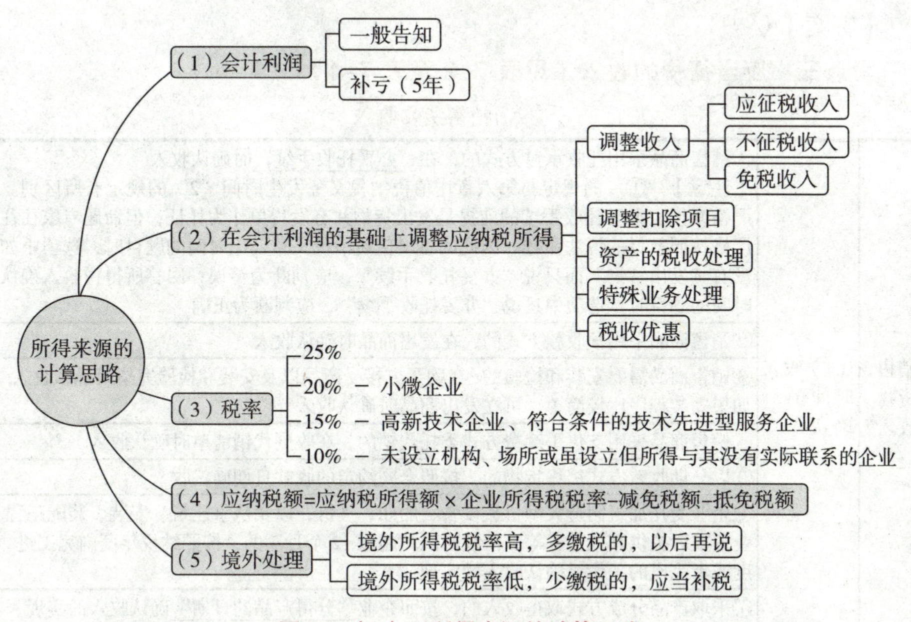

图7–3（b） 所得来源的计算思路

【例题·计算题】中国境内居民企业甲公司2015年境内应纳税所得额为300万元（适用的企业所得税税率为25%），从A国分回140万元的税后利润（税前所得为200万元，A国的企业所得税税率为30%），从B国分回80万元的税后利润（税前所得为100万元，B国的企业所得税税率为20%）。甲公司2015年应该缴纳的企业所得税是多少？

【答案】

（1）境内所得单独计算；

（2）来源于B国的境外所得适用税率低、少缴税的，应当补税；

（3）来源于A国的境外所得适用税率高、多缴税的，以后再说；

（4）甲公司2015年应缴纳企业所得税＝300 ×25%+ 80 ÷（1- 20%）×（25% -20%）=80（万元）。

【例题·单选题】根据企业所得税法律制度的规定，下列关于确定来源于中国境内、境外所得的表述中，不正确的是（　　）。

A. 提供劳务所得，按照劳务发生地确定

B. 销售货物所得，按照交易活动发生地确定

C. 股息、红利等权益性投资所得，按照分配所得的企业所在地确定

D. 转让不动产所得，按照转让不动产的企业或者机构、场所所在地确定

【答案】D

【例题·判断题】权益性投资资产转让所得按照被投资企业所在地确定所得来源地。（　　）

【答案】√

考点三：应当征税的收入（见表7-2至表7-4）

表7-2　销售货物收入

销售货物收入	（1）收入时间的确认	①销售商品采用托收承付方式的，在“办妥托收手续”时确认收入 【注意】“①”的规定与第六章增值税纳税义务发生时间“2”的规定有所区别。严格来说，办妥托收手续的前提是发出货物并有发货单作为凭证，但命题专家往往严格按照教材的说法命题，因此回答增值税纳税义务发生时间的题目时，选项中如没有“发出货物”而只说“办妥托收手续”，应判断为错误；回答所得税收入确认时间的题目时，选项中只说“办妥托收手续”，应判断为正确
		②销售商品采用预收款方式的，在发出商品时确认收入
		③销售商品需要安装和检验的，在购买方接受商品以及安装和检验完毕时确认收入；如果安装程序比较简单，可在发出商品时确认收入
		④销售商品采用支付手续费方式委托代销的，在收到代销清单时确认收入
		⑤以分期收款方式销售货物的，按照合同约定的收款日期确认收入
		⑥企业受托加工制造大型机械设备、船舶、飞机，以及从事建筑、安装、装配工程业务或者提供其他劳务等，持续时间“超过12个月”的，按照纳税年度内完工进度或者完成的工作量确认收入的实现
		⑦采取产品分成方式取得收入的，按照企业“分得产品的日期”确认收入的实现，其收入额按照产品的公允价值确定

续表

销售货物收入	（2）收入金额的确认	①售后回购 销售的商品按售价确认收入，回购的商品作为购进商品处理 【提示】有证据表明不符合销售收入确认条件的，如以销售商品方式进行融资，收到的款项应确认为负债，回购价格大于原售价的，差额应在回购期间确认为利息费用
		②以旧换新 销售的商品应当按照销售商品收入确认条件确认收入，回收的商品作为购进商品处理
		③商业折扣（折扣在前，销售在后） 按照扣除商业折扣后的金额确定销售商品收入金额
		④现金折扣（销售在前，折扣在后） 按扣除现金折扣前的金额确定销售商品收入金额，现金折扣在实际发生时作为主营业务收入扣除项
		⑤销售折让、销售退回 在"发生当期"冲减当期销售商品收入
		⑥买一赠一 赠品不属于捐赠，应按各项商品的价格比例来"分摊"确认各项收入，其商品价格应以公允价格计算 【注意】买赠行为增值税的处理与所得税的处理不同 【例】居民企业甲公司 2016 年推出了"买一赠一"的促销活动，凡购买 1 件售价 40 元（不含税）新型洗涤剂的，附赠 1 瓶原价 10 元（不含税）的洗洁精 问：甲公司对新型洗涤剂和洗洁精确认的销售收入是多少？ 增值税收入确认如下： 洗涤剂每件应确认的收入 = 40（元） 洗洁精每瓶视同销售应确认的收入 = 10（元） 所得税收入确认如下： 洗涤剂每件应确认的收入 = 40 × 40 ÷（40+10）=32（元） 洗洁精每瓶应确认的收入 = 40 × 10 ÷（40+10）=8（元）

表 7–3　　提供劳务收入

提供劳务收入	（1）安装费	根据安装完工进度确认收入
	（2）宣传媒介的收费	①发布费：在相关的广告或商业行为出现于公众面前时确认收入 ②广告制作费：根据制作广告的完工进度确认收入
	（3）软件费	为特定客户开发软件的，根据开发的完工进度确认收入
	（4）服务费	包含在商品售价内"可区分"的服务费，在提供服务的期间分期确认收入
	（5）艺术表演、招待宴会的收费	相关活动发生时确认收入
	（6）会员费	①对只取得会籍而不享受连续服务的，在取得会费时确认收入 ②一次性取得会费而需提供连续服务的，其会费应在整个受益期内分期确认收入
	（7）特许权费	①属于提供设备和其他有形资产的特许权费，在交付资产或转移资产所有权时确认收入 ②属于提供初始及后续服务的特许权费，在提供服务时确认收入
	（8）劳务费	长期为客户提供重复的劳务收取的劳务费在劳务活动发生时确认收入

表 7-4　　　　　　　　　　其他收入

其他收入	（1）转让股权收入	时间：转让协议生效，且完成股权变更手续时，确认收入的实现 金额：转让股权收入"扣除取得成本"后，为股权转让所得 【注意】不得扣除被投资企业未分配利润等股东留存收益中按该项股权所可能分配的金额 【理解】股权转让时被投资企业的未分配利润等中属于你的部分，为你持有该公司股份期间的投资收益，属于股权转让所得的一部分 【举例】2017 年甲企业投资 100 万元取得乙企业 30% 的股权（取得股权的成本），2018 年以 150 万元的价格将该股权转让给丙企业（股权转让收入），股权转让时，乙企业在甲企业投资期间形成的未分配利润为 120 万元，则甲企业股权转让所得 =150–100=50（万元）
	（2）股息、红利等权益性投资收益	时间：按照被投资方做出利润分配决定的日期确认收入 【注意】被投资企业将"股权（票）溢价所形成的资本公积"转为股本的，不作为投资方企业的股息、红利收入，投资方企业也"不得增加"该项长期投资的计税基础 【理解】被投资方股权（票）溢价所形成的资本公积本就是所有者投入的超出股票票面价值的部分，转增为股份，不属于向投资者发放股息 【举例】购买发行价格为 10 元、票面金额为 1 元的股票。会计处理时，其中 1 元计入股本，9 元计入资本公积。现资本公积 9 元用来转增股本 ①这 9 元是否是投资方的股息红利收入？ × ②这 9 元是否是投资企业增加长期投资的计税基础？ ×
	（3）利息收入	按照合同约定的债务人应付利息的日期确认收入
	（4）租金收入	按照合同约定的承租人应付租金的日期确认收入 【注意】如果交易合同或协议中规定租赁期限"跨年度"，且租金"提前一次性支付"，出租人可对上述已确认的收入，在租赁期内，"分期"均匀计入相关年度收入
	（5）特许权使用费收入	按照合同约定的特许权使用人应付特许权使用费的日期确认收入的实现
	（6）接受捐赠收入	按照实际收到捐赠资产的日期确认收入的实现
	（7）债务重组收入	应在债务重组合同或协议生效时确认收入的实现
	（8）非货币性资产投资收益	企业对外投资的非货币性资产应进行评估，并按评估后的公允价值扣除计税基础后的余额计算确认非货币性资产转让所得

【例题·单选题】根据企业所得税法律制度的规定，下列关于收入确认的表述中，不正确的是（　）。

A. 销售商品采用预收款方式的，在发出商品时确认收入

B. 以分期收款方式销售货物的，按照合同约定的收款日期确认收入

C. 采用售后回购方式销售商品，符合收入确认条件的，销售的商品按售价确认收入，回购的商品作为购进商品处理

D. 销售商品涉及现金折扣的，应当按扣除现金折扣后的金额确定销售商品收入金额

【答案】D

【解析】销售商品涉及现金折扣的，应当按扣除现金折扣前的金额确定销售商品收入金额，现金折扣在实际发生时作为主营业务收入扣除项。

【例题·单选题】根据企业所得税法律制度的规定，下列关于销售货物确认收入实现时间的表述中，正确的是（　　）。

A. 销售商品采用托收承付方式的，在签订合同时确认

B. 销售商品采用支付手续费方式委托代销的，在销售时确认

C. 销售商品采用预收款方式的，在发出商品时确认

D. 销售商品需要安装的，在商品发出时确认

【答案】C

【例题·单选题】根据企业所得税法律制度的规定，下列关于收入确认的表述中，不正确的是（　　）。

A. 如果安装工作是商品销售附带条件，在商品销售实现时确认收入

B. 长期为客户提供重复的劳务收取的劳务费，在相关劳务活动发生时确认收入

C. 企业转让股权收入，应于转让协议生效时，确认收入的实现

D. 接受捐赠收入，按照实际收到捐赠资产的日期确认收入的实现

【答案】C

【解析】企业转让股权收入，应于转让协议生效且完成股权变更手续时，确认收入的实现。

【例题·单选题】根据企业所得税法律制度的规定，下列关于收入确认的表述中，不正确的是（　　）。

A. 企业发生债务重组，应在债务重组合同或协议生效时确认收入的实现

B. 企业以买一赠一方式组合销售本企业商品的，应将总的销售金额按各项商品的公允价值的比例来分摊确认各项商品的销售收入

C. 利息收入，应按照合同约定的债务人应付利息的日期确认收入的实现

D. 销售商品涉及商业折扣的，应当按照扣除商业折扣前的金额确定销售商品收入金额

【答案】D

【解析】销售商品涉及商业折扣的，应当按照扣除商业折扣后的金额确定销售商品收入金额。

【例题·多选题】根据企业所得税法律制度的规定，下列关于收入确认的表述中，正确的有（　　）。

A. 销售商品以旧换新的，销售的商品应当按照销售商品收入确认条件确认收入，回收的商品作为购进商品处理

B. 采用售后回购方式销售商品的，符合收入确认条件的，销售的商品按售价确认收入，回购的商品作为购进商品处理

C. 销售商品涉及商业折扣的，应当按照扣除商业折扣前的金额确定销售商品收入金额

D. 销售商品涉及现金折扣的，应当按扣除现金折扣前的金额确定销售商品收入金额，现金折扣在实际发生时作为主营业务收入扣除项

【答案】ABD

【解析】销售商品涉及商业折扣的，应当按照扣除商业折扣后的金额确定销售商品收入金额。

【例题·多选题】根据企业所得税法律制度的规定，下列关于收入确认的表述中，正确的有（　　）。

A. 企业转让股权收入，应于转让协议生效时，确认收入的实现

B. 企业发生债务重组，应在债务重组合同或协议生效时确认收入的实现

C. 特许权使用费收入，按照合同约定的特许权使用人应付特许权使用费的日期确认收入的实现

D. 接受捐赠收入，按照实际收到捐赠资产的日期确认收入的实现

【答案】BCD

【解析】企业转让股权收入，应于转让协议生效且完成股权变更手续时，确认收入的实现。

【例题·判断题】销售商品涉及现金折扣的，应当按扣除现金折扣前的金额确定销售商品收入金额，现金折扣在实际发生时作为主营业务收入扣除项。（　　）

【答案】√

【例题·判断题】销售商品涉及商业折扣的，应当按照扣除商业折扣后的金额确定销售商品收入金额。（　　）

【答案】√

【例题·判断题】企业在计算股权转让所得时，可以扣除被投资企业未分配利润等股东留存收益中按该项股权可能分配的金额。（　　）

【答案】×

【解析】企业在计算股权转让所得时，“不得”扣除被投资企业未分配利

润等股东留存收益中按该项股权可能分配的金额。

【例题·判断题】被投资企业将股权溢价所形成的资本公积转为股本的，不作为投资方企业的股息、红利收入，投资方企业也不得增加该项长期投资的计税基础。（　）

【答案】√

考点四：不征税收入和免税收入（如图 7–4、图 7–5 所示）

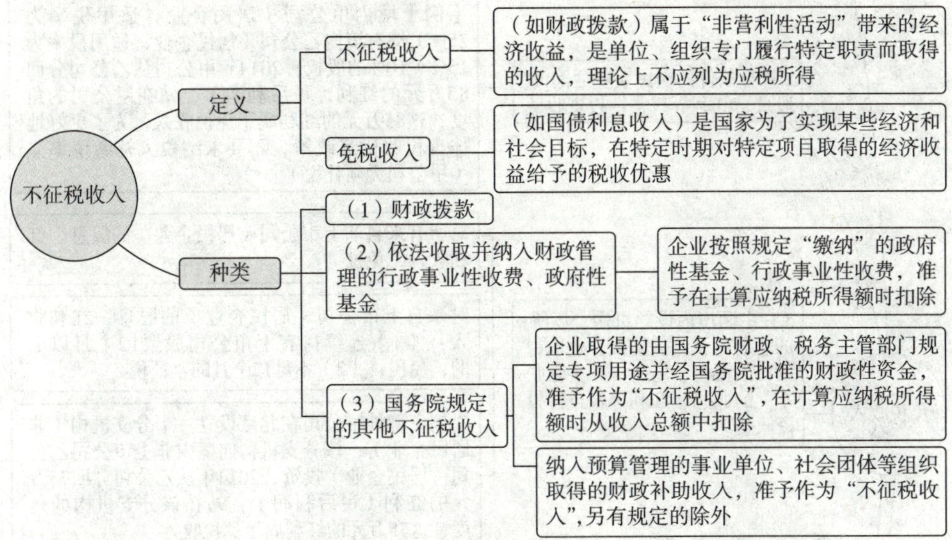

图 7–4　不征税收入

- 免税收入
  - 1.国债利息收入
    - 【例】甲汽车制造公司2014年取得国债利息收入100万元：
      （1）在计算“年度利润总额”时，100万元的国债利息收入应计入“收入总额”，即在利润总额中包含了100万元的国债利息收入
      （2）在利润总额的基础上计算当年的“应纳税所得额”时，100万元的国债利息收入属于“免税收入”，应调减100万元
      （3）在计算业务招待费、广告费和业务宣传费的税前扣除限额时，100万元的国债利息收入作为“投资收益”不计入当年的“销售（营业）收入”
  - 2.符合条件的居民企业之间的股息、红利等权益性投资收益
    - 【例】境内甲公司（居民企业，适用税率为25%）持有境内乙公司（居民企业，适用税率为15%）10%的股权，2014年甲公司从乙公司分回85万元的红利（税后利润），站在甲公司的角度，这85万元的红利属于免税收入，为了更好地体现税收优惠政策，不要求纳税人补缴税率差（甲公司无须补税）
  - 3.在中国境内设立机构、场所的非居民企业从居民企业取得的与该机构、场所“有实际联系”的股息、红利等权益性投资收益
    - 对所有来自非上市公司（居民企业）的股息、红利收入，免税
    - 对来自上市公司（居民企业）的股息、红利收入：（1）连续持有上市公司股票12个月以上的，免税；（2）不足12个月的，征税
    - 【例】境外甲公司在北京设立一个分支机构（非居民企业），该分支机构向境内非上市公司乙公司（居民企业）投资，2014年从乙公司分回75万元的红利（税后利润），站在该分支机构的角度，这75万元的红利属于免税收入
  - 【注】企业取得的各项“免税收入”对应的各项成本费用，除另有规定外，可以在计算企业应纳税所得额时扣除
  - 4.符合条件的非营利组织取得的企业所得税免税收入
    - （1）接受其他单位或者个人捐赠的收入
    - （2）除《企业所得税法》第7条规定的财政拨款以外的其他政府补助收入，但不包括因政府购买服务取得的收入
    - （3）按照省级以上民政、财政部门有关规定收取的会费
    - （4）不征税收入和免税收入孳生的银行存款利息收入
    - （5）财政部、国家税务总局规定的其他收入
    - 符合条件的非营利组织
      - （1）取得的财政拨款属于不征税收入
      - （2）财政拨款以外的其他政府补助收入，属于免税收入
      - （3）因政府购买服务取得的收入，属于应税收入
  - 【注】企业的“不征税收入”用于支出所形成的费用，不得在计算应纳税所得额时扣除；企业的“不征税收入”用于支出所形成的资产，其计算的折旧、摊销不得在计算应纳税所得额时扣除

图7-5　免税收入

【例题·单选题】根据企业所得税法律制度的规定，下列收入中，属于企业所得税免税收入的是（　　）。

A. 财政拨款

B. 符合条件的非营利组织的不征税收入和免税收入孳生的银行存款利息收入

C. 确实无法偿付的应付款项

D. 依法收取并纳入财政管理的政府性基金

【答案】B

【解析】选项 AD：属于不征税收入（而非免税收入）；选项 C：属于应税收入。

【例题·单选题】根据企业所得税法律制度的规定，下列收入中，不属于企业所得税免税收入的是（　　）。

A. 符合条件的居民企业之间的股息、红利等权益性投资收益

B. 在中国境内设立机构、场所的非居民企业持有中国境内非上市公司股份而取得的股息、红利等权益性投资收益

C. 在中国境内设立机构、场所的非居民企业持有中国境内上市公司股票不足 12 个月而取得的股息、红利等权益性投资收益

D. 在中国境内设立机构、场所的非居民企业连续持有中国境内上市公司股票 12 个月以上而取得的股息、红利等权益性投资收益

【答案】C

【解析】在中国境内设立机构、场所的非居民企业取得的境内上市公司股息、红利收入：① 连续持有 12 个月以上的，免税；② 不足 12 个月的，征税。

【例题·单选题】根据企业所得税法律制度的规定，下列各项中，属于免税收入的是（　　）。

A. 企业接受社会捐赠收入

B. 转让企业债券取得的收入

C. 已作坏账损失处理后又收回的应收账款

D. 国债利息收入

【答案】D

【解析】选项 ABC：属于应税收入；选项 D：属于免税收入。

【例题·单选题】根据企业所得税法律制度的规定，下列各项中，属于免税收入的是（　　）。

A. 企业购买国债取得的利息收入

B. 纳入预算管理的事业单位取得的财政拨款

C. 事业单位从事营利性活动取得的收入

D. 企业转让股权取得的收入

【答案】A

【解析】选项 A：属于免税收入；选项 B：属于不征税收入；选项 CD：属于应税收入。

【例题·多选题】根据企业所得税法律制度的规定，下列项目中，属于企业所得税不征税收入的有（　　）。

A. 财政拨款

B. 国债利息收入

C. 债务重组收入

D. 依法收取并纳入财政管理的行政事业性收费、政府性基金

【答案】AD

【解析】选项 AD：属于不征税收入； 选项 B：属于免税收入；选项 C：属于应税收入。

【例题·多选题】根据企业所得税法律制度的规定，下列收入中，属于企业所得税免税收入的有（　　）。

A. 符合条件的非营利组织的不征税收入和免税收入孳生的银行存款利息收入

B. 符合条件的非营利组织接受的其他单位或者个体的捐赠收入

C. 在中国境内设立机构、场所的非居民企业持有中国境内上市公司股票的时间不足 12 个月取得的股息、红利收入

D. 财政拨款

【答案】AB

【解析】选项 C：属于应税收入；选项 D：属于不征税收入（而非免税收入）。

【例题·多选题】根据企业所得税法律制度的规定，企业从事下列项目的所得，免征企业所得税的有（　　）。

A. 中药材的种植

B. 林木种植

C. 花卉种植

D. 香料作物的种植

【答案】AB

【解析】选项 AB：免征企业所得税；选项 CD：减半征收企业所得税。

考点五：禁止和准予扣除项目（如图 7–6 所示、见表 7–5）

禁止扣除项目

1. 向投资者支付的股息、红利等权益性投资收益
2. 企业所得税税款
3. 税收滞纳金
4. 罚金、罚款和被没收财物的损失 —— 【注】罚金、罚款和被没收财物的损失，不包括纳税人按照经济合同的规定支付的违约金（包括银行罚息）、罚款和诉讼费用
5. 国家规定的公益性捐赠支出以外的捐赠支出
6. 企业发生的与生产经营活动无关的各种非广告性质的赞助支出
7. 未经核定的准备金支出 —— 除财政部和国家税务总局核准计提的准备金可以在税前扣除外，其他行业、企业计提的各项资产减值准备、风险准备等准备金均不得在税前扣除
8. 与取得收入无关的其他支出 —— 企业之间支付的管理费、企业内营业机构之间支付的租金和特许权使用费，以及非银行企业内营业机构之间支付的利息，均不得在税前扣除

图 7–6　禁止扣除项目

表 7–5　　　　税前扣除项目

<table>
<tr><th colspan="2">成本</th><th colspan="3">扣除规定</th></tr>
<tr><td rowspan="20">费用</td><td>工资</td><td colspan="3">据实扣除，“不包括独生子女补贴”</td></tr>
<tr><td rowspan="4">三项经费★</td><td colspan="2">职工福利费</td><td>≤工资薪金总额的 14%</td></tr>
<tr><td colspan="2">工会经费</td><td>≤工资薪金总额的 2%</td></tr>
<tr><td colspan="2">职工教育经费</td><td>≤工资薪金总额的 8%
超过部分，准予在以后纳税年度结转扣除</td></tr>
<tr><td colspan="3">【注 1】分别计算，分别扣除
【注 2】“软件生产企业”发生的“职工教育经费中的职工培训费用”，可以据实全额在税前扣除
【注 3】区别“防暑降温费”和“防暑降温用品”</td></tr>
<tr><td rowspan="7">保险</td><td colspan="2">五险一金</td><td>准予扣除</td></tr>
<tr><td colspan="2">补充养老、补充医疗保险</td><td>“分别”不超过工资总额“5%”的部分准予扣除</td></tr>
<tr><td colspan="2">企业财产保险</td><td>准予扣除</td></tr>
<tr><td colspan="2">特殊工种人身安全保险</td><td>准予扣除</td></tr>
<tr><td colspan="2">职工因公出差乘坐交通工具发生的人身意外保险费</td><td>准予扣除</td></tr>
<tr><td colspan="2">企业参加雇主责任险、公众责任险等责任险，按照规定缴纳的保险费</td><td>准予扣除</td></tr>
<tr><td colspan="2">其他商业保险</td><td>不得扣除</td></tr>
<tr><td rowspan="5">利息</td><td rowspan="2">非关联借款</td><td>金融企业借款</td><td>准予扣除</td></tr>
<tr><td>非金融企业借款★</td><td>不超过金融企业同期同类贷款利率的部分准予扣除</td></tr>
<tr><td rowspan="2">关联借款</td><td>非金融企业借款</td><td>不超过债资比 2:1 的部分准予扣除</td></tr>
<tr><td>金融企业借款</td><td>不超过债资比 5:1 的部分准予扣除</td></tr>
<tr><td colspan="3">【注】准予扣除的借款利息不包括资本化部分</td></tr>
<tr><td>业务招待费★</td><td colspan="3">按照发生额的 60% 扣除，但最高不得超过当年销售（营业）收入的 5‰</td></tr>
</table>

续表

<table>
<tr><td rowspan="9">费用</td><td rowspan="5">广告和业务宣传费★</td><td>一般企业</td><td>不超过当年销售（营业）收入15%的部分准予扣除</td></tr>
<tr><td>化妆品制造或销售、医药制造和饮料制造（不含酒类制造）</td><td>扣除标准为“30%”</td></tr>
<tr><td>烟草</td><td>不得扣除</td></tr>
<tr><td colspan="2">【注1】超过部分，准予结转以后纳税年度扣除
【注2】考试中“广告费”“业务宣传费”金额分别给出的，必须合并计算扣除限额</td></tr>
<tr><td colspan="2">【提示】销售（营业）收入包括“主营业务收入”“其他业务收入”和“视同销售收入”，但是不包括“投资收益”和“营业外收入”</td></tr>
<tr><td>捐赠★</td><td colspan="2">必须为“公益性”的，不超过“年度利润总额”12%的部分准予扣除
【注1】超过部分，准予结转以后3年内扣除
【注2】向“公益性社会团体”实施的股权捐赠，视同转让股权，股权转让收入额以企业所捐赠股权取得时的“历史成本”确定</td></tr>
<tr><td rowspan="2">手续费及佣金</td><td>保险企业扣除限额</td><td>（保费收入－退保金额）×18%
超过部分，允许结转以后年度扣除</td></tr>
<tr><td>其他企业扣除限额</td><td>合同金额×5%</td></tr>
<tr><td>其他</td><td colspan="2">租赁费、劳动保护费、环境保护专项资金、汇兑损失准予扣除</td></tr>
<tr><td colspan="2">税金</td><td colspan="2">不准予抵扣的增值税、企业所得税不得税前扣除</td></tr>
<tr><td colspan="2">损失</td><td colspan="2">不包括各种行政性罚款等
【注】企业已经作为损失处理的资产，在以后纳税年度又全部收回或部分收回时，应当计入当期收入</td></tr>
</table>

【例题·单选题】甲企业2014年发生合理的工资薪金支出100万元，发生职工福利费18万元，职工教育经费1.5万元。根据企业所得税法律制度的规定，甲企业计算2014年企业所得税应纳税所得额时，准予扣除的职工福利费和职工教育经费金额合计为（　　）万元。

A. 15.5　　B. 18　　C. 19.5　　D. 22

【答案】D

【解析】①职工福利费税前扣除限额=100×14%=14（万元），实际发生18万元，超过扣除限额，税前准予扣除14万元；②职工教育经费税前扣除限额=100×8%=8（万元），实际发生1.5万元，未超过扣除限额，准予全额在税前扣除；③准予扣除的职工福利费和职工教育经费金额合计=14+8=22（万元）。

【例题·单选题】某境内居民企业2014年销售收入为3 000万元，固定资产处置收益为30万元，业务招待费为30万元。根据企业所得税法律制度的规定，该企业在计算应纳税所得额时，准予在税前扣除的业务招待费支出是（　　）万元。

A. 30　　B. 15　　C. 15.15　　D. 18

【答案】B

【解析】①在计算业务招待费的扣除限额时，销售（营业）收入包括主营业务收入、其他业务收入、视同销售收入，但不包括营业外收入（固定资产处置收益 30 万元）；② 业务招待费实际发生额 ×60%=30×60%=18（万元）＞销售（营业）收入 ×5‰ =3 000×5‰ =15（万元），业务招待费的扣除限额为 15 万元，该企业业务招待费的实际发生额为 30 万元，故准予在税前扣除的业务招待费支出为 15 万元。

【例题·单选题】2014 年甲企业取得销售收入 200 万元，发生广告费支出 45 万元，上年结转广告费 15 万元。根据企业所得税法律制度的规定，甲企业 2014 年准予税前扣除的广告费是（　　）万元。

A. 15　　B. 30　　C. 45　　D. 60

【答案】B

【解析】2014 年甲企业广告费税前扣除限额 =200×15%=30（万元），当年实际发生额（45 万元）+ 上年结转广告费（15 万元）=60（万元），甲企业 2014 年税前准予扣除的广告费为 30 万元。

【例题·单选题】根据企业所得税法律制度的规定，下列各项捐赠中，在计算应纳税所得额时准予按利润总额的一定比例计算扣除限额的是（　　）。

A. 纳税人直接向某学校的捐赠

B. 纳税人通过企业向自然灾害地区的捐赠

C. 纳税人通过电视台向灾区的捐赠

D. 纳税人通过市民政部门向贫困地区的捐赠

【答案】D

【解析】允许计算税前扣除限额的公益性捐赠，是指企业通过公益性社会团体或者县级以上人民政府及其部门，用于《中华人民共和国公益事业捐赠法》规定的公益事业的捐赠。

【例题·单选题】某企业 2014 年度利润总额为 80 万元，通过公益性社会团体向某灾区捐赠 2 万元，直接向某学校捐款 5 万元。根据企业所得税法律制度的规定，该企业在计算企业所得税应纳税所得额时，可以扣除捐赠支出（　　）万元。

A. 2　　B. 5　　C. 7　　D. 9.6

【答案】A

【解析】① 该企业公益性捐赠支出税前扣除限额 =80×12%=9.6（万元），实际捐赠支出 2 万元没有超过该限额，可以全额扣除；② 该企业直接向某学校的捐款 5 万元不能在税前扣除。

【例题·单选题】根据企业所得税法律制度的规定，下列各项中，准予在企业所得税税前扣除的是（　　）。

A. 支付违法经营的罚款　　B. 被没收财物的损失

C. 支付的税收滞纳金　　D. 支付银行加收的罚息

【答案】D

【例题·单选题】根据企业所得税法律制度的规定，下列各项中，可以在企业所得税税前扣除的是（　　）。

A. 未经核定的准备金支出

B. 纳税人因买卖合同纠纷而支付的诉讼费用

C. 纳税人向关联企业支付的管理费

D. 企业缴纳的增值税

【答案】B

【例题·单选题】根据企业所得税法律制度的规定，在计算企业所得税应纳税所得额时，可以扣除的项目是（　　）。

A. 向投资者支付的股息　　B. 税务机关的罚款

C. 人民法院的罚金　　D. 合同违约金

【答案】D

【例题·单选题】根据企业所得税法律制度的规定，有关存货的成本计算方法，不能采用的是（　　）。

A. 先进先出法　　B. 后进先出法

C. 加权平均法　　D. 个别计价法

【答案】B

【例题·多选题】根据企业所得税法律制度的规定，在计算企业所得税应纳税所得额时，下列各项中，准予全额据实扣除的有（　　）。

A. 非金融企业向金融企业借款的利息支出

B. 非金融企业向非金融企业借款的利息支出

C. 金融企业的各项存款利息支出和同业拆借利息支出

D. 企业经批准发行债券的利息支出

【答案】ACD

【例题·多选题】根据企业所得税法律制度的规定，在计算企业所得税应纳税所得额时，下列各项中，不得扣除的有（　　）。

A. 企业之间支付的管理费

B. 企业内营业机构之间支付的租金

C. 企业内营业机构之间支付的特许权使用费

D. 非银行企业内营业机构之间支付的利息

【答案】ABCD

【例题·多选题】根据企业所得税法律制度的规定，下列各项中，纳税人在计算企业所得税应纳税所得额时准予扣除的有（　　）。

A. 出口关税　　B. 土地增值税

C. 城镇土地使用税　　　　　　　　D. 城市维护建设税

【答案】ABCD

【例题·多选题】根据企业所得税法律制度的规定，下列各项中，准予在企业所得税税前扣除的有（　　）。

A. 纳税人按照买卖合同约定支付的违约金

B. 纳税人缴纳的消费税

C. 企业之间支付的管理费

D. 非金融企业向金融企业借款的利息支出

【答案】ABD

【例题·判断题】对从事股权投资业务的企业，其从被投资企业分配得到的股息、红利以及股权转让收入，可以按规定的比例计算业务招待费扣除限额。（　　）

【答案】√

【例题·判断题】企业取得的各项免税收入对应的各项成本费用，除另有规定外，可以在计算企业应纳税所得额时扣除。（　　）

【答案】√

考点六：企业所得税的税收优惠（见表 7–6）

表 7–6　　企业所得税税收优惠

企业所得税税收优惠		
收入优惠	不征税收入	（1）财政拨款 （2）依法收取并纳入财政管理的行政事业性收费、政府性基金
	免税收入	（1）国债利息收入 【注意】"国债转让"收入不免税 （2）符合条件的居民企业之间的股息、红利收入（条件：持有 12 个月以上） （3）在中国境内设立机构、场所的非居民企业从居民企业取得的与该机构、场所有实际联系的股息、红利收入 （4）符合条件的非营利组织的收入
	境外机构投资境内债券市场	2018 年 11 月 7 日至 2021 年 11 月 6 日对境外机构投资境内债券市场取得的债券利息收入，暂免征收企业所得税和增值税。上述暂免征收企业所得税的范围，不包括境外机构在境内设立的机构、场所取得的与该机构、场所有实际联系的债券利息
	减计收入	综合利用资源生产的产品取得的收入，减按 90% 计入收入总额
所得优惠	免征	农、林、牧、渔；居民企业"500 万元"以内的"技术转让"所得 【注意】"农"一般不包括"经济作物"，"渔"指远洋捕捞，不包括"养殖"
	减半征收	花卉、茶以及其他饮料作物和香料作物的种植，海水养殖、内陆养殖；居民企业超过 500 万元的技术转让所得的"超过部分"
	三免三减半	（1）企业"从事"国家重点扶持的"公共基础设施项目的投资经营"所得，自项目"取得第 1 笔生产经营收入"所属纳税年度起，第 1 年至第 3 年免税，第 4 年至第 6 年减半征收 【注意】企业"承包经营、承包建设"和"内部自建自用"项目所得"不免税" （2）企业从事符合条件的"环境保护、节能节水"项目的所得，自项目"取得第 1 笔生产经营收入"所属纳税年度起，第 1 年至第 3 年免税，第 4 年至第 6 年减半征收
	两免三减半	依法成立且符合条件的集成电路设计企业和软件企业，在 2018 年 12 月 31 日前自获利年度起计算优惠期，第 1 年至第 2 年免征企业所得税，第 3 年至第 5 年按照 25% 的法定税率，减半征收企业所得税，并享受至期满为止

续表

资产费用扣除优惠	加计扣除	研发费用★	一般企业	加计扣除75%；形成无形资产的按175%摊销
			研发费用不得加计扣除的行业	（1）烟草制造业 （2）住宿和餐饮业 （3）批发和零售业 （4）房地产业 （5）租赁和商务服务业 （6）娱乐业
			【注意】研发机构同时承担生产任务的，应对研发费用和生产经营费用分开进行核算，划分不清的，不得加计扣除	
		残疾人工资	加计扣除100%	
	加速折旧	（1）技术进步，产品更新换代较快 （2）常年处于强震动、高腐蚀状态		缩短折旧年限，不得低于最低折旧年限的60%（≥60%） 采用加速折旧法（双倍余额递减法或年数总和法）
		企业在2018年1月1日至2020年12月31日期间新购进的设备、器具，单位价值不超过500万元的，允许一次性计入当期成本费用，在计算应纳税所得额时扣除，不再分年度计算折旧 【提示1】所称设备、器具，是指除房屋、建筑物以外的固定资产 【提示2】所称购进，包括以货币形式购进或自行建造		允许一次性扣除
	亏损弥补延长	一般企业	税前利润补亏年限：5年	
		高新技术企业或科技型中小企业	自2018年1月1日起，当年具备高新技术企业或科技型中小企业资格的企业，其具备资格年度之前5个年度发生的尚未弥补完的亏损，准予结转以后年度弥补，最长结转年限由5年延长至10年	
	抵扣应纳税所得额	创投企业	创投企业投资未上市的中小高新技术企业2年以上的，按照其投资额的70%在股权持有满2年的当年抵扣该创业投资企业的应纳税所得额；当年不足抵扣的，可以在以后纳税年度结转抵扣	
		公司制创投企业	公司制创业投资企业采取股权投资方式，直接投资于种子期、初创期科技型企业（简称初创科技型企业），满2年（24个月）的，可以按照投资额的70%，在股权持有满2年的当年，抵扣该公司制创业投资企业的应纳税所得额；当年不足抵扣的，可以在以后纳税年度结转抵扣	
		有限合伙制创投企业	有限合伙制创业投资企业采取股权投资方式投资于未上市的中小高新技术企业满2年（24个月）的，其法人合伙人可按照对未上市中小高新技术企业投资额的70%抵扣该法人合伙人从该有限合伙制创业投资企业分得的应纳税所得额；当年不足抵扣的，可以在以后纳税年度结转抵扣	
应纳税所得额优惠	抵扣应纳税所得额	有限合伙制创投企业	有限合伙制创业投资企业采取股权投资方式，直接投资于初创科技型企业，满2年（24个月）的，其法人合伙人可以按照对初创科技型企业投资额的70%，抵扣法人合伙人从合伙创投企业分得的所得；当年不足抵扣的，可以在以后纳税年度结转抵扣	
税率优惠	优惠税率	10%：执行20%税率的非居民企业		
		15%：（1）重点扶持的高新技术企业 （2）认定的技术先进服务型企业（服务贸易类） （3）西部地区产业目录中鼓励类项目为主营业务，且主营收入占收入总额70%以上的企业		

续表

税率优惠	优惠税率	20%：小型微利企业 对小微企业年应纳税所得额不超过 100 万元的部分，减按 25% 计入应纳税所得额，按 20% 的税率缴纳企业所得税；对年应纳税所得额超过 100 万元但不超过 300 万元的部分，其所得减按 50% 计入应纳税所得额，按 20% 的税率缴纳企业所得税 小微企业条件（同时满足）： （1）从事国家非限制和禁止行业 （2）年度应纳税所得额不超过 300 万元 （3）从业人数不超过 300 人 （4）资产总额不超过 5 000 万元
税额优惠	应纳税额抵免	投资“环境保护、节能节水、安全生产等专用设备”，投资额的“10%”可以在应纳税额中抵免；当年不足抵免的，可以在以后 5 个纳税年度结转抵免

【考点】海南自由贸易港税收优惠

1. 对注册在海南自由贸易港并实质性运营的鼓励类产业企业，减按 15% 的税率征收企业所得税。

2. 对在海南自由贸易港设立的旅游业、现代服务业、高新技术产业企业新增境外直接投资取得的所得，免征企业所得税。

3. 对在海南自由贸易港设立的企业，新购置（含自建、自行开发）固定资产（指除房屋、建筑物以外的固定资产）或无形资产，单位价值不超过 500 万元（含）的，允许一次性计入当期成本费用在计算应纳税所得额时扣除，不再分年度计算折旧和摊销；新购置（含自建、自行开发）固定资产或无形资产，单位价值超过 500 万元的，可以缩短折旧、摊销年限或采取加速折旧、摊销的方法。

【例题·单选题】根据企业所得税法律制度的规定，下列所得中，免征企业所得税的是（　　）。

A. 海水养殖　　B. 内陆养殖　　C. 花卉种植　　D. 家禽饲养

【答案】D

【解析】选项 ABC：为减半征税项目；选项 D：为免税项目。

考点七：企业资产的税收处理（见表 7–7 至表 7–9）

表 7–7　　固定资产和生产性生物资产

固定资产和生产性生物资产	（1）不得在税前计算折旧扣除的固定资产	①房屋、建筑物以外未投入使用的固定资产 ②以经营租赁方式租入的固定资产 ③以融资租赁方式租出的固定资产 ④已足额提取折旧仍继续使用的固定资产 ⑤与经营活动无关的固定资产 ⑥单独估价作为固定资产入账的土地	
	（2）固定资产的计税基础：结合会计初始入账成本理解	取得方式	计税基础
		外购	购买价款＋支付的相关税费＋直接归属于使该资产达到预定用途发生的其他支出
		自行建造	竣工结算前发生的支出
		融资租入：租赁合同约定付款总额	合同约定的付款总额＋签订合同过程中发生的相关费用
		融资租入：租赁合同未约定付款总额	该资产的公允价值＋签订合同过程中发生的相关费用
		盘盈	同类固定资产的“重置完全价值”
		捐赠、投资、非货币性资产交换、债务重组	公允价值＋支付的相关税费
		改建	以改建支出增加计税基础
	（3）折旧计提方式	①直线法 ②当月增加当月不提折旧，当月减少当月照提折旧	
	（4）区分生产性生物资产和消耗性生物资产	生产性生物资产是指为生产农产品、提供劳务或者出租等目的持有的生物资产，包括“经济林、薪炭林、产畜和役畜”等 【例】下蛋的鸡——生产性生物资产 吃肉的鸡——消耗性生物资产	
	（5）固定资产及生产性生物资产的折旧年限	固定资产类型	折旧年限
		房屋、建筑物	20 年
		飞机、火车、轮船、机器、机械和其他生产设备	10 年
		与生产经营活动有关的器具、工具、家具等	5 年
		飞机、火车、轮船以外的运输工具	4 年
		电子设备	3 年

表 7–8　　无形资产

无形资产	（1）下列无形资产不得计算摊销扣除	①自行开发的支出已在计算应纳税所得额时扣除的无形资产 ②自创商誉 ③与经营活动无关的无形资产 ④其他不得计算摊销费用扣除的无形资产 【注意】外购商誉的支出，在企业“整体转让或者清算”时，准予扣除	
	（2）无形资产的计税基础：结合会计的初始入账成本理解	取得方式	计税基础
		外购	购买价款 + 支付的相关税费 + 直接归属于使该资产达到预定用途发生的其他支出
		自行开发	符合资本化条件后至达到预定用途前发生的支出
		捐赠、投资、非货币性资产交换、债务重组	公允价值 + 支付的相关税费
	（3）摊销方法	①直线法 ②当月增加当月就提摊销，当月减少当月不提摊销	
	（4）摊销年限	不得低于“10 年”	

表 7-9　　其他资产

其他资产	长期待摊费用	(1)已足额提取折旧的固定资产的"改建支出"，按照固定资产"预计尚可使用年限"分期摊销（自有资产） (2)租入固定资产的"改建支出"，按照合同约定的"剩余租赁期限"分期摊销（他有资产） (3)固定资产的"大修理支出"，按照固定资产"尚可使用年限"分期摊销（自有资产）
		【注意 1】修理支出达到取得固定资产时的计税基础"50%"以上；修理后固定资产的使用年限延长"2 年"以上的为固定资产大修理支出 【注意 2】长期待摊费用，自支出发生月份的"次月"起，分期摊销，摊销年限"不得低于 3 年"
	投资资产（成本法）	(1)企业对外投资期间，投资资产的成本在计算应纳税所得额时不得扣除 (2)企业在转让或者处置投资资产时，投资资产的成本，准予扣除
	存货	企业使用或者销售的存货的成本计算方法，可以在"先进先出法、加权平均法、个别计价法"中选用一种。计价方法一经选用，不得随意变更 【注意】不能选择"后进先出法"
	资产损失	(1)逾期"3 年"以上的应收款项，企业有依法催收磋商记录，确认债务人已资不抵债、连续 3 年亏损或连续停止经营 3 年以上的，并能认定 3 年内没有任何业务往来，可以认定为损失 (2)企业由于未能按期赎回抵押资产，致使抵押资产被拍卖或者变卖，其"账面净值大于变卖价值"的差额部分，依据拍卖或者变卖证明，认定为资产损失

【例题·单选题】根据企业所得税法律制度的规定，运输货物的大卡车最低折旧年限是（　）年。

A. 5　　B. 10　　C. 4　　D. 3

【答案】C

【解析】飞机、火车、轮船以外的运输工具，最低折旧年限为 4 年。

【例题·多选题】根据企业所得税法律制度的规定，下列表述中，正确的有（　）。

A. 以融资租赁方式租出的固定资产，不得计算折旧扣除

B. 符合规定的固定资产按照直线法计算的折旧，准予扣除

C. 企业应当自固定资产投入使用的当月起计算折旧

D. 企业停止使用的固定资产，应当自停止使用的当月起停止计算折旧

【答案】AB

【解析】选项 C：企业应当自固定资产投入使用月份的次月起计算折旧；选项 D：停止使用的固定资产，应当自停止使用月份的次月起停止计算折旧。

【例题·多选题】根据企业所得税法律制度的规定，下列表述中，不正确的有（　）。

A. 生产性生物资产按照直线法计算的折旧，准予扣除

B. 企业应当自生产性生物资产投入使用的当月起计算折旧

C. 企业应当自生产性生物资产投入使用月份的次月起计算折旧

D. 停止使用的生产性生物资产，应当自停止使用的当月起停止计算折旧

【答案】BD

【解析】选项BC：企业应当自生产性生物资产投入使用月份的次月起计提折旧；选项D：企业停止使用的生产性生物资产，应当自停止使用月份的次月起停止计提折旧。

【例题·多选题】根据企业所得税法律制度的规定，下列对无形资产的表述中，正确的有（　）。

A. 自创商誉不得计算摊销费用在企业所得税税前扣除

B. 无形资产按照直线法计算的摊销费用，准予在计算应纳税所得额时扣除

C. 外购商誉的支出，在企业整体转让或者清算时，不得在税前扣除

D. 无形资产的摊销年限不得低于5年

【答案】AB

【解析】选项C：外购商誉的支出，在企业整体转让或者清算时，准予扣除；选项D：无形资产的摊销年限一般不得低于10年。

【例题·判断题】停止使用的生产性生物资产，应当自停止使用的当月起停止计算折旧。（　）

【答案】×

【解析】停止使用的生产性生物资产，应当自停止使用月份的次月起停止计算折旧。

考点八：企业特殊业务的所得税处理（如图7-7所示）

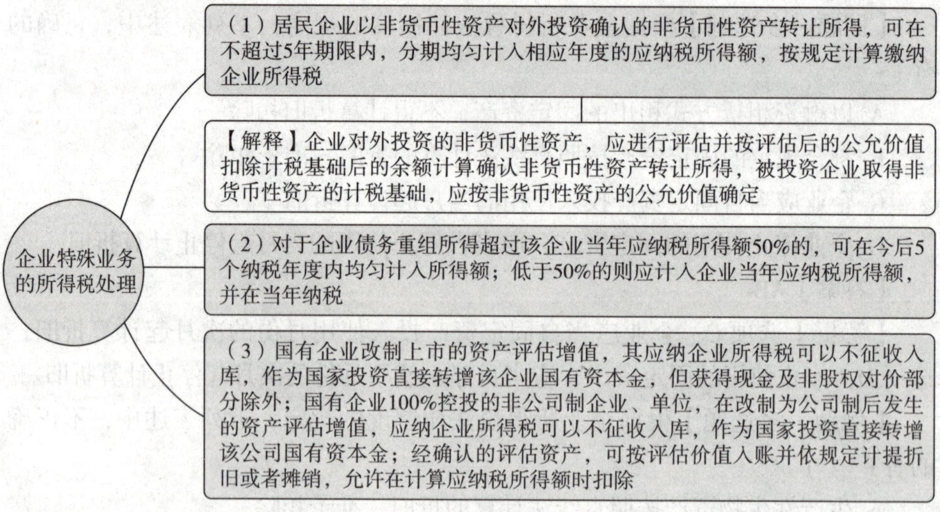

企业特殊业务的所得税处理

（1）居民企业以非货币性资产对外投资确认的非货币性资产转让所得，可在不超过5年期限内，分期均匀计入相应年度的应纳税所得额，按规定计算缴纳企业所得税

【解释】企业对外投资的非货币性资产，应进行评估并按评估后的公允价值扣除计税基础后的余额计算确认非货币性资产转让所得，被投资企业取得非货币性资产的计税基础，应按非货币性资产的公允价值确定

（2）对于企业债务重组所得超过该企业当年应纳税所得额50%的，可在今后5个纳税年度内均匀计入所得额；低于50%的则应计入企业当年应纳税所得额，并在当年纳税

（3）国有企业改制上市的资产评估增值，其应纳企业所得税可以不征收入库，作为国家投资直接转增该企业国有资本金，但获得现金及非股权对价部分除外；国有企业100%控投的非公司制企业、单位，在改制为公司制后发生的资产评估增值，应纳企业所得税可以不征收入库，作为国家投资直接转增该公司国有资本金；经确认的评估资产，可按评估价值入账并依规定计提折旧或者摊销，允许在计算应纳税所得额时扣除

图7-7　企业特殊业务的所得税处理

考点九：企业所得税的征收管理（如图 7-8 所示）

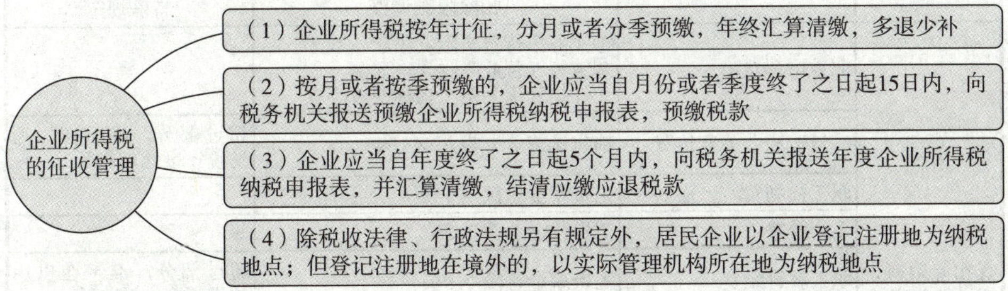

企业所得税的征收管理

（1）企业所得税按年计征，分月或者分季预缴，年终汇算清缴，多退少补

（2）按月或者按季预缴的，企业应当自月份或者季度终了之日起15日内，向税务机关报送预缴企业所得税纳税申报表，预缴税款

（3）企业应当自年度终了之日起5个月内，向税务机关报送年度企业所得税纳税申报表，并汇算清缴，结清应缴应退税款

（4）除税收法律、行政法规另有规定外，居民企业以企业登记注册地为纳税地点；但登记注册地在境外的，以实际管理机构所在地为纳税地点

图 7-8 企业所得税的征收管理

【例题·判断题】居民企业来源于境外的应税所得，已在境外缴纳的所得税税额，可以在抵免限额范围内从当期应纳税额中抵免，超过抵免限额的部分，可以在以后 5 个年度内，用每年度抵免限额抵免当年应抵税额之后的余额进行抵补。（ ）

【答案】√

【例题·判断题】企业与其关联方之间的业务往来，不符合独立交易原则，或者企业实施其他不具有合理商业目的安排的，税务机关有权在该业务发生的纳税年度起 5 年内，进行企业所得税纳税调整。（ ）

【答案】×

【解析】税务机关有权在该业务发生的纳税年度起 10 年内，进行纳税调整。

【例题·判断题】企业在年度中间终止经营活动的，应当自实际经营终止之日起 60 日内，向税务机关办理当期企业所得税汇算清缴。（ ）

【答案】√

考点十：企业所得税的计算（见表 7-10 、表 7-11）

表 7-10 企业所得税的计算（一）

项目	相关内容	利润表基础上的调整
收入	征税收入	不征税收入、免税收入应剔除
成本	生产经营成本	工资薪金总额、企业支付给残疾职工的工资
费用	销售费用	广告费、业务宣传费、销售佣金
	管理费用	业务招待费、职工福利费、工会经费、职工教育经费、研究开发费用
	财务费用	利息支出、贷款费用
税金	税金及附加	消费税、资源税、土地增值税、关税、城市维护建设税、教育费附加
	不得扣除的税金	增值税、企业所得税
	列入管理费用的税金	企业缴纳的房产税、车船税、城镇土地使用税、印花税等，已经计入管理费用中扣除的，不再作为税金单独扣除
损失		净损失（企业发生的损失，减除责任人赔偿和保险赔款后的余额）
营业外支出	禁止扣除的项目	税收滞纳金、罚金、罚款、非广告性质的赞助支出
	捐赠支出	公益性捐款支出

表 7-11　　企业所得税的计算（二）

		扣除限额调整	特殊规定
有扣除限额，超过部分应调增	业务招待费	①业务招待费实际发生额 ×60% ②销售（营业）收入 ×5‰ 允许扣除额为两个指标的较小者	
	广告费和业务宣传费	销售（营业）收入 ×15%	超过部分，准予在以后纳税年度结转扣除
	职工福利费	工资薪金总额 ×14%	
	工会经费	工资薪金总额 ×2%	
	职工教育经费	工资薪金总额 ×8%	超过部分，准予在以后纳税年度结转扣除
	补充养老保险费	工资薪金总额 ×5%	
	补充医疗保险费	工资薪金总额 ×5%	
	公益性捐赠支出	年度利润总额 ×12%	超过部分，准予在以后 3 个纳税年度结转扣除
	销售佣金（非保险企业）	服务协议或合同确认的收入金额 ×5%	
	非金融企业向非金融企业借款的利息支出	按照金融企业同期同类贷款利率计算的数额	
不得扣除，应全额调增	税收滞纳金		
	罚金、罚款和被没收财物的损失		不包括纳税人按照经济合同规定支付的违约金、银行罚息、罚款和诉讼费
	未经核定的准备金支出		
	非广告性质的赞助支出		
	企业之间支付的管理费		
	纳税人直接向受赠人的捐赠		
	企业为投资者或者职工支付的商业保险费		纳税人为特殊工种职工支付的人身安全保险费可以扣除
准予全额扣除，无须进行纳税调整	合理的工资薪金支出		
	合理的劳动保护支出		
	企业财产保险费		
	职工因公出差乘坐交通工具发生的人身意外保险费支出		
	非金融企业向金融企业借款的利息支出		
	企业经批准发行债券的利息支出		
	企业在生产经营活动中发生的合理的不需要资本化的借款费用		
加计扣除，调减应纳税所得额	研究开发费用	未形成无形资产计入当期损益的：实际发生额 ×75%	
	支付给残疾职工的工资	支付给残疾职工的工资 ×100%	
抵扣应纳税所得额	创业投资企业	投资额 ×70%	在股权持有满 2 年的当年抵扣，不足抵扣的，可以在以后纳税年度结转抵扣
抵免应纳税额	购置并实际使用“符合条件的环境保护、节能节水、安全生产”等专用设备	投资额 ×10%	当年不足抵免的，可以在以后 5 个纳税年度结转抵免

【例题·计算题】境内某居民企业甲公司2018年实现销售收入3 000万元，年度利润总额1 000万元，已预缴企业所得税188万元。经注册会计师审核，发现以下事项：

① 利润总额中包括从境内居民企业乙公司（适用的企业所得税税率为15%）分回的税后投资收益200万元；

② 利润总额中包括甲公司转让国债取得的转让收益25万元；

③ 在计算利润总额时，新产品研究开发费用80万元已计入管理费用扣除；

④ 在计算利润总额时，业务宣传费200万元已计入销售费用扣除；

⑤ 在计算利润总额时，甲公司直接向某灾区捐赠的30万元已计入营业外支出扣除；

⑥ 在计算利润总额时，甲公司通过市民政部门向某灾区小学捐赠的130万元已计入营业外支出扣除。

已知：甲公司适用的企业所得税税率为25%，乙公司为非上市公司。

根据上述资料，计算甲公司2018年度汇算清缴时应补缴（或应退）的企业所得税税额。

【答案】计算步骤见表7-12。

表7-12　甲公司2018年度应补缴的企业所得税税额计算过程表

		利润表调整	调整金额
会计利润	1 000万元		1 000万元
收入	不征税收入或免税收入	免税收入200万元，符合条件的居民企业之间的股息、红利等权益性投资收益免税	-200万元
		转让国债收益25万元不属于免税收入，不需要调整	
成本费用	销售费用	业务宣传费：200 < 3 000×15%，没有超标，不用调整	
	管理费用	研发费用加计扣除：80×75%=60（万元）	-60万元
营业外支出	捐赠支出	直接捐赠30万元，不能扣除	30万元
		公益捐赠 130-1 000×12%=10（万元），超标10万元，结转到以后3个纳税年度	10万元
所得税汇算清缴	合计	应纳税所得额	780万元
	税率25%	应纳税额	195万元
		已预缴税额	188万元
		汇算清缴补缴税额	7万元

① 甲公司从乙公司分回的税后投资收益属于免税收入（属于符合条件的居民企业之间的股息、红利等权益性投资收益），应调减应纳税所得额200万元。

② 甲公司转让国债取得的转让收益25万元不属于免税收入，无须进行纳税调整。

③ 新产品研究开发费用在计算应纳税所得额时准予加计扣除75%，应调减应纳税所得额=80×75%=60（万元）。

④ 业务宣传费扣除限额=3 000×15%=450（万元），实际发生额为200万元，

无须进行纳税调整。

⑤ 甲公司直接向灾区捐赠的 30 万元不得扣除，应调增应纳税所得额 30 万元。

⑥ 甲公司通过市民政部门向灾区小学的捐赠，扣除限额 =1 000 × 12%=120（万元），应调增应纳税所得额 =130−120=10（万元）。

⑦ 甲公司 2018 年应纳所得税额 =(1 000−200−60+30+10) × 25%=195(万元)。

⑧ 甲公司 2018 年度汇算清缴时应补缴企业所得税 =195−188=7（万元）。

【例题 · 计算题】境内居民企业甲公司（增值税一般纳税人）2018 年发生下列业务：

① 销售产品收入 2 000 万元；

② 接受捐赠材料一批，取得对方开具的增值税专用发票，注明价款 20 万元，增值税 2.60 万元；

③ 转让一项专利权，取得营业外收入 60 万元；

④ 取得特许权使用费收入 10 万元；

⑤ 取得国债利息收入 2 万元；

⑥ 销售成本 1 000 万元，税金及附加 100 万元；

⑦ 销售费用 500 万元（其中包括广告费 400 万元），管理费用 200 万元（其中包括业务招待费 80 万元、新产品研发费用 70 万元），财务费用 50 万元；

⑧ 营业外支出 40 万元（其中包括通过市人民政府对贫困地区捐款 20 万元、直接对某小学捐款 10 万元、工商罚款 2 万元）。

计算甲公司 2018 年应缴纳的企业所得税税额。

【答案】计算步骤见表 7−13。

表 7−13　　甲公司 2018 年应缴纳的企业所得税税额

		利润表调整	调整金额
利润	2 000+20+2.60+60+10+2−1 000−100−500−200−50−40=204.60（万元）		
收入	不征税收入或免税收入要剔除	国债利息属于免税收入，纳税调整减少额为 2 万元	−2 万元
成本费用	销售费用	广告费扣除限额 =(2 000+10) × 15%=301.50（万元），纳税调整增加额 =400−301.5=98.50（万元）	98.50 万元
	管理费用	业务招待费扣除限额 = 业务招待费实际发生额 × 60%=80 × 60%=48（万元）；业务招待费扣除限额 = 销售(营业)收入 × 5‰ =(2 000+10) × 5‰ =10.05(万元)，业务招待费准予税前扣除 10.05 万元，纳税调整增加额 =80−10.05=69.95（万元）	69.95 万元
		新产品研发费用加计扣除 75%，纳税调整减少额 =70 × 75%=52.50（万元）	−52.50 万元
营业外支出	捐赠支出	捐赠扣除限额 =204.60 × 12%=24.55（万元），甲公司对贫困地区的捐款 20 万元小于扣除限额，无须进行纳税调整	
		甲公司直接对某小学的捐款不得在税前扣除，纳税调整增加额为 10 万元	10 万元
		工商罚款不得在税前扣除，纳税调整增加额为 2 万元	2 万元

续表

所得税汇算清缴	合计	应纳税所得额	330.55 万元
	税率 25%	应纳税额	82.64 万元
		已预缴税额	
		汇算清缴补缴税额	

① 会计利润总额 =2 000+20+2.60+60+10+2-1 000-100-500-200-50-40=204.60（万元）。

② 国债利息属于免税收入，纳税调整减少额为 2 万元。

③ 广告费扣除限额 =（2 000+10）×15%=301.50（万元），纳税调整增加额 =400-301.5=98.50（万元）。

④ 业务招待费扣除限额 = 业务招待费实际发生额 ×60%=80×60%=48（万元）；业务招待费扣除限额 = 销售（营业）收入 ×5‰ =（2 000+10）×5‰ =10.05（万元），业务招待费准予税前扣除 10.05 万元，纳税调整增加额 =80-10.05=69.95（万元）。

⑤ 新产品研发费用加计扣除 75%，纳税调整减少额 =70×75%=52.50（万元）。

⑥ 捐赠扣除限额 =204.60×12%=24.55（万元），甲公司对贫困地区的捐款 20 万元小于扣除限额，无须进行纳税调整。

⑦ 甲公司直接对某小学的捐款不得在税前扣除，纳税调整增加额为 10 万元。

⑧ 工商罚款不得在税前扣除，纳税调整增加额为 2 万元。

⑨ 2018 年应纳税所得额 =204.60-2+98.50+69.95-52.5+10+2=330.55（万元）。

⑩ 2018 年应纳所得税额 =330.55×25%=82.64（万元）。

考点十一：关联关系的认定标准（见表 7-14）

表 7-14　　关联关系的认定标准

标准	具体规定及注意事项	
股权控制	一方直接或者间接持有另一方的股份≥ 25%	【注 1】“A → B → C”：只要 A → B ≥ 25%，则“A → C”的持股比例按“B → C”的持股比例计算 【注 2】自然人与其主要近亲属共同持股同一企业，在判定关联关系时持股比例合并计算
	双方直接或者间接同为第三方所持有的股份≥ 25%	
	持股比例＜ 25%	双方间借贷资金总额占任一方实收资本比例≥ 50%
		一方全部借贷资金总额的 10% 以上由另一方担保
		一方的经营必须由另一方提供专利等特许权才能正常进行
		一方的经营活动由另一方控制
企业管理和人员方面的控制	一方有大于或等于 50% 的董事或高级管理人员由另一方任命或委派	
	一方有大于或等于 50% 的董事或高级管理人员同时担任另一方的董事或者高级管理人员	
	双方各自有大于或等于 50% 的董事或高级管理人员同为第三方任命或者委派	

考点十二：税务机关核定和调整关联企业交易价格的方法（见表 7-15）

表 7-15 税务机关核定和调整关联企业交易价格的方法

可比非受控价格法	按照没有关联关系的交易各方进行相同或类似业务往来的价格进行定价的方法
再销售价格法	按照从关联方购进商品再销售给没有关联关系的交易方的价格减除相同或类似业务的销售毛利进行定价的方法
成本加成法	按照成本加合理的费用和利润进行定价的方法
交易净利润法	按照没有关联关系的交易各方进行相同或类似业务往来取得的净利润水平确定利润的方法
利润分割法	根据企业与其关联方的合并利润或者亏损在各方之间采用合理标准进行分配的方法

考点十三：关联业务的相关资料（见表 7-16）

表 7-16 关联业务的相关资料

企业应当就其与关联方之间的业务往来进行关联申报，按纳税年度准备并按税务机关要求提供其关联交易的同期资料			
同期资料的准备及提供时间	同期资料	准备时间	提供时间
	主体文档	会计年度终了之日起 12 个月内	税务机关要求之日起 30 日内
	本地文档	关联交易发生的次年 6 月 30 日前	
	特殊事项文档		
税务机关的纳税核定权	企业不提供或提供虚假资料，税务机关核定其应纳税所得额的方法 ①参照同类或者类似企业的利润率水平核定 ②按照企业成本加合理的费用和利润的方法核定 ③按照关联企业集团整体利润的合理比例核定 ④其他合理方法		
补征税款和加收利息	①加收利息的期间 税款所属纳税年度的次年 6 月 1 日起至补缴税款之日止 ②利率 同期人民币贷款基准利率加 5% 【注意】加收的利息不得在计算应纳税所得额时扣除		
纳税调整的时效	企业与其关联方之间的业务往来，不符合独立交易原则，或者企业实施其他不具有合理商业目的的安排，税务机关有权在该业务发生的纳税年度起“10 年内”，进行纳税调整		

【例题·判断题】甲公司持有乙公司 50% 的股权，乙公司持有丙公司 30% 的股权，在认定关联关系时，甲公司对丙公司的持股比例应认定为 15%。（　　）

【答案】×

【解析】本题考核关联关系的认定标准。一方通过中间方对另一方间接持有股份的，只要其对中间方持股比例达到 25% 以上，则其对另一方的持股比例按照中间方对另一方的持股比例计算。

【例题·判断题】企业执行预约定价安排的，可以不准备涉及关联交易的主体文档、本地文档和特殊事项文档，且关联交易金额不计入关联交易金额范围。（　　）

【答案】×

【解析】本题考核预约定价安排。企业仅与境内关联方发生关联交易的，可以不准备“主体文档、本地文档和特殊事项文档”。

【例题·单选题】根据《企业所得税法》的规定，下列利息支出可以在企业所得税税前扣除的是（　　）。

A. 逾期偿还贷款的银行罚息

B. 非银行企业内营业机构之间支付的利息

C. 税务机关对关联交易进行调整，对补税税额按国务院规定加收的利息

D. 经过 12 个月以上的建造才能达到预定可销售状态的存货建造发生借款的利息支出

【答案】A

【解析】只有逾期偿还贷款的银行罚息可以在企业所得税税前扣除。

【例题·单选题】某企业注册资本为 3 000 万元。2020 年按同期金融机构贷款利率从其关联方借款 6 800 万元，发生借款利息 408 万元。该企业在计算企业所得税应纳税所得额时，准予扣除的利息金额为（　　）。

A.408 万元　　B.360 万元

C.180 万元　　D.90 万元

【答案】B

【解析】企业实际支付给关联方的利息支出，除另有规定外，其接受关联方债权性投资与其权益性投资的比例为：2∶1（除金融企业外）。该企业的注册资本为 3 000 万元，关联方债权性投资不应超过 3 000×2=6 000（万元），现借款 6 800 万元，准予扣除的利息金额是 6 000 万元产生的利息，即 6 000÷6 800×408=360（万元）。

（四）让自己保持饥饿状态

在之前的饿猫实验中，猫必须处于饥饿状态。如果猫吃得很饱，把它放进迷箱后，它很可能不会做出任何试图逃出迷箱的行为，而是蜷缩在那里睡觉。所以，对学习的解释必须包括某种动机原理。

其实，我们考试也一样，每个人处于“饥饿”的状态不一样，因此对待学习的紧迫性也不一样。一般大城市中的生存压力大。一个无房无车、中等生活水平的人，月薪 1 万元在重庆生活得怎么样？请看数据：

养老保险 10 000×8%=800（元），医疗保险 10 000×2%=200（元），失业保险 10 000×1%=100(元)，公积金 10 000×7%=700（元）。三险一金总和：800+200+100+700=1 800(元)。

个税起征：5 000 元；个税 =0。

实际到手 =10 000–1 800 =8 200（元）。

租房：一般地角，一般装修，一室一厅，房租 1 500 元 / 月。

剩余：8 200–1 500=6 700（元）。

水、电、煤气、宽带、有线电视、物业费共计400元。

剩余：6 700–400=6 300（元）。

交通：2元（倒车）×2（来回）×22天=88（元），还好有公交卡包月40元，偶尔迟到，加班打的算100元。

剩余：6 300–40–100=6 160（元）。

早餐5元，午餐15元，晚餐10元，不算零食、下午茶、点心……

30×30=900（元）。

剩余：6 160–900=5 260（元）。

生活用品：牙膏、牙刷、洗发水、手纸……不算化妆品、护肤品，不做头发！每月只用100元！

剩余：5 260–100=5 160（元）。

衣裤鞋包，不买新品，直奔打折的地方，500元怕是只能买一样……

剩余：5 160–500=4 660（元）。

电话费、流量费：150元。

剩余：4 660–150=4 510（元）。

交友费用：没女朋友每月1 000元，有女朋友每月2 000元，折中1 500元。

剩余：4 510–1 500=3 010（元）。

以每2个月出现一次朋友或同学结婚、生小孩、生日等事件的频率计算，每月平摊500元。

剩余：3 010–500=2 510（元）。

给父母800元，平摊每月短途旅行费用200元。

剩余：2 510–1 000=1 510（元）。

还剩1 510元！当然，这是在男人不抽烟、不喝酒、不泡吧的基础上……在女人不化妆、不护肤、不做头发的基础上……月薪1万元的生活都不过如此。生活如此艰辛，怎能不学习？！怎能不努力？！

可能有人会说，既然大城市生活如此艰辛，那为什么还要待在大城市呢？回家乡发展也很好啊！

但让我困惑的是，这些说要回家乡发展的人自己偏偏留在大城市。这就形成了一个悖论：为什么他认为回家乡发展很好，自己却不回去？大城市到底有什么好？

直到有一天，看了一个美国学者写的一篇关于城市文化的文章，我才搞明白。在文章中他算了一笔账：假设一万个人中能出一个天才，大城市里人多，所以出的天才多。如果是相对比较孤立的小群体，比如乡村，可能出现一个天才的时间间隔就会变得很长，要多少代才出一个天才。当然，这不重要，重要的是当你处于一个孤立的小群体时，纵使你是天才，自己也没有办法知道。比如，你可能有绘画的天赋，但是你没有办法去听大画家的讲座，也没有办法在周末去美术馆参观，你很可能不知道自己有绘画的天赋。再比如，你对数字非常敏感，你本可以朝财务行业发展，但是你整天待在小镇上，你怎么知道你对数字敏感，你有做会计的天赋呢？也许你就天天拿个小铁锹敲敲打打一辈子。

在农村，你甚至都不知道自己长得有多漂亮。我有个朋友在一所农村中学教书，她班上有一个女生长得非常漂亮，鹅蛋型的脸，精致的五官简直是万里挑一，还有一对小酒窝，笑起来特别迷人。她觉得那个女生比她见过的明星都漂亮，再说明星们都是化过妆的，而那女生每天都是素颜。而且这女生文采、口才都不错，胆子也大，让她上台讲什么或表演什么一点都不怯场，天生就是当明星或者主持人的料。可惜这女生生在穷山沟里，家境也一般，没有条件让她朝这方面发展。再加上她理科不行，没考上高中，很早就嫁人了，几年后就成了典型的农村妇女。如果她不嫁人，来城市发展，说不定会碰到一个星探，再一包装，也许就是一个大明星，或者进一个文化公司打杂，也有出路，最不济，也能去公司做个前台。只要自己继续努力，不放弃，肯定有机会的。

我笑着说，你当初怎么不把她带出来啊，你是老师啊？

她苦笑着说，我怎么带啊？我自己当时也在农村教书，但和她不同的是，我时刻都在努力拼命地往大城市跑！

乡村或者小城镇并非没有天才，而是天才也许永远没有办法知道自己是天才。而在能够提供大量机会的大城市，你的才能更有可能被激活。机会越多的城市，竞争越激烈，生存的压力会迫使你不断地去学习，不断地去尝试，就像那只饿猫，碰了无数次壁后，终于找到出路。

所以，不管大城市的房价有多贵，竞争压力有多大，我还是要勇往直前。人在饥饿的时候，才会努力地找食，才能把自己的潜能发挥到极致，因为适者生存是大自然法则。只有通过竞争，才能发现自己的缺点，从而去弥补，去提高。更重要的是，通过竞争才知道自己的优点，从而将其发扬光大，并找到那条独属于自己的路。

第八章

相关法律制度

（一）像玩拼图一样去学习

杜老师最讨厌我看书从第一页看起。每次，我拿到一本新书就打开第一章看的时候，他就会说，你这毛病怎么就改不了。看书，应该就像玩拼图游戏一样，先看整体，再看局部。

“你玩过拼图游戏吗？”

“玩过。”

“那你说，你现在去商场买一套拼图玩具回来，你会怎么做？你的整个步骤会是什么样的？”

“先看一下包装上的图画，心中有一个轮廓，然后把外框拼好，再从外向内，这种方法拼得比较快。”

“认识一个问题从总的概貌入手，然后去了解细节，就像我们面对一个陌生的城市，研究一张地图，比一条街一条街去走要快得多。”

经杜老师这么一启发，我还真的较起劲来了。跑到商场买了一副拼图。把自己拼图的每一个详细的步骤都记录下来，看怎么快速地把一副图拼完。

1. 打开包装纸；

2. 看盒子上的图案；

3. 看说明书，留意说明书上的拼图数目及尺寸；

4. 估计完成的时间；

5. 找一个大小合适的平面放拼版；

6. 打开盒子，把盒子里的东西倒在一个专门的盘子里；

7. 检查拼图数与说明书上是否一致；

8. 找出边、角板；

9. 拼入最明显的部分；

10. 再继续拼；

11. 留下难的（因为随着整体图案越来越清晰及拼入的板块数目的不断增加，那些难拼的很容易通过上下结构找到相应的位置）；

12. 继续，直到完成。

学习也应该这样，如果一看书就从第一页开始，就好比你在那个拼版上拼命地寻找某个版图，因为你觉得，只有从左开始拼才是正确的，从左上角一直拼到右下角，这个图才可以拼完。确实，这样你也能拼完，但是你得花很多很多时间。

我们要以拼图的心态去学习，首先是看书籍的总体架构，然后再看某章节的架构体系，从而把框架定好。比如：第八章的框架非常简单，有国有资产法、专利法、商标法等，它们之间都是并列关系。然后再去提炼考点，不理解也没有关系，慢慢你会理解的，就像拼图一样，拼着拼着，你的思路就清晰了。对于不太明白的地方，你还可以精读细读。对于实在不理解的，还可以强化，多做几个对应的习题或者向他人请教。

（二）本章通关地图（见图 8–1）

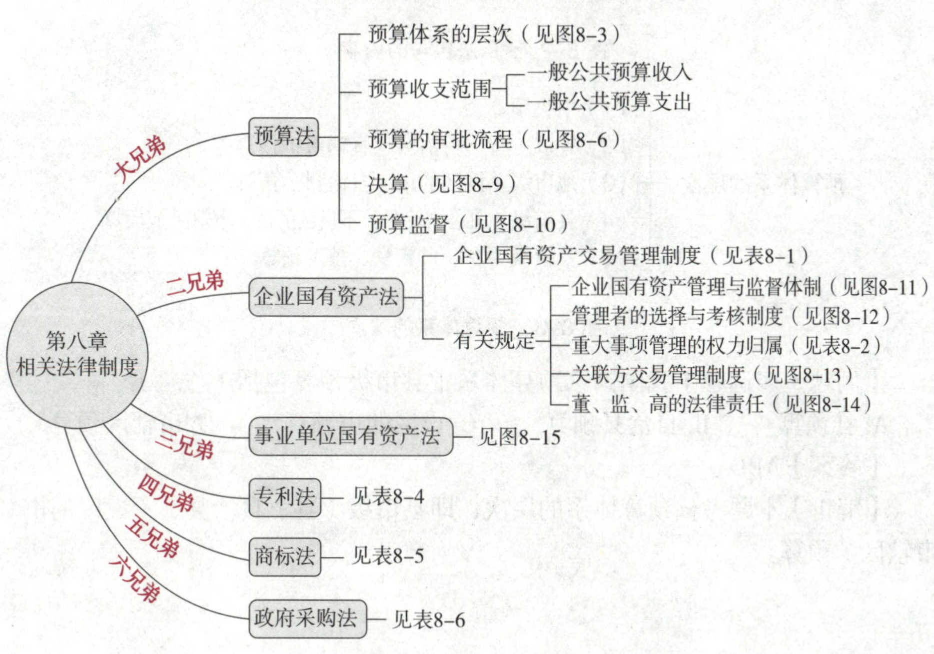

图 8–1 本章通关地图

（三）高频考点提炼

考点一：预算法（如图 8-2、图 8-3 所示）

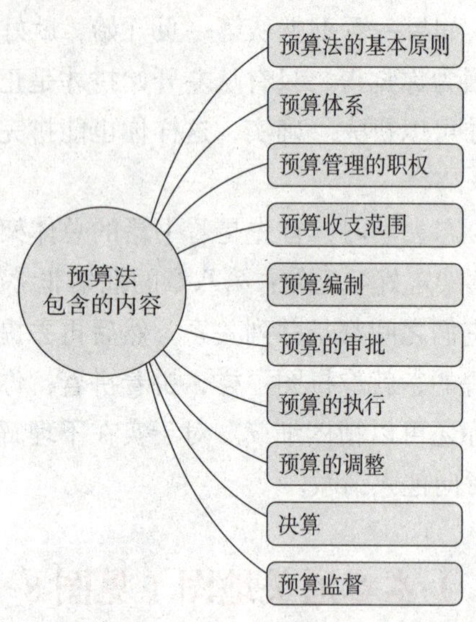

图 8-2 预算法包含的内容

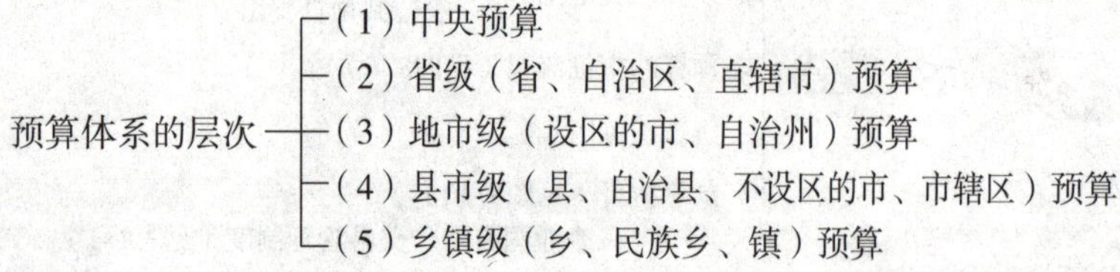

图 8-3 预算体系的层次

【例题·多选题】我国国家预算体系中县市级预算包括（　　）。

A. 县预算　B. 自治县预算　C. 设区的市预算　D. 市辖区预算

【答案】ABD

【解析】本题考核预算体系的层次，即县市级（县、自治县、不设区的市、市辖区）预算。

预算收支范围如图 8–4 所示。

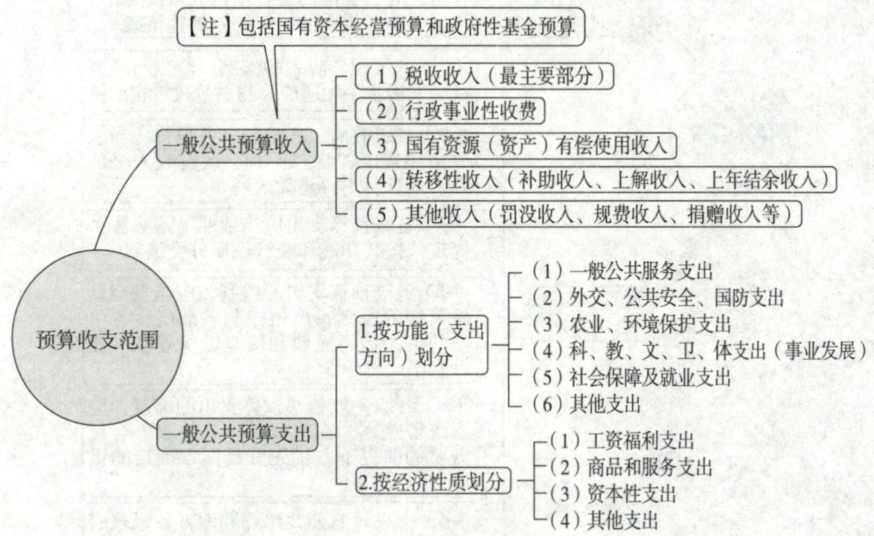

图 8–4　预算收支范围

【例题 · 单选题】我国一般公共预算收入最主要的部分是（　　）。

A. 国有资源有偿使用收入

B. 行政事业性收费

C. 税收收入

D. 转移性收入

【答案】C

【解析】税收收入是国家预算收入最主要的部分，在很多国家的财政收入中，税收收入占其预算收入总额的 90% 以上，中国也概莫能外。

预算编制如图 8-5 所示。

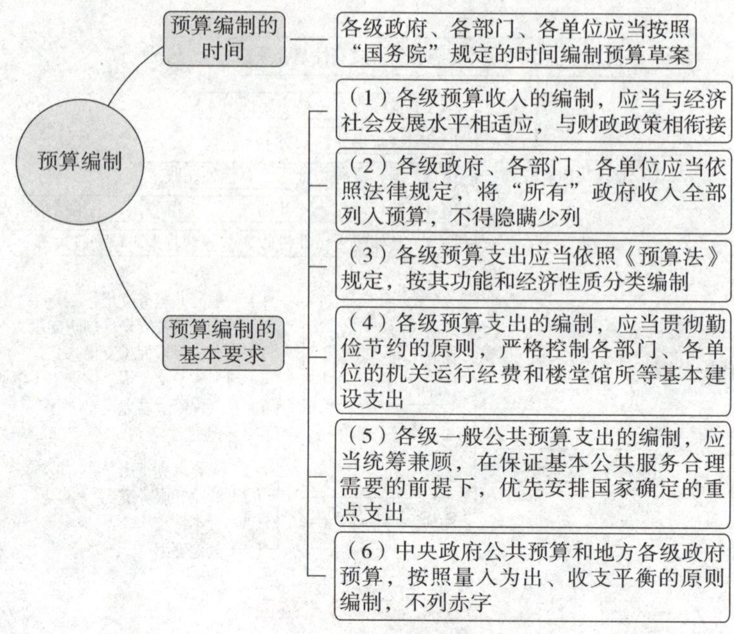

图 8-5 预算编制

预算的审批流程如图 8-6 所示。

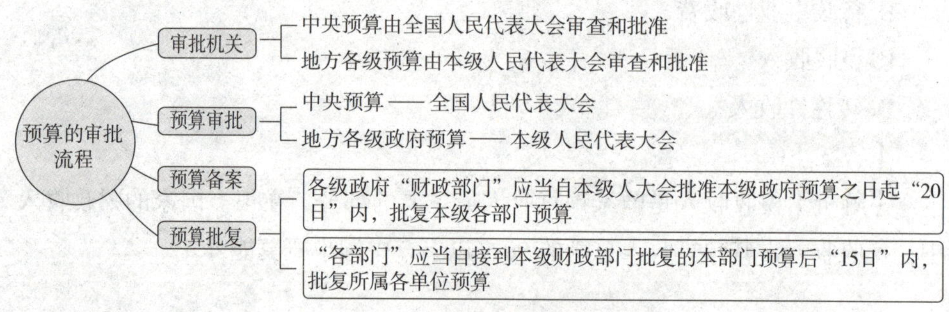

图 8-6 预算的审批流程

【例题·单选题】各级预算经本级人民代表大会批准后，本级政府财政部门应当在（ ）日内向本级各部门批复预算。

A.10　　B.15　　C.20　　D.30

【答案】C

【解析】各级政府“财政部门”应当自本级人大会批准本级政府预算之日起“20 日”内，批复本级各部门预算。

预算的执行如图 8–7 所示。

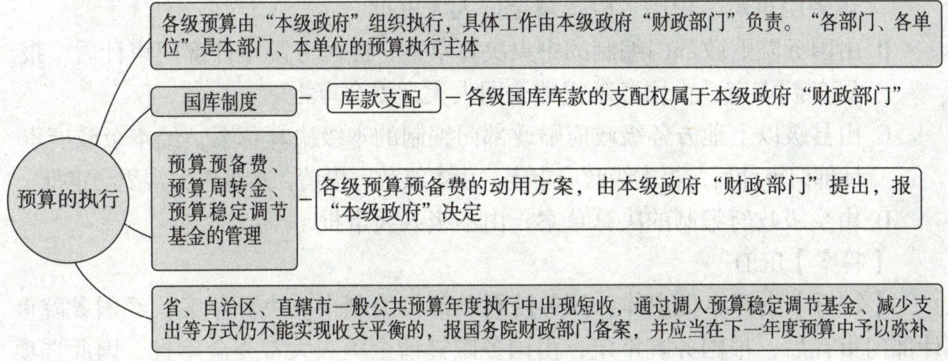

图 8–7　预算的执行

预算的调整如图 8–8 所示。

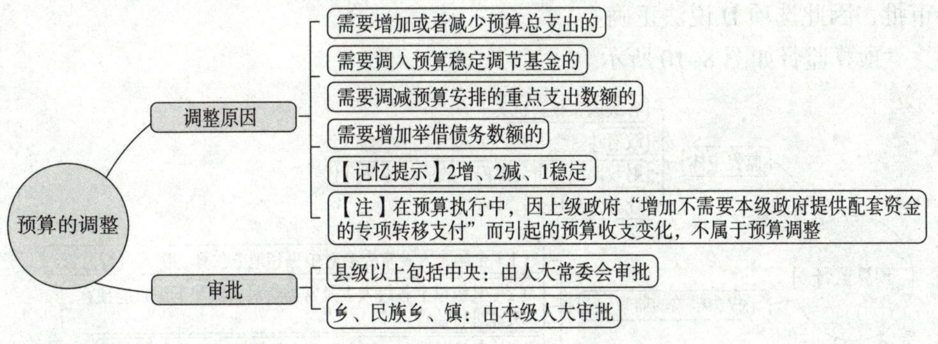

图 8–8　预算的调整

决算如图 8–9 所示。

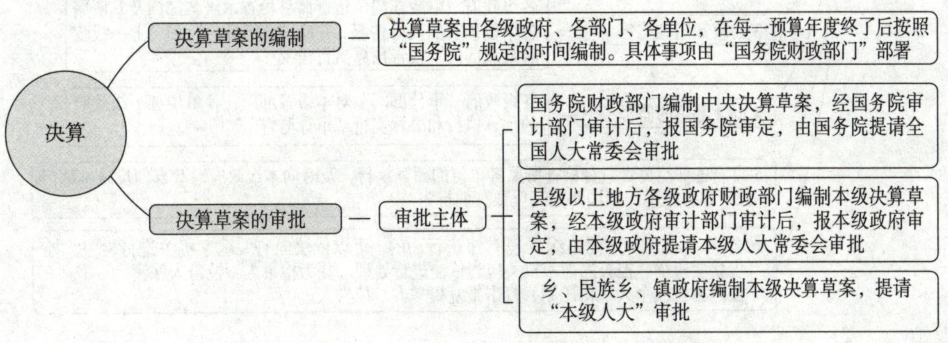

图 8–9　决算

【例题 · 多选题】根据预算法的规定，下列关于决算审批的表述中，正确的有（　　）。

A. 由国务院财政部门编制的中央决算草案，经国务院审计部门审计后，报国务院审定，由国务院提请全国人大审批

B. 由国务院财政部门编制的中央决算草案，经国务院审计部门审计后，报国务院审定，由国务院提请全国人大常委会审批

C. 由县级以上地方各级政府财政部门编制的本级决算草案，经本级政府审计部门审计后，报本级政府审定，由本级政府提请，本级人大常委会审批

D. 由乡级政府编制的决算草案，由本级人大审批

【答案】BCD

【解析】决算审批主体：国务院财政部门编制中央决算草案，经国务院审计部门审计后，报国务院审定，由国务院提请全国人大常委会审批，因此选项B说法正确；县级以上地方各级政府财政部门编制本级决算草案，经本级政府审计部门审计后，报本级政府审定，由本级政府提请本级人大常委会审批，因此选项C说法正确；乡、民族乡、镇政府编制本级决算草案，提请“本级人大”审批，因此选项D说法正确。

预算监督如图 8–10 所示。

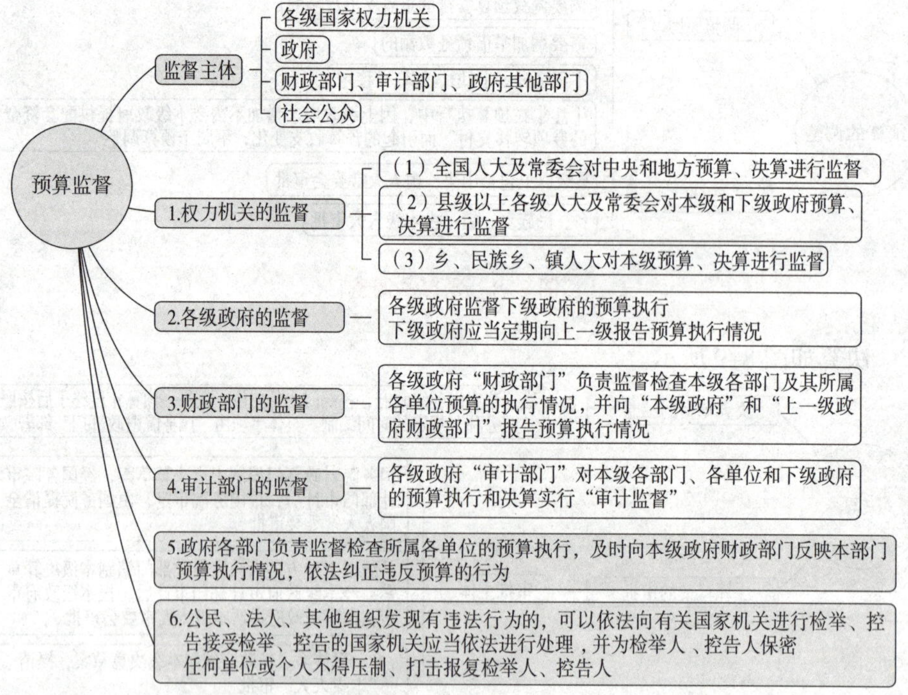

图 8–10　预算监督

【例题·多选题】下列有关预决算管理监督的表述中，正确的有（　）。

A. 全国人民代表大会及其常务委员会对中央和地方预算、决算进行监督

B. 县级以上地方各级人民代表大会及其常务委员会对本级和下级政府预算、决算进行监督

C. 乡、民族乡、镇人民代表大会对本级预算、决算进行监督

D. 各级政府财政部门负责监督本级各部门及其所属各单位预算的执行，并向上一级政府报告预算执行情况

【答案】ABC

【解析】根据有关规定，各级政府“财政部门”负责监督检查本级各部门及其所属各单位预算的执行，并向“本级政府”和“上一级政府财政部门”报告预算执行情况，因此选项 D 说法错误。

【例题·单选题】对本级各部门、各单位和下级政府的预算执行、决算实施审计监督的部门是（　　）。

A. 各级政府财政部门

B. 各级政府

C. 各级政府审计部门

D. 上一级政府财政部门

【答案】C

【解析】各级政府“审计部门”对本级各部门、各单位和下级政府的预算执行和决算实行“审计监督”，因此选项 C 当选。

考点二：企业国有资产法律制度

一、企业国有资产交易管理制度（见表 8–1）

表 8–1　　企业国有资产交易管理制度

<table>
<tr><th></th><th>持股比例</th><th>纳入监管范围</th><th>不纳入监管范围</th></tr>
<tr><td rowspan="5">1. 适用对象</td><td>100%</td><td>国有独资企业（公司）、国有全资企业</td><td>—</td></tr>
<tr><td rowspan="2">＞50%</td><td>国有控股企业 + 最大股东为国资</td><td>国有控股企业 + 最大股东“非”国资</td></tr>
<tr><td>国有控股“子”企业</td><td>—</td></tr>
<tr><td rowspan="2">＜50%</td><td>—</td><td>国有“非”控股“子”企业</td></tr>
<tr><td>国有非控股企业 + 最大股东为国资 + 实际控制</td><td>国有非控股企业 + 最大股东“非”国资 + “不能”实际控制</td></tr>
<tr><td>2. 交易行为</td><td colspan="3">（1）产权转让
（2）企业增资
【注】政府以增加资本金方式对国家出资企业的投入除外
【提示】不会稀释国有股权
（3）资产转让</td></tr>
<tr><td>3. 监管模式</td><td colspan="3">二元化管理</td></tr>
<tr><td rowspan="4">4. 企业产权转让</td><td colspan="3">（1）审批</td></tr>
<tr><td>审批事项</td><td>审批机构</td><td>注意事项</td></tr>
<tr><td>国家出资企业的产权转让</td><td>国资监管机构审批</td><td>因转让致使国家失去控制权的，须报本级政府批准</td></tr>
<tr><td>子企业的产权转让</td><td>国家出资企业审批</td><td>主业为关系国家安全、国民经济命脉的重要行业和关键领域，主要承担重大专项任务子企业的产权转让的，须报同级国资监管机构批准</td></tr>
</table>

<table>
<tr><td rowspan="14">4. 企业产权转让</td><td>多家国有股东共同持股企业的产权转让</td><td colspan="2">持股比例最大的国有股东</td><td>各股东持股比例相同，协商后确定由其中一家股东负责</td></tr>
<tr><td colspan="4">（2）信息披露
①产权转让原则上通过产权市场公开进行
②采取信息预披露与正式披露相结合的方式，其中正式披露信息时间不得少于 20 个工作日
③因产权转让导致转让标的企业“实际控制权发生转移”的，转让方应在获批后 10 个工作日内通过“产权交易机构”进行信息预披露，时间不得少于 20 个工作日
【注】“实际控制权发生转移”的信息“预披露 + 正式披露”时间不少于 40 个工作日</td></tr>
<tr><td colspan="4">（3）受让方确定
①产权转让原则上不得针对受让方设置资格条件，确需设置的，不得有明确指向性或违反公平竞争原则，所设资格条件的相关内容应当在信息披露前报同级国资监管机构备案
②“产权交易机构”负责意向受让方的登记工作，对意向受让方是否符合受让条件提出意见并反馈给转让方
【注】产权交易机构与转让方意见不一致的，由“转让行为批准单位”决定意向受让方是否符合受让条件
③“信息披露期满”未征集到意向受让方的，可以延期或在降低底价、变更受让条件后重新进行披露
④自首次正式披露信息之日起“超过 12 个月”未征集到合格受让方的，应当重新履行审计、资产评估以及信息披露等程序</td></tr>
<tr><td colspan="4">（4）转让价格的确定</td></tr>
<tr><td colspan="3">时点</td><td>要求</td></tr>
<tr><td colspan="3">首次正式信息披露</td><td>转让底价不得低于经核准或备案的转让标的评估结果</td></tr>
<tr><td>降低转让底价或变更受让条件后重新披露</td><td colspan="2">披露时间</td><td>不得少于“20 个工作日”</td></tr>
<tr><td rowspan="6">受让方确定后</td><td colspan="2">新底价＜评估结果的 90%</td><td>经转让行为批准单位书面同意</td></tr>
<tr><td colspan="2">达成交易</td><td>签订产权交易合同
【注】双方“不得”以交易期间企业经营性损益等理由对已达成的交易条件和价格进行调整</td></tr>
<tr><td colspan="2">交易价款</td><td>以人民币计价并通过产权交易机构以“货币”结算</td></tr>
<tr><td colspan="2">一次性付款</td><td>自合同生效之日起 5 个工作日内付清</td></tr>
<tr><td rowspan="2">分期支付</td><td>首期</td><td>≥总价款的 30%，并在合同生效之日起 5 个工作日内支付</td></tr>
<tr><td>其余</td><td>提供担保，支付利息，付款期限不得超过 1 年</td></tr>
<tr><td colspan="4">（5）非公开协议转让
①涉及主业处于关系国家安全、国民经济命脉的重要行业和关键领域企业的重组整合，对受让方有特殊要求，企业产权需要在国有及国有控股企业之间转让的，经“国资监管机构”批准，可以采取非公开协议转让方式
②同一国家出资企业及其各级控股企业或实际控制企业之间因实施内部重组整合进行产权转让的，经“该国家出资企业”审议决策，可以采取非公开协议转让方式
【注】采取非公开协议转让方式转让企业产权的，转让价格“不得低于”经核准或备案的评估结果</td></tr>
</table>

续表

5. 增资	（1）审批 同产权转让 （2）信息披露 企业增资通过产权交易机构网站对外披露信息公开征集投资方，时间不得少于“40个工作日” （3）非公开增资	
	批准（决策）方	增资事由
	国资监管机构	出于国有资本布局结构调整需要，由特定的国有及国有控股企业或国有实际控制企业参与增资
		出于国家出资企业与特定投资方建立战略合作伙伴或利益共同体的需要，由该投资方参与国家出资企业或其子企业的增资
	该国家出资企业	国家出资企业直接或指定其控股、实际控制的其他子企业参与增资
		企业债权转为股权
		原股东增资
6. 企业资产转让	标的金额（万元）	公告期（工作日）
	100＜转让底价≤1 000	≥10
	转让底价＞1 000	≥20
	产权转让	预披露＋正式披露（≥20）
	增资	≥40

二、企业国有资产法律制度

（一）企业国有资产管理与监督体制（如图 8-11 所示）

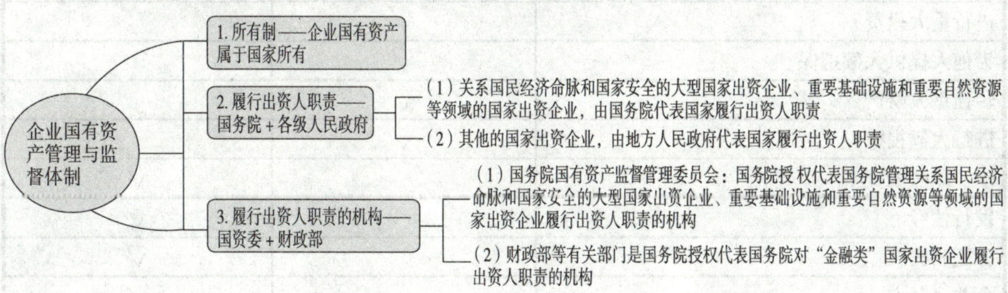

图 8-11　企业国有资产管理与监督体制

（二）国家出资企业管理者的选择与考核制度（如图 8-12 所示）

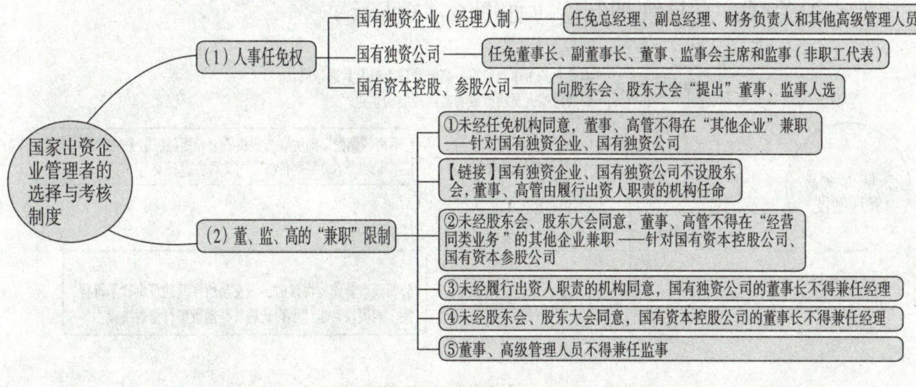

图 8-12　国家出资企业管理者的选择与考核制度

（三）重大事项管理的权利归属（见表 8-2）

表 8-2　重大事项管理的权利归属

1. 履行出资人职责的机构决定或组织机构决定事项	（1）国有独资企业、国有独资公司 履行出资人职责的机构决定： ①合并、分立；②增加或者减少注册资本；③发行债券；④分配利润；⑤解散、申请破产；⑥改制 国有独资企业（企业负责人集体）、国有独资公司（董事会）： ①进行重大投资；②为他人提供大额担保；③转让重大财产；④进行大额捐赠 （2）国有资本控股公司、国有资本参股公司 股东（大）会或董事会决定 ①合并、分立；②增加或者减少注册资本；③发行债券；④分配利润；⑤解散、申请破产；⑥改制；⑦进行重大投资；⑧为他人提供大额担保；⑨转让重大财产；⑩进行大额捐赠
2. 报请本级人民政府批准事项	重要的国有独资企业、国有独资公司、国有资本控股公司合并、分立、解散、申请破产、改制应当报请本级人民政府批准
3. 国家出资企业的合并、分立、改制、解散、申请破产等重大事项，应当听取企业工会的意见，并通过职工代表大会或者其他形式听取职工的意见和建议	

（四）国有独资企业或国有独资公司决定事项比较（见表 8-3）

表 8-3　国有独资企业或国有独资公司决定事项比较

重大事项	董事会或负责人集体讨论	履行出资人职责的机构
进行重大投资	√	
为他人提供大额担保	√	
转让重大财产	√	
进行大额捐赠	√	
增、减注册资本		√
发行债券		√
分配利润		√
合并、分立		√
解散、申请破产		√
改制		√

（五）关联方交易管理制度（如图 8-13 所示）

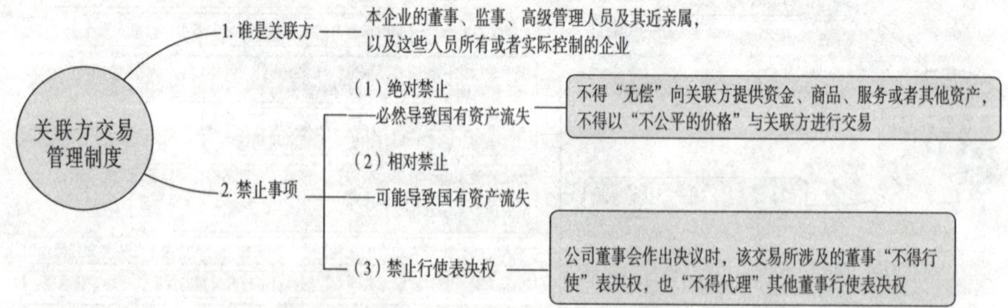

图 8-13　关联方交易管理制度

（六）董、监、高的法律责任（如图 8-14 所示）

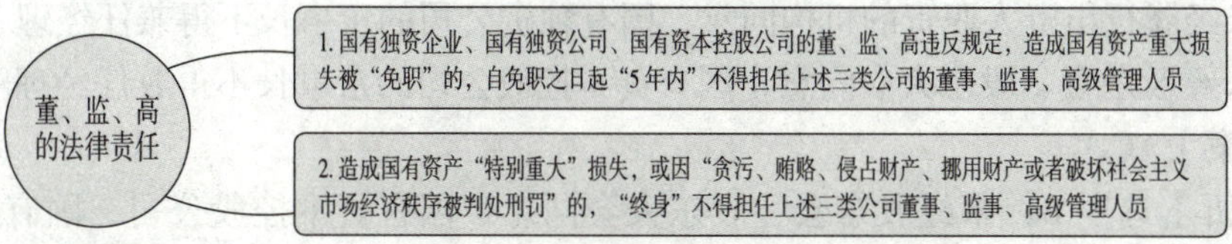

图 8-14 董、监、高的法律责任

【例题·单选题】根据企业国有资产法律制度的规定，下列关于企业国有资本经营预算的表述中，不正确的是（ ）。

A. 国有资产转让收入应当纳入国有资本经营预算

B. 从国家出资企业分得的利润应当纳入国有资本经营预算

C. 企业国有资本经营预算按年度单独编制，纳入本级人民政府预算，报本级人民政府批准

D. 预算支出按照当年预算收入规模安排，不列赤字

【答案】C

【解析】企业国有资本经营预算按年度单独编制，纳入本级人民政府预算，报本级人民代表大会批准。

【例题·单选题】甲曾担任某国有独资公司董事，后因违反规定造成国有资产重大损失被免职。根据企业国有资产法律制度的规定，甲自被免职之日起一定期限内，不得再担任国有独资公司的董事。该期限是（ ）。

A. 2 年　　B. 3 年

C. 5 年　　D. 10 年

【答案】C

【例题·多选题】根据企业国有资产法律制度的规定，国有独资公司的下列人员中，由履行出资人职责的机构任免的有（ ）。

A. 董事长、副董事长　　B. 总经理

C. 监事会主席　　D. 财务负责人

【答案】AC

【解析】国有独资公司的董事长、副董事长、董事、监事会主席和监事由履行出资人职责的机构任免。

【例题·多选题】根据企业国有资产法律制度的规定，下列关于国家出资企业管理者兼职限制的表述中，正确的有（ ）。

A. 未经履行出资人职责的机构同意，国有独资企业、国有独资公司的董事、高级管理人员不得在其他企业兼职

B. 未经股东会、股东大会同意，国有资本控股公司、国有资本参股公司的

董事、高级管理人员不得在其他企业兼职

C. 未经履行出资人职责的机构同意，国有独资公司的董事长不得兼任经理

D. 未经股东会、股东大会同意，国有资本控股公司的董事长不得兼任经理

【答案】ACD

【解析】选项 B：未经股东会、股东大会同意，国有资本控股公司、国有资本参股公司的董事、高级管理人员不得在经营“同类业务”的其他企业兼职。

【例题·多选题】根据企业国有资产法律制度的规定，下列各项中，属于国家出资企业改制的形式的有（　　）。

A. 国有独资企业改为国有独资公司

B. 国有独资公司改为国有资本控股公司

C. 国有独资公司改为非国有资本控股公司

D. 国有资本控股公司改为非国有资本控股公司

【答案】ABCD

【例题·多选题】根据企业国有资产法律制度的规定，某重要的国有资本控股公司的下列事项中，应当报请本级人民政府批准的有（　　）。

A. 发行公司债券　　B. 增加注册资本

C. 申请破产　　D. 改制为非国有资本控股公司

【答案】CD

【解析】重要的国有资本控股公司的合并、分立、解散、申请破产、改制，应当报请本级人民政府批准。

【例题·多选题】下列关于涉及国有资产出资人权益的重大事项决策的表述中，符合企业国有资产法律制度规定的有（　　）。

A. 国有独资公司进行大额捐赠，应由企业职工代表大会讨论决定

B. 国有独资公司进行重大投资，可由董事会决定

C. 重要的国有资本控股公司分立，履行出资人职责的机构在向其委派参加公司股东会或股东大会会议的股东代表作出指示前，应当报请本级人民政府批准

D. 企业改制涉及重新安置企业职工的，还应当制定职工安置方案，并经职工（代表）大会审议通过

【答案】BCD

【解析】国有独资公司进行大额捐赠的，由董事会决定。

【例题·多选题】根据国有资产管理法律制度的规定，除法律、行政法规另有规定外，事业单位的下列行为中，应当报同级财政部门审批的有（　　）。

A. 利用国有资产对外投资　　B. 国有资产的出租

C. 国有资产的出借　　D. 利用国有资产进行担保

【答案】ABCD

【解析】事业单位利用国有资产对外投资、出租、出借和担保，应当进行必要的可行性论证，并提出申请，经主管部门审核同意后，报同级财政部门审批。

【例题·多选题】下列关于国有资产交易信息披露时间的说法中，正确的有(　　)。

A. 产权转让正式披露信息时间不得少于 20 个工作日

B. 企业增资通过产权交易机构网站对外披露信息公开征集投资方，时间不得少于 20 个工作日

C. 转让底价高于 100 万元、低于 1 000 万元的资产转让项目，信息公告期应不少于 10 个工作日

D. 转让底价高于 1 000 万元的资产转让项目，信息公告期应不少于 20 个工作日

【答案】ACD

【解析】本题考核国有资产信息披露。企业增资通过产权交易机构网站对外披露信息公开征集投资方，时间不得少于 40 个工作日，选项 B 错误。

【例题·判断题】未经股东会、股东大会同意，国有资本控股公司的董事长不得兼任经理。(　　)

【答案】√

【例题·判断题】国有资本控股公司、国有资本参股公司与关联方进行交易，董事会对该交易事项作出决议时，该交易涉及的董事不得行使表决权，也不得代理其他董事行使表决权。(　　)

【答案】√

【例题·判断题】未经履行出资人职责的机构同意，国有独资公司不得为关联方提供担保。(　　)

【答案】√

【例题·判断题】国有资本经营预算按年度单独编制，纳入本级人民政府预算，报本级人民政府批准。(　　)

【答案】×

【解析】国有资本经营预算按年度单独编制，纳入本级人民政府预算，报本级人民代表大会批准，而非人民政府。

【例题·判断题】国有独资企业、国有独资公司、国有资本控股公司的董事、监事、高级管理人员违反规定，造成国有资产重大损失被免职的，自免职之日起 10 年内不得担任国有独资企业、国有独资公司、国有资本控股公司的董事、监事、高级管理人员。(　　)

【答案】×

【解析】造成国有资产重大损失被免职的，自免职之日起 5 年内不得担任

国有独资企业、国有独资公司、国有资本控股公司的董事、监事、高级管理人员。

【例题·判断题】国有独资企业、国有独资公司、国有资本控股公司的董事、监事、高级管理人员违反规定，造成国有资产特别重大损失被免职的，自免职之日起5年内不得担任国有独资企业、国有独资公司、国有资本控股公司的董事、监事、高级管理人员。（ ）

【答案】×

【解析】造成国有资产“特别重大损失”被免职的，“终身”不得担任国有独资企业、国有独资公司、国有资本控股公司的董事、监事、高级管理人员。

考点三：事业单位国有资产法律制度（如图 8–15 所示）

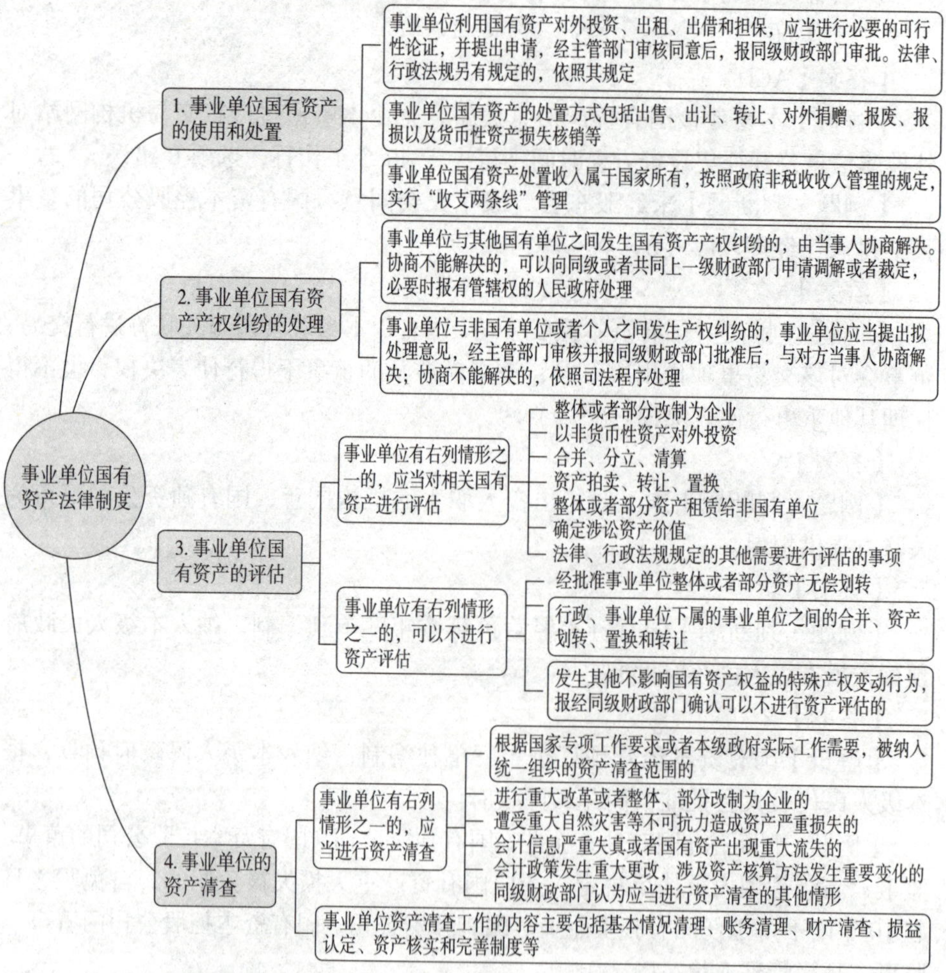

事业单位国有资产法律制度

- 1. 事业单位国有资产的使用和处置
  - 事业单位利用国有资产对外投资、出租、出借和担保，应当进行必要的可行性论证，并提出申请，经主管部门审核同意后，报同级财政部门审批。法律、行政法规另有规定的，依照其规定
  - 事业单位国有资产的处置方式包括出售、出让、转让、对外捐赠、报废、报损以及货币性资产损失核销等
  - 事业单位国有资产处置收入属于国家所有，按照政府非税收收入管理的规定，实行“收支两条线”管理
- 2. 事业单位国有资产产权纠纷的处理
  - 事业单位与其他国有单位之间发生国有资产产权纠纷的，由当事人协商解决。协商不能解决的，可以向同级或者共同上一级财政部门申请调解或者裁定，必要时报有管辖权的人民政府处理
  - 事业单位与非国有单位或者个人之间发生产权纠纷的，事业单位应当提出拟处理意见，经主管部门审核并报同级财政部门批准后，与对方当事人协商解决；协商不能解决的，依照司法程序处理
- 3. 事业单位国有资产的评估
  - 事业单位有右列情形之一的，应当对相关国有资产进行评估
    - 整体或者部分改制为企业
    - 以非货币性资产对外投资
    - 合并、分立、清算
    - 资产拍卖、转让、置换
    - 整体或者部分资产租赁给非国有单位
    - 确定涉讼资产价值
    - 法律、行政法规规定的其他需要进行评估的事项
  - 事业单位有右列情形之一的，可以不进行资产评估
    - 经批准事业单位整体或者部分资产无偿划转
    - 行政、事业单位下属的事业单位之间的合并、资产划转、置换和转让
    - 发生其他不影响国有资产权益的特殊产权变动行为，报经同级财政部门确认可以不进行资产评估的
- 4. 事业单位的资产清查
  - 事业单位有右列情形之一的，应当进行资产清查
    - 根据国家专项工作要求或者本级政府实际工作需要，被纳入统一组织的资产清查范围的
    - 进行重大改革或者整体、部分改制为企业的
    - 遭受重大自然灾害等不可抗力造成资产严重损失的
    - 会计信息严重失真或者国有资产出现重大流失的
    - 会计政策发生重大更改，涉及资产核算方法发生重要变化的
    - 同级财政部门认为应当进行资产清查的其他情形
  - 事业单位资产清查工作的内容主要包括基本情况清理、账务清理、财产清查、损益认定、资产核实和完善制度等

图 8–15　事业单位国有资产法律制度

【例题·单选题】根据事业单位国有资产管理法律制度的规定，下列情形中，事业单位可以不进行国有资产评估的是（　）。

A. 事业单位整体改制为企业　　B. 事业单位部分资产租赁给非国有单位

C. 事业单位分立　　D. 事业单位整体资产经批准无偿划转

【答案】D

【例题·多选题】根据国有资产管理法律制度的规定，下列各项中，属于事业单位国有资产处置方式的有（　）。

A. 国有资产的出让　　B. 国有资产的对外捐赠

C. 国有资产的报损　　D. 国有资产的报废

【答案】ABCD

【解析】事业单位的国有资产处置方式包括出售、出让、转让、对外捐赠、报废、报损以及货币性资产损失核销等。

【例题·判断题】事业单位将部分国有资产租赁给非国有单位，对国有资产可以不进行资产评估。（　）

【答案】×

【解析】事业单位将整体或者部分资产租赁给非国有单位，应当进行资产评估。

考点四：专利法律制度（见表 8-4）

表 8-4　　专利法律制度

（一）专利权的客体	授予专利权的客体	1. 发明：包括产品发明和方法发明
		2. 实用新型：仅适于产品，要求比发明低
		3. 外观设计：对产品的**整体**或者**局部**的形状、图案或者其结合以及色彩与形状、图案的结合所做出的**富有美感**并**适于工业应用**的新设计
	不授予专利权的项目	（1）科学发现 （2）智力活动的规则和方法 （3）疾病的诊断和治疗方法（≠药品的生产方法） （4）动物和植物品种（≠动植物品种的生产方法） （5）原子核变换方法以及用原子核变换方法获得的物质 （6）对平面印刷品的图案、色彩或者二者的结合作出的主要起**标识作用**的设计
（二）专利权的主体	非职务发明的申请人	【提示】不是发明人： （1）只负责组织工作 （2）为物质技术条件利用提供方便或辅助
	职务发明创造的申请人	1. 专利权人为单位： （1）在本职工作中作出 （2）履行本单位交付的本职工作之外的任务 （3）退休、退职或者调动工作后"1 年内"作出的，与其在原单位承担的本职工作"有关"的发明创造
		2. 约定优先→单位 利用本单位的物质技术条件所完成的发明创造
	继受取得	1. 通过合同取得：专利申请权的转让自"登记之日"起生效 【提示】申请生效日：自"公告之日"起生效 2. 通过继承取得
	外国申请人	没有经常居所或营业场所，应委托专利代理机构办理

续表

<table>
<tr>
<td rowspan="3">（三）授予专利权的条件</td>
<td>三条件</td>
<td>
<table>
<tr><td></td><td>发明</td><td>实用新型</td><td>外观设计</td></tr>
<tr><td>新颖性</td><td>√</td><td>√</td><td>√</td></tr>
<tr><td>创造性</td><td>√</td><td>√</td><td>×</td></tr>
<tr><td>实用性</td><td>√</td><td>√</td><td>×</td></tr>
<tr><td colspan="4">【解释】创造性是指同申请日以前已有的技术相比，该发明有“突出”的实质性特点和“显著”的进步，该实用新型有实质性特点和进步</td></tr>
</table>
</td>
</tr>
<tr>
<td>新颖性必须满足下列条件</td>
<td>（1）不属于现有技术
（2）没有任何单位或者个人就同样的发明或者实用新型在“申请日以前”向国务院专利行政部门提出过申请，并记载在申请日以后公布的专利申请文件或者公告的专利文件中</td>
</tr>
<tr>
<td>不丧失新颖性</td>
<td>申请专利的发明创造在申请日以前6个月内，有下列情形之一的，不丧失新颖性
（1）在国家出现紧急状态或者非常情况时，为公共利益目的首次公开的
（2）在中国政府主办或者承认的国际展览会上首次展出的
（3）在规定的学术会议或者技术会议上首次发表的
（4）他人未经申请人同意而泄露其内容的</td>
</tr>
<tr>
<td rowspan="3">（四）授予专利权的原则</td>
<td>专利申请的原则</td>
<td>1. 诚实信用原则
申请专利应当遵循诚实信用原则，不得以虚构技术方案、编造试验数据等方式申请专利
2. 书面申请原则
3. 先申请原则
4. 一申请一发明原则
同样的发明创造只能授予一项专利权。但是，同一申请人同日对同样的发明创造既申请实用新型专利又申请发明专利，先获得的实用新型专利权尚未终止，且申请人声明放弃该实用新型专利权的，可以授予发明专利权</td>
</tr>
<tr>
<td>优先权原则</td>
<td>
<table>
<tr><td></td><td>外国优先权</td><td>本国优先权</td></tr>
<tr><td>发明、实用新型</td><td colspan="2">12个月内同样主题先在外国（或本国）申请又在本国申请，申请日为首次申请日</td></tr>
<tr><td>外观设计</td><td colspan="2">同上时间为6个月内</td></tr>
</table>
要求优先权
①申请人要求发明、实用新型专利优先权的，应当在申请的时候提出书面声明，并且在第一次提出申请之日起16个月内，提交第一次提出的专利申请文件的副本
②申请人要求外观设计专利优先权的，应当在申请的时候提出书面声明，并且在3个月内提交第一次提出的专利申请文件的副本
③申请人未提出书面声明或者逾期未提交专利申请文件副本的，视为未要求优先权
</td>
</tr>
<tr>
<td>专利权的保护范围</td>
<td>（1）发明或者实用新型专利权的保护范围以其权利要求的内容为准，说明书及附图可以用于解释权利要求
（2）外观设计专利权的保护范围以表示在图片中的该外观设计专利产品为准</td>
</tr>
</table>

续表

<table>
<tr><td rowspan="11">（五）专利权的内容及其保护与限制</td><td rowspan="3">未经专利权人许可，实施其专利的行为</td><td rowspan="2">发明或实用新型</td><td>专利产品</td><td>未经专利权人许可，不得为生产经营目的制造、使用、许诺销售、销售、进口其专利产品</td></tr>
<tr><td>专利方法</td><td>未经专利权人许可，不得使用其专利方法及使用、许诺销售、销售、进口依照该方法直接获得的产品</td></tr>
<tr><td colspan="2">外观设计</td><td>未经专利权人许可，不得为生产经营目的制造、许诺销售、销售、进口其外观设计专利产品</td></tr>
<tr><td rowspan="6">不属于专利侵权的行为</td><td colspan="2">（1）权利穷竭</td><td>专利产品由专利权人或者经其许可的单位、个人“售出后”使用、许诺销售、销售、进口该产品的</td></tr>
<tr><td colspan="2">（2）在先权利</td><td>在专利申请日前已经制造相同产品、使用相同方法或者已经做好制造、使用的必要准备，并且仅在原有范围内继续制造、使用的</td></tr>
<tr><td colspan="2">（3）临时过境</td><td>临时通过中国领陆、领水、领空的外国运输工具，依同中国签订的协议或国际条约，依照互惠原则，为运输工具自身需要而在其装置和设备中使用有关专利</td></tr>
<tr><td colspan="2">（4）非营利实施</td><td>专为科学研究和实验而使用有关专利的</td></tr>
<tr><td colspan="2">（5）药品及医疗器械强制审查</td><td>为提供行政审批所需的信息、制造、使用、进口专利药品或者专利医疗器械的，以及专门为其制造、进口专利药品或者专利医疗器械的</td></tr>
<tr><td colspan="3">【提示】在专利侵权纠纷中，被控侵权人有证据证明其实施的技术或者设计属于现有技术或者现有设计的，不构成侵犯专利权</td></tr>
<tr><td rowspan="2">发明或者实用新型专利强制许可</td><td colspan="3">情形有：
（1）专利权人自专利权被授予之日起满三年，且自提出专利申请之日起满四年，无正当理由未实施或未充分实施专利
（2）专利权人行使专利权的行为被依法认定为垄断行为，为消除或者减少该行为对竞争产生的不利影响的
（3）在国家出现紧急状态或非常情况时，或为了公共利益的目的
（4）为了公共健康目的，对取得专利权的药品，专利行政部门可给予制造并将其出口到符合中华人民共和国参加的有关国际条约规定的国家或者地区的强制许可
（5）一项取得专利权的发明或者实用新型比前已经取得专利权的发明或者实用新型具有显著经济意义的重大技术进步，其实施又有赖于前一发明或实用新型的实施的，国务院专利行政部门根据后一专利权人的申请，可以给予实施前一发明或者实用新型的强制许可
（前一专利权人也可以申请对后一专利的强制许可）
【提示】只能对发明或者实用新型专利适用强制许可，不包括外观设计专利</td></tr>
<tr><td colspan="3">要求如下：
（1）取得强制许可后，不必经专利权人的同意可以实施，但应当向专利权人支付合理的使用费
（2）取得实施强制许可的单位或个人不享有独占的实施权，且无权允许他人实施
（3）专利权人和取得实施强制许可的单位或者个人对使用费的裁决不服的，可以自收到通知之日起3个月内向人民法院起诉</td></tr>
</table>

续表

（五）专利权的内容及其保护与限制	开放许可	1. 开放许可 专利权人自愿以书面方式向国务院专利行政部门声明愿意许可任何单位或者个人实施其专利，并明确许可使用费支付方式、标准的，由国务院专利行政部门予以公告，实行开放许可 就实用新型、外观设计专利提出开放许可声明的，应当提供专利权评价报告 2. 实施开放许可的专利 （1）任何单位或者个人有意愿实施开放许可的专利的，以书面方式通知专利权人，并依照公告的许可使用费支付方式、标准支付许可使用费后，即获得专利实施许可 （2）开放许可实施期间，对专利权人缴纳专利年费相应给予减免 （3）实行开放许可的专利权人可以与被许可人就许可使用费进行协商后给予普通许可，但不得就该专利给予独占或者排他许可 3. 撤回开放许可 专利权人撤回开放许可声明的，应当以书面方式提出，并由国务院专利行政部门予以公告。开放许可声明被公告撤回的，不影响在先给予的开放许可的效力
（六）专利权的期限	1. 专利权的期限 发明专利权的期限为20年，实用新型专利权的期限为10年，外观设计专利权的期限为15年，均自申请日起计算	
	2. 专利权期限补偿 自发明专利申请日起满4年，且自实质审查请求之日起满3年后授予发明专利权的，国务院专利行政部门应专利权人的请求，就发明专利在授权过程中的不合理延迟给予专利权期限补偿，但由申请人引起的不合理延迟除外 为补偿新药上市审评审批占用的时间，对在中国获得上市许可的新药相关发明专利，国务院专利行政部门应专利权人的请求给予专利权期限补偿。补偿期限不超过5年，新药批准上市后总有效专利权期限不超过14年	

【例题·单选题】某研究所的研究员王某利用本单位的物质技术条件完成了一项发明，之前王某与研究所就该项发明有一份协议，约定了专利申请权和专利权归王某。根据专利法律制度的规定，下列关于该项发明专利申请权和专利权归属的表述中，正确的是（　　）。

A. 专利申请权和专利权归研究所

B. 专利申请权归研究所，专利权归王某

C. 专利申请权和专利权归王某

D. 专利申请权归王某，专利权归研究所

【答案】C

【解析】利用本单位的物质技术条件完成的发明创造，单位与发明人订有合同，对申请专利的权利和专利权的归属作出约定的，从其约定。

【例题·判断题】专利权是一种全球性的权利，在一国取得专利权后，可在全球受到法律保护。（　　）

【答案】×

【解析】知识产权（专利权）作为一种专有权在空间上的效力是有限的，它只在授予或者确认其权利的国家和地区发生法律效力，受到法律保护。

【例题·单选题】根据专利法律制度的规定，下列各项中，不授予专利权的是（　）。

A. 药品的生产方法

B. 对产品的构造提出的实用的新的技术方案

C. 对平面印刷品的图案做出的主要起标识作用的设计

D. 对产品的形状做出的富有美感并适于工业应用的新设计

【答案】C

【解析】不授予专利权的客体：（1）科学发现；（2）智力活动的规则和方法；（3）疾病的诊断和治疗方法；（4）动物和植物品种；（5）原子核变换方法以及用原子核变换方法获得的物质；（6）对平面印刷品的图案、色彩或者二者的结合做出的主要起标识作用的设计（选项C）。

【例题·多选题】根据专利法律制度的规定，下列各项中，可授予专利权的客体有（　）。

A. 对产品的形状所做出的富有美感并适用于工业应用的新设计

B. 通过智力活动创造出的关于新产品的技术方案

C. 疾病的诊断和治疗方法

D. 动物和植物品种

【答案】AB

【解析】（1）选项A：系外观设计，属于专利权客体；（2）选项B：系发明，属于专利权客体；（3）选项CD：不授予专利权。

【例题·判断题】当事人转让专利权的，专利权的转让自交付专利证书之日起生效。（　）

【答案】×

【解析】专利申请权或者专利权的转让自登记之日起生效。

【例题·单选题】2014年，甲公司决定由本公司科研人员张某负责组建团队进行一项发明创造。2016年4月，张某带领其团队完成了该项任务。根据专利法律制度的规定，下列主体中，有权为该项发明创造申请专利的是（　）。

A. 甲公司

B. 张某

C. 张某组建的团队

D. 张某及其组建的团队

【答案】A

【解析】执行本单位的任务或者主要是利用本单位的物质技术条件所完成的发明创造为职务发明创造。职务发明创造申请专利的权利属于该单位。

【例题·单选题】根据专利法律制度的规定，申请专利的发明创造在申请

日以前 6 个月内，存在特定情形的，不丧失新颖性。下列各项中，不属于该特定情形的是（　　）。

A. 申请人向媒体披露其内容的

B. 他人未经申请人同意而泄露其内容的

C. 在规定的学术会议或者技术会议上首次发表的

D. 在中国政府主办或者承认的国际展览会上首次展出的

【答案】A

【解析】申请专利的发明创造在申请日以前 6 个月内，有下列情形之一的，不丧失新颖性：（1）在国家出现紧急状态或者非常情况时，为公共利益目的首次公开的；（2）在中国政府主办或者承认的国际展览会上首次展出的（选项 D）；（3）在规定的学术会议或者技术会议上首次发表的（选项 C）；（4）他人未经申请人同意而泄露其内容的（选项 B）。

【例题·单选题】根据专利法律制度的规定，申请人自发明或者实用新型在中国第一次提出专利申请之日起一定期限内，又向国务院专利行政部门就相同主题提出专利申请的，可以享有优先权。该期限是（　　）。

A.3 个月

B.6 个月

C.12 个月

D.18 个月

【答案】C

【解析】申请人自发明或者实用新型在中国第一次提出专利申请之日起 12 个月内，或者自外观设计在中国第一次提出专利申请之日起 6 个月内，又向国务院专利行政部门就相同主题提出专利申请的，可以享有优先权。

【例题·单选题】根据专利法律制度的规定，实用新型专利权的期限为（　　）。

A.50 年

B.20 年

C.10 年

D.3 年

【答案】C

【解析】发明专利权的期限为 20 年，实用新型专利权的期限为 10 年，外观设计专利权的期限为 15 年，均自申请日起计算。

【例题·单选题】甲公司于 2017 年 6 月向国务院专利行政部门提出某产品生产方法的专利申请，2020 年 10 月被授予专利权。已知乙公司 2017 年 1 月已经以相同的方法生产出该种产品。根据专利法律制度的规定，下列未经甲公司许可而实施的行为中，属于侵犯甲公司专利权的是（　　）。

A. 某网店销售明知是假冒甲公司专利的产品

B. 丙公司购买甲公司获得专利权的产品后自行使用

C. 乙公司仅在原有范围内继续使用甲公司的专利方法

D. 某技术人员在实验室中专为科学实验使用甲公司的专利方法

【答案】A

【解析】（1）选项 A：销售假冒专利的产品，构成侵犯专利权。销售不知道是假冒专利的产品，并且能够证明该产品合法来源的，仍构成侵权。某网店销售明知是假冒甲公司专利的产品，属于侵犯甲公司专利权。（2）选项 B：专利产品或者依照专利方法直接获得的产品，由专利权人或者经其许可的单位、个人售出后，使用、许诺销售、销售、进口该产品的，不视为侵犯专利权。（3）选项 C：非专利权人在专利申请日前已经制造相同产品、使用相同方法或者已经做好制造、使用的必要准备，在专利权人获得专利权后，非专利权人有权在原有的范围内继续制造、使用该专利技术，不视为侵犯专利权。（4）选项 D：专为科学研究和实验而使用有关专利的，不视为侵犯专利权。

【例题·多选题】根据专利法律制度的规定，未经专利权人许可的下列行为中，不构成侵犯专利权的有（　　）。

A. 丙科研院专为科学研究而使用赵某的专利技术

B. 王某将购买的专利产品出售给李某

C. 丁公司在专利许可协议期满后，在专利有效期内继续生产该专利产品

D. 乙公司在甲公司申请专利之前已经制造某产品，在甲公司就相同产品获得专利权后，乙公司在原有范围内继续生产该产品

【答案】ABD

【解析】有下列情形之一的，不视为侵犯专利权：（1）专利产品或者依照专利方法直接获得的产品，由专利权人或者经其许可的单位、个人售出后，使用、许诺销售、销售、进口该产品的（选项 B）；（2）在专利申请日前已经制造相同产品、使用相同方法或者已经作好制造、使用的必要准备，并且仅在原有范围内继续制造、使用的（选项 D）；（3）临时通过中国领陆、领水、领空的外国运输工具，依照其所属国同中国签订的协议或者共同参加的国际条约，或者依照互惠原则，为运输工具自身需要而在其装置和设备中使用有关专利的；（4）专为科学研究和实验而使用有关专利的（选项 A）；（5）为提供行政审批所需要的信息，制造、使用、进口专利药品或者专利医疗器械，以及专门为其制造、进口专利药品或者专利医疗器械的。

【例题·单选题】根据专利法律制度的规定，下列行为中，构成假冒专利的是（　　）。

A. 专利权终止前在依照专利方法直接获得的产品上标注专利标识，在专利权终止后许诺销售该产品的

B. 未经专利权人许可，为生产经营目的使用其专利产品

C. 伪造专利证书

D. 专利权终止前在专利产品上标注专利标识，在专利权终止后销售该产品的

【答案】C

【解析】专利权终止前依法在专利产品、依照专利方法直接获得的产品或者其包装上标注专利标识，在专利权终止后许诺销售、销售该产品的，不属于假冒专利行为，选项 AD 错误。未经专利权人许可，实施其专利的行为，虽属于侵犯专利权行为，但不属于假冒专利， 选项 B 错误。选项 C 伪造专利证书属于假冒专利行为。

【例题·单选题】甲公司获得一项外观设计专利，乙公司未经许可，以生产经营为目的制造该专利产品。根据专利法律制度的规定，丙公司未经甲公司许可，以生产经营为目的的下列行为中，不构成侵权行为的是（　　）。

A. 使用乙公司制造的该专利产品

B. 销售乙公司制造的该专利产品

C. 进口乙公司制造的该专利产品

D. 许诺销售乙公司制造的该专利产品

【答案】A

【解析】外观设计专利权的侵权行为包括“制造、许诺销售、销售、进口”，不包括“使用”。

考点五：商标法律制度（见表 8–5）

表 8–5　　商标法律制度

	分类标准	分类
（一）商标的种类	标示对象	商品商标和服务商标
	是否登记注册	注册商标和未注册商标
	构成要素	文字商标、图形商标、字母商标、数字商标、三维标志商标、颜色组合商标、组合商标、声音商标
	具有的特殊作用	证明商标、集体商标
（二）商标注册	商标注册原则	1. 强制注册和自愿注册相结合的原则 ①强制注册：卷烟、雪茄烟、有包装的烟丝的生产经营者，必须申请商标注册 ②自愿注册：除必须使用注册商标的商品外，商标无论是否注册都可以使用，但只有注册商标才受到商标法律制度的保护
		2. 诚实信用原则（在先权利保护） 申请商标注册不得损害他人现有的在先的权利，也不得以不正当手段抢先注册他人已经使用并有一定影响的商标 【解释】当事人主张诉争商标损害其姓名权，如果相关公众认为该商标标志指代了该自然人，容易认为标记有该商标的商品系经过该自然人许可或与该自然人存在特定联系的，人民法院应当认定该商标损害了该自然人的姓名权

（二）商标注册	商标注册原则	3. 显著原则 申请注册商标，应当具有显著性，便于识别 【解释】应当根据商标所指定使用商品的相关公众的通常认识，判断该商标整体上是否具有显著特征
		4. 先申请原则（申请在先→使用在先→自行协商→抽签） ①两个或者两个以上的商标注册申请人，在同一种商品或者类似商品上，以相同或者近似的商标申请注册的，初步审定并公告申请在先的商标 ②同一天申请的，初步审定并公告使用在先的商标，驳回其他人的申请，不予公告 ③同时使用或者均未使用的，各申请人可以自收到商标局通知之日起 30 日内自行协商，并将书面协议报送商标局；不愿协商或协商不成的，商标局通知各申请人以抽签的方式确定一个申请人，驳回其他人的注册申请
		5. 商标合法原则 （1）不得作为商标使用的标志有： ①同中华人民共和国的国家名称、国旗、国徽、国歌、军旗、军徽、军歌、勋章相同或者近似的，以及同中央国家机关的名称、标志、所在地特定地点的名称或者标志性建筑物的名称、图形相同的 ②带有民族歧视性的 ③带有欺骗性，容易使公众对商品的质量等特点或者产地产生误认的 ④有害于社会主义道德风尚或者有其他不良影响的 （2）不得作为商标注册的标志有： ①仅有本商品的通用名称、图形、型号的，可以作为商标使用，只是不能注册 【解释】属于法定的商品名称或约定俗成的商品名称的，人民法院应当认定其属于商标法所指的通用名称 ②仅仅直接表示商品的质量、主要原料、功能、用途、重量、数量及其他特点的
	认定驰名商标应当考虑的因素	（1）相关公众对该商标的知晓程度 （2）该商标使用的持续时间 （3）该商标的任何宣传工作的持续时间、程度和地理范围 （4）该商标作为驰名商标受保护的记录 （5）该商标驰名的其他因素 【解释】驰名商标认定机关包括：商标局、商标评审委员会、人民法院
	商标申请	（1）一份申请多个类别 商标注册申请人可以通过一份申请就多个类别的商品申请注册同一商标 （2）优先权原则 商标注册申请人自其商标在外国第一次提出商标注册申请之日起6个月内，又在中国就相同商品以同一商标提出商标注册申请的，依照该外国同中国签订的协议或者共同参加的国际条约，或者按照相互承认优先权的原则，可以享有优先权
	商标注册申请的审查	（1）对申请注册的商标，商标局应当自收到商标注册申请文件之日起 9 个月内审查完毕 （2）对初步审定的商标，自公告之日起 3 个月内，在先权利人、利害关系人或者任何人认为违反《商标法》规定的，可以向商标局提出异议 （3）公告期满无异议的，予以核准注册，发给商标注册证，并予公告
（三）注册商标的续展、变更、转让和使用许可	注册商标的续展	（1）注册商标的有效期为 10 年，自"核准注册之日"起计算 （2）注册商标有效期满，需要继续使用的，应当在期满前 12 个月内申请续展注册 【提示】在此期间未能提出申请的，可以给予 6 个月的宽展期；宽展期满仍未提出申请的，注销其注册商标 （3）续展注册可以无限制地重复进行，每次续展注册的有效期为 10 年，自该商标上一次有效期满次日起计算
	注册商标的变更	注册商标需要变更注册人的名义、地址或者其他注册事项的，应当提出变更申请
	注册商标的转让	（1）转让注册商标的，由"转让人和受让人"共同向商标局提出申请，转让注册商标经商标局核准后，予以公告 （2）受让人自"公告"之日起享有商标专用权

续表

<table>
<tr><td rowspan="1">（三）注册商标的续展、变更、转让和使用许可</td><td>注册商标的使用许可</td><td>（1）经许可使用他人注册商标的，必须在使用该注册商标的商品上标明被许可人的名称和商品产地
（2）许可人应当监督被许可人使用其注册商标的商品质量，被许可人应当保证使用该注册商标的商品质量
（3）商标使用许可合同应当报商标局“备案”</td></tr>
<tr><td rowspan="3">（四）商标使用的管理</td><td colspan="2">1. 商标注册人对商标注册事项的改变行为
商标注册人在使用注册商标的过程中，自行改变注册商标，注册人名义、地址或者其他注册事项的，由地方市场监督管理部门责令限期改正；期满不改正的，由商标局撤销其注册商标（不是注销）</td></tr>
<tr><td colspan="2">2. 注册商标成为通用名称或无正当理由不使用
注册商标成为其核定使用的商品的通用名称或者没有正当理由连续 3 年不使用的，任何单位或者个人可以向商标局申请撤销该注册商标
【解释】商标局最长审查时间为 12 个月</td></tr>
<tr><td colspan="2">3. 注册商标被撤销、被宣告无效或者期满不再续展的，自撤销、宣告无效或者注销之日起 1 年内，商标局对与该商标相同或者近似的商标注册申请，不予核准</td></tr>
<tr><td rowspan="6">（五）注册商标专用权的保护</td><td>商标侵权行为的类型</td><td>（1）未经商标注册人的许可，在同一种商品上使用与其注册商标相同的商标
（2）未经商标注册人的许可，在同一种商品上使用与其注册商标近似的商标，或者在类似商品上使用与其注册商标相同或者近似的商标，容易导致混淆的
（3）销售（不包括使用）侵犯注册商标专用权的商品的
（4）伪造、擅自制造他人注册商标标识或者销售伪造、擅自制造的注册商标标识的
（5）未经商标注册人同意，更换其注册商标并将该更换商标的商品又投入市场的
（6）故意为侵犯他人商标专用权的行为提供便利条件，帮助他人实施侵犯商标权行为的</td></tr>
<tr><td rowspan="5">民事责任</td><td>（1）明确赔偿原则：
①权利人实际损失
②侵权人侵权所得
③参照该商标许可使用费的倍数合理确定
④均难以确定时，人民法院最高可裁量赔偿 300 万元</td></tr>
<tr><td>（2）对恶意侵权最高可以 3 倍赔偿
①对恶意侵犯商标专用权，情节严重的，可以在按照上述方法确定数额的 1 倍以上 3 倍以下确定赔偿数额
②赔偿数额应当包括权利人为制止侵权行为所支付的合理开支</td></tr>
<tr><td>（3）民诉法举证妨碍制度
人民法院为确定赔偿数额，在权利人已经尽力举证，而与侵权行为相关的账簿、资料主要由侵权人掌握的情况下，可以责令侵权人提供与侵权行为相关的账簿、资料</td></tr>
<tr><td>（4）连续 3 年不使用时免赔
注册商标专用权人不能证明此前 3 年内实际使用过该注册商标，也不能证明因侵权行为受到其他损失的，被控侵权人不承担赔偿责任</td></tr>
<tr><td>（5）第三人善意免赔规则
销售不知道是侵犯注册商标专用权的商品，并能证明该商品是自己合法取得并说明提供者的，不承担赔偿责任
【链接】为生产经营目的使用、许诺销售或者销售不知道是未经专利权人许可而制造并售出的专利侵权产品，能证明该产品合法来源的，不承担赔偿责任</td></tr>
</table>

【例题·多选题】根据《商标法》的规定，下列可以作为商标标识的有（　　）。

A. 声音　　B. 纯字母　　C. 纯数字　　D. 纯图形

【答案】ABCD

【解析】本题考核商标的种类。根据规定，商标可分为文字商标、图形商标、字母商标、数字商标、三维标志商标、颜色组合商标、组合商标、声音商标。

【例题·多选题】甲在电冰箱上使用“天鹅”注册商标。根据商标的分类，甲的“天鹅”商标能够被归入的商标类型有（　　）。

A. 文字商标　　B. 商品商标　　C. 图形商标　　D. 服务商标

【答案】AB

【解析】本题考核商标的种类。因为注册商标的使用对象是电冰箱，电冰箱属于商品，“天鹅”是商品商标，因此选项 B 正确，选项 D 错误；又因为商标使用的是“天鹅”两个字而不是天鹅的图案，其属于文字商标，因此选项 A 正确，选项 C 错误。

【例题·单选题】下列商品中，属于法律、行政法规规定必须使用注册商标的是（　　）。

A. 卷烟　　B. 服装　　C. 食品　　D. 化妆品

【答案】A

【解析】本题考核商标注册的原则。国家规定必须使用注册商标的商品（卷烟、雪茄烟、有包装的烟丝）的生产经营者，必须申请商标注册，未经核准注册的商品不得在市场销售。

【例题·单选题】北京飞雪服装公司于 2020 年 3 月 10 日已在 M 国申请飞雪牌商标注册，并准备就该商标在我国申请注册。假设 M 国与我国签订了互相承认优先权的协议，根据《商标法》的规定，该公司丧失优先权的时间是（　　）。

A.2020 年 9 月 11 日　　B.2020 年 3 月 11 日

C.2020 年 6 月 11 日　　D.2020 年 11 月 11 日

【答案】A

【解析】本题考核丧失优先权的规定。商标注册申请人自其商标在外国第一次提出商标注册申请之日起“6 个月内”，又在中国就相同商品以同一商标提出商标注册申请的，依照该国同中国签订的协议或者共同参加的国际条约，或者按照互相承认优先权原则，可以享有优先权。自 3 月 10 日之日起总共 6 个月，截止日期是 9 月 10 日，所以选项 A 正确。

【例题·多选题】根据《商标法》的规定，下列标志不得作为商标使用的有（　　）。

A. 中国国旗　　B. 红十字　　C. 吉林　　D. 声音

【答案】ABC

【解析】本题考核商标的合法原则。不得作为商标使用的标志：①同中华人民共和国的国家名称、国旗、国徽、国歌、军旗、军徽、军歌、勋章等相同或者近似的，以及同中央国家机关的名称、标志、所在地特定地点的名称或者标志性建筑物的名称、图形相同的，因此选项 A 当选；②同外国国家名称、国旗、国徽、军旗相同或近似的，但该国政府同意的除外；③同政府间国际组

织的名称、旗帜、徽记相同或者近似的，但经该组织同意或者不易误导公众的除外；④与表明实施控制、予以保证的官方标志、检验印记相同或者近似的，但经授权的除外；⑤同“红十字”“红新月”的名称、标志相同或近似的，因此选项B当选；⑥带有民族歧视性的；⑦带有欺骗性，容易使公众对商品的质量等特点或者产地产生误认的；⑧有害于社会主义道德风尚或者有其他不良影响的；⑨县级以上行政区划的地名或公众知晓的外国地名，因此选项C当选。声音可以注册为商标，因此不选选项D。

【例题·单选题】甲公司于2013年2月15日提出商标注册申请，商标局于2013年5月5日做出初审公告，且公告期间无异议。根据《商标法》的规定，甲依法可以取得商标专用权的时间是（　）。

A.2013年8月5日　　B.2013年5月5日

C.2013年4月5日　　D.2013年2月5日

【答案】A

【解析】本题考核注册商标的审核。对初步审定公告的商标，自“公告之日起3个月内”，任何人认为违反《商标法》相关规定的，可以向商标局提出异议。公告期满无异议予以核准注册的，发给商标注册证，并予（登记）公告。

【例题·单选题】A公司将其拥有的注册商标转让给B公司，并签订了转让协议，当事人还应向商标局提出申请。根据《商标法》的规定，下列有关向商标局提出申请的表述正确的是（　）。

A. 由A公司向商标局提出申请

B. 由B公司向商标局提出申请

C. 由A公司和B公司分别向商标局提出申请

D. 由A公司和B公司共同向商标局提出申请

【答案】D

【解析】本题考核注册商标的转让。根据规定，转让注册商标的，转让人和受让人应当签订转让协议，并“共同”向商标局提出申请，因此选项D当选。

【例题·多选题】根据《商标法》的规定，下列行为中，侵害注册商标专用权的有（　）。

A. 未经商标注册人许可，在同种商品上使用与其注册商标相同的商标

B. 未经商标注册人许可，在类似商品上使用与其注册商标近似的商标，容易导致混淆

C. 销售侵犯注册商标专用权的商品

D. 使用侵犯注册商标专用权的商品

【答案】ABC

【解析】本题考核商标侵权行为。根据《商标法》的规定，未经商标注册

人的许可而在同一种商品或者类似商品上使用与其注册商标相同或者近似的商标，以及销售侵犯注册商标专用权的商品的，均属于侵犯注册商标专用权。

【例题·单选题】根据商标法律制度的规定，注册商标有效期满后可以续展注册，每次续展注册的有效期为（　）。

A. 6个月　　B. 5年

C. 10年　　D. 20年

【答案】C

【例题·单选题】甲公司于2003年12月10日申请注册A商标，2005年3月20日该商标被核准注册。根据商标法律制度的规定，甲公司申请商标续展注册的最迟日期是（　）。

A. 2013年12月10日　　B. 2014年6月10日

C. 2015年3月20日　　D. 2015年9月20日

【答案】D

【解析】A商标的核准注册之日为2005年3月20日，有效期满日为2015年3月20日，加上6个月的宽展期，甲公司申请商标续展注册的最迟日期是2015年9月20日。

【例题·单选题】甲公司注册了商标“霞露”，使用于日用化妆品等商品。根据商标法律制度的规定，下列表述中，正确的是（　）。

A. 如果甲公司要将该商标改成“露霞”，应向商标局提出变更申请

B. 如果乙公司在化妆品上擅自使用“露霞”为商标，甲公司有权禁止

C. 如果甲公司因经营不善连续3年停止使用该商标，该商标可能被注销

D. 如果甲公司将该商标转让给丙公司，签订商标转让合同后，甲公司应单独向商标局提出转让申请

【答案】B

【解析】选项A：注册商标需要改变其标志的，应当“重新”提出注册申请；选项B：未经商标注册人的许可，在同一种商品上使用与其注册商标近似的商标，或者在类似商品上使用与其注册商标相同或者近似的商标，容易导致混淆的，构成侵权；选项C：注册商标没有正当理由连续3年不使用的，任何单位或者个人可以向商标局申请“撤销”（而非注销）该注册商标；选项D：转让注册商标的，转让人和受让人应当签订转让协议，并“共同”向商标局提出申请。

【例题·多选题】根据专利法律制度的规定，下列各项中，不授予专利权的有（　）。

A. 甲发明了仿真伪钞机

B. 乙发明了针对糖尿病特有的治疗方法

C. 丙发现了某植物新品种

D. 丁发明了某植物新品种的生产方法

【答案】ABC

【解析】对动植物品种的生产方法，可以授予专利权。

【例题·多选题】根据专利法律制度的规定，专利申请人在外国或中国第一次提出专利申请后，在下列期限内，又在中国就相同主题提出专利申请的，可以享有优先权的有（　　）。

A. 自发明在外国第一次提出专利申请之日起 12 个月

B. 自实用新型在外国第一次提出专利申请之日起 6 个月

C. 自实用新型在中国第一次提出专利申请之日起 3 个月

D. 自外观设计在外国第一次提出专利申请之日起 6 个月

【答案】ABCD

【解析】① 发明或者实用新型：12 个月内；② 外观设计：6 个月内。

【例题·多选题】根据专利法律制度的规定，下列情形中，可以导致专利权终止的有（　　）。

A. 专利权人有严重侵犯他人专利权的行为

B. 专利权人没有按照规定缴纳年费

C. 专利权人以书面声明放弃其专利权

D. 专利权人拒绝执行已经生效的专利实施强制许可决定

【答案】BC

【解析】专利权终止的情形：① 专利权的期限届满的；② 没有按照规定缴纳年费的；③ 专利权人以书面形式声明放弃专利权的。

【例题·多选题】根据商标法律制度的规定，下列说法中正确的有（　　）。

A. 注册商标的有效期为 10 年

B. 转让注册商标，受让人自转让协议签订之日起享有商标专用权

C. 注册商标的专用权，以核准注册的商标和核定使用的商品为限

D. 被撤销的注册商标自撤销之日起 1 年内，商标局对与该商标相同或者近似的商标注册申请不予核准

【答案】ACD

【解析】转让注册商标的，受让人自公告之日起享有商标专用权。

【例题·多选题】甲公司在纸手帕等纸制产品上注册了“茉莉花”文字及图形商标。根据商标法律制度的规定，下列未经许可的行为中，构成侵权的有（　　）。

A. 乙公司在其制造的纸手帕包装上突出使用“茉莉花”图案

B. 丙商场将假冒“茉莉花”牌纸手帕作为赠品进行促销活动

C. 丁公司长期制造茉莉花香型的纸手帕，并在包装上标注“茉莉花香型”

D. 戊公司购买甲公司的“茉莉花”纸手帕后，将“茉莉花”改为“山茶花”重新包装后销售

【答案】ABD

【解析】选项 A：未经商标注册人的许可，在同一种商品上使用与其注册商标相同的商标的，构成侵权行为；选项 B：销售侵犯注册商标专用权的商品的，构成侵权行为；选项 D：未经商标注册人同意，更换其注册商标并将该更换商标的商品又投入市场的，构成侵权行为。

考点六：政府采购法（见表 8–6）

表 8–6　政府采购法

（一）政府采购的对象	对象	1. 属地原则： 政府采购应当采购本国货物、工程和服务 2. 下列情况除外： （1）需要采购的货物、工程或者服务在中国境内无获取或者无法以合理的商业条件获取的 （2）为在中国境外使用而进行采购的 （3）其他法律、行政法规另有规定的
	法律适用	在中华人民共和国境内进行的采购均应适用《政府采购法》，下列情况除外： （1）使用国际组织和外国政府贷款进行的政府采购，贷款方、资金提供方与中方达成的协议对采购的具体条件另有规定的，可以适用其规定，但不得损害国家利益和社会公共利益 （2）因严重自然灾害和其他不可抗力事件所实施的紧急采购和涉及国家安全和秘密的采购 （3）军事采购
（二）政府采购当事人	采购人	（1）采购人不得向供应商索要或者接受其给予的赠品、回扣或者与采购无关的其他商品、服务 （2）采购人采购纳入集中采购目录的政府采购项目的，必须委托集中采购机构代理采购 （3）纳入集中采购目录属于通用的政府采购项目的，应当委托集中采购机构代理采购 （4）属于本部门、本系统有特殊要求的项目的，应当实行部门集中采购 （5）属于本单位有特殊要求的项目的，经省级以上政府批准，可以自行采购
	采购代理机构	集中采购机构是设区的市级以上人民政府依法设立的非营利事业法人，是代理集中采购项目的社会中介机构
	供应商	（1）单位负责人为同一人或者存在直接控股、管理关系的不同供应商的，不得参加同一合同项下的政府采购活动 （2）为采购项目提供整体设计、规范编制或者项目管理、监理、检测等服务的供应商，不得再参加该采购项目的其他采购活动；单一来源采购项目除外 （3）两个以上的自然人、法人或者其他组织可以组成一个联合体，以一个供应商的身份共同参加政府采购 （4）联合体各方应当共同与采购人签订采购合同，就采购合同约定的事项对采购人承担“连带责任” （5）联合体中有同类资质的供应商按照联合体分工承担相同工作的，应当按照资质等级较低的供应商确定资质等级
（三）政府采购方式	公开招标	1. 公开招标：招标人以招标公告的方式邀请不特定的法人或者其他组织投标 （1）政府采购工程依法不进行招标的，应当依照《政府采购法》及其条例规定的竞争性谈判或者单一来源采购方式采购 （2）采购人不得将应当以公开招标方式采购的货物或者服务化整为零或者以其他任何方式规避公开招标采购
		2. 招标采购单位对已发出的招标文件进行必要澄清或者修改的，应当在招标文件要求提交投标文件截止时间 15 日前，在财政部门指定的政府采购信息发布媒体上发布更正公告，并以书面形式通知所有招标文件收受人

续表

（三） 政府采购方式	公开招标	3. 采购人采购公开招标数额标准以上的货物或者服务，因特殊情况需要采用公开招标以外的采购方式：应当在采购活动开始前报经主管预算单位同意后，经设区的市级以上人民政府财政部门批准
	邀请招标	1. 邀请 3 家以上供应商 2. 有下列情形之一的，可以采用邀请招标的方式采购： （1）具有特殊性，只能从有限范围的供应商处采购的 （2）采用公开招标方式的费用占政府采购项目总价值比例过大的
	竞争性谈判	1. 与不少于 3 家供应商谈判 2. 有下列情形之一的，可以采用竞争性谈判方式采购 （1）招标后没有供应商投标或者没有合格标的或者重新招标未能成立的 （2）技术复杂或者性质特殊，不能确定详细规格或者具体要求的 （3）采用招标所需时间不能满足用户紧急需要的 （4）不能事先计算出价格总额的
	单一来源采购	1. 唯一供应商 2. 符合下列情形之一的，可以采用单一来源方式采购： （1）只能从唯一供应商处采购的 （2）发生了不可预见的紧急情况不能从其他供应商处采购的 （3）必须保证原有采购项目一致性或者服务配套的要求，需要继续从原供应商处添购，且添购资金总额不超过原合同采购金额 10% 的
	询价	1. 定义：采购人向 3 家以上供货商发出询价单，对一次性报出的价格进行比较，最后按照符合采购需求、质量和服务且报价最低的原则，确定成交供应商的方式
		2. 适用：货物规格、标准单一、现货货源充足而且价格变动幅度比较小的采购项目
（四） 政府采购程序	招标采购	1. 实行招标方式采购的，自招标文件开始发出之日起至投标人提交投标文件截止之日止，不得少于 20 日
		2. 采取邀请招标方式采购的，采购人应当从符合相应资格条件的供应商中，通过随机方式选择 3 家以上的供应商，并向其发出投标邀请书
		3. 在招标采购中，出现下列情形之一的，应予废标： （1）符合专业条件的供应商或者对招标文件有实质响应的供应商不足 3 家的 （2）出现影响采购公正的违法、违规行为的 （3）投标人的报价均超过采购预算，采购人不能支付的 （4）因重大事故，采购任务取消的 【提示】废标后，采购人应当将废标理由通知所有投标人。除采购任务取消情形外，应当重新组织招标
		4. 投标保证金 （1）招标文件要求投标人提交投标保证金的，投标保证金不得超过采购项目预算金额的 2% （2）投标保证金应当以支票、汇票、本票或者金融机构、担保机构出具的保函等非现金形式提交 （3）投标人未按照招标文件要求提交投标保证金的，投标无效
	竞争性谈判	1. 谈判小组由采购人的代表和有关专家共 3 人以上的单数组成，其中专家的人数不得少于成员总数的 2/3
		2. 谈判小组应当按照少数服从多数的原则投票推荐 3 家以上供应商的设计方案或者解决方案，并要求其在规定时间内提交最后报价
（五） 政府采购合同	1. 政府采购合同适用《民法典》，并应采用书面形式	
	2. 履约保证金 （1）供应商应当以支票、汇票、本票或者金融机构、担保机构出具的保函等非现金形式提交 （2）履约保证金的数额不得超过政府采购合同金额的 10%	
	3. 采购人与中标、成交供应商应当在中标、成交通知书发出之日起 30 日内，按照采购文件确定的事项签订政府采购合同	
	4. 政府采购合同分包履行的，中标、成交供应商就采购项目和分包项目向采购人负责，分包供应商就分包项目承担责任	
	5. 政府采购合同履行中，采购人需追加与合同标的相同的货物、工程或者服务的，在不改变合同其他条款的前提下，可以与供应商协商签订补充合同，但所有补充合同的采购金额不得超过原合同采购金额的 10%	

续表

（六）政府采购的质疑与投诉	1. 供应商对政府采购活动事项有疑问的，可以向采购人提出询问，采购人应当及时做出答复，但答复的内容不得涉及商业秘密
	2. 质疑供应商对采购人、采购代理机构的答复不满意，或者采购人、采购代理机构未在规定时间内做出答复的，可以在答复期满后15个工作日内向采购人所属预算级次本级财政部门提起投诉

【例题·单选题】根据政府采购法律制度的规定，对于具有特殊性，只能从有限范围内的供应商处采购的货物，其适用的政府采购方式是（　　）。

A. 公开招标方式　　B. 邀请招标方式

C. 竞争性谈判方式　　D. 单一来源方式

【答案】B

【例题·单选题】根据政府采购法律制度的规定，采用单一来源方式采购，在保证原有采购项目一致性的前提下，需要继续从原供应商处添购的，添购资金总额不得超过原合同采购金额的（　　）。

A. 5%　　B. 10%　　C. 20%　　D. 25%

【答案】B

【例题·单选题】根据政府采购法律制度的规定，在政府采购合同履行的过程中，采购人需追加与合同标的相同的货物、工程或者服务的，在不改变合同其他条款的前提下，可以与供应商协商签订补充合同，但所有补充合同的采购金额不得超过原合同采购金额的（　　）。

A. 5%　　B. 10%　　C. 20%　　D. 25%

【答案】B

【例题·单选题】根据政府采购法律制度的规定，采购文件要求中标或者成交供应商提交履约保证金的，供应商应当以支票、汇票、本票或者金融机构、担保机构出具的保函等非现金形式提交。履约保证金的数额不得超过政府采购合同金额的（　　）。

A. 5%　　B. 10%　　C. 20%　　D. 25%

【答案】B

【例题·单选题】根据政府采购法律制度的规定，招标文件要求投标人提交投标保证金的，投标保证金不得超过采购项目预算金额的（　　）。

A. 2%　　B. 5%　　C. 10%　　D. 20%

【答案】A

【例题·单选题】根据政府采购法律制度的规定，采购文件自采购结束之日起至少应保存（　　）。

A. 3年　　B. 5年　　C. 10年　　D. 15年

【答案】D

【例题·多选题】下列采购活动中，不适用《政府采购法》予以调整的有（　　）。

A. 某事业单位使用财政性资金采购办公用品

B. 某军事机关采购军需品

C. 某省政府因严重自然灾害紧急采购救灾物资

D. 某团体组织使用财政性资金采购办公用品

【答案】BC

【例题 · 多选题】根据政府采购法律制度的规定，下列情形中，采购人可以采用邀请招标方式采购的有（　　）。

A. 具有特殊性，只能从有限范围的供应商处采购的

B. 技术复杂或者性质特殊，不能确定详细规格或者具体要求的

C. 采用公开招标方式的费用占政府采购项目总价值的比例过大的

D. 招标后没有供应商投标或者没有合格标的或者重新招标未能成立的

【答案】AC

【解析】选项 BD：适用竞争性谈判方式。

【例题 · 多选题】根据政府采购法律制度的规定，下列情形中，采购人可以采用竞争性谈判方式采购的有（　　）。

A. 采用招标所需时间不能满足用户紧急需要的

B. 不能事先计算出价格总额的

C. 采用公开招标方式的费用占政府采购项目总价值的比例过大的

D. 技术复杂或者性质特殊，不能确定详细规格或者具体要求的

【答案】ABD

【解析】选项 C：适用邀请招标方式。

【例题 · 多选题】根据政府采购法律制度的规定，采购文件要求中标或者成交供应商提交履约保证金的，供应商可以选择的支付方式有（　　）。

A. 现金　　B. 支票　　C. 银行本票　　D. 担保机构出具的保函

【答案】BCD

【解析】采购文件要求中标或者成交供应商提交履约保证金的，供应商应当以支票、汇票、本票或者金融机构、担保机构出具的保函等非现金形式提交。

【例题 · 多选题】政府采购的投诉人对政府采购监督管理部门的投诉处理决定不服或者政府采购监督管理部门逾期未作处理的，可以采取的救济途径有（　　）。

A. 申请行政复议　　B. 申请仲裁

C. 向人民法院提起民事诉讼　　D. 向人民法院提起行政诉讼

【答案】AD

【解析】投诉人对政府采购监督管理部门的投诉处理决定不服或者政府采购监督管理部门逾期未作处理的，可以依法申请行政复议或者向人民法院提起行政诉讼。

【例题·判断题】两个以上的企业可以组成一个联合体，以一个供应商的身份共同参加政府采购。联合体各方应当共同与采购人签订采购合同，就采购合同约定的事项对采购人承担连带责任。( )

【答案】√

【例题·判断题】采用公开招标以外采购方式的，应当在采购活动开始前获得设区的市、自治州以上政府采购监督管理部门的批准。( )

【答案】√

【例题·判断题】采购的货物技术复杂或者性质特殊，不能确定详细规格或者具体要求的，可以采用竞争性谈判方式采购。( )

【答案】√

【例题·判断题】在政府采购中，采用单一来源方式，需要继续从原供应商处添购的，添购资金总额不得超过原合同采购金额的 20%。( )

【答案】×

【解析】添购资金总额不得超过原合同采购金额的 10%。

【例题·判断题】在政府采购中，招标文件要求投标人提交投标保证金的，投标保证金不得超过采购项目预算金额的 1%。( )

【答案】×

【解析】招标文件要求投标人提交投标保证金的，投标保证金不得超过采购项目预算金额的 2%。

【例题·判断题】在政府采购中，采购文件要求中标或者成交供应商提交履约保证金的，履约保证金的数额不得超过政府采购合同金额的 10%。( )

【答案】√

【例题·判断题】在政府采购中，采购文件的保存期限自采购结束之日起至少保存 10 年。( )

【答案】×

【解析】采购文件的保存期限自采购结束之日起至少保存 15 年。

【例题·判断题】在政府采购中，经采购人同意，中标、成交供应商可以依法采取分包方式履行合同。政府采购合同分包履行的，中标、成交供应商就采购项目和分包项目向采购人负责，分包供应商就分包项目承担责任。( )

【答案】√

【例题·判断题】在政府采购中，中标或者成交供应商拒绝与采购人签订合同的，采购人可以按照评审报告推荐的中标或者成交候选人名单排序，确定下一候选人为中标或者成交供应商，也可以重新开展政府采购活动。( )

【答案】√

（四）训练自己的心智模式

杜老师跟我讲了大脑信息处理的四个步骤：读取信息－处理信息－存储信息－调用信息。

第一遍的复习主要是读取信息，快速扫描式地阅读，在阅读的同时快速地处理信息，也就是提炼精华。在提炼精华时，有些简单的东西瞬间就理解了，有些东西不太明白，就再看几个习题（或例题）来加强理解，协助大脑进行处理。

第二遍的复习主要是存储信息。虽然处理信息的时候，对很多东西都有印象了，但是要把它们准确地记在脑海里，还是要花费一些功夫，更何况有些东西当时记住了，之后又遗忘了，那就要跟遗忘做斗争。

最后，我们所有的复习都是为了让考试顺利通过，也就是调用信息这个环节。既然是调用，那就应该是看到题，你就能立马想到答案，直接调用，而不是想半天才反应过来。就像你看到老虎立马就会跑，而不是看到老虎还要去思考，我到底是跑还是不跑？考试的时候，应该看到题就知道答案是A还是B，如果这个考点没复习到，就凭感觉随便选一个，干脆利落。而不是在那里纠结，到底是A还是B，抑或是C还是D。因为考试的时候，时间非常紧张，一般不允许你用太多时间去思考，所以思考是在复习的时候进行的。考试的时候，只是把你平时所学都写下来，看到题，就沿着已有的存储路径，找到对应的答案。这就是心智模式的训练。

第一遍复习终于完成了，我要进行第二遍复习了，加油！